中国政法大学案例研习系列教材

刑法总则案例研习

XINGFAZONGZE ANLIYANXI

张　凌　罗　翔 ◎编著

中国政法大学出版社

2014·北京

声　明　　1. 版权所有，侵权必究。
　　　　　2. 如有缺页、倒装问题，由出版社负责退换。

图书在版编目（ＣＩＰ）数据

刑法总则案例研习 / 张凌，罗翔编著.—北京：中国政法大学出版社，2014.1
ISBN 978-7-5620-5195-4

Ⅰ.①刑… Ⅱ.①张… ②罗… Ⅲ.①刑法－总则－案例－中国 Ⅳ.①D924.105

中国版本图书馆CIP数据核字(2013)第318019号

出 版 者	中国政法大学出版社	
地　　址	北京市海淀区西土城路25号	
邮寄地址	北京100088 信箱8034分箱　邮编100088	
网　　址	http://www.cuplpress.com（网络实名：中国政法大学出版社）	
电　　话	010-58908435（第一编辑部）58908334（邮购部）	
承　　印	保定市中画美凯印刷有限公司	
开　　本	720mm×960mm　1/16	
印　　张	18.75	
字　　数	347千字	
版　　次	2014年1月第1版	
印　　次	2019年7月第3次印刷	
印　　数	7001~9000册	
定　　价	32.00元	

作者简介

张　凌　男，中国政法大学刑事司法学院教授，法学博士，博士生导师，中国犯罪学学会常务副会长。

罗　翔　男，中国政法大学刑事司法学院副教授，法学博士，兼任北京市延庆县人民检察院副检察长。发表学术论文30余篇，出版专著3部，参编书籍若干。

编写说明

中国政法大学是一所以法学为特色和优势的大学,培养应用型、复合型、创新型和国际化的法律职业人才是我校长期以来的人才培养目标。高度重视学生法律实务技能培养,提高学生运用法学与其他学科知识方法解决实际法律问题的能力,是我校长期以来人才培养的优良传统。

开展案例教学是实现应用型法律职业人才培养目标的重要措施之一。中国政法大学具有案例教学的优良传统,建校之初就非常重视案例教学,开设了一系列的案例课程,多次组织编写案例教材。2005年,法学专业本科培养方案开始设置系统、独立的案例课组,明确要求学生必须选修一定数量的案例课程。2008年,法学人才培养模式改革实验班开始招生,在必修课程中开设了15门案例课程。2012年,实验班案例课程设置进一步优化,在必修课程中设置11门案例课程的同时,还开设了一定数量的案例课程供学生选修。经过长期的教学实践,案例课程已经成为我校课程体系的重要组成部分,成为推动教学方法改革的重要抓手,深受学生欢迎。

2012年,国家实施"卓越法律人才教育培养计划",我校同时获批应用型复合型、涉外型和西部基层型全部三个卓越法律人才教育培养基地。为了做好卓越法律人才教育培养基地建设工作,全面深化法学专业综合改革,培养卓越法律人才,学校决定启动"中国政法大学案例研习系列教材"的编写工作。本套案例研习教材的建设理念是:在宏观思路上,强调理论性与实践性相结合,在重视基础理论的同时,根据法律职业人才培养需要,突出实践性的要求,一方面案例内容来自于实践,另一方面理论与实践相结合,培养学生解决实际问题的能力。在架构设计上,强调体系性与专题性相结合,既要基本涵盖对应课程的全部教学内容,符合体系要求,又要突出个别重点专题。在教材体例上,强调规范性与灵活性相结合,在符合基本体例规范要求的同时，可以根据不同课程实际情况有所变通。

本套案例研习教材的作者们长期在教学一线工作，法学知识渊博，教学经验丰富，因此，本套教材格外强调教学适用性，能够充分满足课程教学需要，能够充分发挥教师和学生两个主体的积极性，满足应用型法律职业人才培养的需要。

中国政法大学
2013 年 8 月

前 言

我校目前的刑法课有刑法总则、刑法分论、外国刑法，除此之外，还有刑法总论研讨课和刑法分论案例课，可以说刑法课程建设比较完善、细致。但是，案例课授课却存在着无教材、无模式，学生不知如何分析的问题。为了解决该问题，本教材选择了刑法总则中的一些经典案例进行分析，目的在于使学生学习如何处理实务中遇到的法律问题，如何适用法律规定来解决纠纷，如何有效利用法律调查方式的学习方法。本教材采用的刑法总则的案例类型主要为法院判决。我国1997年对《刑法》进行了修改，此后全国人大常委会颁布了八个刑法修正案，"两高"颁布了若干司法解释，但是在刑法总则适用中仍然出现了法条形骸化、法条无法应对现实当中面临的纠纷，以及法条过于抽象而缺乏操作规范的问题等，时至今日也积累了不少案例。本教材将使学生掌握如何查找案例，如何查找案例的亮点、知识点，如何概括事实关系，如何分析法官的判决意见，最终学会通过判例去解决法律适用中遇到的问题，以期达到活学活用的目的。

一、研究判例的意义

1. 判例促进立法完善。大陆法系国家成文法条比较多，而刑法条文修改也比较频繁，我国以司法解释的方式不断作出补充，而每一次刑法条文的修改或司法解释的出台都离不开判例的发展。特别是刑法总则的规定相对比较抽象和原则，无法涵盖、解决现实社会生活中存在的复杂问题。通过司法判例的不断积累，不仅能够促进立法的不断完善，而且判例研究还具有推动刑法学理论发展的重要意义。

2. 判例可以解决刑事司法实务中出现的问题。在刑事司法实务中，遇到刑法解释、不作为犯、因果关系判断、故意和过失、犯罪目的、共同犯罪、犯罪未遂、犯罪中止、牵连犯等问题，而《刑法》的强制性规定、抽象性规定无法解决时，判例对刑事司法实务就会给予指导性影响。

3. 判例可以促进法律解释的统一性。在学说对于某些理论存在争议时，最高人民法院公布一些具有倾向性的或者明确的见解，将会起到统一法律解释的作用。例如，最高人民法院从1999年开始公布的"中国刑事审判指导案例"等，对于刑法解释的统一性就具有重要的作用。

4. 法学院校学生可通过判例掌握刑事司法实务分析方法，提前进入司法人员的"角色"，缩短将来刑事司法实务独立处理案件的时间，提高案件处理的效率和准确性。

二、本案例教材的特点

1. 本案例教材的构思。本教材由刑事司法学院刑法所张凌、罗翔组成课题组，设11个专题，对92个案例进行评析，附加了若干个拓展案例，通过对《刑法》专题进行细分来具体划分每个知识点并进行分析。选择的案例以《刑事审判参考》出现的经典案例为主，这些案例既包括适用中出现问题的知识点，也包括我国刑事法律制度的特色。本教材既可用于案例课，也可以用于研讨课。

2. 在案例事实和判决意见部分，尽量压缩了篇幅，这样可以增强案例的真实性，对学生更有吸引力。同时，很多判决书的说理比较详细，如果过度简化，就会变得无味，缺乏有效的信息供学生思考，因此，该部分保留了部分判决书原文。

3. 评析部分。本部分没有过多写基础知识，只是就个案的特殊贡献和典型问题进行了分析。有的案例还提出了一些需要深入研究的问题，但未提供结论意见，目的是为了帮助学生思考，对问题做进一步探索。

4. 在案例的搜索上，本教材从《刑事审判参考》以及法院网（最高院到地方法院）等选取了真实的案例。随着我国社会经济发展和新兴犯罪的出现，刑法总则部分还将出现一些新的有研究价值的案例，今后本课题组将继续关注并积累案例，以便能够不断补充、更新案例，完善本教材。

三、判例教学方式

本教材教学框架模式如下：

1. 由老师指定或者由学生自行选择相关典型案例；

2. 老师介绍该案例要掌握的知识点；

3. 学生对案例进行解析，也可以将学生分成审判方、控辩双方，采取法庭辩论形式再现案例；

4. 老师进行总结分析，对案例的争议点、理论知识点、案例分析的方法等进行说明。

四、学生分析方式

教材只提供了分析案例的基本内容，故学生不能过度依赖本教材，在分析案例时，应当注意采用以下方法：

1. 阅读判决书原文，较为全面地了解案件的事实关系，在此基础上再将复杂的事实关系提炼概括为较为简练的事实关系；

2. 阅读判决书原文，概括法官、检察官、辩护人的观点和判决要旨，找出本案的争议点和各种不同结论；

3. 找出相关的学说，包括通说和少数说观点，特别应当注意查找针对本案的分析文章和评论；

4. 提炼影响定罪的关键证据；

5. 查找以前是否有类似的案例及判决的内容；

6. 自己是否同意学者、法官的观点。

本书不仅适合本科生、研究生上课使用，也适合实务界参考。但是，因时间比较仓促，编著者能力有限，在案例的选择、评析等方面，还存在诸多不足之处，笔误也在所难免，望各位读者批评指证。

在本教材编写过程中，得到了孟永恒（北京市社科院博士后人员）、张伟（中国政法大学博士后人员）、张燕龙（中国政法大学博士生）的大力协助和支持，在此表示感谢。

借此书出版之际，感谢中国政法大学资助编写本教材。感谢教务处的干志刚老师、田士永老师、朱亚峰老师给予的支持，并感谢为本次出版付出辛劳的中国政法大学出版社尹树东副社长、阚明旗编辑、程传省编辑等。

编　者

2013 年 11 月

目 录

第一章 刑法解释 …………………………………………………… 1
  知识概要 …………………………………………………………… 1
  第一节 刑法解释的原则和立场 …………………………………… 1
  经典案例 …………………………………………………………… 1
    案例一：李宁组织卖淫案 ……………………………………… 1
    案例二：孟动、何立康盗窃案 ………………………………… 4
  拓展案例 …………………………………………………………… 6
    曹娅莎金融凭证诈骗案 ………………………………………… 6
  第二节 刑法解释的种类 …………………………………………… 7
  经典案例 …………………………………………………………… 7
    许霆盗窃案 ……………………………………………………… 7
  拓展案例 …………………………………………………………… 9
    薛浛煌非法经营联邦止咳露案 ………………………………… 9
  第三节 刑法解释的方法 …………………………………………… 11
  经典案例 …………………………………………………………… 11
    案例一：谢新冲出售公民个人信息案 ………………………… 11
    案例二：谢忠德危险驾驶案 …………………………………… 13
  拓展案例 …………………………………………………………… 16
    吴德桥绑架案 …………………………………………………… 16

第二章 刑法基本原则 ……………………………………………… 17
  第一节 罪刑法定原则 ……………………………………………… 17

知识概要 ·· 17
经典案例 ·· 18
 案例一：肖志光等故意伤害案 ································ 18
 案例二：魏荣香、王招贵、郑建德故意杀人、抢劫、
  脱逃、窝藏案 ·· 20
拓展案例 ·· 22
 刘俊破坏生产经营案 ·· 22
第二节 法益保护管辖 ·· 23
知识概要 ·· 23
经典案例 ·· 24
 案例一：王卫明强奸案 ······································ 24
 案例二：胡斌、张筠筠等故意杀人、运输毒品
  （未遂）案 ·· 26
拓展案例 ·· 28
 刘友祝拐卖妇女案 ·· 28
第三节 罪责刑相适应原则 ·· 29
知识概要 ·· 29
经典案例 ·· 29
 王勇故意杀人案 ·· 29
拓展案例 ·· 31
 上海新客派信息技术有限公司、王志强虚开增值税专用
  发票案 ·· 31

第三章 刑法的效力 ·· 33

第一节 空间效力 ·· 33
知识概要 ·· 33
经典案例 ·· 34
 案例一：袁闵钢、包华敏骗取出境证件案 ···················· 34
 案例二：邵春天制造毒品案 ·································· 37
 案例三：BUSAMBU TEMBELE MAYETA 盗窃案 ············ 39

拓展案例 ··· 42
  沈容焕合同诈骗案 ··· 42
第二节 时间效力 ··· 43
知识概要 ··· 43
经典案例 ··· 43
  案例一：夏侯青辉等故意伤害案 ······························· 43
  案例二：杨伟故意伤害案 ······································· 46
拓展案例 ··· 48
  萧俊伟开设赌场案 ··· 48

第四章 犯罪构成 ··· 50

第一节 犯罪客体 ··· 50
知识概要 ··· 50
经典案例 ··· 51
  案例一：陈某盗窃案 ··· 51
  案例二：弓喜抢劫案 ··· 54
  案例三：方惠茹传播淫秽物品牟利案 ··························· 56
  案例四：曾巩义、陈月容非法狩猎案 ··························· 59
拓展案例 ··· 61
  冯留民破坏电力设备、盗窃案 ································· 61
第二节 犯罪客观方面 ··· 62
知识概要 ··· 62
经典案例 ··· 63
  案例一：邓玮铭盗窃案 ··· 63
  案例二：刘祖枝故意杀人案 ····································· 66
  案例三：张某某危险驾驶案 ····································· 68
  案例四：李祥英传授犯罪方法案 ······························· 71
  案例五：贾志攀编造、故意传播虚假恐怖信息案 ··············· 73
  案例六：王国全抢劫案 ··· 75
  案例七：张兴等绑架案 ··· 77

案例八：陆振泉强奸案 …………………………………… 79
　　　案例九：张甲、张乙强奸案 ………………………………… 82
　拓展案例 …………………………………………………………… 84
　　　罗忠兰盗窃案 ……………………………………………… 84
第三节　犯罪主体 …………………………………………………… 85
　知识概要 …………………………………………………………… 85
　经典案例 …………………………………………………………… 86
　　　案例一：王伟华抢劫案 …………………………………… 86
　　　案例二：阿古敦故意杀人案 ……………………………… 88
　　　案例三：房国忠故意杀人案 ……………………………… 90
　　　案例四：吕辉受贿案 ……………………………………… 92
　　　案例五：周敏合同诈骗案 ………………………………… 95
　拓展案例 …………………………………………………………… 97
　　　邱进特等销售假冒注册商标的商品案 …………………… 97
第四节　犯罪主观方面 ……………………………………………… 98
　知识概要 …………………………………………………………… 98
　经典案例 …………………………………………………………… 99
　　　案例一：冯庆钊传授犯罪方法案 ………………………… 99
　　　案例二：杨某某故意伤害案 ……………………………… 102
　　　案例三：朱家平过失致人死亡案 ………………………… 104
　　　案例四：杨春过失致人死亡案 …………………………… 106
　　　案例五：沈某某盗窃案 …………………………………… 108
　拓展案例 …………………………………………………………… 110
　　　王岳超等生产、销售有毒、有害食品案 ………………… 110

第五章　正当化行为 …………………………………………… 112
第一节　正当防卫 …………………………………………………… 112
　知识概要 …………………………………………………………… 112
　经典案例 …………………………………………………………… 112
　　　案例一：谢立强假想防卫过失致人重伤案 ……………… 112

　　　　案例二：邓玉娇故意杀人案 ·················· 116
　　　　案例三：胡咏平故意伤害案 ·················· 119
　　　　案例四：张宏凯在执行职务中击毙歹徒被判决
　　　　　　　　宣告无罪案 ························ 121
　　拓展案例 ·· 125
　　　　李明故意伤害案 ······························ 125
　第二节　紧急避险 ···································· 126
　　知识概要 ·· 126
　　经典案例 ·· 127
　　　　王仁兴破坏交通设施案 ······················ 127
　　拓展案例 ·· 129
　　　　谭荣财、罗进东强奸、抢劫、盗窃案 ·········· 129
　第三节　被害人承诺 ·································· 130
　　知识概要 ·· 130
　　经典案例 ·· 130
　　　　蒲连升、王明成故意杀人案 ·················· 130
　　拓展案例 ·· 133
　　　　周某某非法行医案 ·························· 133

第六章　犯罪的未完成形态 ···························· 135

　第一节　犯罪预备 ···································· 135
　　知识概要 ·· 135
　　经典案例 ·· 135
　　　　案例一：张正权等抢劫案 ···················· 135
　　　　案例二：尚天虎绑架案 ······················ 138
　　拓展案例 ·· 140
　　　　黄斌等抢劫（预备）案 ······················ 140
　第二节　犯罪未遂 ···································· 141
　　知识概要 ·· 141
　　经典案例 ·· 141

　　　　　薛超伟敲诈勒索案 ………………………………………… 141
　　拓展案例 ……………………………………………………………… 143
　　　　　杨飞飞、徐某抢劫案 …………………………………………… 143
　第三节　犯罪中止 …………………………………………………… 144
　　知识概要 ……………………………………………………………… 144
　　经典案例 ……………………………………………………………… 144
　　　　案例一：黄勇、张海春、王小鹏入户抢劫案 ……………………… 144
　　　　案例二：孙运财破坏交通设施案 ………………………………… 146
　　　　案例三：姜俊武强奸案 …………………………………………… 148
　　拓展案例 ……………………………………………………………… 149
　　　　朱高伟强奸、故意杀人案 ………………………………………… 149

第七章　共同犯罪 …………………………………………………… 151
　第一节　共同犯罪概述 ……………………………………………… 151
　　知识概要 ……………………………………………………………… 151
　　经典案例 ……………………………………………………………… 153
　　　　案例一：马汝方等贷款诈骗、违法发放贷款、
　　　　　　　　挪用资金案 ……………………………………………… 153
　　　　案例二：李尧强奸案 ……………………………………………… 156
　　　　案例三：刘正波、刘海平强奸案 ………………………………… 158
　　　　案例四：蒋勇、李刚过失致人死亡案 …………………………… 160
　　　　案例五：乌斯曼江、吐尔逊故意伤害案 ………………………… 161
　　　　案例六：陈家鸣等盗窃、销赃案 ………………………………… 163
　　拓展案例 ……………………………………………………………… 165
　　　　焦祥根、焦祥林故意杀人案 ……………………………………… 165
　第二节　共同犯罪的形式 …………………………………………… 167
　　知识概要 ……………………………………………………………… 167
　　经典案例 ……………………………………………………………… 168
　　　　案例一：叶燕兵非法持有枪支案 ………………………………… 168
　　　　案例二：陈继明等传播淫秽物品牟利案 ………………………… 170

　　　　案例三：胡忠、胡学飞、童峰峰故意杀人案 …………… 172
　　　　案例四：练永伟等贩卖毒品案 …………………………… 175
　　拓展案例 …………………………………………………………… 177
　　　　王立刚等故意伤害案 ……………………………………… 177
　第三节　共同犯罪人的刑事责任 …………………………………… 178
　　知识概要 …………………………………………………………… 178
　　经典案例 …………………………………………………………… 179
　　　　案例一：黄德全、韦武全、韦红坚贩卖毒品案 ………… 179
　　　　案例二：被告人王国清等抢劫、故意伤害、盗窃案 …… 181
　　　　案例三：侯占齐、李文书、侯金山等人走私、
　　　　　　　　贩卖毒品案 ……………………………………… 184
　　　　案例四：李春玲、赵美英、杜素容受胁迫故意杀人、
　　　　　　　　抢劫案 …………………………………………… 187
　　　　案例五：郭玉林等抢劫案 ………………………………… 189
　　　　案例六：陈卫国、余建华故意杀人案 …………………… 191
　　拓展案例 …………………………………………………………… 193
　　　　宋光军运输毒品案 ………………………………………… 193

第八章　罪数形态 195

　知识概要 ……………………………………………………………… 195
　第一节　实质的一罪 ………………………………………………… 195
　　经典案例 …………………………………………………………… 195
　　　　案例一：被告人李进才等抢劫、盗窃案 ………………… 195
　　　　案例二：贾某非法拘禁案 ………………………………… 197
　　　　案例三：彭定安破坏电力设备案 ………………………… 199
　　拓展案例 …………………………………………………………… 202
　　　　袁才彦编造虚假恐怖信息案 ……………………………… 202
　第二节　法定的一罪 ………………………………………………… 203
　　经典案例 …………………………………………………………… 203
　　　　倪以刚等聚众斗殴案 ……………………………………… 203

拓展案例 ………………………………………………………… 205
　　　　黄艺等诈骗案 ………………………………………………… 205
　　第三节　处断的一罪 ……………………………………………… 206
　　经典案例 ………………………………………………………… 206
　　　　案例一：梁其珍招摇撞骗案 ………………………………… 206
　　　　案例二：王昌和变造金融票证案 …………………………… 208
　　拓展案例 ………………………………………………………… 211
　　　　周洪宝妨害公务案 …………………………………………… 211

第九章　刑罚体系 …………………………………………………… 212
　　知识概要 ………………………………………………………… 212
　　第一节　主刑 ……………………………………………………… 212
　　经典案例 ………………………………………………………… 212
　　　　案例一：谭某贩卖毒品案 …………………………………… 212
　　　　案例二：李某危险驾驶案 …………………………………… 214
　　　　案例三：刘本露交通肇事案 ………………………………… 216
　　　　案例四：林某某诈骗案 ……………………………………… 218
　　　　案例五：张怡懿、杨礐故意杀人案 ………………………… 220
　　　　案例六：闫新华故意杀人案 ………………………………… 222
　　拓展案例 ………………………………………………………… 224
　　　　贾淑芳故意杀人案 …………………………………………… 224
　　第二节　附加刑 …………………………………………………… 225
　　经典案例 ………………………………………………………… 225
　　　　案例一：被告人鄂尔古丽·买买提盗窃案 ………………… 225
　　　　案例二：王玉军、张××共同盗窃案 ……………………… 228
　　　　案例三：杨廷祥等抢劫案 …………………………………… 230
　　　　案例四：惠三国非法拘禁案 ………………………………… 232
　　拓展案例 ………………………………………………………… 234
　　　　张国涛信用卡诈骗案 ………………………………………… 234

第十章 刑罚裁量 ………………………………… 236

第一节 累犯 …………………………………… 236
知识概要 ………………………………………… 236
经典案例 ………………………………………… 237
 案例一：丁立军强奸、抢劫、盗窃案 ………… 237
 案例二：南昌洙、南昌男盗窃案 ……………… 239
拓展案例 ………………………………………… 241
 贺建军贩卖、运输毒品案 ……………………… 241

第二节 自首 …………………………………… 242
知识概要 ………………………………………… 242
经典案例 ………………………………………… 242
 案例一：陈国策故意伤害案 …………………… 242
 案例二：汪某故意杀人、敲诈勒索案 ………… 244
拓展案例 ………………………………………… 246
 尚娟盗窃案 ……………………………………… 246

第三节 立功 …………………………………… 247
知识概要 ………………………………………… 247
经典案例 ………………………………………… 248
 王奕发、刘演平敲诈勒索案 …………………… 248
拓展案例 ………………………………………… 249
 胡俊波走私、贩卖、运输毒品，走私武器、弹药案 …… 249

第四节 数罪并罚 ……………………………… 251
知识概要 ………………………………………… 251
经典案例 ………………………………………… 252
 代海业盗窃案 …………………………………… 252
拓展案例 ………………………………………… 254
 田友兵敲诈勒索案 ……………………………… 254

第五节 缓刑 …………………………………… 255
知识概要 ………………………………………… 255
经典案例 ………………………………………… 256

　　　　姚国英故意杀人案 …………………………………… 256
　　拓展案例 ………………………………………………… 258
　　　　徐通等盗窃案 ……………………………………… 258

第十一章　刑罚的执行与消灭 …………………………… 260
　　知识概要 ………………………………………………… 260
　　第一节　减刑 …………………………………………… 260
　　经典案例 ………………………………………………… 260
　　　　贾某某破坏交通设施罪、破坏电力设备罪
　　　　案 …………………………………………………… 260
　　拓展案例 ………………………………………………… 263
　　　　李飞故意杀人案 …………………………………… 263
　　第二节　假释 …………………………………………… 264
　　经典案例 ………………………………………………… 264
　　　　张某抢劫案 ………………………………………… 264
　　拓展案例 ………………………………………………… 266
　　　　对罪犯武某某假释案 ……………………………… 266
　　第三节　追诉时效 ……………………………………… 267
　　经典案例 ………………………………………………… 267
　　　　案例一：沈某挪用资金案 ………………………… 267
　　　　案例二：贾某盗窃案 ……………………………… 269
　　拓展案例 ………………………………………………… 271
　　　　张某某抢劫、李某某盗窃案 ……………………… 271

参考文献 …………………………………………………… 273

第一章

刑法解释

知识概要

刑法的解释不但是刑法理论的重大课题，也是实务工作者不可或缺的知识及技能储备。在本章中，首先要明确罪刑法定原则是刑法解释的根本原则，任何解释活动都要在罪刑法定原则的限定下进行，解释结果必须经过罪刑法定原则的验证；其次，刑法解释根据不同标准可以划分为不同的种类，一般要掌握文义解释和论理解释两种大的分类形式；最后要通过具体的案例训练，要达到能够熟练运用文义解释、体系解释、历史解释、目的解释等几种常用的解释方法。

第一节 刑法解释的原则和立场

经典案例

案例一： 李宁组织卖淫案[1]

[基本案情]

被告人李宁为营利，伙同他人采取张贴广告、登报的方式招聘男青年做"公关人员"，并制定了《公关人员管理制度》。《管理制度》规定了"公关人员"的台费、出场费，客人投诉某一"公关人员"的处罚方式，"公关人员"

---

[1] 中华人民共和国最高人民法院刑事审判第一庭、第二庭编：《刑事审判参考》2004年第3集（总第38集），法律出版社2004年版，第137~142页。

上岗前需办理的手续，以及"公关人员"上岗前须经检查、培训等内容。李宁指使他人对"公关先生"进行管理，并在其经营的酒吧内将多名"公关先生"多次介绍给男性顾客，由男性顾客将"公关人员"带至酒店从事同性卖淫活动。

南京市秦淮区人民法院认为，被告人李宁以营利为目的，招募、控制多人从事卖淫活动，其行为已构成组织卖淫罪。组织他人卖淫中的"他人"，主要是指女性，也包括男性。被告人李宁以营利为目的，组织"公关人员"从事金钱与性的交易活动，虽然该交易在同性之间进行，但该行为亦为卖淫行为，亦妨害了社会治安管理秩序，破坏了良好的社会风尚，故李宁的行为符合组织卖淫罪的构成条件。判决被告人李宁犯组织卖淫罪，判处有期徒刑8年，罚金人民币6万元。一审判决后，被告人李宁不服，以组织同性卖淫不构成犯罪、量刑过重为由，向南京市中级人民法院提出上诉。南京市中级人民法院经审理后驳回上诉，维持原判。

[法律问题]

组织男性卖淫能否构成组织卖淫罪？认为组织男性卖淫也能构成组织卖淫罪的解释是否违背了刑法解释的基本原则？

[法理分析]

（一）刑法解释的基本原则及立场

罪刑法定原则是刑法的基本原则，无论是立法者还是司法者，均应受其约束，因此从广义上来讲，任何主体做出的任何解释，都应当受到罪刑法定原则的限制，罪刑法定原则自然是刑法解释的第一原则。当然"刑法解释如何贯彻罪刑法定原则，可谓刑法学的永恒话题"[1]。在罪刑法定原则的基础上，有人提出刑法解释还应当遵循"罪责刑相适应"、"明确性"及"自律和可预测原则"[2]。此外，还有人认为，符合法益保护目的及不得违反宪法也是刑法解释的基本原则。[3]

在刑法解释的基本立场上，主要存在主观说和客观说的争论。前者认为解释刑法就是要探明立法者的原意，认为法律解释受立法原意的制约，法律解释应具有一定的稳定性，要与最初的立法意图保持一致。这一立场受到了客观说的批判，该说支持者认为法律一经颁布就是一种客观存在，主张根据解释时的社会实际状况对法律进行客观解释。[4] 还有人主张折中说，认为法律解释要综

---

[1] 张明楷：《罪刑法定与刑法解释》，北京大学出版社2009年版，第2页。
[2] 于志刚主编：《案例刑法学（总论）》，中国法制出版社2010年版，第3~4页。
[3] 张明楷：《刑法学》，法律出版社2011年版，第34页。
[4] 王政勋："论客观解释立场与罪刑法定原则"，载北京大学法学院刑事法学科群编：《刑法体系与刑事政策 储槐植教授八十华诞贺岁集》，北京大学出版社2013年版，第154页。

合主观与客观的立场，进一步提出法律解释应该先进行主观解释后进行客观解释。[1]

（二）组织男性卖淫构成组织卖淫罪

1. 从文意上讲，"卖淫"本身并没有排除男性主体。语言是社会经济、生活的体现，语言的转变往往真实地记载了人们认识的变化。传统意义上的卖淫者以女性居多，因此卖淫被定义为"女子出卖肉体"[2]，但是古今中外，客观上一直存在着一定数量的"男妓"，男性卖淫现象并不罕见。近年来，随着社会生活的丰富及价值的多元化，男性卖淫的现象逐渐增多，反映到语言的变化中，"卖淫"一词在百度百科中被解释为"为获取物质报酬与不固定对象发生的性行为"，这里已经不再限于是女性了，而在维基百科中，更是明确地记载"提供性服务的行业称为卖淫，性工作者依其性别，称为妓女或者男妓"。因此，随着社会的发展和人们认识的变化，男性出卖肉体构成卖淫是一种正常的社会现象，将男性归入卖淫的主体不会超出社会大众的理解范畴。

2. 法律规定中的卖淫也没有排除男性。无论是在《治安管理处罚法》还是全国人大常委会《关于严禁卖淫嫖娼的决定》中，都没有将卖淫的主体限定为女性，而在公安部《关于对同性之间以钱财为媒介的性行为定性处理问题的批复》中，则明确指出"不特定的异性之间或者同性之间以金钱、财物为媒介发生不正当性关系的行为，都属于卖淫嫖娼的行为"。因此，在相关部门具体的执法行为中，打击男性卖淫早已成为常态。

3. 将男性解释为卖淫的主体符合刑法的目的。刑法的目的在于保护法益。[3]我国刑法分则将组织卖淫罪规定在妨害社会管理秩序罪一章中，说明了该行为对"社会管理秩序"这一集体法益的侵害。从保护法益的角度出发，无论是组织女性还是男性、同性还是异性之间卖淫，在侵犯正常的社会管理秩序这一点上是没有区别的。因此，将组织男性卖淫解释为组织卖淫罪也符合刑法保护法益的目的。

（三）本解释不违背罪刑法定的基本原则

判断刑法解释是否违背罪刑法定基本原则的一条基本标准，就是看其解释结论是否已经超出了刑法用语可能具有的含义，如果超出了语言在刑法中的含义，超出了文意的"射程"范围，那也就超出了人们对刑法的预测可能性，自然也就违反了罪刑法定原则。我国刑法规定"组织他人卖淫"构成组织卖淫罪，

---

[1] 于志刚主编：《案例刑法学（总论）》，中国法制出版社2010年版，第3~4页。

[2] 中国社会科学院语言研究所词典编辑室：《现代汉语词典》，商务印书馆2012年版，第868页。

[3] [德]克劳斯·罗克信："刑法的任务不是法益保护吗?"，樊义译，载陈兴良主编：《刑事法评论（第19卷）》，中国政法大学出版社2006年版，第146~165页。

男性和女性都是"人"的下位概念，而将男性解释为卖淫的主体，没有超出刑法中"他人卖淫"这个词本身的含义，符合社会现实，并没有超出人们的预测可能性，也没有违反刑法保护法益的根本目的。因此，组织卖淫罪中的"人"既包括女人，也包括男人，组织男性从事卖淫活动的，也能构成组织卖淫罪，这一解释是合理的，符合罪刑法定的基本原则。

案例二：　　　　　　　孟动、何立康盗窃案[1]

[基本案情]

被害单位茂立公司通过与腾讯科技（北京）有限公司（以下简称腾讯公司）、广州网易计算机系统有限公司（以下简称网易公司）签订合同，成为腾讯在线Q币以及网易一卡通在上海地区网上销售的代理商。2005年6~7月间，被告人孟动通过互联网，在广州市利用黑客程序窃得茂立公司登录腾讯、网易在线充值系统使用的账号和密码。同年7月22日下午，孟动通过网上聊天方式与被告人何立康取得联系，向何立康提供了上述所窃账号和密码，二人预谋入侵茂立公司的在线充值系统，窃取Q币和游戏点卡后在网上低价抛售。

2005年7月22日18时许，被告人孟动先让被告人何立康为自己的QQ号试充1只Q币。确认试充成功后，孟动即在找到买家并谈妥价格后，通知何立康为买家的QQ号充入Q币，要求买家向其中国工商银行牡丹灵通卡内划款。自2005年7月22日18时32分至次日10时52分，何立康陆续从茂立公司的账户内窃取价值人民币24 869.46元的Q币32 298只，除按照孟动的指令为买家充入Q币外，还先后为自己及朋友的QQ号充入数量不等的Q币。自2005年7月23日0时25分至4时07分，何立康还陆续从茂立公司的账户内窃取价值人民币1079.5元的游戏点卡50点134张、100点60张。以上二被告人盗窃的Q币、游戏点卡，共计价值人民币25 948.96元。

一审法院认为，被告人孟动、何立康以非法占有为目的，通过互联网共同窃取茂立公司价值人民币25 948.96元的Q币和游戏点卡，侵犯了茂立公司的财产权利，构成盗窃罪。一审宣判后，被告人孟动、何立康在法定期限内未提出上诉，公诉机关也未抗诉，一审判决发生法律效力。

[法律问题]

"Q币"、游戏点卡等能否构成盗窃罪的犯罪对象？认为虚拟财产构成盗窃罪的"财物"是否违背罪刑法定原则？

---

[1] 原载《中华人民共和国最高人民法院公报》2006年第11期。

[法理分析]

学界对于"Q币"、游戏点卡等"网络虚拟"财产是否是法律上的财产，能否构成盗窃罪的对象，具有一定的争议。

从财产性质的角度看，有学者认为，虚拟财产存在着其固有价值，而且应当受到现实社会的法律保护，理由一是认为虚拟财产的获得主要是通过个人劳动、同时客观存在着伴随性的财产投入；二是虚拟财产可以通过购买取得，虚拟财产与真实财产之间存在市场交易；三是虚拟财产的所有者对财产的重视性与日俱增〔1〕。但也有学者不这样认为，指出"虚拟财产根本就不是财产"，现有的做法"将原本连知识产权都不如的一种可以无限产生、复制的互联网数据信息，提升到财产的层面对待"〔2〕。既然虚拟财产不构成财产，自然就不能成为盗窃罪的对象。

从财产的属性来看，"虚拟财产"依旧具有财产的属性。构成财产首先是必须有用，虚拟财产虽然是无形的精神产品，但也是人民通过劳动创造出来的，是能够满足人们的需求，具有使用价值；财产的第二个属性是具有价值，即能进行交换、流通，能给所有人带来财富，虚拟财产无疑满足这个条件；构成财产还需要具有稀缺性，虚拟财产的生产并不是无限的，它也必须按照一定的规则创造，并非任何人在任何场合都能无偿得到，具有稀缺性。而且从财产概念的流变来看，随着社会生产的进步，人们对财产的认识也经历了从有形物到无形物，再到知识产品的认识〔3〕。因此，"虚拟财产"具有财产的本质属性，应当受到法律的保护。

虚拟财产虽然具有财产属性，但能否构成盗窃罪的对象确实是有疑问的。首先，《刑法》第 264 条规定的盗窃罪的罪状为"盗窃公私财物"，而非公私财产；其次，从日常用语来讲，对物的理解是一种独立于人的意识之外的客观实在，况且在大众的认识中，无形物也是一种物，虽然我们无从把握，但是跟精神创造物还是具有本质的差别；再次，从本质上讲，虚拟财产只是一种"信息"，不可能是物，"客观世界由三大基本元素组成，即物质（具有质量的事物）、能量和信息"〔4〕。虚拟财产本质上只能是信息，不可能构成"物"。

综上，由于我国《刑法》规定的盗窃罪的犯罪对象是"财物"，而虚拟财产

---

〔1〕 参见于志刚："论网络游戏中虚拟财产的法律性质及其刑法保护"，载《政法论坛》2003 年第 6 期。

〔2〕 曲新久："论扩张解释与类推适用的区分标准与方法"，载北京大学法学院刑事法学科群编：《刑法体系与刑事政策 储槐植教授八十华诞贺岁集》，北京大学出版社 2013 年版，第 164 页。

〔3〕 参见吴汉东："科技、经济、法律协调机制中的知识产权法"，载《法学研究》2001 年第 6 期。

〔4〕 粟源："知识产权的哲学、经济学和法学分析"，载《知识产权》2008 年第 5 期。

本质上属于信息，将其解释为财物已经超出了"物"这个词的文义范畴，因此违背了罪刑法定原则。[1]

拓展案例

曹娅莎金融凭证诈骗案[2]

[基本案情]

被告人曹娅莎，女，40岁，原系海州实业有限公司（个体）经理。因涉嫌金融票据诈骗罪，1996年10月8日被逮捕。1996年5月22日，被告人曹娅莎与同案被告人刘锦祥（已判刑）以月息21%高息存款的名义，通过他人骗取山东省财政国债服务部1000万元的汇票一张，存入中国银行潍坊分行对公存款组。次日，曹娅莎、刘锦祥将一张中国银行潍坊分行100元的定期存款单变造为金额1000万元、定期1年的整存整取存单，交给山东省财政国债服务部。曹娅莎、刘锦祥利用中国银行潍坊分行对公存款组负责人李春宝的渎职，从该行支出资金900万元，余100万元以曹娅莎的名义存入该行作为李春宝完成的揽储任务。同年7月19日，被告人曹娅莎仍以高息存款为手段，通过他人骗取招远市农村信用联社500万元汇票一张。同年7月26日，被告人曹娅莎以高息存款为诱饵，通过他人骗取招远市对外供应股份有限公司两张各500万元的汇票，存入中国银行潍坊分行。曹娅莎伙同曹政军用两张中国银行各50元的定期存单分别变造为金额500万元的定期整存整取存单，交给招远市对外供应股份有限公司。后曹娅莎伙同他人伪造了一份委托投资协议书，并私刻存款人和中国银行储蓄所会计名章，企图将1000万元从银行骗出，因案发诈骗未遂。综上，被告人曹娅莎进行金融凭证诈骗三起，诈骗总额2500万元（其中1000万元未遂）。曹娅莎将诈骗的资金用于支付存款单位息差、中间人好处费和归还其个人公司的银行贷款、购买汽车等。案发后，追缴人民币及赃物折款共计12 054 100余元，造成重大经济损失2 945 800余元。

山东省潍坊市中级人民法院认为，被告人曹娅莎、刘锦祥构成票据诈骗罪；

---

[1] 曲新久教授也认为，将虚拟财产解释为财产突破了"财物"的语言边界，超出了一般公民的预测，"虚拟财产无非是小孩儿的玩意儿，既不是有形的也不是无形的财物"。参见曲新久："论扩张解释与类推适用的区分标准与方法"，载北京大学法学院刑事法学科群主编：《刑法体系与刑事政策 储槐植教授八十华诞贺岁集》，北京大学出版社2013年版，第164页。

[2] 参见中华人民共和国最高人民法院刑事审判第一庭编：《刑事审判参考》1999年第1期（总第1期），法律出版社1999年版，第27~33页。

判处被告人曹娅莎死刑,剥夺政治权利终身,并处罚金人民币10万元;判处被告人刘锦祥无期徒刑,剥夺政治权利终身,并处罚金人民币20万元。一审宣判后,二被告人以"量刑过重"为由提起上诉。山东省高级人民法院经二审审理后驳回上诉,维持原判。山东省高级人民法院依法将此案报送最高人民法院核准。最高人民法院于1999年3月6日判决如下:撤销山东省潍坊市中级人民法院一审判决和山东省高级人民法院二审裁定中对被告人曹娅莎的定罪、并处罚金部分;以金融凭证诈骗罪判处被告人曹娅莎死刑,剥夺政治权利终身,并处没收财产。

[法律问题]

本案中对法律和法律解释的适用是否合理?

[重点提示]

法律与法律解释的适用要符合《立法法》的规定,尤其是关于效力位阶的规定不得被突破。

第二节 刑法解释的种类

经典案例

许霆盗窃案[1]

[基本案情]

2006年4月21日晚21时许,被告人许霆到广州市天河区黄埔大道西平云路163号的广州市商业银行自动柜员机(ATM)取款,同行的郭安山(已判刑)在附近等候。许霆持自己不具备透支功能、余额为176.97元的银行卡准备取款100元。当晚21时56分,许霆在自动柜员机上无意中输入取款1000元的指令,柜员机随即出钞1000元。许霆经查询,发现其银行卡中仍有170余元,意识到银行自动柜员机出现异常,能够超出账面余额取款且不能如实扣账。许霆于是在21时57分~22时19分、23时13分~19时、次日零时26分~1时06分三个时间段内,持银行卡在该自动柜员机指令取款170次,共计取款174 000元。

---

[1] (2008)穗中法刑二重字第2号"广东省广州市中级人民法院刑事判决书",此判决为许霆案被发回重审后再次审理的判决书。

许霆告知郭安山该台自动柜员机出现异常后,郭安山亦采用同样手段取款19 000元。同月24日下午,许霆携款逃匿。

广州市中级人民法院认为,被告人许霆以非法占有为目的,采用秘密手段窃取银行经营资金的行为,已构成盗窃罪。许霆盗窃金融机构,数额特别巨大,依法本应适用"无期徒刑或者死刑,并处没收财产"的刑罚。鉴于许霆是在发现银行自动柜员机出现异常后产生犯意,采用持卡窃取金融机构经营资金的手段,其行为与有预谋或者采取破坏手段盗窃金融机构的犯罪有所不同;从案发具有一定偶然性看,许霆犯罪的主观恶性尚不是很大。依法判处被告人许霆犯盗窃罪,处有期徒刑5年,并处罚金2万元。后许霆上诉,广东省高级人民法院维持了原判。

[法律问题]

许霆案引发了社会极大的争议,值得讨论的地方有很多。但在本节中,关注点在被告人许霆从ATM机中取款的行为是否构成盗窃罪中的"盗窃金融机构"的加重情节,核心是ATM机能否被扩大解释为金融机构?

[法理分析]

(一)按照不同的标准,可以将刑法解释分为不同的种类

1. 按照解释的效力可以分为立法解释、司法解释和学理解释。立法解释是指由有权立法机关对刑法含义所作的解释。根据《宪法》及《立法法》的规定,刑法的解释权属于全国人民代表大会常务委员会,而且其效力等同于刑法。[1]根据全国人大常委会《关于加强法律解释工作的决议》规定,凡是关于法律、法令条文本身需要进一步明确界限或做补充规定的,由全国人大常委会进行解释或用法令加以规定;司法解释是最高司法机关对具体应用刑法所作的解释。根据人大常委会规定,最高人民法院和最高人民检察院都有权对具体应用法律、法令的行为进行解释;学理解释是指未经国家授权的机关、团体或者个人从理论上或学术上对刑法所作的解释。学理解释不具有法律效力,但合理的学理解释对司法活动具有极高的指导价值。

2. 按照解释方法可以分为文理解释和论理解释,此部分内容将在下一节解释方法中详述。

---

[1] 对立法解释的概念有一定的争议。有学者认为立法解释不但包括严格意义上的对法律施行过程中立法机关的专门解释,也包括刑法或者相关法律中的解释性规定,以及立法机关制定刑法时在"法律的起草说明"中所作的解释。参见曲新久:《刑法学》,中国政法大学出版社2012年版,第21页;韩玉胜主编:《刑法学原理与案例教程》,中国人民大学出版社2006年版,第11页。笔者认为,刑法典中的解释性规定明显是刑事立法的一种,而"说明"中的解释明显不具有立法解释的效力,因此二者都不应该归入立法解释的范畴。

3. 按照解释的结果可以分为扩张解释和限缩解释。扩张解释是扩大了法条的字面意思,而限缩解释则缩小了字面意思。法律并不禁止扩大解释,因为其只是扩大了法条的字面意思,而不是脱离或超出,如果已经超出文义的范畴就成为类推解释,从而被刑法所禁止。

(二) 将 ATM 机解释为金融机构属于扩大解释

我国《刑法》第264条规定了盗窃罪,其中"盗窃金融机构,数额特别巨大的"属于盗窃罪的加重情节。一般认为,金融机构就是指从事金融服务业有关的金融中介机构,但金融又是一个外延极为广泛的概念,因此需要进一步解释。《最高人民法院关于审理盗窃案件具体应用法律若干问题的解释》第8条对金融机构进行了解释,盗窃金融机构"指盗窃金融机构的经营资金、有价证券和客户的资金等,如储户的存款、债券、其他款物,企业的结算资金、股票,不包括盗窃金融机构的办公用品、交通工具等财物的行为"。该解释是从对象的角度定义了盗窃金融机构,盗窃金融机构指的就是盗窃金融机构里的金融凭证,更通俗地讲,指的就是广义的"钱",因此,盗窃与"钱"无关的办公用品以及交通工具等物品的,不构成盗窃金融机构。这种解释其实就暗含了扩大解释的内容,即只要是盗窃了金融机构的"钱",就相当于盗窃金融机构。这一点也在《最高人民法院关于审理抢劫案件具体应用法律若干问题的解释》中得到了印证,该解释第3条第2款规定,"抢劫正在使用中的银行或者其他金融机构的运钞车的"视为"抢劫银行或者其他金融机构"。结合本案,使用中的ATM机和金融机构的运钞车一样,作为载体都保存着"金融机构的经营资金、有价证券和客户的资金等",盗窃ATM机中的钱,自然也就构成盗窃金融机构。将金融机构扩大解释为ATM机,即是一种扩张解释,并不违背罪刑法定原则。

拓展案例

薛洽煌非法经营联邦止咳露案[1]

[基本案情]

被告人薛洽煌,男,1980年9月23日出生,汉族,农民。因涉嫌非法经营罪于2009年1月14日被逮捕。被告人薛洽煌于2006年11月至2007年11月间,在没有取得《药品经营许可证》的情况下,将其承租的、位于潮州市湘桥

---

[1] 参见中华人民共和国最高人民法院刑事审判第一、二、三、四、五庭主办:《刑事审判参考》2010年第4集(总第75集),法律出版社2011年版,第9~15页。

区南较路南溪巷 9 号的金洽药店（属擅自挂名）作为经营场所，将其承租的、位于湘桥区前街安场路安和园 C 栋楼下的储藏室和湘桥区南较路南溪巷 9 号对面 23 号的车库作为仓库，采取借用具有药品经营许可资质的广东省潮安县正人药业有限公司的名义购进、销售药品或以直接购进、销售药品的方式，先后向深圳致君制药有限公司（原深圳制药厂）、普宁市鹏源药业有限公司、揭阳盛达药业有限公司等单位购买复方磷酸可待因溶液（联邦止咳露）、盐酸曲马多等药品，这些药品部分销售给普宁市一个叫"楚西"的人（身份不明），部分放置在金洽药店零售，还有部分直接送到潮州市区的网吧及娱乐场所销售，并从中牟利。在此期间，薛洽煌非法经营复方磷酸可待因溶液等药品的交易金额为人民币（以下币种均为人民币）2 133 350.5 元，从中获利 7 万多元。其中，被告人薛洽煌于 2006 年 11 月与潮安县正人药业有限公司签订协议，挂靠该公司，借用该公司的《药品经营许可证》等证件，由该公司授权其为代理人，与深圳致君制药有限公司签订联邦止咳露等药品的购销合同，向深圳致君制药有限公司等单位购进联邦止咳露等药品。2007 年间，两公司因非法经营遭主管部门多次行政处罚，但薛洽煌继续非法经营同类药品。2007 年 11 月 3 日，广东省潮州市食品药品监督管理局在薛洽煌非法经营的药店及仓库查获药品、银行汇单、送货单、汽车等。潮州市湘桥区人民法院认定被告人薛洽煌犯非法经营罪，判处有期徒刑 5 年，并处罚金人民币 10 万元等。一审宣判后，被告人薛洽煌没有上诉，检察机关没有抗诉，判决现已发生法律效力。

[法律问题]

在缺乏直接的立法解释和司法解释的情况下，如何处理具有重大社会危害性的行为？

[重点提示]

虽然学理解释不属于有效的法律解释的类型，但在司法实务中遇到疑难案件时，离不开学理解释，但其适用必须十分慎重，否则会直接破坏罪刑法定原则。

第三节 刑法解释的方法

经典案例

案例一：　　　　　　谢新冲出售公民个人信息案[1]

[基本案情]

2009年3月至12月间，时任北京京驰无限通信技术有限公司运维部经理的被告人谢新冲，利用中国移动通信集团北京有限公司授予其所在公司开展手机定位业务的权限，先后多次为被告人刘海亮、程春郊、张超英等人提供的90余个手机号码进行定位，非法获利人民币9万元。

北京市第二中级人民法院认为，被告人谢新冲作为电信单位工作人员，违反国家规定，将本单位在履行职责或者提供服务过程中获得的公民个人信息出售给他人，情节严重，其行为已构成出售公民个人信息罪。据此判决被告人谢新冲犯出售公民个人信息罪，判处有期徒刑2年2个月，并处罚金人民币26000元。宣判后，被告人谢新冲认为原判量刑过重，提出上诉。北京市高级人民法院经二审审理认为，原判认定事实清楚，定罪准确，量刑适当，审判程序合法。依法裁定驳回上诉，维持原判。

[法律问题]

手机定位是否属于出售公民个人信息罪中的"公民个人信息"？

[法理分析]

一般认为，刑法解释的方法主要有文义解释和论理解释两大类，后者又可以进一步细分为体系解释、历史解释、目的解释、社会学解释、合宪性解释。[2]

解释文本无疑应当先从文义解释开始[3]。"典型的解释方法，是先依文义

---

[1] 中华人民共和国最高人民法院刑事审判第一、二、三、四、五庭主办：《刑事审判参考》2011年第6集（总第83集），法律出版社2012年版，第49～55页。

[2] 参见曲新久：《刑法学》，中国政法大学出版社2012年版，第23页。

[3] 学界对于刑法解释的方法位阶存有一定的争议，参见李希慧、龙腾云、邱帅萍编著：《刑法解释专题整理》，中国人民公安大学出版社2011年版，第37～38页。笔者认为刑法解释必须先从文义开始，只有在文义解释不能得出确定的答案时，才可以综合其他几种解释方法，而且最后得出的结论还要进行文义检查，超出文义范畴的解释不应该采取。这是刑法中罪刑法定原则的必然限制。

解释，而后再继以论理解释"[1]，文义解释也称语义解释，是按照法律条文用语及通常使用方式，以阐释法律之意义内容。文义解释也有一定的顺序，一般是从条文的普通含义入手，一步步进入到法律专业用语之中，从条文的词语含义、语法、逻辑来确定词句的意义。刑法解释尤其要重视文义解释，这是刑法安定性及可预测性最基本的要求，而且任何论理解释的结论最终都要接受文义的检验。

《刑法修正案（七）》第7条第1款规定："国家机关或者金融、电信、交通、教育、医疗等单位的工作人员，违反国家规定，将本单位在履行职责或者提供服务过程中获得的公民个人信息，出售或者非法提供给他人，情节严重的，处三年以下有期徒刑或者拘役，并处或者单处罚金。"第2款规定："窃取或者以其他方法非法获取上述信息，情节严重的，依照前款的规定处罚。"一般来讲，银行账户信息、通讯信息、车主信息、考生信息、医疗信息等均属于公民个人信息范畴，信息来源受到明确限制。从语言规则来看，第2款规定的"上述信息"应为第1款规定之公民个人信息，这两个罪的犯罪对象应当是一致的，但这种解释并没有解决到底侵犯哪些信息便受到刑法规制这一难题，反而第2款中规定"上述信息"更增加了司法理解的模糊性。显然，单纯的文义解释无法得出明确的结论，要找到可供司法操作的明确对象，我们还需要运用其他的解释方法。

当文意解释无法得到答案的时候，我们就需要用论理解释的方法来找到裁判依据。体系解释是论理解释的一种，是将文本放入上下文之中，从法律体系中得出结论的一种论理解释方法。"法律条文只有当它处于与它有关的所有条文的整体之中才显示出真正的含义，或它所出现的项目会明确该条文的真正含义。"[2] 体系解释有一定的层级，一般先从条文本身开始，然后到分则、总则直至刑法法典，最后甚至可以上升到宪法的高度。[3] 但因为本条属于《刑法修正案（七）》新设定的法条，刑法典中相对应的条款较少，进行体系解释难以得到个人信息的具体含义，因此我们可以进一步尝试历史解释。

历史解释也称法意解释、主观解释，系指"探求立法者或准立法者于制定法律时所作的价值判断及其所欲实现的目的，以推知立法者的意思"[4]。作为

---

[1] 杨仁寿：《法学方法论》，中国政法大学出版社1999年版，第135页。杨仁寿先生将狭义的法律解释方法归纳为文义解释、体系解释、法意解释、比较解释、目的解释及合宪解释共6种。其中，文义解释为一种，另外5种合称为论理解释。

[2] 苏彩霞："刑法解释方法的位阶与运用"，载《中国法学》2008年第5期。

[3] 可以看出，体系解释方法的依据在于法律体系本身的协调统一，这是基于对良好法律秩序的一种信任，对同样的事实不应该且不允许规定相互矛盾的法律效果。当然立法中的纰漏不可避免，诸多规范之间可能存在着不一致甚至矛盾之处，这就需要从整个体系的角度予以解释、整合。

[4] 梁慧星：《民法解释学》，中国政法大学出版社2003年版，第219页。

立法参与者之一,全国人大常委会法工委刑法室副主任黄太云在对《刑法修正案(七)》第7条解读时指出,"公民个人信息包括:姓名、职业、职务、年龄、婚姻状况、学历、专业资格、工作经历、家庭住址、电话号码、信用卡号码、指纹、网上登录账号和密码等能够识别公民个人身份的信息"[1]。很明显,立法者对公民个人信息的解读,已经进行了一定程度的扩张,其列举的个人信息之多,可能已经超出了第7条第1款规定的六类主体所侵犯的对象。"等"的使用更表明立法者倾向于通过实质内容来界定公民个人信息,即提出了公民个人信息的最重要特征——可识别性。因此在具体的判断中,一般来讲,只要是可以识别特定个人身份的信息就可以解释为公民个人信息。

目的解释是根据法律规范的目的来阐释法律疑义的一种解释方法,只有了解法律究竟欲实现何种目的,才能得到法律的真谛。[2] 信息时代的到来,尤其是互联网的普及,使得公民个人信息的泄露变得更加容易,泄露的信息内容也更加广泛,这对公民个人的人身、财产安全以及隐私与生活都造成了严重的威胁,刑法修正案通过增设"非法获取公民个人信息罪"、"非法出售公民个人信息罪",使用刑罚这一最后的手段来保护公民个人信息,体现了刑法保护公民法益的最终目的。因此,只要是能够识别出公民个人身份、严重侵犯个人法益的信息,都应当包含在公民个人信息的范围之内。通过技术手段将个人进行手机定位,就能够获得一个人在特定时间段内所有的活动信息,连续的手机定位更是将一个人"行踪"暴露无遗。通过这种信息,我们不但知道他是谁,还知道他干了什么,将这种信息泄露,无疑严重侵犯公民的个人隐私,其危害性甚至一定程度上超过了银行开户、就医等个人信息,手机定位信息也属于"公民个人信息",应当受到刑法的保护。被告人谢新冲作为电信单位工作人员,将本单位在履行职责或者提供服务过程中获得的公民个人信息出售给他人,其行为符合出售公民个人信息罪的犯罪构成。

案例二:　　　　　　谢忠德危险驾驶案[3]

[基本案情]

被告人谢忠德于2011年7月11日零时许,在北京市顺义区仁和镇河南村西口处,醉酒驾驶一辆红色金陵无牌照摩托车,后被查获。经法医鉴定,谢忠德

---

[1] 黄太云:"《刑法修正案(七)》内容解读(三)",载《人民法院报》2009年4月22日,第6版。
[2] 龙世发:"适用与限制:法律解释中的目的解释方法",载《政法学刊》2009年第2期。
[3] 中华人民共和国最高人民法院刑事审判第一、二、三、四、五庭主办:《刑事审判参考》2012年第2集(总第85集),法律出版社2012年版,第29~31页。

血液检材中的酒精含量为 144.7mg/100ml。

北京市顺义区人民法院认为，被告人谢忠德在道路上无证醉酒驾驶机动车，其行为侵犯了公共交通安全，构成危险驾驶罪。谢忠德案发后明知他人报警而在现场等候，到案后能如实供述犯罪事实，系自首，且当庭认罪、悔罪，依法可对其从轻处罚。依法判决被告人谢忠德犯危险驾驶罪，判处拘役 2 个月，并处罚金人民币 1000 元。一审宣判后，谢忠德未上诉，检察院未抗诉，判决已生效。

[法律问题]

如何解释危险驾驶罪中的"道路"？

[法理分析]

《刑法修正案（八）》在刑法第 133 条（即交通肇事罪）后增加了一条，作为第 133 条之一："在道路上驾驶机动车追逐竞驶，情节恶劣的，或者在道路上醉酒驾驶机动车的，处拘役，并处罚金。"按照司法实务的操作标准，酒精含量达到 20mg/100ml 但不足 80mg/100ml，属于饮酒驾驶；酒精含量达到或超过 80mg/100ml，属于醉酒驾驶。饮酒驾驶属于违法行为，醉酒驾驶属于犯罪行为。本案中，被告人血液检材中的酒精含量为 144.7mg/100ml，已经达到了醉酒驾驶的标准，满足了危险驾驶中"醉酒驾驶机动车"的标准。但由于被告人是在北京市顺义区仁和镇河南村西口处驾驶，农村的小路能否被认为是危险驾驶罪中的"道路"就需要运用解释学的方法得出结论。

1. 运用文义解释的方法。根据现代汉语词典的解释，道路指的是"地面上供人或车马通行的部分"。但在人们的日常认识和经常用语中，常常将道路与"公路"的概念混同起来，公路指的是"市区以外的可以通行各种车辆的宽阔平坦的道路。"从对这两个词的解释可以看出，道路的外延明显宽于公路的外延，公路属于道路的一种，但道路并非只有公路一种。立法者精准地用了"道路"而非"公路"这个词来表达危险驾驶罪的罪状，就是提示危险驾驶行为并不能仅仅被理解为发生在城市主干道、高速路等公路上，"道路"还包括很多种情形。但是并非所有能够供人或车马通行的道路都能构成刑法中的"道路"，道路具体指的什么，仅从文义尚不能明了，还需要进一步的解释。

2. 运用论理解释的方法。从刑法体系来看，既然是将危险驾驶罪规定在分则第二章危害公共安全罪之中，那么在道路上醉驾的行为就应该是危害到了不特定或者多数人的生命或财产安全的行为，这样理解，道路应该具有公共性的特征。再具体到条文中来，我们可以用交通肇事罪的罪状来比较危险驾驶罪，但是交通肇事罪却并没有表述场所，用的是"违反交通运输管理法规，因而发生重大事故，致人重伤、死亡或者使公私财产遭受重大损失的"，从这点推断，交通肇事罪没有规定具体的场所，而是从管理的角度来定性，凡是属于交通运输管理之内的（场所），就应当属于交通肇事罪中的"场所"。这点推论也得到了司法解释的印证，根据2000年《最高人民法院关于审理交通肇事刑事案件具体应用法律若干问题的解释》规定，在实行公共交通管理的范围内发生重大交通事故的，依照《刑法》第133条和本解释的有关规定办理。《最高人民检察院关于在厂（矿）区内机动车造成伤亡事故的犯罪案件如何定性处理问题的批复》中规定："应当根据不同情况，区别对待：在公共交通管理范围内，因违反交通运输规章制度，发生重大事故，应按刑法第113条规定处理。"因此，属于公共交通管理范围，是刑法意义上"道路"的一个基本属性。从历史解释和目的解释的角度来看，在全国人大常委会法制工作委员会《中华人民共和国刑法修正案（八）（草案）》及其说明中明确写道："近年来，一些全国人大代表多次提出议案、建议，要求对一些严重损害广大人民群众利益的行为，加大惩处力度。""对一些社会危害严重，人民群众反响强烈，原来由行政管理手段或者民事手段调整的违法行为，建议规定为犯罪。"随着我国经济的发展和机动车的普及，道路交通事故类犯罪急剧增长，我国交通事故死亡人数高居世界前列，其中醉酒驾车、飙车等行为是人为造成交通事故的主要原因。醉酒驾车、飙车等危险驾驶行为已经给人民群众的生命、财产安全等重大法益造成了严重威胁，因此必须予以刑罚的惩处。涉及公共安全法益，无疑应当是"道路"所具有的根本含义。

综上所述，刑法中的"道路"应当指的是具有公共性，处于公共交通管理范围内，涉及公共安全的道路。具体到本案中，为了慎重起见，北京市公安局顺义分局交通支队在经过实地调查后，为此地的"公共性"出具了相关证明，证明了道路的公共性。[1]实际上，现代大都市中的农村早已不是鸡犬相闻的自然状态，农村的道路已经相当发达，处于公共交通的管理之内，甚至类似"唐家岭"、"天通苑"这样的城中村、超大型社区中都有公共交通汽车通过。这些道路上每天都有不特定或者大量的人群经过，在这些道路上危险驾驶，必然会危及公共安全。因此，对道路的解释应当从其危害公共安全的本质上去理解，本案中被告人在农村道路上醉酒驾驶，危害到公共安全，构成危险驾驶罪。

---

〔1〕参见中华人民共和国最高人民法院刑事审判第一、二、三、四、五庭主办：《刑事审判参考》2012年第2集（总第85集），法律出版社2012年版，第29～31页。

拓展案例

吴德桥绑架案[1]

[基本案情]

被告人吴德桥，男，1973年6月7日生，汉族，因涉嫌犯绑架罪，于1998年11月12日被逮捕。被告人吴德桥因生活琐事经常与妻子谭财莲争吵、打架，谭财莲因此搬回娘家住并提出离婚。吴德桥不同意，多次到谭家要求谭财莲回家，均遭拒绝以及其岳父谭崇森的驱逐。吴德桥认为是谭崇森挑拨了其夫妻关系，遂意报复谭崇森。1998年11月2日下午，吴德桥携带1只空酒瓶及1根长布带，在南康市坪市乡中学门口，将放学回家的谭崇森的孙子谭亮绑架至自己家里关押。后吴德桥给谭亮的堂姑谭小兰打电话，让谭小兰转告谭崇森与谭财莲，要谭财莲一人于当晚7时之前带3000元来赎人，不许报警，否则杀死谭亮。谭亮的家属报案后与公安干警于当晚7时许赶至吴德桥家，吴德桥见谭财莲未来，即用刀在谭亮的脖子上来回拉割，并提出要谭崇森弄瞎自己的眼睛、自残手足等才肯放人。因其要求未得到满足，吴德桥便不断用刀在谭亮身上乱划致谭亮不断惨叫，后又用刀将谭亮的左手拇指割下一小截扔下楼。期间，谭亮因失血过多而多次昏迷。直至次日凌晨1时许，公安干警冲入室内将吴德桥抓获。经法医鉴定，谭亮的面部、颈部、肩部、膝部、小腿、脚、指等部位有20余处刀伤，伤情为重伤乙级。赣州地区中级人民法院认定被告人吴德桥构成绑架罪，于1999年4月13日判处吴德桥死刑，剥夺政治权利终身。一审宣判后，被告人吴德桥提起上诉。江西省高级人民法院经审理后判决撤销赣州地区中级人民法院（1999）赣中刑初字第32号刑事附带民事判决中的刑事判决部分，认定吴德桥犯绑架罪，判处无期徒刑，剥夺政治权利终身。

[法律问题]

法律解释应该遵循哪些原则？

[重点提示]

法律解释首先服务于司法实践而不是法学理论，其解释既要符合形式逻辑，也要符合日常生活逻辑，否则会得出错误乃至荒诞的结论。

---

[1] 参见中华人民共和国最高人民法院刑事审判第一庭、第二庭编：《刑事审判参考》2002年第3辑（总第26辑），法律出版社2002年版，第51~56页。

第二章 刑法基本原则

所谓刑法的基本原则，是指贯穿全部刑法规范，具有指导和制约全部刑事立法和刑事司法的意义，并体现我国刑事法治的基本精神的准则。通说虽认为我国刑法的基本原则有三：罪刑法定原则、适用刑法人人平等原则以及罪责刑相适应原则，[1]但也有学者认为，我国刑法基本原则除却罪刑法定原则之外，还包括法益保护管辖与责任主义原则。[2]在此，主要就罪刑法定原则、法益保护管辖与罪责刑相适应原则及其在相关案例中的适用与体现分别论述。

第一节 罪刑法定原则

知识概要

所谓罪刑法定原则，是指什么是犯罪，有哪些犯罪，各种犯罪的构成要件是什么，有哪些刑种，各个刑种如何适用，具体罪的具体量刑幅度如何等，均由刑法加以规定。对于刑法分则没有明文规定为犯罪的行为，不得定罪处罚。[3]曾经为罪刑法定原则提供理论基础的是孟德斯鸠的三权分立论以及费尔巴哈的心理强制说，但现在一般认为罪刑法定原则的思想基础应当是民主主义与尊重人权主义。[4]有关罪刑法定主义的基本内容，现在一般认为，罪刑法定主义的内容不限于形式的侧面，随着法治进步，罪刑法定主义有了新的实质内容——实体的正当程序，并被视为其实质的侧面。概言之，罪刑法定原则的内容包括

---

[1] 高铭暄、马克昌主编：《刑法学》，北京大学出版社、高等教育出版社2011年版，第24页。
[2] 张明楷：《刑法学》，法律出版社2012年版，第49页。
[3] 高铭暄、马克昌主编：《刑法学》，北京大学出版社、高等教育出版社2011年版，第25页。
[4] 张明楷：《外国刑法纲要》，清华大学出版社2007年版，第21页。

了:法律主义、禁止事后法、禁止类推解释、明确性原则、刑罚法规适正[1]。但问题的关键在于如何在立法尤其是司法实践中贯彻罪刑法定原则。

经典案例

案例一: 肖志光等故意伤害案[2]

[基本案情]

被告人肖志光给被告人亢凤兰打电话让肖志光帮忙找被害人王军要草钱,后肖志光邀其弟被告人肖志慧同去。当日下午,由被告人王大年驾车,载着亢凤兰、肖志光、肖志慧来到王军的牛场。王军回到牛场与亢等人相遇,王大年遂向王军索要草钱,接着亢凤兰与王军发生争吵。期间,肖志光从牛场拿了一把尖刀,后在与王军厮打过程中,肖志光用尖刀在王军腹部捅刺一刀,又骑在王军身上用头盔打其头部,被王大年等人拉开。与此同时,肖志慧正捡起一铁锹把儿准备打王军时被亢凤兰拽住。后王大年驾车与亢等人一同逃离现场,被害人王军因失血性休克死亡。

一审法院认为,被告人肖志光、亢凤兰、肖志慧、王大年因索要欠款而纠集在一起,对被害人进行殴打,并用刀捅刺其腹部,造成被害人死亡的行为均已构成故意伤害罪。一审宣判后,检察院与被告人肖志光、肖志慧均以量刑不均为由提出抗诉、上诉,亢凤兰、王大年则主张无罪。二审维持了一审有关肖志光的判决意见,认为上诉人亢凤兰、王大年在案发起因方面虽负有一定责任,但亢凤兰、王大年、肖志慧事先并不知肖志光在案发现场寻到一把尖刀,期间也不可能预见肖志光临时产生持刀伤害的犯意。当肖志光与王军厮打以及肖志慧欲殴打王军时,亢凤兰、王大年还进行了阻止。因此,亢凤兰、王大年与肖志光在主观上缺乏共同伤害的故意。上诉人肖志慧虽有伤害被害人王军的故意,但因亢凤兰阻止,未能实施伤害行为,且事前和事发时与肖志光亦无共同伤害之通谋。故上诉人亢凤兰、肖志慧、王大年的行为均不构成故意伤害罪。上诉人亢凤兰、肖志慧、王大年虽有一些寻衅滋事行为,但纵观全案,属于情节显著轻微,危害不大,尚不构成犯罪。

---

[1] [日]大谷实:《刑法讲义总论》,黎宏译,中国人民大学出版社2008年版,第48页。
[2] 参见最高人民法院中国应用法学研究所编:《人民法院案例选》2010年第4辑,中国法制出版社2010年版,第45~46页。

[法律问题]

肖志慧、亢凤兰、王大年等与被告人肖志光是否构成故意伤害罪的共犯？

[法理分析]

本案争议主要围绕被告人肖志慧、亢凤兰以及王大年等与被告人肖志光是否构成故意伤害罪的共犯展开。根据罪刑法定原则，行为人的行为是否构成犯罪、构成何罪，应以行为时合理有效的成文法为依据，即以犯罪构成作为认定犯罪的唯一标准，行为符合犯罪构成要件，则意味着构成犯罪，反之，则不成立犯罪。同样，在认定某一行为人的参与行为是否构成共同犯罪时，也须以共同犯罪的构成要件为依据，不仅要进行整体的、全面的考察，而且要作具体的、个别的分析研究，这是在共同犯罪领域贯彻罪刑法定原则所要特别注意的。

诚如所言，司法实践中，有的司法机关采取全部涉案人员随主犯性质定罪的办法，但这种不以犯罪构成要件定性，对全部涉案人员的主观方面和客观行为不加分析区别，都以共同犯罪论处的"估堆"法是错误的。[1] 上述做法明显是在宏观叙事的背景下抽象地理解严重的社会危害性，而放弃以构成要件为标准对具体犯罪参与者的参与事实进行分析，实则放弃以构成要件作为认定犯罪的唯一标准，最终放弃罪刑法定原则。在共同犯罪领域认定犯罪参与者的行为是否构成共同犯罪，同样需要坚持罪刑法定原则，即以共同犯罪的构成要件为依据进行判定。通说认为，共同犯罪的成立要件有以下三个方面：①行为人为2人以上；②共同的犯罪行为；③共同的犯罪故意。易言之，各犯罪参与者同时具备上述条件时，构成共同犯罪，反之，则否定共同犯罪的成立。据此，诸如二人以上共同过失犯罪的、同时犯以及二人以上实施危害行为但罪过形式不同的，均不构成共同犯罪，缺乏共同犯罪故意或共同犯罪行为的自不待言。

具体到本案中，被告人肖志光临时起意故意伤害被害人王军的行为构成故意伤害罪，不存在疑问，其余三名被告是否构成犯罪，关键取决于其是否满足了共同犯罪的构成要件，即是否存在共同犯罪的行为与共同犯罪的故意。从客观方面看，被告人肖志光、肖志慧受亢凤兰邀请，伙同王大年前往被害人王军处索要债务，在此期间被告人亢凤兰与被害人发生争吵，被告人肖志光从被害人所在牛场寻得一把尖刀，在与王军的厮打过程中，用尖刀猛刺被害人腹部，之后又骑在王军身上用头盔打其头部，随即被王大年等人拉开。与此同时，被告人肖志慧正捡起一铁锹把儿准备打王军时被亢凤兰拽住，遂作罢。从亢凤兰、肖志慧以及王大年三人的行为表现来看，上述三被告与肖志光在客观方面不存

---

[1] 参见最高人民法院中国应用法学研究所编：《人民法院案例选》2010年第4辑，中国法制出版社2010年版，第45页。

在相互配合、相互促进的关系，事实上，被告人亢凤兰、王大年数次阻止被告人肖志光与肖志慧对被害人实施严重的伤害行为，被告人肖志慧在亢凤兰的劝阻下也放弃了本欲进行的伤害行为。因此，从行为的不法性角度看，不仅不能将上述三被告的行为评价为犯罪参与行为，甚至不能将其参与活动认定为伤害行为。从主观方面看，被告人邀请肖志光等前往被害人所在牛场，目的在于帮助其索要债务，而并无唆使被告人肖志光伤害被害人的意图，即并没有打架甚或肢体冲突的想法，这一点从其携带年仅5岁的儿子同行可窥见一斑。被告人肖志光临时起意决定对被害人实施伤害行为并从牛场寻得尖刀，对此其他三名被告缺乏认知，不存在事先的共同犯罪的意思联络；当其针对被害人实施伤害的过程中，被告人亢凤兰等竭力阻止，说明被告人肖志光与亢凤兰等三人缺乏共同伤害被害人的犯罪故意。综上，被告人亢凤兰、王大年、肖志慧等三人客观上不存在伤害被害人的行为，更没有协助或促进被告人肖志光伤害被害人，主观上也没有伤害被害人的意图，更与被告人肖志光缺乏共同伤害被害人的意思联络，故其行为不构成共同犯罪，二审法院的意见是正确的。

案例二： 魏荣香、王招贵、郑建德故意杀人、抢劫、脱逃、窝藏案[1]

[基本案情]

被告人魏荣香因故对被害人许妹心怀怨恨。某日上午，魏荣香途经许妹的水果摊位时，又与许妹发生口角。魏荣香即返回自己的发廊取了一把双刃尖刀插于腰间，再次来到许妹的摊位，与许妹争执、扭打。扭打中，魏荣香拔出尖刀刺向许妹右颈部，致许妹倒地，又朝许左大腿外侧刺一刀，许妹被人送往医院抢救无效死亡。魏荣香逃离现场，于当日到派出所投案，被羁押于政和县看守所。魏荣香被羁押在政和县看守所后，王招贵产生从看守所"救"出魏荣香的念头，并为此准备了作案工具。1999年1月17日，王招贵乘车到其表兄即被告人郑建德家并告知郑晚上要到政和县看守所"救"出魏荣香。晚饭后，王招贵在郑建德家换上假警服、戴上假警帽，携铁管、螺丝刀、鞭炮等，骑自行车离开。当晚11时许，王招贵进入看守所，盗出监房钥匙。进入监舍后，王招贵用钥匙打开8号女监房，将正在睡觉的魏荣香叫出。二人从看守所围墙洞口钻出后，骑自行车逃跑。次日凌晨，王招贵、魏荣香来到郑建德家，要郑帮助找柴油车。郑建德带王招贵到本村陈富康家附近，王招贵包乘陈富康的柴油车赶

---

[1] 参见中华人民共和国最高人民法院刑事审判第一庭编：《刑事审判参考》2000年第6辑（总第11辑），法律出版社2000年版，第1~9页。

到邻县松溪县城，在一旅社住下，随后两人被公安干警抓获。

检察院以被告人魏荣香犯故意杀人罪、聚众持械劫狱罪，被告人王招贵犯聚众持械劫狱罪，被告人郑建德犯聚众持械劫狱罪提起公诉。一审法院认为，被告人魏荣香因琐事持刀杀人的行为，已构成故意杀人罪，其从监所逃离，又构成脱逃罪；被告人王招贵、郑建德明知被告人魏荣香是犯罪人，而帮助其逃匿，均已构成窝藏罪，起诉书指控三被告人犯聚众持械劫狱罪不能成立。

[法律问题]

对于被告人王招贵、郑建德、魏荣香的行为，应如何认定？

[法理分析]

本案被告人魏荣香持刀猛刺被害人许妹右颈部，致其倒地后又朝许妹左大腿外侧刺一刀，终致被害人死亡的行为，构成故意杀人罪，不存在争议。控裁双方争议的焦点主要在于如何认定被告人王招贵、郑建德共谋救助犯罪嫌疑人魏荣香从看守所逃跑的行为性质，检察院以聚众持械劫狱罪认定，而法院则认定被告人魏荣香构成脱逃罪，被告人王招贵、郑建德构成窝藏罪。解决上述争议的关键在于案件客观事实，以构成要件为标准就案件事实与相关犯罪构成的符合性进行判断。其本质是以犯罪构成要件为标准，判断行为是否构成犯罪、构成何种犯罪的过程，这也是贯彻罪刑法定原则的体现。

贯彻罪刑法定原则，不仅要求行为是否构成犯罪要以刑法规定、以犯罪构成为判定标准，而且意味着构成此罪抑或彼罪也需以相关犯罪的犯罪构成为基础进行认定。本案主要涉及三个罪名之间的识别与区分：窝藏罪、脱逃罪以及聚众持械劫狱罪。所谓窝藏罪，是指明知是犯罪的人，而为其提供隐藏处所、财物帮助其逃匿的行为。本罪侵害的法益是司法机关的正常活动，客观方面表现为行为人实施了为犯罪的人提供隐藏处所或提供财物或以其他方法帮助犯罪的人逃匿的行为，本罪主观方面为故意，即明知对方是犯罪的人仍为其提供隐藏处所、财物帮助其逃匿。本罪与事前有通谋的共同犯罪的区别仅在于在本犯实施犯罪行为之前，本犯与窝藏者之间是否存在共同犯罪的意思联络，即是否约定由后者为其提供隐藏处所、财物等帮助行为。[1] 脱逃罪是指依法被关押的罪犯、被告人、犯罪嫌疑人从被关押的处所逃逸的行为。聚众持械劫狱罪是指狱外人员在首要分子组织、策划、指挥下，持械劫夺狱中在押人犯的行为，本罪在客观方面表现为行为人实施了聚集多人持械劫夺狱中在押人犯的行为，该罪是典型的聚众性犯罪，属于必要的共犯。详言之，本罪的构成要件存在如下

---

[1] 高铭暄、马克昌主编：《刑法学》，北京大学出版社、高等教育出版社2011年版，第556~557页。

特殊预设：从主体上看，至少为 3 人以上，且从立法原意上看，本罪的实行犯必须为三人以上；客观上必须聚集多人且"持械"劫夺在押人犯。换句话说，一人或两人采用非暴力的手段协助在押人员脱逃的行为，不构成本罪。

立足聚众持械劫狱罪的犯罪构成，可以径直否认本案被告人王招贵、郑建德的行为构成聚众持械劫狱罪：首先，不存在本罪所要求的聚集多人，也没有所谓的首要分子与积极参加者；其次，被告人王招贵虽身着假警服、假警帽，随身携带铁管、螺丝刀、鞭炮等，但并没实施暴力行为，即缺乏以暴力劫夺人犯的行为。也就是说，虽然以非暴力的方式"解救"在押人犯的行为也具有严重的社会危害性，但现行刑法并未将其明确规定为犯罪，而本案又缺乏聚众与持械劫狱这两大必备要件，根据罪刑法定原则，被告人王招贵、郑建德的行为不构成聚众持械劫狱罪。虽然被告人王招贵采用和平的方式非法营救被告人魏荣香的行为不构成聚众持械劫狱罪，但王招贵在犯罪嫌疑人缺乏脱逃意思的情况下，通过言行唆使脱逃，则构成了脱逃罪的教唆犯，与此相应，被告人魏荣香在王招贵的非法协助下脱离监管的行为，满足了脱逃罪的构成要件，其行为构成脱逃罪。虽不能仅因被告人郑建德知道王招贵即将非法营救人犯且仍为其提供饮食为由认定郑建德构成脱逃罪的教唆犯（王招贵）的帮助犯，但郑建德在得知非法营救成功后仍然为其积极引路，协助其逃匿，则构成了窝藏罪。综上，本案被告人魏荣香的行为构成了故意杀人罪、脱逃罪，被告人王招贵的行为构成了脱逃罪（教唆犯）与窝藏罪，而本案郑建德的行为则构成窝藏罪。

拓展案例

刘俊破坏生产经营案[1]

[基本案情]

被告人刘俊，男，1979 年 12 月 3 日出生，上海市某贸易有限公司店长兼产品采购经理。因涉嫌犯破坏生产经营罪于 2009 年 11 月 18 日被逮捕，2011 年 1 月 12 日被上海市静安区人民法院取保候审。上海市静安区人民法院经公开审理查明：被告人刘俊于 2007 年 12 月～2009 年 5 月，先后担任某公司销售员、店长、产品采购经理等职务，负责某公司电脑产品的对外销售。2008 年 3 月～2009 年 5 月，刘俊为了达到通过追求销售业绩而获得升职的个人目的，违反某公司销售限价的规定，故意以低于公司限价的价格大量销售电脑产品，而在向

---

〔1〕 参见中华人民共和国最高人民法院刑事审判第一、二、三、四、五庭主办：《刑事审判参考》2011 年第 6 集（总第 83 集），法律出版社 2012 年版，第 10～14 页。

公司上报时所报的每台电脑销售价格则高于公司限价人民币（以下币种均为人民币）100~200元，每台电脑实际销售价格与上报公司的销售价格一般相差700~1000元。因公司有不成文的规定，当月向大宗客户销售电脑的货款可在两个月后入账，刘俊利用该时间差，用后面的销售款弥补前账。后来因销量过大，本人又无经济能力，导致亏空金额越来越大。最后，刘俊直接造成公司亏损533万元。2009年6月，刘俊在与公司负责人谈话期间，主动陈述了上述事实。上海市静安区人民法院认为，被告人刘俊在先后担任某公司销售员、店长、产品采购经理等职务期间，出于扩大销售业绩以助个人升职的动机，违反公司限价规定，擅自低于进价销售电脑产品，其行为不符合破坏生产经营罪。同时，刘俊的行为不符合故意毁坏财物罪的构成要件。根据罪刑法定原则，判决被告人刘俊无罪。宣判后，公诉机关未抗诉，一审判决已经生效。

[法律问题]

如何处理罪刑法定原则与法律解释之间的关系？

[重点提示]

对危害行为定罪量刑，除满足犯罪所需的危害性特征之外，还需要满足罪刑法定原则。实践中，司法机关对法条的解释以明文规定为限，超出这一限度就属于无效解释。

第二节 法益保护管辖

知识概要

犯罪是侵害法益的行为，而刑法正是以保护法益为使命，某些行为之所以被立法者选择性地作为犯罪并辅以刑罚惩罚，概因其严重侵害或威胁了法益。所谓法益，是指根据宪法的基本原则，由法所保护的、客观上可能受到侵害或者威胁的人的生活利益。其中由刑法所保护的人的生活利益，就是刑法上的法益。[1] 肯认刑法以保护法益为任务，犯罪的本质是侵害法益，则必须以法益保护为原则指导刑事立法与刑事司法。申言之，作为刑法的基本原则之一，全面贯彻法益保护管辖，不仅应当体现在刑事立法中，而且还应当在刑事司法中运用实质的刑法解释方法，考察行为是否侵害或威胁了法益、程度如何。

---

[1] 张明楷：《法益初论》，中国政法大学出版社2003年版，第7页。

经典案例

案例一：　　　　　王卫明强奸案[1]

[基本案情]

1992年11月，被告人王卫明经人介绍与被害人钱某相识，1993年1月登记结婚，1994年4月生育一子。1996年6月，王卫明与钱某分居，同时向上海市青浦县人民法院起诉离婚，同年10月8日，青浦县人民法院认为双方感情尚未破裂，判决不准离婚。此后双方未曾同居。1997年3月25日，王卫明再次提起离婚诉讼。同年10月8日，青浦县人民法院判决准予离婚，并将判决书送达双方当事人。双方当事人对判决离婚无争议，虽然王卫明表示对判决涉及的子女抚养、液化气处理有意见，保留上诉权利，但后一直未上诉。同月13日晚7时许（离婚判决尚未生效），王卫明到原居住的桂花园公寓，见钱某在房内整理衣物，即从背后抱住钱某，欲与之发生性关系，遭钱某拒绝。被告人王卫明说："住在这里，就不让你太平。"钱某挣脱欲离去。王卫明将钱某的双手反扭住并将钱按倒在床上，不顾钱某的反抗，采用抓、咬等暴力手段，强行与钱某发生了性行为。致钱某多处软组织挫伤、胸部被抓伤、咬伤。

一审法院认为：被告人王卫明主动起诉，请求法院判决解除与钱某的婚姻，法院一审判决准予离婚后，双方对此均无异议。虽然该判决尚未发生法律效力，但被告人王卫明与被害人已不具备正常的夫妻关系。在此情况下，被告人王卫明违背妇女意志，采用暴力手段，强行与钱某发生性关系，其行为已构成强奸罪，应依法惩处。

[法律问题]

王卫明的行为是否构成强奸罪？

[法理分析]

本案审理过程中围绕被告人王卫明的行为是否构成强奸罪，存在两种截然对立的意见：第一种意见认为，被告人王卫明的行为不构成强奸罪；第二种意见则认为，王卫明的行为构成强奸罪。本案表面上的争议是丈夫可否成为针对自己妻子的强奸犯罪的犯罪主体，实质的核心法律问题则系在婚姻关系非正常期间丈夫能否违背妻子意愿强行与其发生性关系，即该阶段妻子的性的自主决

---

[1]　参见中华人民共和国最高人民法院刑事审判第一庭编：《刑事审判参考》2000年第2辑（总第7辑），法律出版社2000年版，第26~29页。

定权是否属于强奸罪的保护法益。

强奸罪的保护法益是妇女的性的自主决定权,其基本内容是妇女按照自己的意志决定性行为的权利。丈夫能否成为强奸妻子的主体,素来存在激烈的争议。有学者认为,此等情形应一律不构成犯罪,有人则主张一律构成强奸罪,也有人提出折中的解决办法,即在提起离婚诉讼或者分居期间构成强奸罪。夫妻之间在生活上有相互照顾、彼此辅助的义务,完整的家庭生活包括夫妻之间的性生活,就此而言,丈夫与妻子发生性关系不能被评价为"奸淫",也不存在侵害了妻子的性的自主决定权。但既是坚持婚姻系同心一体,也不能据此否认丈夫与妻子在法律与社会生活上各自具有独立的人格、意志与自由,彼此应当相互尊重对方的独立人格与意志自由,尤其是在重大问题或特殊情形下,这种独立的法律地位、独立的人格与个人意志不仅应当受到社会一般人的承认与尊重,而且也应得到婚姻主体彼此的尊重。在夫妻感情破裂,双方处于离婚诉讼或者分居期间,夫妻双方虽仍身披合法的婚姻外衣,但婚姻的基础已经荡然无存,婚姻当事人貌合神离,独立的人格与意志更趋明显,违背他方意愿实施针对他方的行为,就是对他人权益的侵害,有必要纳入法律规范的视野。同理,离婚诉讼期间,夫妻感情处于极度敏感期,夫妻性行为的进行更应该征得彼此的同意,否则丈夫强行与其妻子发生性关系,即是对妻子的性的自主决定权的严重侵害,不能因为被害人处于"妻子"的特殊地位而否认其仍具有作为女性的性的自主决定权,更不能因为丈夫的特殊身份而否认其强行与其妻子发生性关系的行为对妻子的性的自主决定权的侵害。我国刑法并没有将丈夫排除在强奸罪的犯罪主体之外,因此,丈夫完全可能作为强奸罪的犯罪主体,诸如伙同他人轮奸自己妻子或者教唆、帮助他人奸淫妻子的场合,丈夫构成强奸罪的共犯甚或教唆犯并不存在疑问。

具体到本案中,被告人王卫明在离婚诉讼期间,尤其是其作为离婚诉讼的原告在法院一审判决准予离婚的情形下,虽然该判决仍未满上诉期,但当事人对离婚均无异议,这也说明双方感情已完全破裂,夫妻性生活已缺乏存在的情感与现实基础,婚姻当事人此时也不再具有同居的义务。事实上,当被告人王卫明提出发生性行为的请求时,遭到被害人钱某的明确拒绝与强有力的反抗,这也一再表明被害人不愿意与被告人发生性关系。但被告人王卫明采用暴力手段——将钱的双手反扭住并将钱按倒在床上,采用抓、咬等手段强行与钱发生了性行为,并致钱多处软组织挫伤、胸部被抓伤、咬伤。其行为已然严重违背妇女意愿,是对妇女的性的自主决定权的严重侵犯,理应构成强奸罪。

案例二： 胡斌、张筠筠等故意杀人、运输毒品（未遂）案[1]

[基本案情]

1997年11月初，被告人胡斌因赌博、购房等原因欠下债务，遂起图财害命之念。先后准备了羊角铁锤、纸箱、编织袋、打包机等作案工具，以合伙做黄鱼生意为名，骗取被害人韩尧根的信任。1997年11月29日，被害人韩尧根携带装有19万元人民币的密码箱，按约来到被告人胡斌的住处。胡斌趁给韩尧根倒茶水之机在水中放入五片安眠药，韩喝后倒在客厅的沙发上昏睡。胡见状即用事先准备好的羊角铁锤对韩的头部猛击数下致韩倒地，又用尖刀乱刺韩的背部，致使韩因严重颅脑损伤合并血气胸而死亡。次日晨，被告人胡斌用羊角锤和菜刀将被害人韩尧根的尸体肢解为五块，套上塑料袋后分别装入两只印有球形门锁字样的纸箱中，再用印有申藤饲料字样的编织袋套住并用打包机封住。此后，胡斌以内装毒品为名，唆使被告人张筠筠和张筠峰帮其将两只包裹送往南京。被告人张筠筠、张筠峰按照胡斌的旨意，于1997年11月30日中午从余姚市乘出租车驶抵南京，将两只包裹寄存于南京火车站小件寄存处。后因尸体腐烂，于1998年4月8日案发。

法院经审理认为，被告人胡斌为贪图钱财而谋杀被害人韩尧根，并肢解尸体，其行为已构成故意杀人罪，且手段残忍、情节严重，依法应予严惩；被告人张筠筠、张筠峰明知是毒品仍帮助运往异地，均已构成运输毒品罪，但因二人意志以外的原因而犯罪未得逞，系未遂，应依法从轻处罚。

[法律问题]

本案被告人胡斌的行为构成故意杀人罪，且犯罪手段、情节极其严重，对此，不存在争议。需要深入研究的是被告人张筠筠、张筠峰的行为是否构成运输毒品罪。其所涉核心法律问题是，如何立足法益保护管辖，合理界分未遂犯与不可罚的不能犯？

[法理分析]

所谓犯罪未遂，是指已着手实施犯罪但未得逞的情况。成立未遂犯，必须具备以下两个条件：①已经着手实行犯罪；②构成要件结果没有发生。[2] 而不能犯则指行为人基于实现犯罪的意思实施了行为，但该行为在其性质上不可能

---

[1] 参见中华人民共和国最高人民法院刑事审判第一庭编：《刑事审判参考》1999年第5辑（总第5辑），法律出版社1999年版，第34~39页。

[2] [日]大谷实：《刑法讲义总论》，黎宏译，中国人民大学出版社2008年版，第331页。

有结果发生的情形。因此等行为不可能对法益造成现实的侵害或侵害的危险,故或者因缺乏构成要件符合性或者因缺乏实质的违法性,而不构成犯罪。有关不能犯和未遂犯的区分标准,存在客观危险说、主观危险说、抽象危险说以及具体危险说。客观危险说,又称绝对不能、相对不能说,认为不能之中,有一般来说不可能实现犯罪的场合与由于有特别情况的存在所以不可能实现犯罪的场合。后者是相对不能,系未遂犯。主观说认为,主要将实现犯罪的意思表现于外,不问该行为是否具有危险,都成立未遂犯。抽象危险说又称主观的危险说,认为从一般人的立场来看,如果按照行为人的计划向前发展,就会有发生结果的危险的话,就是未遂,否则,即为不能犯。具体危险说则以行为当时一般人所认识到的事实以及行为人特别认识到的事实为基础,以行为时为标准,从一般人的立场出发,考虑在该种事实之下事实行为的话,通常是否能够实现构成要件,如果答案是肯定的,则就有发生结果的具体危险性,即属未遂犯,否则为不能犯。[1] 从我国刑法学界有关未遂犯的范畴来看,通说基本立足主观说区分不能犯与未遂犯。但过分强调行为人的主观犯意而忽略行为是否具有侵害法益的可能,完全放弃了犯罪本质系法益侵害这一基本认知以及法益保护这一刑法基本原则,实属主观归罪之举。在危险的判断上,以行为当时存在的所有客观事实作为判断基础,站在行为当时依据客观的因果法则进行判断。如果存在结果发生之可能,就构成未遂犯,否则,属于不能犯。据此,诸如对象不能的情形,由于从一开始即不存在侵害的对象,因此,决定了在当时的情况下,根据客观的因果法则行为根本不可能引致危害结果的发生,故可将对象不能的情形作为不能犯处理。

具体到本案,被告人张筠筠、张筠峰受被告人胡斌欺骗,误将尸块当做毒品由余姚市乘出租车驶抵南京,其行为涉嫌运输毒品罪。由于根本不存在毒品,即缺乏运输毒品罪的行为对象,决定了其行为从一开始即不能被评价为运输毒品。否则,即是以主观世界中的毒品替代客观上根本不存在的毒品,并因此在客观世界"截取"运输行为,在行为人的主观思维中"提取"毒品概念,继而"拼凑"成主客观相统一的运输毒品行为。从另一个反面来看,被告人张筠筠、张筠峰搭乘出租车将尸块由余姚运抵南京,出租车司机全程参与了运输活动,从客观方面看,被告人张筠筠、张筠峰与出租车司机的行为完全一致——运输尸块,被告人张筠筠、张筠峰的运输行为构成犯罪而出租车司机不构成犯罪原因仅在于被告人张筠筠、张筠峰主观上存在运输毒品的想法。易言之,如果在此情形下,以运输毒品罪(未遂)定罪处罚,则意味着我们在惩罚其罪恶的思

---

[1] [日]大谷实:《刑法讲义总论》,黎宏译,中国人民大学出版社2008年版,第341页。

想,这与刑法的法益保护管辖明显相悖。据此,主观说作为界分不能犯与未遂犯的标准有失公允,法院以主观说为据认定两被告构成运输毒品罪未遂有欠妥当。

拓展案例

刘友祝拐卖妇女案[1]

[基本案情]

被告人刘友祝,女,1952年10月27日出生,农民。因涉嫌犯拐卖妇女罪于2011年8月16日被逮捕。2010年农历11月某天,湖南省邵东县廉桥镇白马铺村村民王秀英在其家附近发现一名流浪妇女(真实身份不明,经鉴定重度精神发育迟滞,无民事行为能力,以下简称无名妇女),遂予以收留,并想为该妇女介绍对象。王秀英将该想法告知邻村村民周元英(另案处理),周元英随即找到被告人刘友祝。刘友祝告知周元英邵东县流泽镇大龙村村民肖永秀(另案处理)有个不太聪明的儿子尚未结婚,并与肖永秀约好去白马铺村看人。肖永秀看了该无名妇女后同意买下给他儿子做媳妇,并分别给刘友祝三人人民币(以下币种同)2000元、1000元、1600元不等的好处费。因无名妇女不能做家务,肖永秀于2011年7月3日将无名妇女送回刘友祝家中,并要刘友祝退钱。刘友祝想再次将无名妇女介绍给他人,以便返还肖永秀的钱。2011年7月7日,刘友祝委托周元英为无名妇女做媒。次日,周元英得知邵东县廉桥镇东塘村村民周安飞智力有点问题的儿子尚未结婚,便带着周安飞赶到刘友祝家,周安飞看了无名妇女后,经讨价还价以10 628元将其买下。刘友祝分得10 028元,周元英分得600元。周安飞家人得知此事后,怀疑该无名妇女系被拐卖,遂要求周安飞将该无名妇女送回。7月18日,周安飞等人将无名妇女送回刘友祝家,并要求刘友祝退钱,遭刘友祝拒绝,周安飞的家人随即报案。公安人员前往刘友祝家中将其抓获。邵东县人民法院认定被告人刘友祝犯拐卖妇女罪,判处有期徒刑5年,并处罚金1万元。被告人刘友祝提起上诉。邵阳市中级人民法院裁定驳回上诉,维持原判。

[法律问题]

法益保护原则能否因被害人的同意而失效?

---

[1] 参见中华人民共和国最高人民法院刑事审判第一、二、三、四、五庭主办:《刑事审判参考》2012年第4集(总第87集),法律出版社2013年版,第21~26页。

[重点提示]

法益不同于民事法律关系中的一般性财产利益等,它是受刑法所保护的、为犯罪行为所侵害的利益,不会因被害人的同意而失去刑法上的保护。

第三节 罪责刑相适应原则

知识概要

所谓罪责刑相适应原则,是指犯多大的罪,就应承担多大的刑事责任,法院也应判处其相应轻重的刑罚,做到重罪重罚,轻罪轻罚,罚当其罪。在分析罪重罪轻和刑事责任大小时,不仅要看犯罪的客观社会危害性,而且要结合考虑行为人的主观恶性和人身危险性,把握罪行和罪犯各方面因素综合体现的社会危害性程度,从而确定其刑事责任程度,适用相应轻重的刑罚。[1] 罪责刑相适应原则不仅是对刑事立法的要求,同样也是对刑事司法的要求。甚至可以说,罪责刑相适应最终要通过司法实践中的一个个案判决来实现,因此,在个案中贯彻罪责刑相适应原则也正是抽象的一般正义转化为现实中具体的个案正义的过程。

经典案例

王勇故意杀人案[2]

[基本案情]

1996年1月12日晚8时30分许,兵器工业部213所职工董德伟酒后在该所俱乐部舞厅跳舞时,无故拦住被告人王勇之父王钢成,让王给其买酒喝,被王拒绝。董继续纠缠,并强行在王的衣服口袋里掏钱,致使二人推拉、厮打。厮打中,董致王头皮血肿、胸壁软组织损伤。后王钢成被送医院住院治疗。晚10时许,被告人王勇得知其父出事即赶回家中,适逢董德伟上楼来到其家,即与董德伟发生争吵、厮打。厮打中王勇在其家厨房持菜刀一把,向董德伟头、面

---

〔1〕 高铭暄、马克昌主编:《刑法学》,北京大学出版社、高等教育出版社2011年版,第29页。

〔2〕 参见中华人民共和国最高人民法院刑事审判第一庭编:《刑事审判参考》1999年第3辑(总第3辑),法律出版社1999年版,第17~22页。

部连砍八刀，将董德伟当场杀死。被告人王勇作案后，乘车连夜逃往咸阳。次日下午，王勇在其亲属陪同下到公安机关投案自首。

一审人民法院认为，被告人王勇故意非法剥夺他人生命，已构成故意杀人罪，且犯罪手段凶残，情节特别严重，应依法严惩。但王勇有投案自首情节，被害人又有明显过错，对王勇可以从轻判处。并据此对被告人王勇判处死刑，缓期2年执行。一审宣判后，附带民事诉讼原告人董锡厚以对王勇犯罪应当判处死刑立即执行为由，向陕西省高级人民法院提出上诉。二审法院经审理认为原判决定罪准确，量刑适当。据此，驳回上诉，维持原判。

[法律问题]

本案被告人王勇构成故意杀人罪，自无疑问。附带民事诉讼原告人董锡厚上诉的缘由系王勇犯罪手段凶残、情节特别严重，据此认为一审量刑偏轻，请求判处被告人王勇死刑立即执行。与一审法院判决理由一致，二审法院同样以被告人王勇存在自首情节，而本案被害人又存在严重过错为由，认为一审法院判处被告人王勇死刑缓期2年执行量刑适当。本案核心法律问题是，如何理解并贯彻罪责刑相适应原则？

[法理分析]

根据通说，罪责刑相适应包括以下两方面的内容：一方面，刑罚的轻重应当与犯罪分子所犯罪行的大小相适应；另一方面，刑罚的轻重应当与犯罪分子所承担的刑事责任的大小相适应，即与犯罪分子的主观恶性和人身危险性相适应。[1] 也就是说，在量刑时，刑罚的轻重不仅要与犯罪分子所犯罪行的轻重相适应，而且要与犯罪分子的主观恶性以及人身危险性相适应。申言之，刑罚的轻重＝罪刑轻重×刑事责任大小。刑事责任的大小虽很大程度上取决于行为人的主观恶性与人身危险性，但被害人是否存在过错也从另一个方向上不同程度地影响着犯罪人的刑事责任的大小。详言之，在加害与被害、加害方与被害方的双向社会互动过程中，互动的两极是相互作用、相互影响的，而非传统理论视野中的单向度侵害过程。在一定意义上也可以说，被害人在塑造着侵害自己的加害人。行为人虽不能以被害人存在过错为由主张其侵害行为的正当性，但被害人客观上的过错又确实不同程度上影响着加害人对侵害事实的责任大小，这一点在量刑时也是必须予以考虑的。

具体到本案中，被告人王勇用菜刀在被害人董德伟颈部、头面部连砍数刀致其当场死亡，犯罪手段残忍，后果严重，自不待言。但就整个案件事实整体来考察，被告人王勇之所以与被害人争吵、厮打，并在厮打过程中用刀当场杀

---

[1] 黎宏：《刑法学》，法律出版社2012年版，第28页。

死被害人，皆源于之前被害人董德伟无理纠缠并打伤被告人王勇的父亲，并致其父头皮血肿、胸壁软组织损伤。也就是说，被害人先前存在重大过错，也正因其过错行为引致被害，就此而言，在对被告人量刑时应酌情减轻处罚。被告人王勇作案后，在其亲属陪同下到公安机关自首，并如实供述了自己的犯罪事实，具有法定从轻处罚情节。

综上，被告人王勇罪行虽极其严重，但因被害人对其被害存在重大过错，且被告人作案后有自首的法定从轻处罚情节，立足罪责刑相适应原则，判处被告人王勇死刑缓期2年执行的意见是正确的。

拓展案例

上海新客派信息技术有限公司、王志强虚开增值税专用发票案[1]

[基本案情]

被告单位上海新客派信息技术有限公司（以下简称新客派公司），法定代表人王志强，住所地上海市徐汇区龙吴路777号11号楼105室，经营地上海市龙漕路135弄8号917室。诉讼代表人郭晓菁，新客派公司工作人员。被告人王志强，男，1977年4月14日生，新客派公司法定代表人、总经理。2010年3月15日因本案被上海市公安局徐汇分局刑事拘留，3月30日被取保候审。2008年1月8日，被告人王志强注册成立以其一人为股东的新客派公司，王志强系法定代表人。2008年9月23日、10月28日，王志强以支付开票费的方式，通过他人让英迈（中国）投资有限公司（以下简称英迈公司）先后为新客派公司虚开增值税专用发票各一份，价税合计分别为人民币（以下币种均为人民币）221 000元、350 000元，其中税款分别为32 111.11元、50 854.70元，并分别于开票当月向税务局申报抵扣，骗取税款共计82 965.81元。2010年3月15日，王志强被传唤到案。案发后，被骗税款已全部追缴。上海市徐汇区人民法院认为，被告单位新客派公司让他人为自己虚开增值税专用发票，致使国家税款被骗82 000余元，被告人王志强系直接负责的主管人员，其与单位均构成虚开增值税专用发票罪，应予处罚，公诉机关指控的罪名成立。鉴于新客派公司、王志强自愿认罪，并已退回了全部税款，可以酌情从轻处罚。判决如下：被告单位上海新客派信息技术有限公司犯虚开增值税专用发票罪，判处罚金3万元；被告人王志强犯虚开增值税专用发票罪，判处有期徒刑1年，缓刑1年。一审判

---

[1] 参见中华人民共和国最高人民法院刑事审判第一、二、三、四、五庭主办：《刑事审判参考》2011年第5集（总第82集），法律出版社2012年版，第1~14页。

决后，被告单位、被告人没有上诉，检察机关亦没有抗诉，判决已经发生法律效力。

[法律问题]

罪责刑相适应原则在单位犯罪中主要起到哪些作用？

[重点提示]

罪责刑相适应原则原本是针对自然人犯罪建立的，但随着单位犯罪主体的出现，也被扩大适用于单位犯罪，其主要作用是对单位犯罪中的自然人实现刑罚轻缓化，其弊端是削弱了对单位犯罪行为的犯罪预防。可结合环境犯罪进行思考。

第三章 刑法的效力

刑法的效力又称刑法的适用范围,是指刑法在时间上和空间上的效力范围,即刑法在什么地方,对什么人和在什么时间内具有法律效力。刑法的效力范围包括空间效力和时间效力两方面。

刑法的空间效力,是指刑法在什么地方,对什么人有效。它解决的是国家的刑事管辖权问题。常见的管辖权规则一般有属地管辖、属人管辖、保护管辖、普遍管辖和综合管辖等。在司法实践中,较为常见是属地管辖、属人管辖、普遍管辖和综合管辖的适用,保护管辖较为少见。

刑法的时间效力,是指刑法在时间上的适用范围,即刑法的生效时间、失效时间以及对刑法生效前的行为是否适用(即是否具有溯及力)。刑法的时间效力涉及新旧法的适用,往往会影响到行为人的定罪量刑。刑法的时间效力涉及追诉时效、"从旧兼从轻"的适用管辖等具体问题。[1]

第一节 空间效力

知识概要

刑法的空间效力解决的是刑法在什么地域对什么人生效的问题,其依据是国家主权和刑罚权以及国际条约等。其中,属地管辖解决的主要是在一国领土内的犯罪问题,属人管辖、保护管辖、普遍管辖和综合管辖是属地管辖的补充,其适用需要国际条约和国际惯例等作为依据。司法实践中,属地管辖、属人管辖和普遍管辖是目前使用较多的规则,需要重点掌握,保护管辖和综合管辖近些年来也偶有案例发生,可做一般了解。

---

[1] 参见曲新久等:《刑法学》,中国政法大学出版社2011年版,第12~18页。

一、属地管辖与属人管辖权

属地管辖,是指凡在本国领域内实施犯罪的,无论国籍如何,都适用本国刑法。属地管辖原则最容易实现,也是最常见和最重要的管辖权原则。属人管辖又称国籍管辖,是指以国籍为标准,凡本国人犯罪,无论犯罪行为地在何处,都适用本国刑法。一般来说,属人管辖权是建立在属地管辖权基础上的,在实践中,属人管辖更多的是起到一种主权宣示的作用,而属地管辖则是一种建立在事实关系上的管辖,较属人管辖更为有力。

二、管辖规则"竞合"

所谓"管辖竞合",是一种形象的说法,是指在管辖权适用过程中,法院依多种管辖权中的任意一种都具有管辖权,因而面临管辖权依据选择的的情形。在这种管辖规则"竞合"的情形下,不是同时适用的规则越多,管辖权就越可靠,即效力可以叠加,而是综合具体案件情况采用最有力的管辖权规则适用即可。

三、综合管辖

综合管辖实际上不是一种单一的管辖依据,而是创建新的管辖权的途径。当单独适用任意一种管辖规则都存在困难时,法院综合具体案件情况,找出新的依据,创建新的管辖权,以适应形势的需要。

经典案例

案例一:　　　　袁闵钢、包华敏骗取出境证件案[1]

[基本案情]

被告人袁闵钢,男,1961年1月10日出生于浙江省象山县,持有M国护照。1997年10~12月间,被告人袁闵钢伙同包华敏,为组织他人偷越国(边)境,采取冒用其他单位赴日洽谈商务的手法,私刻公章,编造假材料,为顾建洪等12人骗取出国签证,导致5人偷渡出境未归。

黄浦区人民法院认为,被告人袁闵钢等人的行为已构成骗取出境证件罪。辩护人及袁闵钢提出,袁闵钢系M国公民。经查,袁闵钢于1993年2月以投资移民的方式花高价买取了M国护照,加入M国国籍,并于当年4月归国。袁闵钢只是购买了M国护照,实际上并未在M国定居。依据《中华人民共和国国籍

---

[1] 参见中华人民共和国最高人民法院刑事审判第一庭编:《刑事审判参考》2000年第4辑(总第9辑),法律出版社2000年版,第34~38页。

法》相关规定，袁闵钢仍具有中国国籍。黄浦区人民法院依法判处被告人袁闵钢犯骗取出境证件罪，判处有期徒刑4年，并处罚金人民币10万元。一审宣判后，被告人袁闵钢不服，以其早已在1993年2月加入M国籍，系外国公民，黄浦区人民法院没有管辖权为由，向上海市第二中级人民法院提出上诉。上海市第二中级人民法院经审理后裁定驳回上诉，维持原判。

[法律问题]

如何确定本案的管辖权？

[法理分析]

在本案中，我们要讨论的是管辖权及其依据问题。在移民渐成常态的现代社会，人们普遍存在一些认识上的误区，例如，在本案中，被告人袁闵钢认为自己持有M国护照，因此是M国公民，中国法院对其犯罪行为没有管辖权，试图以此脱罪。而法院则倾向于将其认定为中国公民，以便行使刑事管辖权。实际上，双方在认识上都存在一定的误区。除极少数具有外交特权和豁免权的情形外，无论是护照还是国籍因素都无助于规避刑事管辖权。属地管辖权在具体案件的审理中要比属人管辖权更便宜和有力，在属地管辖已经确定的情形下，"属人管辖权"貌似"锦上添花"，而实际上可能会产生一些深层次的法律问题。

刑法的空间效力主要通过管辖权体现出来，这在本案中体现的较为典型。

被告人袁闵钢被捕后，一直声称其为M国公民，且袁闵钢确有M国有效护照，并得到M国驻华大使馆的书面确认，试图以此获得某些管辖权上的有利之处。但是我国公安部门证明袁闵钢为中国国籍，由于国籍法规定我国不承认双重国籍，法院据此不承认袁闵钢具有M国籍。

在审判过程中，对袁闵钢的国籍认定存在分歧。

一种意见认为，持外国护照者合法入境，即可认定其为外国公民。我国《国籍法》第3条规定，我国不承认中国公民具有双重国籍；第9条规定，定居外国的中国公民，自愿加入或取得外国国籍的，即自动丧失中国国籍。1998年《最高人民法院关于执行〈中华人民共和国刑事诉讼法〉若干问题的解释》第314条规定，外国人的国籍以其入境时的有效证件予以确认；国籍不明的，以公安机关会同外事部门查明的为准。[1] 根据上述规定，本案被告人袁闵钢在1993年2月加入M国籍，取得M国护照，得到M国使馆的确认，并持此护照合法入境，故应认定袁闵钢为M国人。根据1996年修订的《中华人民共和国刑事诉讼

---

[1] 注意：2013年1月1日起施行的《最高人民法院关于适用〈中华人民共和国刑事诉讼法〉的解释》第394条规定："外国人的国籍，根据其入境时的有效证件确认；国籍不明的，根据公安机关或者有关国家驻华使、领馆出具的证明确认。"

法》第 20 条第 3 项的规定，本案应由中级人民法院管辖。[1]

另一种意见认为，对被告人国籍的认定，应以公安部门确认的为准。既然公安部门已出具证明，袁闵钢具有中国国籍，根据《国籍法》不承认双重国籍的规定，被告人袁闵钢的 M 国籍，至少在我国的管辖范围内是无效的，因此，应认定袁闵钢具有中国国籍。黄浦区人民法院认同这一观点。

关于国籍认定带来的法律解释问题，公安部门认为，袁闵钢虽取得了 M 国的护照，但不属于《国籍法》第 9 条规定的"定居外国的中国公民"，因此未自动丧失中国国籍，仍属中国公民。但袁闵钢的 M 国护照是经我国签证机关签证的，在法律上承认了其外国人的身份。这就产生了证据采用上的矛盾。从法律的位阶来讲，《国籍法》优位于最高人民法院的司法解释，《国籍法》第 9 条关于"定居外国的中国公民"的规定是判断袁闵钢是否具有中国国籍的关键，然而，审判当时甚至现在并不存在有效的立法或司法解释。比较接近的解释为 2009 年国侨办对《中华人民共和国归侨侨眷权益保护法》中的"定居"所作的解释，该规定首先确认，"华侨"是指"定居在国外的中国公民"，"定居"是指中国公民已取得住在国长期或永久居留权，并已在住在国连续居留 2 年，2 年内累计居留不少于 18 个月。同时又规定，中国公民虽未取得住在国长期或者永久居留权，但已取得住在国连续 5 年以上（含 5 年）合法居留资格，5 年内在住在国累计居留不少于 30 个月，视为华侨。根据这一解释，袁闵钢不属于"定居"的范畴，但国务院侨务办公室是国务院设立的办事机构，不具备行政主体资格，更不具备对法律本身作出解释的资格，《立法法》第 42 条规定，法律的规定需要进一步明确具体含义的，法律解释权属于全国人民代表大会常务委员会。因此，即便侨务办的解释在本案审判时已出台并生效，也不得适用于本案关于国籍的认定。合法的程序应该是由有权部门提请全国人大常务委员会进行解释，然后依解释判定袁闵钢的国籍。

因此，本案在认定过程中完全可以依据属地管辖进行审理，但是却陷入了国籍认定和属人管辖的误区，导致出现一系列潜在的问题。这就提醒我们在选择行使管辖原则依据时应当依据最优原则，而不是最全原则，避免破坏其他相关法律原则。

---

[1] 注意：2012 年修订的《中华人民共和国刑事诉讼法》第 20 条删除了该项。

案例二：   邵春天制造毒品案[1]

[基本案情]

被告人邵春天，男，1959年7月21日出生，无业。因涉嫌犯制造毒品罪于2007年1月25日被逮捕。

2004年上半年，被告人邵春天与"阿览"（在逃）预谋在菲律宾合伙制造甲基苯丙胺。同年3、4月间，邵春天从中国境内购买了制毒设备和原料，非法运抵菲律宾。同年11、12月间，在菲律宾做好制毒准备后，邵春天返回中国境内纠集同伙先后前往菲律宾参与制造毒品。同年12月31日，菲律宾警方查获纳卯市的制毒厂房，当场缴获129.994千克甲基苯丙胺和270千克麻黄素。2006年，被告人邵春天在菲律宾马尼拉市与其同伙共同制毒，邵春天先后在中国境内购买制毒设备及原料，非法运抵菲律宾，并开始生产毒品。同年，中菲两国警方联合行动查获该工厂，当场缴获大量毒品和制毒原料。后邵春天在我国境内被抓获。

福建省泉州市中级人民法院一审认定被告人邵春天制造毒品罪名成立，且在制毒共同犯罪中起组织、领导作用，系主犯，鉴于大部分毒品尚未流入社会即被扣缴，危害后果相对较小，判处被告人邵春天死刑，缓期2年执行，剥夺政治权利终身，并处没收个人全部财产。一审宣判后，被告人邵春天提出上诉，泉州市人民检察院提起抗诉。福建省高级人民法院依法以制造毒品罪改判被告人邵春天死刑，剥夺政治权利终身，并处没收个人全部财产，依法报请最高人民法院核准。最高人民法院裁定核准福建省高级人民法院的刑事判决。

[法律问题]

如何认定本案的管辖权？

[法理分析]

本案是一起典型的跨国犯罪案件，涉及属地管辖、属人管辖和普遍管辖。被告人邵春天制毒的犯罪事实已为中菲两国官方所确认，其行为无疑已经构成犯罪，因此管辖权的认定成为本案的核心问题之一。准确地认定离不开对我国《刑法》第6条和第9条相关规定的正确理解。

本案适用我国《刑法》，并由我国法院审判的依据有三：

1. 根据属地管辖，我国对本案具有管辖权。属地管辖亦称领土原则，是指国家对在本国领土范围内实施的一切犯罪都有权行使管辖，犯罪者是否本国公

---

[1] 参见中华人民共和国最高人民法院刑事审判第一、二、三、四、五庭主办：《刑事审判参考》2010年第4集（总第75集），法律出版社2011年版，第72~79页。

民，犯罪行为是否损害了本国国民或国家利益。属地管辖是国家行使刑事管辖权最主要的方式，而且不容易产生国际争议。我国《刑法》第 6 条第 1 款规定："凡在中华人民共和国领域内犯罪的，除法律有特别规定的以外，都适用本法。"随后在第 3 款对"在中华人民共和国领域内犯罪"做了立法解释，即"犯罪的行为或者结果有一项发生在中华人民共和国领域内的，就认为是在中华人民共和国领域内犯罪"。本案中，被告人邵春天多次从我国境内购买制毒原材料并非法运抵菲律宾境内，同时还在我国境内招募同伙，这些都属于制毒行为的一部分，因此，虽然其制毒的具体行为是在菲律宾实施的，但仍符合《刑法》第 6 条关于行为发生地的相关规定。被告人邵春天是共同犯罪的主犯，其在国内的犯罪预备、帮助等行为的结果发生在国内，这些行为虽然不单独定罪处罚，但不等于被除罪，因此仍符合犯罪结果地在我国境内的规定。至于制毒行为的结果，不应扩大解释，其发生地为菲律宾。

2. 根据属人管辖，我国对本案具有管辖权。国家对具有本国国籍的人在本国领土范围内的犯罪行为行使刑事管辖权依据的是属地管辖。属人管辖主要解决的是本国人在外国犯罪的管辖问题。该原则一般涉及本国人在外国实施犯罪后回到本国和仍处于外国两种情况，本案属于前一种情况。我国《刑法》第 7 条第 1 款规定："中华人民共和国公民在中华人民共和国领域外犯本法规定之罪的，适用本法，但是按照本法规定的最高刑为 3 年以下有期徒刑的，可以不予追究。"本案中，中国公民邵春天实施的制造毒品犯罪最低刑期在 3 年以上，适用我国刑法没有异议。

3. 根据普遍管辖原则，我国对本案具有管辖权。普遍管辖原则是一国法院对国际公约规定的犯罪进行管辖时所适用的管辖原则。此类犯罪不仅危害到个人、国家，而且危害到整个人类社会的共同利益，此种共同利益的损害不再要求是具体的或者直接的，其判定的主要标准是国际条约义务。我国《刑法》第 9 条规定："对于中华人民共和国缔结或者参加的国际条约所规定的罪行，中华人民共和国在所承担条约义务的范围内行使刑事管辖权的，适用本法。"这一规定就是对我国刑法普遍管辖权的法定表述。我国已经加入《1961 年麻醉品单一公约》、《1971 年精神药物公约》、《1988 年联合国禁止非法贩运麻醉药品和精神药物公约》等。根据上述条约，针对毒品犯罪，犯罪行为发生地国、罪犯人国籍国、犯罪行为目的地国等均有管辖权。本案中，被告人邵春天国籍为中国，其制作毒品行为的一部分发生在我国，作为条约国，我国有相应的管辖权。

可以看出，依以上任意一种管辖规则，我国都具有本案的管辖权。在司法实践中，司法文书的说理部分往往援引所有可以适用的管辖规则，如此似乎更加理直气壮，但在具体案件中，管辖权的取得只需依据最有力的规则，否则不但画蛇添足,而且容易产生管辖权争议。具体到本案,属地管辖是最为有力的规则,适用这一规则既可。

此外,本案是一起跨中菲两国的犯罪,菲律宾是犯罪行为目的地国,亦是犯罪行为发生地国,因此,根据国际条约,菲方亦具有本案的管辖权。这就产生了管辖权冲突,需要找到一个合理的解决途径。国际上一般采用协商的方式解决,但各方都很难找到比对方更强有力的依据,往往是实际控制犯罪嫌疑人的一方行使事实上的管辖权。但就条约的精神来讲,管辖权的确定应当以便于打击国际犯罪为优先。本案中被告人邵春天大部分时间生活在中国,其犯罪活动的主要部分也发生在中国,在菲方停留的时间以及从事的犯罪活动都很短暂,从便宜的角度来讲,交由中国法院审理更有利于对犯罪的打击。

案例三： BUSAMBU TEMBELE MAYETA 盗窃案[1]

[基本案情]

被告人 BUSAMBU TEMBELE MAYETA（中文译名：布萨布·坦布勒·玛也他），男,1969年4月3日出生,刚果民主共和国公民。

2006年7月3日凌晨3时许,在芬兰至广州 AY087 航班飞机上,被告人 BUSAMBU TEMBELE MAYETA 盗走被害人 SINGH 放在行李架上旅行包内的钱包,钱包内有3800欧元。广州市中级人民法院经审理认为：被告人 BUSAMBU TEMBELE MAYETA 以非法占有为目的,以秘密的手段窃取他人财物,数额巨大,其行为已构成盗窃罪。公诉机关指控被告人 BUSAMBU TEMBELE MAYETA 犯盗窃罪的事实清楚,证据充分,罪名成立。依照《中华人民共和国刑法》第264条、第35条的规定,判决被告人 BUSAMBU TEMBELE MAYETA 犯盗窃罪,判处驱逐出境。一审宣判后,控辩双方没有提出抗诉和上诉。

[法律问题]

本案的犯罪嫌疑人和受害人都是外国人,犯罪行为发生在外国登记注册的航空器内,但航班在中国着陆且在中国侦破,这种情况下如何确定管辖权？有学者提出除属地、属人、保护和普遍管辖原则之外的第5种管辖权原则"综合管辖",并以此作为本案应归我国管辖的依据,此种原则是否合理？在实践中会遇到哪些问题？

---

[1] 参见最高人民法院中国应用法学研究所编：《人民法院案例选》2006年第4辑（总第58辑）,人民法院出版社2007年版,第2~7页。

[法理分析]

该案件发生在芬兰籍航班上，且犯罪行为发生时，该航班在中国领空外，根据属地管辖，排除中国刑法的适用；该案的当事人都不是中国人，根据属人管辖，排除中国刑法的适用；被告人的行为没有直接或间接危及我国的国家利益，根据保护管辖，排除中国刑法的适用；根据我国加入的关于保护航空器安全国际公约，只有劫持航空器等严重犯罪行为才适用普遍管辖，本案是一起轻微的盗窃案，并未伴随其他严重犯罪，因此也不能适用普遍管辖。

本案若从一般的管辖权理论着手，无法找到有力的依据支持我国法院行使管辖权。然而在国际交往极为频繁的现代社会，固守旧工业时代的规则并力求有所创新的做法无助于问题解决。本案属于典型的盗窃犯罪，其案情简单，整个犯罪从着手到完成都是发生在我国领土以外，当事人国籍也都不是中国，对照《刑法》第6~9条，难以找到相关管辖依据。因此，按照传统刑事管辖权理论，是无法解释管辖权取得依据的，只能解释为事实上的管辖。这就需要根据现实情况另辟蹊径，可以尝试建立新的管辖规则，扩大其影响力，使之成为惯例。理论界所提出的综合管辖，在某种程度上就是一种建立新规则的尝试，而这种尝试并不新鲜。例如，1900年，美国联邦最高法院在 The Paquete Habana 一案中明确表示，经由各文明国家所承认的国际习惯法是美国联邦法律的一部分，在没有条约规定，和立法、行政或司法判例时，法院可以直接适用习惯国际法。[1] 在 The Paquete Habana 一案中联邦最高法院推翻了在战时扣押敌对国渔船的判决，依据的是国际习惯法，并指出此类国际习惯是世界上文明国家所承认的。在当代世界，建立新规则并使之成为惯例管辖，最终成为管辖原则的路径是可行的。这种惯例管辖指的是，当一国依据国际通行的犯罪判断标准及本国的刑法标准，认为在其实际控制下的犯罪嫌疑人涉嫌犯罪时，可依据审判便宜原则取得该案的管辖权。这种管辖权的取得依据是人类共同的价值观和主权原则。

1. 世界各国、各民族之间文化传统和价值观虽然千差万别，但是对大多数犯罪的评价却十分相似。这与全球化密不可分，在全球化背景下，单一民族和国家不适应"地球村"的部分不断被淘汰，共同的价值观在逐渐形成，传统上

---

[1] 参见 Paquete Habana.; The Lola, 175 U.S. 677 (1900). 1898年，美西战争期间，两艘悬挂西班牙国旗的渔船在古巴附近捕鱼时以违反封锁令为由被美国海军扣押，此后被拍卖，后当事人上诉到联邦最高法院，最高法院援引国际习惯法认定扣押行为非法。援引的国际习惯法包括1403年英王亨利四世与法国之间的相关约定以及1521年神圣罗马帝国皇帝查理五世与法国国王弗兰西斯一世之间的条约，这些约定和条约无疑已经失去官方的强制力，但作为习惯法仍为多数国家所遵守，逐渐成为国际习惯法，因为这些习惯法对多数国家来说是利大于弊的。

狭隘的主权观念和民族主义观念在淡化，作为国际交往主体的国家越来越注重效率和实际利益，这就使得寻找管辖权冲突解决的新路径成为可能。本案中，被告人所犯的盗窃罪在世界上绝大多数国家被认为是犯罪，而且对此类犯罪的处罚也十分相似，此类情况下，管辖权实际上只是一种主权符号，依据的是效率、务实和平等的原则，并无根本的国家利益冲突存在，容易为涉案国家所接受。但是，多数国家刑法中规定有属地、属人和保护管辖，在别国受到刑事处罚以后往往并不影响其在其后行使管辖权。例如，本案中被告人 BUSAMBU TEMBELE MAYETA 被判处驱逐出境以后，具有管辖权的其他国家有权选择是否发动刑事诉讼。例如，飞行器登记国芬兰的刑法典第 2 条就有类似我国刑法第 6 条的规定：芬兰刑法适用于芬兰船舶或者航空器上发生的犯罪，如果该犯罪发生时该船舶位于公海，或不属于任何国家管辖的领域内，或者该航空器位于上述领域内或其上空，或者该船舶位于一外国领域内，或者该航空器位于上述领域内或其上空，并且是由该船舶或航空器的船长（机长）、其中的船员（机组成员）、乘客或者其他人员实施的犯罪。此外，芬兰刑法典第二十八章第 1 条规定了盗窃罪，据此，芬兰具有本案的管辖权。因此，根据主权原则，一国行使管辖权并不排除另一国行使管辖权，"一事不再理"此时并无强制力。因此，必须解决可能出现的重复处罚的问题，这一问题的解决属于主权范畴，需要国际社会的共同努力。

2. 为了便于打击犯罪和保护人权，需要建立高效的管辖规则。本案中，被告人是刚果民主共和国国籍，受害人是印度国籍，飞行器是芬兰国籍，降落地是中国，涉及四个国家，如通过外交手段来协商管辖权，可能会拖延很长时间，对各国来说都是一种资源上的浪费，对当事人来说也是不公正的。例如，依据印度刑法第 379 条，盗窃可以判处 3 年以下有期徒刑或罚金，也可以并罚，但很难保证 3 年内能完成管辖权问题的谈判，在此期间犯罪嫌疑人将会被一直羁押下去，对其来说实际上是一种人权侵犯行为。

3. 在人员和物资流动极为频繁的现代社会，跨国犯罪行为已经有别于过去简单的跨国作案，其行为可以分解为多个步骤、跨越许多国家，犯罪行为结果也可以分布在多个国家。例如网络诈骗，其行为往往跨越数个乃至数十个国家，结果发生地也可能会遍布全球多个国家，如果采用传统的管辖原则，这些国家都可能具有管辖权，但是犯罪嫌疑人却很容易地就转移到与犯罪行为无关的国家和地区，通过管辖权的规避避免受到惩罚。因此，建立新的管辖权规则可行而且必要。而这种管辖权建立的主动权在以前往往为西方发达国家所把握，如今我们也具有了类似的实力和机会，应该主动把握，成为新管辖规则的创建者。

拓展案例

沈容焕合同诈骗案[1]

[基本案情]

被告人沈容焕（英文名 YONGHWANSIM），男，1954年8月5日出生，大韩民国国籍，原系韩国 SIMPSON 商社营业董事。因涉嫌犯合同诈骗罪于2007年12月17日被逮捕。被告人沈容焕系韩国 SIMPSON 商社的营业董事，负责处理所有业务。2004年9月~10月间，沈容焕代表韩国 SIMPSON 商社与菲西尔公司先后签订了编号为 YGB-4042 和 YGB-4043 的两份购销合同，由 SIMPSON 商社向菲西尔公司采购价值合计13.4万美元的女式羽绒服和女式麂皮绒夹克各1万件，并由沈容焕指定的货代公司 CLOVER 商社的上海合作方易运国际货运有限公司（以下简称易运公司）负责运输。同时，沈容焕代表 SIMPSON 商社再将上述货物卖给了美国的 Pacific Whale Textile Corporation。同年11月1日和5日，在沈容焕支付了2.5万美元定金后，菲西尔公司分别将合计13.7万余美元（折合人民币113.7万余元）的货物交易运公司运输。当沈容焕收到美国 Pacific Whale Textile Corporation 支付的全部货款后，未将货款人民币93万余元支付给菲西尔公司而逃逸。2007年11月10日，沈容焕欲从我国吉林省长春市口岸出境时，被边防检查人员抓获。上海市第二中级人民法院认定被告人沈容焕犯合同诈骗罪，判处有期徒刑5年，并处罚金人民币10万元，驱逐出境；其违法所得予以追缴并发还被害单位，不足部分责令退赔。一审宣判后，被告人沈容焕不服，向上海市高级人民法院提起上诉。之后，沈容焕提出撤诉。上海市高级人民法院经审理认为，原判认定被告人沈容焕犯合同诈骗罪事实清楚，证据确实、充分，适用法律正确，量刑适当，审判程序合法，依法裁定准许沈容焕撤回上诉。

[法律问题]

在单位犯罪中，如涉案单位是境外公司，在我国境内犯罪的，我国是否有管辖权？

[重点提示]

《刑法》第6条第1款规定："凡在中华人民共和国领域内犯罪的，除法律有特别规定的以外，都适用本法。"此处是刑法关于属地管辖的规定，因此，此处的犯罪主体包括单位犯罪主体，且注册地不限。

---

[1] 参见中华人民共和国最高人民法院刑事审判第一、二、三、四、五庭主办：《刑事审判参考》2009年第5集（总第70集），法律出版社2010年版，第24~33页。

第二节 时间效力

知识概要

刑法的时间效力所要解决的是刑法适用效力的起止问题，其内容一般包括生效时间、失效时间、溯及力等。依法理和罪刑法定原则的要求，原则上应采用行为时法，但在立法实践中采用"从旧兼从轻"原则更能体现刑法的谦抑性，我国刑法亦是如此。司法实践中，溯及力的问题较为常见，一般体现在现行刑法与1979年刑法的适用问题。此外，在某些案件中，溯及力与追诉时效之间存在较为复杂的适用关系，其判断不仅涉及司法技术问题而且涉及价值问题（刑事政策），值得注意。

一、从旧兼从轻原则的适用

"从旧"是罪刑法定主义的必然要求，"从轻"是情势变更后有利于被告人原则的要求。在具体案件的适用过程中，司法机关的价值取向会直接影响到法律规范的选择，进而影响到案件的判决。

二、时间效力与追诉时效

刑法的时间效力与追诉时效之间存在着复杂的关系，但一般应当本着有利于被告人的原则适用新旧刑法进行追溯和定罪量刑，从旧兼从轻的原则依然适用于这一过程。

经典案例

案例一： **夏侯青辉等故意伤害案**[1]

[基本案情]

被告人夏侯青辉，男，1976年8月22日出生；被告人夏侯玲平，男，1972年7月3日出生。二人因涉嫌犯故意伤害罪，于2002年9月9日被逮捕。

1994年12月15日11时许，在南昌铁路分宜车站货场施工工地上，被告人夏侯玲平以被害人伍志凌踩到其菜地为由，与之发生激烈争执。夏侯玲平遂回

---

〔1〕 参见中华人民共和国最高人民法院刑事审判第一庭、第二庭编：《刑事审判参考》2004年第1集（总第36集），法律出版社2004年版，第22～26页。

村邀集被告人夏侯青辉等人，持械对伍志凌进行殴打，期间，夏侯青辉持木棍朝伍志凌头部猛击一下，致伍当场倒地，四肢抽搐，送医院抢救至今仍昏迷不醒，呈"植物人"状态。2002年9月13日，南昌铁路公安局医学鉴定结论认定被害人伍志凌损伤程度为重伤甲级。

南昌铁路运输法院审理后认为，被告人夏侯青辉、夏侯玲平故意伤害他人身体健康，致人重伤，其行为均已构成故意伤害罪。被告人夏侯青辉到案后提供重要线索协助抓获被告人夏侯玲平，认定有立功表现，依法可从轻处罚。鉴于二被告人归案后，能积极赔偿被害人经济损失，可酌情从轻处罚。2002年，江西省南昌铁路运输法院公开开庭审理被告人夏侯青辉、夏侯玲平涉嫌故意伤害罪一案，一审判决认定被告人夏侯青辉、夏侯玲平犯故意伤害罪，判处被告人夏侯青辉有期徒刑9年6个月，剥夺政治权利1年；被告人夏侯玲平有期徒刑9年6个月，剥夺政治权利1年。一审宣判后，在法定期间内，夏侯青辉、夏侯玲平未提出上诉，检察院也未提出抗诉，判决发生法律效力。

[法律问题]

本案应适用1979年《刑法》规定还是1997年《刑法》规定？

[法理分析]

本案发生于1994年，审判于2002年，涉及新旧刑法的适用问题。由于所涉及的罪名（故意伤害罪）在新刑法中做了较大的修改，使本案在法律适用上存在一定的争议，简单的"从旧兼从轻"规则已经无法单独解决这一问题，需要深入探讨。

1979年《刑法》第134条第2款规定："犯故意伤害罪，致人重伤的，处3年以上7年以下有期徒刑；致人死亡的，处7年以上有期徒刑或者无期徒刑。"1983年全国人大常委会《关于严惩严重危害社会治安的犯罪分子的决定》（以下简称《决定》）以单行法的形式对本罪进行了修改："对下列严重危害社会治安的犯罪分子，可以在刑法规定的最高刑以上处刑，直至判处死刑：……②故意伤害他人身体，致人重伤或者死亡，情节恶劣的，……"1997年《刑法》第234条第2款规定："致人重伤的，处3年以上10年以下有期徒刑；致人死亡或者以特别残忍手段致人重伤造成严重残疾的，处10年以上有期徒刑、无期徒刑或者死刑。"通过对法条的基本分析可以看出：根据1979年《刑法》应判处3～7年有期徒刑；根据《决定》，如重伤且符合"情节恶劣"最高可判处死刑；根据1997年《刑法》，应处以3～10年有期徒刑。刑法的不同适用直接影响到审判的结果，也由此产生了不同的意见，我们一一作出分析。

第一种观点认为，应该适用1979年刑法的规定进行定罪惩罚，理由是本案被告人虽造成被害人重伤后果，但并不符合《决定》"情节恶劣"的规定，1997

年刑法对重伤规定的刑法下限相同，但上限要高于 1979 年的规定。因此，本案被告人的量刑幅度应当为 3~7 年。

第二种观点认为，应该适用《决定》，因为犯罪后果属于犯罪情节。本案造成被害人呈植物人状态属于特别严重后果的情形，可属于《决定》所规定的"情节恶劣"情形之一。因此，可在 7 年以上有期徒刑、无期徒刑、死刑的幅度内判处刑罚。但由于本案不属于"以特别残忍手段致人重伤造成严重残疾"的情形，因此，只能在 3~10 年有期徒刑的幅度内确定相应的刑罚。因此，适用 1997 年《刑法》符合从轻的要求。

可以看出，本案争议的焦点在于对"情节恶劣"的理解上。在刑法条文和解释中，经常出现"情节"规定。在 1979 年刑法典正文中，"情节（特别）恶劣"出现了 9 次，"情节严重"出现了 44 次；在 1983 年的《决定》中，"情节（特别）恶劣"出现了 1 次，"情节（特别）严重"出现了 7 次；1997 年刑法典正文中，"情节（特别）恶劣"出现了 17 次，"情节（特别）严重"出现了 205 次。经过统计学分析可以看出，"严重"的使用远高于"恶劣"，而且往往是在很难对客观事实和犯罪嫌疑人主观态度作出较为准确评价的前提下使用的，虽然很难找到一个令人满意的解释，但绝大多数属于道德层面的评价；与此相对应，"严重"被使用的频率远高于"恶劣"，且多用于较容易作出客观评价的场合，虽较之"大"、"小"、"高"等用语更不易于量化，但较之"恶劣"仍更易于判断。因此，"恶劣"一词实际上是不得已而为之的权宜用法，毕竟刑法最需要消除语义上的不确定性，但是在道德评价层面是很难有一个放之所有情况下都能适用的客观标准的，所以交给了法官根据具体的案情来判断，其主要依据就是被告人的主观恶性及因此造成的社会影响的大小。德国刑法学家耶赛克指出，"在法律规定为'情节特别严重'或'情节较轻'的不确定的加重刑罚和减轻刑罚事由情况下，法官原则上可自由裁量决定，何种情况可被视为加重刑罚事由或减轻刑罚事由"，以平衡刑罚量与罪责之间的补偿关系，这是作出"情节"规定的原意，而我们在实务中一味追求确定性，而这种绝对的确定性是不存在的。本案中，被告人实际上属于激情犯罪的范畴，其在犯罪时体现的主观恶性并不大，案发后被告人自首、立功、积极赔偿等表现也证明了这一点，如认定为"恶劣"是与事实不相符的。

李斯特说，"最好的社会政策就是最好的刑事政策"，实际上刑罚政策也在影响着社会政策，重刑主义的倾向对社会结构的破坏和对社会政策的侵蚀不容忽视。对于本案，我们赞同第一种观点，对被告人应适用 1979 年刑法典，其量刑幅度应当为 3~7 年。

本案还折射出了形式理性与实质理性之间复杂的关系，"形式理性意味着，法律以其自以为合理的制度形式存在着，但法律本身却不是目的"，[1] 而实质理性追求的是社会现实的效果。对法律（刑法）的解释和选择，依据的是实质理性指引下的"活的"法律，而不是僵死的法条。本案看似是一个法律适用引出的法律解释问题，但本质上却是一个价值选择的问题。限于篇幅不再深入讨论。

案例二：　　　　　　　　杨伟故意伤害案[2]

［基本案情］

被告人杨伟，男，1971 年 7 月 12 日出生，因涉嫌故意伤害罪于 2008 年 5 月 23 日被逮捕。1992 年 7 月 6 日，被告人杨伟与邓建学（均为开封市公安局新门关派出所联防队员）被新门关派出所派往禹王台区演武厅街西口制止被害人皮海彬酒后滋事。期间，双方发生扭打。邓将皮击倒后，杨朝其躯干部分踢了一脚。皮被送往医院后死亡。经法医鉴定，皮海彬系醉酒和轻度心肌炎的情况下，外力作用于胸腹部等敏感部位，致迷走神经反射性抑制心跳骤停而亡。

开封市南关区人民检察院于 1992 年 11 月 17 日以被告人邓建学犯过失杀人罪，向开封市南关区（现禹王台区）人民法院提起公诉。审理期间，被告人邓建学因病死亡，法院裁定终止审理。自 1992 年案件发生至 2008 年 4 月 11 日，当地侦查机关未对杨伟做立案处理，杨伟在案发后亦无逃避侦查的行为。2008 年 4 月 11 日，开封市公安局禹王台分局始对杨伟故意伤害案立案调查。2008 年 10 月 17 日，河南省开封市禹王台区人民法院公开开庭审理被告人杨伟涉嫌故意伤害罪一案，认定被告人杨伟犯故意伤害罪，判处有期徒刑 3 年，缓刑 4 年。一审宣判后，被告人杨伟未提起上诉，检察院未提出抗诉，判决发生法律效力。

［法律问题］

被告人的犯罪行为发生在现行刑法生效之前，且在此前并未发现其犯罪事实，这就产生了刑法适用的时间效力问题。本案被告人的犯罪行为是否应该受到追溯？如应追溯，如何选择适用新、旧刑法？

［法理分析］

本案事实清楚，证据确凿，不存在争议，但在适用刑法以及由此带来的追溯时效问题上存在争议。

一种意见认为，根据现行刑法"从旧兼从轻"的规定，对杨伟应适用旧刑

---

［1］参见［美］艾伦·沃森：《民法法系的演变及形成》，李静冰、姚新华译，中国法制出版社 2005 年版，第 32～33 页。

［2］参见中华人民共和国最高人民法院刑事审判第一、二、三、四、五庭主办：《刑事审判参考》2012 年第 1 集（总第 84 集），法律出版社 2012 年版，第 5～10 页。

法。1979年刑法第134条第2款规定："……致人重伤的，处3年以上7年以下有期徒刑；致人死亡的，处7年以上有期徒刑或者无期徒刑。本法另有规定的，依照规定"，因致人死亡的最高刑期为无期徒刑，故追诉期限应为15年。1983年9月2日全国人民代表大会常务委员会发布的《关于严惩严重危害社会治安的犯罪分子的决定》[1]（以下简称《决定》）第1条第2项规定："对下列严重危害社会治安的犯罪分子，可以在刑法规定的最高刑以上处刑，直至判处死刑：……故意伤害他人身体，致人重伤或者死亡，情节恶劣的……"参照1985年8月21日《最高人民法院关于人民法院审判严重刑事犯罪案件中具体应用法律的若干问题的答复（三）》[2]（以下简称《答复》）第39条的规定，其追诉期限也应以15年为限。本案犯罪时间为1992年7月6日，2007年7月5日以后本案就已过追诉时效。

另一种意见认为《决定》第1条第2项规定的7年以上有期徒刑、无期徒刑、死刑是一个量刑幅度中的三个量刑档次，而不是三个量刑幅度，应以死刑作为法定最高刑来确定追诉期限，故追诉时效为20年，仍在追诉期限内。

此案最终采纳了后一种意见，但此种判断是否合理、合法已经不仅仅是一个法条上的问题，值得进一步讨论。

1. 根据"存疑时有利于被告"的原则，本案的时效判定存在问题。"存疑时有利于被告"是刑事法的核心原则之一，这一原则不仅适用于犯罪事实的确认而且适用于法律规则的适用，当无法确认某一犯罪行为是否超过追诉时效时，应当认为已经超过追诉时效而不再追诉。[3] 本案中，1979刑法、《决定》以及《答复》的相关规定各自适用都没有问题，但综合起来就产生了疑问。决定中规定可以突破最高刑的目的是为了打击严重犯罪，因此加了"情节恶劣"的限制，如无此情节便不得突破最高刑，没有证据证明本案属于情节恶劣的情形，因此最高刑仍为无期徒刑，相应地，其追溯期限以15年为限。刑法本身不是刑法典及围绕其周围的其他规范性文件的集合体，它不仅包括文本上的规范，而且包括诸多并没有直接体现在文本中的理念和原则，落实到本案中，就是谦抑性。刑法的目的在于打击和预防犯罪，保障社会的安宁，追溯时效制度在防止犯罪人逃避刑罚、继续犯罪的同时，也是一种对国家刑罚权进行限制的方式，是刑法谦抑性的体现，是对社会正常生活的保护。因此，对于适用上存疑的情形，应该本着有利于被告人的原则。

---

[1] 该《决定》已于1997年10月1日失效。
[2] 该《答复》已于2013年1月18日失效。
[3] 参见张明楷：《刑法格言的展开》，北京大学出版社2013年版，第534页。

2. 根据个人责任（罪责自负）原则，由于本案被告人在共同犯罪中所起到的作用较小，不应当依照邓建学可能被判的刑罚来确定刑法的适用。本案是典型的共同犯罪，但二人起到的作用有很大差别。邓用膝盖顶撞皮的阴部，用拳击打皮的胸部，并致皮倒地。皮倒地后，杨伟朝皮的躯干部分踢踹了一脚。且皮海彬的死亡与醉酒和轻度心肌炎为前提，这种情况下，杨所起到的作用实际上并不大。"任何人不因他人的不法行为受处罚"，在刑罚上被捆绑到死刑为最高点实际上违反了罪责自负和罪刑相适应原则。因此，对于共同犯罪，如从犯追诉期限都随主犯的话，本质上是一种违反罪刑法定主义的做法。

3. 在新旧刑法的适用上存在一定的混乱情况，有些在判决中考虑了《决定》，有些则直接忽视，这值得注意。"郑洋故意伤害案"就是一例。[1] 1996年8月27日凌晨1时许，被告人郑洋和王国军（已判刑）在新野县纺织集团生活区门外饭摊上就餐时，双方发生口角。被告人郑洋便和王国军预谋殴打刘书会、蔡书明。王国军遂骑自行车回家拿一根钢管。当刘书会、蔡书明、郑天功离开时，王国军赶到，和被告人郑洋拦住刘书会等人的去路，王国军持钢管猛击刘书会头部，被告人郑洋也用拳头打击刘书会，致刘书会当场倒地死亡。随后，二人又追打蔡书明、郑天功，致郑天功头部损伤。经鉴定，刘书会系被他人持钝器猛击头部致颅脑损伤死亡；郑天功头部的损伤系轻伤。2001年王国军因抢劫罪被判刑，后在狱中供出此案，郑洋直至2010年才被北京警方抓获。本案涉及新旧刑法的适用问题，审判法院认为犯罪行为发生在新刑法生效之前，且1979年刑法该罪的最高刑罚为无期徒刑，而1997年刑法的相关刑法最高刑为死刑，因此适用1979刑法。审理中并没有提及《决定》和《回复》，而实际上办理1997刑法之前实施的故意伤害致人死亡案件这一问题是不能回避的。虽然本案的判决结果趋向合理，但带有一定偶然性，而刑法及其适用必须尽量消除不确定性，以减少错案。

拓展案例

萧俊伟开设赌场案[2]

[基本案情]

被告人萧俊伟（英文名：ELVINSIEW CHUN WAI），男，35岁，马来西亚

---

[1] 参见（2010）新刑初第165号案。
[2] 参见中华人民共和国最高人民法院刑事审判第一、二、三、四、五庭主办：《刑事审判参考》2012年第4集（总第87集），法律出版社2013年版，第102~106页。

国籍,系珠海谷中城信息技术有限公司(以下简称谷中城公司)首席执行官。因涉嫌犯开设赌场罪于 2010 年 4 月 30 日被逮捕。被告人萧俊伟在负责谷中城公司经营、管理期间,指使谷中城公司市场部员工李保国、谢今力(均另案处理)与"FUN88"(乐天堂)赌博网站(以下简称"乐天堂"网站)联系,签订资金支付服务合同;指使谷中城公司财务部负责人饶尧(另案处理)等人通过"Ecapay"系统,利用该公司管理的在快钱公司中开设的"merchant@mudvc.com"等 5 个账户,为"乐天堂"等赌博网站提供结算服务,并从中收取服务费。其中,2010 年 1 月,谷中城公司管理的与"乐天堂"赌博网站对应的"Ecapay"系统账户(UK00002)进账人民币 6500 余万元。苏州市中级人民法院以被告人萧俊伟犯开设赌场罪,判处有期徒刑 2 年,并处罚金人民币 80 万元,附加适用驱逐出境。一审宣判后,被告人萧俊伟未提起上诉,检察机关没有抗诉,判决已发生法律效力。

[法律问题]

当涉及多个司法解释时,其时间效力如何处理?

[重点提示]

司法实践中,刑法的时间效力常以司法解释的时间效力的形式出现,其判定依据是《最高人民法院、最高人民检察院关于适用刑事司法解释时间效力问题的规定》。当然,若与立法解释或法律规定相冲突,则以立法解释或法律规定为准。

第四章

犯罪构成

犯罪构成是指我国刑法所规定的、确定某一具体行为具有社会危害性并且达到犯罪程度所必需的一系列要件的整体。[1] 犯罪构成具有法定性、整体性和主客观相统一性等特征。依当前的司法实践，任何一种犯罪的成立都必须具备四个方面的构成要件，即犯罪主体、犯罪主观方面、犯罪客体和犯罪客观方面。构成要件理论是为了更好地认定犯罪行为而产生的，构成要件的分析不仅是一种技术性脑力活动，更是一种价值判断，因此，在认定过程中需要融会刑法的基本原则，坚持主客观相统一的原则，避免主观归罪或者客观归罪。

第一节 犯罪客体

知识概要

犯罪客体是近几十年来最受争议的犯罪论问题之一，围绕其存在的合理性所展开的论战持续至今。本书认为，在科技日新月异、社会生活多变、危害行为表现形式不断"创新"的今天，并考虑到现行立法和司法的现状，犯罪客体的存在仍具有一定的区分罪与非罪、此罪与彼罪的功能，可以用来解决一些疑难案件。

一、犯罪客体的解释

无论将犯罪客体解释为社会关系还是社会利益，都面临着客体的质、量、种类等会随着社会的变化而变化的问题，因此，对客体的解释也就不可避免。在司法实践中，遇到较多的是客体种类的变化。

―――――――――
[1] 参见曲新久等：《刑法学》，中国政法大学出版社2011年版，第22页。

二、复杂犯罪客体

复杂客体是指一个犯罪行为同时侵犯了两种或两种以上的具体的社会利益。复杂客体可能会影响到定罪也可能会影响到量刑，需要在具体的案件中进行确定。

三、犯罪客体与犯罪对象

在哲学领域，客体的对立面是主体，但是在我国刑法理论中，客体与主体之间的关系并非如此，这就产生了"犯罪主体"、"犯罪客体"、"犯罪行为""行为客体（对象）"等莫衷一是的说辞和解释。[1] 判断这些理论好坏的标准不仅是能否自圆其说，而且更重要的是能否有效地指导司法实践。

经典案例

案例一：　　　　　　　　　陈某盗窃案[2]

[基本案情]

被告人陈某，男，汉族，1987年8月24日出生，原系某市某公司员工。因涉嫌犯盗窃罪于2008年7月25日被逮捕。2008年4月15日，深圳腾讯公司委托某市某公司生产QQ密保卡。生产过程中有一批密保卡因损坏需要重新进行制作，某公司遂将该批密保卡的数据通过内网上传至本公司服务器的共享文档，文件没有加密，被告人陈某发现这一漏洞后，趁他人不注意时利用车间的一台机器登录到该公司的服务器，并将需要重新制作的密保卡的数据复制到其携带的闪存卡，所涉QQ密保卡卡面金额人民币（以下币种同）49 140元。此后，陈某辞职回到老家，并于5月5日～6月19日期间，利用其复制的QQ密保卡数据为其本人及朋友的QQ账户进行充值，累计充值金额5030元。6月19日陈某被抓获归案。

某市第三人民法院认为，被告人陈某以非法占有为目的，秘密窃取他人财物，数额巨大，其行为构成盗窃罪，依法应当惩处。公诉机关指控陈某犯盗窃罪的罪名成立。据此，依照《中华人民共和国刑法》第264条、第23条、第53条之规定，某市第三人民法院以被告人陈某犯盗窃罪，判处有期徒刑1年6个月，并处罚金3000元。一审宣判后，被告人陈某未提出上诉，公诉机关亦未提

---

[1] 参见徐振华：《犯罪对象研究》，广西人民出版社2006年版，第93～95页。
[2] 参见中华人民共和国最高人民法院刑事审判第一、二、三、四、五庭主办：《刑事审判参考》2012年第4集（总第87集），法律出版社2013年版，第43～48页。

出抗诉，判决已发生法律效力。

[法律问题]

如何确定本案的犯罪客体？

[法理分析]

盗窃罪所涉犯罪客体是公私财产所有权，所保护的财产利益通过犯罪对象体现出来，其犯罪对象为公私财物，既包括有形动产，也包括部分具有经济价值的无形物（如电力、燃气、电信号码等），还包括部分财产的物理载体（如有价证券、信用卡、专用税务发票等）。本案中，被窃取的是密保卡数据，其能否作为盗窃罪的对象直接决定着本案的犯罪客体是否存在。

犯罪客体是指我国刑法所保护而为犯罪行为所侵犯的利益，犯罪客体是犯罪成立的必要条件。[1] 本案中，陈某的行为侵犯了腾讯公司的财产利益，但是这种财产利益是否一定受到刑法的保护值得进一步探讨。

刑法位于诸法之后，可谓诸法的后盾，是最后的法律救济手段，因此，刑罚的发动需慎之又慎。刑法保护公司财产利益，但是财产利益的"质"与"量"如何确定成为本案的关键问题。在本案中，"质"指的是密保卡数据的性质，即是否为刑法上的"财产"；"量"指的是财产的数量问题，即盗窃的"数额"，这两者共同决定着本案的"犯罪客体"是否存在。

（一）"质"的问题

对于新型财产，存在以下特点：

1. 认可速度上，呈加速度趋势。随着科学技术进步和社会生活的提高，人们对可被盗窃财产的认识从最早的食物、衣物发展到货币、电力、燃气、电信号码等，对新型财产的认识和认可速度也越来越快，这是历史发展的趋势，总体上是合理的，但也存在一些操之过急的问题，例如，司法机关为解决实务问题，频频突破法律的规定对法律条文进行实质解释等，有急功近利的趋势。这种快速"认证"的趋势在刑法以外的领域具有一定合理性，但是在刑法领域应当审慎而为之，这是刑法自身的严厉性和谦抑性所决定的。刑法不是万能工具箱，遇到问题就用这一终极武器来解决，刑法是处于社会最深层次的稳定器，以积极乃至激进的形式出现来解决新型的社会问题，违背了其基本价值，长此下去会破坏刑法的有效性和权威性。刑法犯罪客体无论解释为社会关系还是社会利益，都必然是稳定的、根本性的关系或利益，对于一些在仅具暂时性的关系或利益表现形式，一般不宜上升到刑法犯罪客体保护的层面，民事、行政途径解决不了时才去考虑刑罚手段。

---

[1] 参见曲新久等：《刑法学》，中国政法大学出版社 2011 年版，第 25 页。

2. 认可方式上，以官方认可为主。对新型财产的认可包括一般大众的认可和官方的认可，其中官方的认可最具代表性的即为法院的判决，但官方的认可必须在大众一般认可的前提下，否则就失去了法律对财产保护的初衷。法律，尤其是刑法对财产的保护不同于对专利的保护：对于专利，受专利法的规范，申请人只要具备了专利要件即可申请保护，一旦申请通过，即可取得专利权（其中包括专利财产权），对这种专利权的严重侵犯构成犯罪的，就可以成为犯罪客体，受到刑法的保护。而刑法不具备专利法或其他类似赋权法的功能，它不能直接赋予物以法律保护的财产的性质。类似的，刑法及司法者也无权对密保卡数据及其适用进行法律上的财产认定，而是应当交由其他法律来认定，现实中由最高司法机关发布解释来认定的方式是不恰当的，是一种规则的制定人和执行人合二为一的做法，不合情理更不合法理。因此，在本案中，对于财产性质的认定存在不当，使本案犯罪客体认定的合法性受到质疑。

(二)"量"的问题

本案中，暂且认为"质"的认定不存在问题，但"量"的认定仍存在问题，即刑法关于数额的规定与腾讯公司对服务的定价之间存在问题。2013 年 4 月 4 日实施的《最高人民法院 最高人民检察院关于办理盗窃刑事案件适用法律若干问题的解释》（以下简称《解释》）第 1 条规定[1]，盗窃公私财物价值 1000 元至 3000 元以上……应当分别认定为刑法第 264 条规定的"数额较大"。由于本案不属于《解释》第 2 条、第 3 条规定的情形，因此属于第 1 条以数额定罪的情况，即金额应在 1000 元以上。本案所涉 QQ 密保卡卡面金额 49 140 元，陈某为其本人及朋友的 QQ 账户进行充值，累计充值金额 5030 元。法院最终认定盗窃数额为 5030 元，其理由是最高人民法院 2000 年 5 月 12 日出台的《关于审理扰乱电信市场管理秩序案件具体应用法律若干问题的解释》（以下简称《电信解释》）第 7 条规定："将电信卡非法充值后使用，造成电信资费损失数额较大的，依照刑法第 264 条规定，以盗窃罪定罪处罚。"第 8 条规定："盗用他人公共信息网络上网账号、密码上网，造成他人电信资费损失数额较大的，依照刑法第 264 条的规定，以盗窃罪定罪处罚。"以此认为本案 QQ 密保卡上的数据与《电信解释》规定的公共信息网络上网的账号、密码在本质上相似。这实际上是一种在司法解释基础上的类推解释，是一种无权解释，本质上是对罪刑法定原则的破坏。本案的卡面金额由一家公司来自行确定，这与邮票、车船票等有价票

---

[1] 1998 年 3 月 17 日实施的《最高人民法院关于审理盗窃案件具体应用法律若干问题的解释》已被 2013 年 4 月 4 日实施的《最高人民法院 最高人民检察院关于办理盗窃刑事案件适用法律若干问题的解释》所废止。

证有本质不同。后者的票面金额及服务定价不仅受到国家相关部门的严格管理，而且得到了社会一般人的认可，并最终以法律法规的方式作出了保护，在此基础上受到了刑法的保护，因此，其票面金额和服务价值得到了刑法的认可。而本案的密保卡实际上是一种一定范围内的（实际上是相对封闭的）企业经营行为，将其卡面金额等同于一般意义上的有价票证是一种于法无据、于理牵强的做法，本质上是非法的。

总的来说，犯罪客体具有法定性和稳定性，对犯罪客体及犯罪对象的扩大必须遵守这一原则，否则就会造成刑罚的扩大化，与犯罪客体的设立目的相违背。

案例二： 弓喜抢劫案[1]

[基本案情]

被告人弓喜，男，1984年1月19日出生，中专文化，农民。因涉嫌犯抢劫罪于2007年9月7日被逮捕。2007年8月23日22时许，被告人弓喜到其曾经工作过的北京市通州区潞城镇甘兴化工厂内，持壁纸刀向值班会计赵某索要人民币1万元，并轻伤赵，因赵志江逃脱而未取得钱财。次日，被告人弓喜被抓获归案。

北京市通州区人民法院认为，被告人弓喜以非法占有为目的，采用暴力手段强行劫取他人数额巨大的财物，致人轻伤，其行为已构成抢劫罪，应依法惩处。依照《中华人民共和国刑法》第263条第4项、第55条第1款、第56条第1款、第52条、第53条、第64条的规定，判处被告人弓喜犯抢劫罪，判处有期徒刑10年，剥夺政治权利2年，并处罚金人民币2万元；作案工具壁纸刀一把，予以没收。

一审宣判后，被告人提出上诉。北京市第二中级人民法院审理认为，上诉人弓喜以非法占有为目的，采用暴力手段当场强行劫取他人财物，致人轻伤，其行为已构成抢劫罪，应依法惩处。但上诉人弓喜虽然使用暴力索要数额巨大的财物，实际并未抢得被害人财物，依法不应认定其抢劫数额巨大，一审判决认定其抢劫数额巨大不当，系适用法律错误，并由此导致量刑过重，依法撤销一审判决第2项，改判上诉人弓喜犯抢劫罪，判处有期徒刑6年，并处罚金人民币12 000元。

---

〔1〕 参见中华人民共和国最高人民法院刑事审判第一、二、三、四、五庭主办：《刑事审判参考》2008年第2集（总第61集），法律出版社2008年版，第16～22页。

[法律问题]

如何认定本案的犯罪客体?

[法理分析]

复杂客体是指一个犯罪行为同时侵犯了两种或两种以上的具体的社会利益,其中任何一种客体的缺失都会导致该犯罪无法成立。以抢劫罪为例,犯罪行为人不仅侵犯了公私财物所有权,而且也侵犯了他人的人身权利,如果仅侵犯了其中一种,可能会构成其他犯罪,但不会构成抢劫犯罪。

我国刑法以犯罪客体来划分不同的犯罪类型,因此,犯罪客体不仅是判断罪与非罪的一个要素,而且是划分此罪与彼罪的标准。其基本特征如下:首先,犯罪客体是社会利益。利益存在于具体社会关系之中,是社会关系之主体即国家、社会、个人的利益。其次,犯罪客体是刑法所保护的利益。利益具有主体性和主观性,导致其涵义具有广泛和不确定性,但并不是所有利益都是犯罪客体,只有为刑法所保护的利益才能成为犯罪客体,也就是说犯罪客体具有刑法上的法定性。最后,犯罪客体是犯罪所侵害的或者能够为犯罪所侵害的利益。在复杂客体的认定中,客体侵害时间是一个关键的因素,它往往决定着此罪与彼罪的界限。下文以此为出发点对抢劫罪及相关罪名所涉及的犯罪客体作一分析。

抢劫罪是常见的财产型犯罪之一,其犯罪客体为复杂客体(双重客体)。其中,主要客体为公私财产权,次要客体为公民的人身权利。之所以被划分为财产型犯罪,是因为本罪中犯罪行为的主要目的是取得财产,对人身的伤害只是附带性质的。本案中,被告人弓喜持刀向值班会计赵某索要人民币1万元的行为不仅侵犯了化工厂的财产权而且侵犯了赵某的人身权利,两种侵害同时发生。但现实生活中会出现更为复杂的案情,犯罪客体的认定不那么显而易见。

例如:假如弓某是以泄愤为目的对赵某进行故意伤害,期间看到有保险柜,于是另起犯意,向赵某索要1万元,应该如何认定犯罪客体?有观点认为此种情况下应该构成抢劫一罪,因为对财产权的侵犯发生在暴力伤害行为延续的期间,本质上是一种转化型犯罪,前行为应为后行为(抢劫阶段的暴力行为)所吸收。这种观点看似具有合理性,但实际上将故意伤害或故意杀人行为中的危害行为杂糅到了抢劫中的暴力行为,而这些行为之间具有本质区别,前二行为的目的是伤害或杀人,后一行为的目的是取得财物,因此,即便同是暴力行为,但因其性质不同,所侵害的客体也不相同,后行为不能吸收前行为。此外,关于转化型抢劫的规定仅限于《刑法》第269条规定的几种情形:"犯盗窃、诈骗、抢夺罪,为窝藏赃物、抗拒抓捕毁灭罪证而当场使用暴力或者以暴力相威胁的,依照本法第263条规定定罪处罚。"因此,将二者合并处理于法无据,违反了罪刑法定原则。此外,2005年《最高人民法院关于审理抢劫案件具体应用法律若干问题的解释》（下文简称《解释》）第8条规定："行为人实施伤害、强奸等犯罪行为，在被害人未失去知觉，利用被害人不能反抗、不敢反抗的处境，临时起意劫取他人财物的，应以此前所实施的具体犯罪与抢劫罪实行数罪并罚。"这为实践中犯罪客体的分开认定提供了依据。但是《解释》的这一规定也存在一定的问题，即"……利用被害人不能反抗、不敢反抗的处境……"实际上强调了前后行为的关联性，似乎只有如此才能数罪并罚，假如后续的抢劫行为并没有利用这一便利，例如，伤害行为阶段实际上是被害人占优势，不存在"不能反抗、不敢反抗的处境"，但犯罪人仍临时起意劫取他人财物时，就无法适用这一规定，而只能从上述的客体性质进行数罪并罚认定了。因此，生活是复杂的，司法解释不是万能的，只有从构成要件的角度进行认定才是正确的途径，而区分此罪彼罪正是犯罪客体主要功能的体现之一。因此，此种情况下应该构成故意伤害和抢劫二罪，不能因便宜就将两类不同的客体合并，也不能以缺乏相关规定或规定有纰漏而无所适从。

此外，假如弓某以抢劫为目的对赵某进行故意伤害，在取得财物后，为了报复或者为了杀人灭口，故意造成赵某重伤、死亡的情形下，如何认定犯罪客体？此种情形在犯罪客体认定上与上一假设有共通之处，虽然抢劫以后的故意伤害或杀人行为可能是为了保护其犯罪不受揭发，但本质上已经形成了另一个犯罪故意，其侵害的客体也发生了变化，已经不再是抢劫行为中附带的伤害行为。因此，应该作为数罪并罚的情形处理。

总而言之，犯罪客体的认定在区分具体犯罪的过程中具有其他犯罪构成要件无法替代的作用，这是由我国刑法犯罪论的体系所决定的，实务中如果无视这一点，往往会陷入困境。

案例三：　　　　　方惠茹传播淫秽物品牟利案[1]

[基本案情]

被告人方惠茹，女，1977年1月4日出生，农民。因涉嫌犯传播淫秽物品牟利罪于2007年5月15日被取保候审。被告人方惠茹于2006年下半年在网上注册了两个QQ号，方惠茹即将这两个QQ号挂于QQ聊天室大厅的"E网情深"聊天室下的"E夜激情"室内，聊天中以发信息的形式告知"好友"进行色情聊天，以招揽网友进行裸聊，从中牟利。之后，方惠茹又在这两个QQ号的"个

---

[1] 参见中华人民共和国最高人民法院刑事审判第一、二、三、四、五庭主办：《刑事审判参考》2010年第4集（总第75集），法律出版社2011年版，第80~86页。

人资料"、"介绍说明"栏内加入了收费裸聊的个人说明。自 2006 年 11 月 1 日到 2007 年 5 月 14 日,方惠茹裸聊范围达 20 余个省份,裸聊的对象有 300 余人,获得收入计 24 973.03 元。

龙游县人民法院认为,被告人方惠茹以牟利为目的,利用互联网传播淫秽电子信息,其行为构成传播淫秽物品牟利罪,公诉机关指控的罪名成立。依照《中华人民共和国刑法》第 363 条、第 64 条和《最高人民法院、最高人民检察院关于办理利用互联网、移动通讯终端、声讯台制作、复制、出版、贩卖、传播淫秽电子信息刑事案件具体应用法律若干问题的解释》第 1 条第 6 款规定,认定被告人方惠茹犯传播淫秽物品牟利罪,判处有期徒刑 6 个月,缓刑 1 年,并处罚金人民币 5000 元。一审宣判后,被告人方惠茹没有上诉,公诉机关亦未提出抗诉,判决发生法律效力。

[法律问题]

如何界定本案中的犯罪客体?

[法理分析]

在某些犯罪中,犯罪客体与犯罪对象之间存在紧密的关系,犯罪对象决定着犯罪客体的存在。本案所涉及的罪名为传播淫秽物品牟利罪,该罪侵犯的客体为国家对文化出版物品的管理秩序和社会的善良风俗,其犯罪对象为淫秽物品。本案所涉犯罪为典型的目的犯,由于被告人的牟利行为事实清楚,因此,裸聊过程中是否存在淫秽物品及如何传播的等,成为争论的焦点并决定着本案的最终审判结果。

《刑法》第 367 条第 1 款规定:"本法所称淫秽物品,是指具体描绘性行为或者露骨宣扬色情的诲淫性书刊、影片、录像带、录音带、图片及其他淫秽物品。"这里的"淫秽物品"属于学理中所说的规范性构成要件要素,本案争议的解决离不开对这一要素的合理解读,以及对传播淫秽物品牟利罪犯罪客体的界定。

1. 对本案涉及的构成要件要素的解读。构成要件要素依其性质可分为描述性构成要件要素与规范性构成要件要素。记述的构成要件要素是对事实的记载,具有客观性,解释者与司法者的价值观的差异不会影响到判决结论。例如,刑法中关于"枪支"、"弹药"的规定,认定时一般无需价值判断。规范的构成要件要素是一种规范的表述,包含价值判断,解释者与司法者的价值观的差异必然影响对它的理解与适用,司法者难以判断客观事实是否符合构成要件,故往往因理解不同而形成不同的判决结论。例如,刑法中关于"猥亵"、"侮辱"、"淫秽物品"的规定,不同的价值观会影响到其认定。[1] 但是,两种构成要素

---

[1] 参见张明楷:《刑法学教程》,北京大学出版社 2011 年版,第 34 页。

之间的区别是相对的，随着社会的发展，一些描述性构成要素，可能会在某种程度上带有规范性构成要素的特征，例如对财产的界定，就面临着如何定性电子化财产的问题；而对于规范性构成要素，也同样面临类似的问题，例如本案中"裸聊"过程中产生的音视频数据流的定性，传播空间的定性等。

但是，规范性构成要件要素的解释需要受到一定限制，否则会对社会生活造成冲击。刑法不是解决社会问题的唯一途径，更不是"灭火器"，其适用的扩张需要受到限制。本案中，被告人方惠茹的行为产生的音视频数据流是否属于《刑法》第367条第1款规定的"其他淫秽物品"以及是否构成"传播"行为，成为案件解决的焦点。刑法条文中"其他"的规定属于兜底条款，是为了弥补刑法的滞后性而做出的技术性处理，本质上与罪刑法定原则和明确性原则相违背，其适用属于不得已而为之，且必须在谦抑性原则的指导下进行，否则刑法典将会成为一个黑洞，在其他法律介入之前就率先将其吞噬，长久下去不但会对刑法本身造成体系性的破坏，而且会影响社会形成的正常自我调整机制。2004年《最高人民法院、最高人民检察院关于办理利用互联网、移动通讯终端、声讯台制作、复制、出版、贩卖、传播淫秽电子信息刑事案件具体应用法律若干法律问题的解释》（以下简称《解释》）第9条第1款，刑法第367条第1款规定的"其他淫秽物品"包括具体描绘性行为或者露骨宣扬色情的淫秽性视频文件、音频文件、电子刊物、图片、文章、短信息等互联网、移动通信终端电子信息和声讯台语音信息。这一规定的目的在于对这些音视频文件的大量、广泛、重复传播，而本案被告人进行的是"点对点"的实时数据传输，"裸聊"结束，传输也就结束了，因此，无论从形式上还是本质上都不属于《解释》规定的"其他淫秽物品"的范畴。此外，"传播"一词一般指"广泛散布"[1]，这种"点对点"跨越不同时间段的行为如解释成概括性的"点对面传播"，十分牵强。

2. 对传播淫秽物品牟利罪犯罪客体的解读。按通说，本罪的犯罪客体是国家对文化市场的管理秩序和社会风化（善良风俗）。被告人方惠茹的传播行为实际上并没有对国家对文化市场的管理秩序造成侵害，其所违反的只是互联网管理规范，而将这种管理规范也列入文化市场管理范畴的话，无疑是一种解释上的扩大化，是缺乏依据的。至于对社会风化的侵害则无疑义，但是，传播淫秽物品牟利罪侵犯的客体属于复杂客体，缺少其中一种就无法构成本罪。因此，从犯罪客体的角度而言，本案被告人不构成传播淫秽物品牟利罪。

本质上，本案只是一个社会治安案件，如同人们所常见的卖淫嫖娼行为，

---

[1] 参见中国社会科学院语言研究所词典编辑室编：《现代汉语词典》，商务印书馆2012年版，第199页。

其对社会的侵害程度并没有严重到需要刑罚进行打击的程度，采用行政处罚的方式即可解决问题。

案例四：　　　　　曾巩义、陈月容非法狩猎案[1]

[基本案情]

被告人曾巩义，男，1964年12月11日出生，农民。因涉嫌犯非法狩猎罪、过失以危险方法危害公共安全罪于2004年4月7日被逮捕。被告人陈月容，女，1974年4月7日出生，农民。1998年~2003年间，被告人曾巩义、陈月容未经批准私自从家中的高压变电器上拉出一条导线至本村洋头隔门山场设置电网，接通电源捕猎野生动物，每年都有野猪等数只野生动物被电击死亡。2003年3月1日22时许，陈月容在家中接通电源，致使路过的村民陈洪生被电击致轻微伤。2003年12月24日晚6时，设置电网附近发生山林火灾，过火面积199亩，受灾森林面积173亩，造成经济损失39 762元。

永泰县人民法院认为，被告人曾巩义、陈月容违反狩猎法规，使用禁用的工具、方法狩猎，属于非法狩猎，情节严重，其行为已构成非法狩猎罪。公诉机关对该罪的指控成立，应予采纳。公诉机关指控曾巩义、陈月容犯过失以危险方法危害公共安全罪，其证据只有证人陈洪生、黄育焕的证言及现场勘验、检查笔录证实，但这些证据不能证明失火行为系被告人所为。起诉书指控"导线短路引燃"缺乏依据，为此，该指控事实不清，证据不足，指控不成立。其次，被告人曾巩义、陈月容设置电网虽致他人轻微伤行为，但没有致他人重伤、死亡的后果，不符合过失以危险方法危害公共安全罪的构成要件。依法判决被告人曾巩义犯非法狩猎罪，判处有期徒刑6个月；被告人陈月容犯非法狩猎罪，判处拘役5个月。一审宣判后，被告人曾巩义、陈月容在法定期限内均未上诉，检察机关亦未抗诉，判决发生法律效力。

[法律问题]

犯罪对象对犯罪客体有什么影响？

[法理分析]

本案体现了犯罪对象对犯罪客体的影响，正确认定犯罪对象的性质对犯罪客体的认定至关重要，而具体的犯罪客体直接决定着犯罪的性质。

就哲学意义而言，客体与对象往往是同一个意思，都是与主体相对应存在

---

[1] 参见中华人民共和国最高人民法院刑事审判第一、二、三、四、五庭主办：《刑事审判参考》2010年第1集（总第72集），法律出版社2010年版，第47~52页。

的对立面，但是在刑法学中，由于客体被赋予了特别的抽象含义，因此二者在含义和作用上有着根本的区别。犯罪客体反映的是危害行为的性质，是社会利益受到侵害的抽象体现，因此难以被人们所直接认识。犯罪对象是犯罪行为所侵害了的他人的人身和财产等具体的人或物，容易被一般人所认识，有时也称之为"行为对象"。虽然有学者认为行为对象与犯罪对象之间存在区别，[1] 但通说一般并不区分二者，而是在相同意义上使用二者。一般来说，犯罪对象的性质直接影响到犯罪客体的性质。

（一）犯罪对象与犯罪客体的逻辑先后关系

理论上而言，构成犯罪的危害行为一旦发生，犯罪立即成立。但在现实生活中，必须先判断危害行为对行为对象的侵害程度，从而确认是否属于刑法上的侵害。本案中，被告人曾巩义、陈月容被控过失以危险方法危害公共安全罪，但最终因证据原因没被法院采纳。本罪的犯罪客体是社会公共安全，即不特定多数人的生命、健康或者大量公私财产的安全。该罪属于过失犯罪中的结果犯，对危害结果的严重程度有要求。被告人在作为公共场所的林场私设电网捕猎野生动物的行为已经危及公共安全，但也就造成一人轻微伤的程度，未达到本罪所要求的致人重伤、死亡的定罪标准。也就是说，被告人的行为侵害了不特定的对象，且危害了社会公共安全，但未能达到刑法所规范的危害程度，从而无法上升为犯罪客体，因此不属于刑法规范的范围，显然，其侵害的不特定对象也不属于犯罪对象。

可见，危害行为所侵害的对象的性质由多方面的主客观因素所决定，其能否上升为刑法上的犯罪对象直接影响到犯罪客体的存在与否。

（二）具体犯罪中，犯罪对象的性质决定犯罪客体的性质

本案中，被告人曾巩义、陈月容被控非法狩猎罪。非法狩猎罪，是指违反狩猎法规，在禁猎区、禁猎期或者使用禁用的工具、方法进行狩猎，破坏野生动物资源，情节严重的行为，是情节犯。犯罪对象为野生动物资源，犯罪客体为国家保护野生动物资源管理秩序。2000年《最高人民法院关于审理破坏野生动物资源刑事案件具体应用法律若干问题的解释》第6条对非法狩猎"情节严重"作了三项规定：非法狩猎野生动物20只以上的；违反狩猎法规，在禁猎区或者禁猎期使用禁用的工具、方法狩猎的；具有其他严重情节的。其中第一项，对照本案，其猎捕的对象符合非法狩猎罪的犯罪对象特征，由于时间跨度大，仅靠"每年都有野猪等数只野生动物被电击死亡"的证词是无法确证捕猎数量的，因此，在犯罪对象方面存在认定上的困难；第二项是关于禁猎的规定，没

---

[1] 参见李洁：《犯罪对象研究》，中国政法大学出版社1998年版，第76页。

有证据证明本案所涉山林为禁猎区或有禁猎期存在；第三项是一个兜底性规定，但需要有权机关做出解释才能适用。因此，本案定非法狩猎罪存在争议，其关键在犯罪对象的确认上，犯罪对象难以确认，犯罪客体也无存在的基础。

此外，本案中，如果被告人曾巩义、陈月容狩猎的对象为《刑法》第341条规定的珍贵、濒危野生动物，则构成非法猎捕、杀害濒危野生动物罪，是行为犯。可以看出犯罪对象的性质直接影响到犯罪客体的性质，因此，在实务中，对客体的认识顺序实际上是从犯罪对象开始的。

拓展案例

冯留民破坏电力设备、盗窃案[1]

[基本案情]

被告人冯留民，男，1973年3月8日出生，初中文化，农民。1995年8月因犯盗窃罪被北京市怀柔区人民法院判处有期徒刑6年，1999年11月21日刑满释放。因涉嫌犯盗窃罪于2007年3月2日被逮捕。被告人冯留民于2002年11月至2003年2月间，多次伙同范远飞（均另案处理）等人，雇用康德贵（已判刑）的面包车，在北京市怀柔区宰相庄、北京市顺义区板桥养殖场、北京市密云县十里堡镇王各庄村、河北省滦平县虎什哈镇马圈子等地，盗剪正在使用中的光铝线6700余米，造成直接经济损失2万余元。被告人冯留民于2002年11月至2003年3月间，多次伙同范远飞、杨显坤、刘冰、康德贵、杨宝强（均已判刑）、王东（另案处理）等人，在北京市密云县统军庄小学、东邵渠中心小学、十里堡镇清水潭村、北京市怀柔区大屯村、小罗山村、梨园庄村、张各长小学、雁栖工业开发区等地，盗窃电脑、变压器铜芯、铜板、烟花爆竹、轮胎、花生、大米、生猪等物总价值29万余元。北京市密云县人民法院认定被告人冯留民犯破坏电力设备罪，判处有期徒刑7年，剥夺政治权利1年；犯盗窃罪，判处有期徒刑13年，剥夺政治权利3年，罚金13 000元，决定执行有期徒刑19年，剥夺政治权利4年，罚金13 000元。继续追缴被告人冯留民非法所得，发还被盗单位及个人。一审宣判后，被告人冯留民提起上诉。北京市第二中级人民法院裁定驳回上诉，维持原判。

[法律问题]

犯罪客体在罪名的认定过程中起到哪些作用？

---

[1] 参见中华人民共和国最高人民法院刑事审判第一、二、三、四、五庭主办：《刑事审判参考》2008年第5集（总第64集），法律出版社2009年版，第8～13页。

[重点提示]

犯罪客体虽然在理论界饱受诟病，但在现行刑事司法体系下，其罪名区分功能仍发挥着重要作用，但不应作为罪名区分的唯一标准。

第二节 犯罪客观方面

知识概要

犯罪客观方面是刑法规定的成立犯罪所需要的客观事实特征，是犯罪的外在表现，包括危害行为、危害结果以及犯罪的时间、地点和方法等。[1] 犯罪客观方面是犯罪构成的核心部分，危害行为则又是犯罪客观方面的核心内容，是犯罪成立所必需的，犯罪的结果是大部分犯罪成立所必需的，而时间、地点、方法、手段等要素则是某些特殊的犯罪的构成所必需的。但是在具体案件中，除行为和结果外，仍需综合考虑其他客观方面的要素，因为行为和结果的发生是在特定的环境之下的，对于结果、情节和因果关系的判断需要综合考虑各种客观方面的要素。

一、"行为"的演化

现代刑法基于行为主义而构建，行为是犯罪客观方面的核心要素，所谓"任何人不因思想受惩罚"，[2] "无行为则无犯罪"。但是随着科学技术的日新月异，及由此带来的人们生产生活方式的改变，也影响到了行为的表现方式，为刑法上行为的认定带来了一些亟待解决的问题。

二、不作为的认定

不作为的认定中，纯正的不作为有法条可以作为直接依据，认定较为容易，其困难主要体现在不纯正不作为认定。不纯正不作为的认定过程中，不仅要考虑行为人的手段、主观心理状态，还需要考虑行为与结果之间的因果关系等因素。

三、危险犯

危险犯是现代刑法的重要组成部分，是风险社会背景下人们对社会安全价值追求的最高表现形式——即以刑法的方式对某些可能造成重大危险的行为进行规范。危险犯理论是对传统刑法理论的突破与发展，危险犯的司法实践也仍处于不断地探索阶段。

---

[1] 参见曲新久等：《刑法学》，中国政法大学出版社2011年版，第27页。
[2] 参见张明楷：《刑法格言的展开》，北京大学出版社2013年版，第198页。

四、举动犯

举动犯本质上也是由于其犯罪行为的危险性而做出的刑法上的特别规定，它不像危险犯那样要求出现具体的或者抽象的危险，而是行为一经实行即完成犯罪，因此不存在实行阶段的未遂或者中止问题。

五、结果犯

此处的"结果"指的是"行为引起经验上可以感知的结果"，[1] 因此，排除了举动犯和抽象危险犯，刑法分则剩下的犯罪原则上都可以归类为结果犯。结果犯理论与实践的主要价值在于是否构成犯罪和既未遂的认定等。

六、因果关系

因果关系的判断有时十分复杂，必须具体到案件中才能做出认定。刑法上的因果关系不同于一般社会生活中的因果关系，其判断标准更为严格，有些因果关系在民事法律关系中得以成立，但刑法中并不能成立，其主要原因是对行为人在主观心理状态上的要求不同，刑法中要求主客观相统一，而在民事法律关系中虽有过错原则，但主要还是依据客观损害原则来认定。认识到这一区别，对区分刑法和非刑法的因果关系十分重要。

七、结果加重犯

结果加重犯的判断过程中，主要要注意加重结果与行为之间的因果关系，以及行为力所持续的时间等因素。当被害人仍处于行为人的控制之下，并因此而发生更为严重的结果时，一般宜认定为加重结果。

八、情节加重犯

情节加重的认定过程中需要注意行为人主观心理状态与行为之间的关系，同时要考虑刑法的具体规定，从而准确认定是情节加重问题还是数罪问题。如同结果加重，情节加重的判断过程中也需要对具体的因果关系进行判断。

经典案例

案例一： 邓玮铭盗窃案[2]

[基本案情]

被告人邓玮铭，男，1988年7月1日生，原系上海梓安数控有限公司员工。

---

[1] 参见林东茂：《刑法综览》，中国人民大学出版社2009年版，第49~50页。
[2] 参见中华人民共和国最高人民法院刑事审判第一、二、三、四、五庭主办：《刑事审判参考》2012年第2集（总第85集），法律出版社2012年版，第66~70页。

2008年北京创娱天下信息技术有限公司（以下简称创娱公司）与拥有网络交易平台"易宝支付"系统的北京通融通信息技术有限公司上海分公司（以下简称通融通公司）合作，利用通融通公司的第三方支付平台易宝支付销售网络游戏的游戏点数。通融通公司与上海电信有限公司合作，利用上海电信发行的具有支付功能的充值卡"聚信卡"收取销售钱款。2008年7月8日～14日间，被告人邓玮铭在对创娱公司运营的网络游戏"炎龙骑士"游戏卡进行充值时，利用易宝支付交易平台正在升级期间的系统漏洞，恶意输入虚假的卡号密码等信息，在没有实际支付充值金额的情况下获取创娱公司价值人民币（以下币种均为人民币）58 194元的游戏点数，成功交易238笔，后将该游戏点数在淘宝网上折价售卖，获利11 000余元，造成通融通公司财产损失58 194元。2010年5月19日，邓玮铭主动到公安机关投案自首并退还全部赃款。

上海市浦东新区人民法院认定被告人邓玮铭犯盗窃罪，判处被告人有期徒刑2年，缓刑2年，罚金2万元。宣判后，在法定期限内被告人邓玮铭没有上诉，检察院也没有提出抗诉，该判决已经产生法律效力。

[法律问题]

如何定性被告人邓玮铭的行为？

[法理分析]

随着互联网技术的发展，人们利用机器终端（以电脑为代表）足不出户就能完成传统上需要大量体力劳动的活动，例如发邮件、购物、在网络虚拟空间娱乐等，在网络给人们带来便利的同时，也造就了许多风险，其中就包括本案中系统漏洞导致的财产损失。对这种利用漏洞的行为如何定性成为刑法研究的一个热点。

危害行为是犯罪客观方面的核心构成要素，"无行为则无犯罪"，是一条公认的刑法准则。本案中被告人邓玮铭的行为是否属于刑法上的危害行为，以及属于何种危害行为成为争论的焦点，其重要性不亚于"游戏点数"的定性。

危害行为，是指在行为人意识支配之下的危害社会并被刑法所禁止的身体活动。危害行为具有三个基本特征[1]：

1. 危害行为是人的身体活动或动作，具有物质性，包括积极的活动与消极的活动。本案中邓玮铭的一系列活动虽然均是在互联网上完成的，但其本质上仍属于人的身体活动，而且是积极活动，无疑具有物质性。

2. 危害行为是人的意识支配的产物和表现，具有有意性。本案中，邓玮铭的一系列行为均有明确的目的，因此是一种有意识的活动。

---

[1] 参见曲新久主编：《刑法学》，中国政法大学出版社2009年版，第84页。

3. 危害行为是侵犯刑法所保护的社会利益并被刑法所禁止的行为。这一特征分为两部分，首先邓玮铭所侵犯的是否为刑法所保护的社会利益？"游戏点数"具有财产的某些属性，但其本身不是财产，需要通过企业的正常经营活动（如交易）转换为财产，在此之前不应当作为财产，而是企业生产经营的一种要素，本案中，邓玮铭侵害的直接对象不是该公司的财产，而是正常的经营活动，属于受刑法保护的社会利益。其次，这种危害行为是否为刑法所禁止？从本案被告的行为来看，其行为在事实上已经影响到了该公司的正常运行，造成了实际损失。

可见，被告人邓玮铭的行为已经初步符合了犯罪行为的基本特征。但属于何种犯罪行为，有待进一步探讨。关于行为的定性，认为是不当得利、盗窃、诈骗的居多，法院采纳的是盗窃。本文认为，认定为以其他方法破坏生产经营行为更为准确。

认为是不当得利的观点认为，游戏点数是商家溢付的结果，其行为不构成犯罪。本案与许霆案有相似之处，但不同的是银行溢付的是现金，无疑属于财产，且受非案件因素影响很大，如银行在国家的地位和话语权等，经过各方的博弈之后达成了有限度的妥协。互联网为载体的经营活动已经成为当今世界的主流经营方式之一，因此带来的风险也在剧增，许霆案中 ATM 机发生错误的概率与之相比是不可同日而语的，因此具有刑法上保护的价值。因此，仅以不当得利处理，实际上会给企业造成不必要的风险，将该风险完全由企业来承担，成本过高，不利于企业的正常发展。因此，不作为犯罪处理是一种不现实的做法。

认为是诈骗的观点认为，邓玮铭通过欺骗第三方支付平台"易宝支付"，达到欺骗商家创娱公司游戏点数的目的，是诈骗行为。拟人的手法是一种修辞方式，无论如何论证都无法改变机器不是人的事实，如同许霆案中的 ATM 机，本案中的支付平台本质上一个数据处理中心，或许具有一些人工智能的特征，但并不是可以被欺骗的人。因此，邓玮铭的行为所面对的是机器。

认为是盗窃的观点认为，邓玮铭采用秘密手段，窃取商家的游戏点数，数额巨大，其行为构成盗窃罪。如上文所分析，邓玮铭所窃取的"游戏点数"实际上属于生产资料的范畴，因此该公司遭受的不是直接的财产损失，而是因此而受到的生产经营损失。

本案被告人邓玮铭的行为属于刑法规定的破坏生产经营行为。《刑法》第276 条第 1 款规定："由于泄愤报复或者其他个人目的，毁坏机器设备、残害耕畜或者以其他方法破坏生产经营的，……" 2008 年《最高人民检察院、公安部关于公安机关管辖的刑事案件立案追诉标准的规定（一）》第 34 条规定："由于泄愤报复或者其他个人目的，毁坏机器设备、残害耕畜或者以其他方法破坏生产经营，涉嫌下列情形之一的，应予立案追诉：①造成公私财物损失5000元以上的；②破坏生产经营3次以上的；……"根据上述法条和解释，邓玮铭的行为出于其他目的用其他方法破坏生产经营的行为，具体来说是出于牟利目的以窃取生产资料的方式破坏生产经营的犯罪行为。如同对财产的解释，随着社会的发展，生产资料的表现方式也发生了很大的变化，从畜力到机器设备再到无形的数据等都属于现代意义上的生产资料，因此，较之前三种观点，破坏生产经营在认定上不存在根本性的障碍。

案例二： 刘祖枝故意杀人案[1]

[基本案情]

被告人刘祖枝，女，1961年11月30日出生。因涉嫌犯故意杀人罪于2010年12月14日被逮捕。被告人刘祖枝系被害人秦继明之妻。秦继明因患重病长年卧床，一直由刘祖枝扶养和照料。2010年11月8日，刘祖枝在其暂住地北京市朝阳区某出租房内，不满秦继明的病痛叫喊，发生争吵，后将存放在暂住地的敌敌畏倒入杯中提供给秦继明，由其自行服下，造成秦继明服毒死亡。被告人刘祖枝对指控的犯罪事实无异议，但辩称秦继明因不堪忍受病痛折磨，曾多次有轻生念头，刘祖枝只是为秦的自杀创造条件，非故意杀害丈夫秦继明，其行为不必然导致秦继明服毒死亡，应不构成犯罪。

北京市第二中级人民法院认为，被告人明知将敌敌畏提供给有轻生念头的秦继明会导致其服毒身亡的后果发生，仍提供之；事后无积极手段救治，放任危害后果的发生；因此，秦继明虽是自行服下刘祖枝提供的敌敌畏，但刘祖枝的行为与死亡结果之间存在因果关系，故刘祖枝的行为构成故意杀人罪。北京市第二中级人民法院2011年6月28日作出一审判决，认定被告人刘祖枝犯故意杀人罪，判处有期徒刑7年，剥夺政治权利1年。一审宣判后，被告人刘祖枝未提出上诉，检察机关未提出抗诉，判决发生法律效力。

[法律问题]

如何认定刘祖枝的行为？

[法理分析]

本案的核心问题是不纯正不作为的认定。危害行为是犯罪客观方面的核心构成要素，"无行为则无犯罪"的刑法格言决定了行为在犯罪构成中的重要意

---

[1] 参见中华人民共和国最高人民法院刑事审判第一、二、三、四、五庭主办：《刑事审判参考》2012年第1集（总第84集），法律出版社2012年版，第11~16页。

义。刑法意义上的行为包括作为（积极行为）和不作为（消极行为），前者容易理解，后者与人们的日常生活认识有所偏差，理解上存在一定困难。不作为又可以分为纯正的不作为和不纯正的不作为。前者指刑法规定只能以不作为的形式实施的犯罪，如我国刑法典规定的遗弃罪；后者指刑法规定的通常由作为实施的犯罪，行为人以不作为的形式实施的情况，这种不作为在认定上较为复杂和困难，也是本案例将要讨论解决的问题。

关于不作为，有一句经典的格言："不作为也是行为（不行为也是行为）（Et non facere facere est)"，"不行为"指的是非积极的行为。[1] 格言是现实生活的高度概括，现实案件中，作为与不作为的界限并非那么清晰。在本案中，刘祖枝故意杀人的系列行为之中既包括作为也包括不作为。其中，刘祖枝为秦继明的自杀提供了帮助，属于作为；在秦继明服毒后，刘祖枝有能力采取但未采取任何救助措施，任其死亡，属于不作为。

（一）作为部分

刘祖枝将存放在暂住地的敌敌畏倒入杯中提供给秦继明的行为是一种积极的帮助行为。秦继明服下敌敌畏中毒死亡的结果与刘祖枝的言辞刺激和提供农药的行为之间存在刑法上的因果关系。

（二）不作为部分

刘祖枝能采取却未采取任何救助措施的行为属于不作为。不作为，是指行为人能够履行应尽的义务而消极地不实施法律要求或者期待的行为，即当为而不为。一般认为，不作为犯的成立须具备以下三个条件：

1. 行为人负有实施某种积极行为的义务，其主要来源为：①法律、法规所明文规定的特定义务；②职务上或业务上要求履行的义务；③法律行为所引起的义务；④先前行为所引起的义务。

2. 行为人有履行特定义务的实际可能而未履行。具体判断需要从客观条件和主观能力两个方面进行。

3. 行为人未履行特定义务的不作为，侵犯了刑法所保护的客体，具有社会危害性。[2]

关于实施救助行为的义务。本案中，被告人刘祖枝的救助义务来源具有多个。首先，刘祖枝具有法律、法规所明文规定的特定义务。《婚姻法》第 20 条规定，夫妻有互相扶养的义务。这种义务是夫妻身份关系的必然结果，是夫妻之间的法定义务，具有强制性。一般来说，扶养义务是平辈之间的相互照顾生

---

[1] 参见张明楷：《刑法格言的展开》，北京大学出版社 2013 年版，第 216 页。

[2] 参见曲新久等：《刑法学》，中国政法大学出版社 2011 年版，第 28 页。

活的义务,夫妻之间的这种义务是夫妻双方为维持共同的婚姻生活所必需的,是无条件的、必须履行的义务。[1]因此,作为妻子的刘祖枝,在看到秦继明喝下农药毒性发作时有义务采取一切必要手段进行救助,否则就违反了相互扶养的法律义务。其次,刘祖枝有先前行为所引起的义务。先行行为产生的义务,是指由于行为人先前实施的行为致使法律保护的某种法益处于危险状态,从而产生的防止危害结果发生的义务。刘祖枝向秦继明提供农药,并以激烈的言辞促成其自杀的决意,导致秦继明服下农药这一行为的发生,因此承担了防止秦继明死亡结果发生的义务。还有观点认为,刘祖枝具有由社会道德伦理衍生的救助义务。理由是,本案发生在较为封闭的私人住所,不可能期待他人实施救助行为,因此刘祖枝具有由社会道德伦理衍生的救助义务。[2]但此种观点缺乏法律意义上的依据,可以作为量刑情节考虑,不能作为定罪依据,否则会与罪刑法定原则相违背,司法实践中不建议采纳。

关于有救助的可能而未救助。从客观条件来看,刘祖枝有能力救助而未实施救助。秦继明喝药的时间是在凌晨3时左右,毒性发作后,秦继明不停地口吐白沫。其女儿见状欲打120,但被母亲阻止,一个多小时后秦继明死亡。期间,刘祖枝一直在家,神志清醒,并无阻碍其采取救助措施的主观障碍。属于典型的有能力救助而不救助。

关于刑法客体的侵犯和社会危害性。本案中,刘祖枝侵犯的是他人的生命权,属于刑法保护的客体。刘祖枝故意非法剥夺他人生命,致人死亡,犯罪性质恶劣,社会影响较大,其社会危害性不仅在于对一个生命的剥夺,而且对社会的善良风俗造成了严重的破坏。

不作为犯是一个复杂的理论体系,而现实生活更为复杂,在判断的过程中可能会受到一些如道德、媒体等法外因素的影响,导致适用上的扩大化,避免这一陷阱的唯一途径即是对罪刑法定原则的恪守。

案例三:　　　　　　　　张某某危险驾驶案[3]

[基本案情]

被告人张某某因涉嫌犯危险驾驶罪于2013年8月4日被取保候审。2013年8月3日15时40分许,被告人张某某酒后驾驶小型轿车沿上海市浦东新区,与

---

〔1〕参见巫昌祯、夏吟兰主编:《婚姻家庭法学》,中国政法大学出版社2007年版,第107页。
〔2〕参见中华人民共和国最高人民法院刑事审判第一、二、三、四、五庭主办:《刑事审判参考》2012年第1集(总第84集),法律出版社2012年版,第14页。
〔3〕参见(2013)浦刑初字第3336号。

徐某某驾驶的电动自行车相撞，造成徐某某及坐于车后的徐某兰受伤及两车损坏（2辆车物损合计人民币17 156元）的事故，被告人张某某承担本起事故的全部责任，经检验，被告人张某某血液中乙醇含量为1.96mg/ml。2013年8月4日，被告人张某某到案后如实供述了上述事实。

上海市浦东新区人民法院认为，被告人张某某在道路上醉酒驾驶机动车，其行为已构成危险驾驶罪。公诉机关的指控成立，本院予以支持。被告人张某某能如实供述犯罪事实，可依法从轻处罚；被告人能赔偿相应的经济损失，再酌情予以从轻处罚。依照《中华人民共和国刑法》第133条之一第1款、第67条第3款、第53条之规定，认定被告人张某某犯危险驾驶罪，判处拘役2个月，罚金人民币1000元。

[法律问题]

如何认定危险犯的构成？

[法理分析]

危险犯，又称为危险性犯罪，是一种与实害犯相对应的犯罪类型，实害犯也被称为侵害性犯罪。罗克辛教授认为，根据行为构成的行为客体是受到损害或者是在整体上有危险性，可以将犯罪分为侵害性犯罪和危险性犯罪。大多数犯罪是侵害性犯罪，在这种犯罪中，行为的客体在犯罪既遂时必须受到实际损害，例如，故意杀人、故意伤害、盗窃等。相反，危险性犯罪仅仅表现为一种或轻或重的对犯罪对象的严重威胁。

危险犯又可以分为具体的和抽象的危险犯。在具体的危险犯中，行为的对象在具体案件中处于真实的危险之中，结果不发生只不过是偶然，例如，放火罪就是具体的危险犯，根据行为当时的具体情况，仅当使对象物燃烧的行为具有公共危险时，才能成立放火罪。其他具体危险犯如生产、销售不符合卫生标准的食品罪、生产、销售不符合标准的卫生器材罪、破坏交通工具罪、破坏交通设施罪等都属于具体的危险犯。而在抽象的危险性犯罪中，行为的危险性本身具有刑法上的可罚性，在具体案件定罪过程中也无需考虑真实危险的出现。[1]例如盗窃、抢夺枪支、弹药、爆炸物、危险物质罪等，以及本案所涉及的危险驾驶罪都属于抽象危险犯。

《刑法修正案（八）》增设了危险驾驶罪，《刑法》第133条之一规定："在道路上驾驶机动车追逐竞驶，情节恶劣的，或者在道路上醉酒驾驶机动车的，处拘役，并处罚金。"使在道路上醉酒驾驶机动车的行为构成犯罪。

---

[1] 参见［德］克劳斯·罗克辛：《德国刑法学总论（第1卷）——犯罪原理的基础构造》，王世洲译，法律出版社2005年版，第221~222页。出于传统习惯，本书仍采用危险犯、结果犯的用语。

1. 关于判定的标准。抽象危险犯将可罚行为前置，是风险社会下的一种必要而又无奈之举，因此其入罪的判断标准制定需要一个严格、科学的程序。本案中，被告人张某某血液中乙醇含量为1.96mg/ml，达到了醉酒的标准，其行为构成醉酒驾驶。酒精含量的标准是在长期科学试验和经验基础上制定出来的，这一标准各国之间由于国情的不同有所差别。但都是建立在一般人对酒精的耐受能力基础上的，对于酒精耐受能力之间的个体差别并不考虑，因此，这一入罪标准实际上也带有误判的风险，但是危险驾驶罪的社会风险远高于对个体误判的风险，这也是抽象危险犯设立的主要原因。而"追逐竞驶，情节恶劣"的标准就比较模糊，实际上属于规范性构成要件要素，在我国，解决这一问题的通常途径就是司法解释，目前尚未有相关司法解释，实务中所判案例也不多见，实际上属于震慑性的规定。

2. 关于行为人的主观罪过形态。《刑法》第133条之一的条文中并没有使用"故意"或"过失"等表明行为人主观方面的用语，导致人们对危险驾驶罪的主观罪过形态存在不同的认识和理解。一般认为，危险驾驶罪的主观方面为故意，即行为人明知自己醉酒仍驾驶或追逐竞驶，并清楚危险驾驶行为会对公共安全造成危险，却仍然希望或者放任这一危险状态的发生。也有观点认为，危险驾驶罪的主观方面应为过失。认为认定为故意会过分扩大刑法的处罚范围，造成量刑失衡的不合理现象。[1] 对于本罪，应当分为两种情况进行理解：首先，对于"在道路上驾驶机动车追逐竞驶，情节恶劣的"情形，需要主观上的故意，至于直接故意还是间接故意不影响本罪的认定，但"追逐竞驶"行为仅限于特定车辆之间及追逐竞驶本身的目的，如果超出了这一限度则可能构成故意伤害或其他类型的危害公共安全犯罪。其次，对于醉酒驾驶来说，有着客观的判定标准，故意与过失均不影响危险驾驶罪的构成，关键在于其驾驶行为时所附随的醉酒状态，因为危险主要来自于醉酒状态而不是单纯的驾驶行为或驾驶场地。

总之，危险犯的掌握，首先，要区分是具体危险犯还是抽象危险犯；其次，要准确理解危险标准；最后，如存在规范性构成要素，需要结合相关法律法规进行理解，而不是做日常性理解。

---

[1] 参见刘宪权："刘宪权就危险驾驶罪谈——危险驾驶罪宜认定为过失犯罪"，载《法制日报》2013年4月17日，第12版。

案例四： 李祥英传授犯罪方法案[1]

[基本案情]

被告人李祥英，男，1986年10月22日出生，农民。因涉嫌犯传授犯罪方法罪于2009年9月29日被逮捕。2009年8月30日凌晨2时许，被告人李祥英伙同许某（另案处理），在广州市白云区三元里大道东江大酒店旁，持刀对被害人方某城、朱某旭、吴某豪进行威胁，并以方某城生命安全为要挟，将三被害人强行带至棠景街棠下步行街。此后，李祥英等人以言语讲解的方式向三被害人传授抢夺的犯罪方法，并胁迫三被害人抢夺路人财物，致使三被害人被迫先后尾随多名路人。当日上午8时许，三被害人趁李祥英及同案人不注意时逃脱控制。

广州市白云区人民法院认为，被告人李祥英构成传授犯罪方法罪，依法认定被告人李祥英犯传授犯罪方法罪，判处有期徒刑4年。一审宣判后，被告人李祥英提出上诉。其辩护人认为：上诉人犯罪的意图是胁迫方某城等人为自己从事抢夺行为，其主观上并非传授犯罪方法的故意，不符合传授犯罪方法罪的构成特征。因此，一审法院判决上诉人犯传授犯罪方法罪不当，上诉人属于教唆犯，应以被教唆的罪名，即抢夺罪定罪，请求撤销一审判决，改判上诉人构成抢夺罪（未遂）。广州市中级人民法院经二审审理认为，上诉人李祥英伙同他人采用持刀威胁、挟持人质等手段向三名被害人传授犯罪方法，并胁迫三被害人实施犯罪，后因被害人抗拒而未得逞，其行为构成传授犯罪方法罪，依法应予惩处。裁定驳回上诉，维持原判。

[法律问题]

如何认定被告人李祥英的行为？

[法理分析]

举动犯是基于行为有无价值所作的一种行为上的设定，属于行为犯的一种特殊类型。本案的焦点表面上是李祥英的行为构成传授犯罪方法罪还是抢夺罪（未遂）的问题，但本质上是如何理解举动犯的问题。

举动犯，亦称即时犯，是指行为人一旦着手实行犯罪即告犯罪完成并完全符合犯罪构成要件，从而构成既遂的犯罪。在举动犯中，由于行为的社会危害性超出了普通的刑事犯罪，因此其犯罪既遂的时间被提前。举动犯有两种形态：一类本是预备性质的行为，但由于这些犯罪的危害性大，一旦着手实施危害后

---

[1] 参见中华人民共和国最高人民法院刑事审判第一、二、三、四、五庭主办：《刑事审判参考》2010年第5集（总第76集），法律出版社2011年版，第60~65页。

果十分严重，为打击和防范此类犯罪，刑法将把这类预备行为规定为犯罪构成的实行行为，如阴谋分裂国家罪。另一类是教唆煽动性质的犯罪，由于这类犯罪针对多人实施，旨在激起多人产生和实行犯罪意图，其现实危害巨大而且长期，例如传授犯罪方法罪。[1] 考虑到这些犯罪严重的社会危害性及其犯罪行为的特殊性质，法律将这些行为规定为举动犯。

《刑法》第29条规定："教唆他人犯罪的，应当按照他在共同犯罪中所起的作用处罚。教唆不满18周岁的人犯罪的，应当从重处罚。如果被教唆的人没有犯被教唆的罪，对于教唆犯，可以从轻或者减轻处罚。"对本案上诉人李祥英行为的认定存在三种意见，分析如下：

第一种意见认为，被强迫实施犯罪的3名被害人并没有产生犯罪的故意，是教唆未遂的状态，符合《刑法》第29条教唆犯的规定，根据上诉人的主观故意及客观行为，本案认定为抢夺罪（未遂）比较符合刑法总则的规定。这一观点具有一定的合理性，但是根据分则规定优先总则适用的规则，应当优先适用分则的规定。《刑法》第295条规定："传授犯罪方法的，处5年以下有期徒刑、拘役或者管制；情节严重的，处5年以上10年以下有期徒刑；情节特别严重的，处10年以上有期徒刑或者无期徒刑。"可以看出，传授犯罪方法罪的规定并没有要求对被传授人实施被传授的犯罪，亦即对犯罪的后果没有作出规定，仅作出传授行为即可构成传授犯罪方法罪的既遂。

第二种意见认为，本案属于想象竞合，上诉人胁迫他人进行抢夺是一个行为，但触犯了抢夺罪（教唆犯）和传授犯罪方法罪两个罪名，根据从一重罪处断原则，应认定传授犯罪方法罪。这种观点将两种行为进行了概括处理，认定为胁迫他人进行抢夺一个行为，将教唆行为和传授犯罪方法行为混为一体，与刑法的相关规定相矛盾。刑法之所以规定传授犯罪方法罪是因为其危害性较一般犯罪（本案中为抢夺罪）要大，例如在本案中上诉人胁迫其他三人进行共同犯罪，其危险性和社会危害性要远大于一人犯罪，因此，将该行为从整个行为过程中独立出来，单独考虑，才符合立法的本意。

第三种意见认为，上诉人具有抢夺的犯罪故意，通过抢夺进行敛财是目的，传授犯罪方法是手段，应视为目的行为与手段行为的牵连，是牵连犯，一般择一重罪处断，即传授犯罪方法罪。这一观点是合理的，上诉人构成抢夺共同犯罪中的教唆犯，其教唆行为与传授犯罪方法行为属于相互独立的行为，但都是在敛财的目的之下进行的。因此，虽构成两个独立的犯罪行为，但考虑到其牵连关系，在实务中应作为处断的一罪择一重罪处罚，本案中传授犯罪方法罪属

---

〔1〕 参见郑飞：《行为犯论》，吉林人民出版社2004年版，第112页。

于举动犯,不存在未遂的问题,因而较之未遂的抢夺罪处罚较重。

从本案可以看出,举动犯与犯罪预备行为之间有着紧密的联系,在具体案件中需要综合考虑各种定罪量刑因素才能确定适当的罪名与刑罚。

案例五: **贾志攀编造、故意传播虚假恐怖信息案**[1]

[基本案情]

被告人贾志攀,男,1985年8月2日出生,西安欧亚学院计算机专业学生。因涉嫌犯编造、故意传播虚假恐怖信息罪于2008年7月8日被逮捕。2008年5月29日20时许,被告人贾志攀对陕西省地震局网站进行网络攻击,在破解了陕西省地震局网站的用户名和密码后,贾志攀侵入该网站信息发布页面,并于2008年5月29日20时53分发布了自己编造的标题为"今晚23:30陕西等地有强烈地震发生"的虚假信息。该信息发布后10分钟内,点击量达767人次。随后不断有群众向陕西省地震局打电话询问此事,造成了社会公众的严重恐慌。陕西省地震局工作人员发现网站被黑客攻击、网站页面被发布虚假信息以后,立即关闭了被攻击的网站,并另行发布了辟谣信息。贾志攀在发现700余人次点击该信息后,也感到事态严重,遂立即删除了该信息。

雁塔区人民法院经审理认为,被告人贾志攀的行为已构成编造、故意传播虚假恐怖信息罪。鉴于被告人贾志攀认罪态度较好,有悔改之意,系初犯、偶犯,且在编造、发布虚假地震信息后10分钟内即删除了该信息,使该虚假恐怖信息的传播范围在第一时间得以控制,恐慌影响得以减轻,未造成特别严重的后果,故对被告人贾志攀可酌情从轻处罚。依照《中华人民共和国刑法》第291条之一之规定,判决如下:被告人贾志攀犯编造、故意传播虚假恐怖信息罪,判处有期徒刑1年6个月。一审宣判后,被告人贾志攀未提出上诉,检察院亦未抗诉,判决已发生法律效力。

[法律问题]

本案所涉及的罪名为编造、故意传播虚假恐怖信息罪,是一个相对较新的罪名,将其规定为结果犯的依据是什么?

[法理分析]

关于结果犯的界定,因划分标准不同而在学界多有争议,理论上比较混乱。在国内,存在以"犯罪既遂"为标准还是以"犯罪成立"为标准的问题,

---

[1] 参见中华人民共和国最高人民法院刑事审判第一、二、三、四、五庭主办:《刑事审判参考》2009年第3集(总第68集),法律出版社2009年版,第34~39页。

即：结果犯是指以法定的犯罪结果的发生作为犯罪既遂标志的犯罪；结果犯是以法定的犯罪结果发生为犯罪成立要件的犯罪。有学者认为，若以"犯罪既遂"为标准，由于"犯罪既遂"为直接故意犯罪的完成形态，这就导致间接故意犯罪和过失犯罪等"结果犯"被排除在外；若以犯罪成立为标准，则结果犯是指所有过失犯罪和间接故意犯罪，而所有直接故意犯罪都属于行为犯，存在需要对行为犯二次划分的问题。[1] 由于我国刑法对未遂原则上进行处罚，因此采用"犯罪既遂"的标准似乎更为合理，但司法实务中对于未遂的处罚实际上并不频繁，而且在案例论证中多在"犯罪成立"意义上使用结果犯的概念。

在境外，有大陆法系学者认为，结果犯是指行为引起经验上可以感知的结果，构成要件才算该当。结果犯包括：已引起现实侵害的"实害犯"，以及引起危险状态的"具体危险犯"。[2] 德国刑法学家罗克辛认为，结果犯罪理解成这样一些行为构成，在这些行为构成中，结果存在于一种在空间上和时间上与行为人的行为分离的损害效果或者危险效果之中。杀人是结果犯罪的一个例子：在行为（例如，扣动手枪的扳机）和结果（被害人死亡）之间，存在着一个时间和空间上的间隔。而单纯的活动犯罪是这样一些行为构成，在这些行为构成中，行为构成的满足与行为的最后活动共同发生。也就是说，不会出现一个可以与之分离的结果，这些行为本身就具有了自身的可罚性，不需要以其他别的什么结果为条件，并指出这种区分的实践价值首先在于，在实施性犯罪时对于客观行为构成的归责具有重要意义的因果关系理论，只有在结果犯罪时才能发挥作用。在单纯的活动犯罪中，对于确定构成行为的完成，只需要审查行为人的行为本身是否存在就够了。此外，罗克辛还指出，并不是所有的行为构成都能够清楚地归类于结果犯罪或者单纯的活动犯罪，有时，人们只能根据具体案件来加以区分。[3] 罗克辛的这段经典论述清晰地论述了结果犯罪与活动犯罪，[4] 理论上周延，实践中也便于理解和操作。因此，本案例中采用此观点。

本案中，被告人贾志攀所涉罪名为编造、故意传播虚假恐怖信息罪，本罪名为《刑法修正案（三）》所新增，规定于刑法第291条："……编造爆炸威胁、生化威胁、放射威胁等恐怖信息，或者明知是编造的恐怖信息而故意传播，严重扰乱社会秩序的，处5年以下有期徒刑、拘役或者管制；造成严重后果的，

---

[1] 高铭暄、赵秉志主编：《犯罪总论比较研究》，北京大学出版社2008年版，第364~366页。

[2] 参见（台）林东茂：《刑法综览》，中国人民大学出版社2009年版，第49~50页。

[3] 参见［德］克劳斯·罗克辛：《德国刑法学总论（第1卷）——犯罪原理的基础构造》，王世洲译，法律出版社2005年版，第216~217页。

[4] 此处的活动犯罪不同于我国刑法理论中的行为犯，大体上相当于举动犯的概念，但与抽象危险犯更为接近。

处 5 年以上有期徒刑。"从法条构造上来看,"编造"行为与"传播"行为具有逻辑上的先后关系,"严重扰乱社会秩序"的规定则是对结果上的要求,因此,两种行为择一即可与结果规定一起满足构成要件,但仅有行为而无所要求的结果,则不构成本罪。可见,"严重扰乱社会秩序"的结果规定是区分编造、故意传播恐怖信息行为罪与非罪的界限。

但是,结果犯的认定是十分复杂的,因为不同结果犯罪对结果的规定千差万别,既包含描述性构成要件要素,也包含规范性构成要件要素。因此,离开罪名谈结果缺少实践上的意义。例如,造成财产损失类的犯罪中,一般以财产的数额来定,相对简单,而对于类似于情节性质的后果规定,如本罪中的"严重扰乱社会秩序",划归为规范性构成要件要素可能有争议,但其认定需要综合各方面因素,没有一个客观的标准可供操作。本案中,被告人贾志攀的行为不仅在网上引起了恐慌,严重扰乱了人们的正常生产、生活秩序,造成了严重的公共支出浪费,认定为构成"严重扰乱社会秩序"是恰当的。

案例六: 王国全抢劫案[1]

[基本案情]

被告人王国全,男,1966 年 4 月 3 日出生,初中文化,无业。因涉嫌犯抢劫罪于 2005 年 7 月 23 日被逮捕。2005 年 3 月 19 日 17 时许,被告人王国全以找保姆为名,将被害人张耀萍骗至他处,在饮料中掺入镇静药物,骗张耀萍饮用,趁张服药神志不清之机,抢走张 200 余元现金。在强行摘取被害人耳环时,遭张耀萍反抗,王国全对其面、胸、腹部进行殴打,并用双手掐其脖子,抢走黄金耳环一对。次日上午 10 时许,张耀萍的尸体在该绿地东南边的水沟里被发现。经法医鉴定,张耀萍系被他人扼颈后溺水致窒息而死亡。另查明,2004 年 5 月 ~ 2005 年 6 月期间,被告人王国全单独或伙同肖全良,采取暴力或者诱骗被害人饮用放有镇静剂"三唑仑"的饮料从而致其神志不清的手段,分别抢劫 7 名被害人的现金、黄金首饰、手机等财物。

郑州市中级人民法院审理后,认定被告人王国全犯抢劫罪,判处死刑,剥夺政治权利终身,并处没收个人全部财产。一审宣判后,王国全不服,提出上诉。河南省高级人民法院裁定驳回上诉,维持原判。最高人民法院复核后,裁定核准河南省高级人民法院维持第一审以抢劫罪判处被告人王国全死刑,剥夺

---

〔1〕 参见中华人民共和国最高人民法院刑事审判第一、二、三、四、五庭主办:《刑事审判参考》2008 年第 1 集(总第 60 集),法律出版社 2008 年版,第 46~53 页。

政治权利终身，并处没收个人全部财产的刑事裁定。

[法律问题]

如何确定本案的因果关系？

[法理分析]

本案审理过程中，对被告人王国全的抢劫行为是否具有抢劫致人死亡情节有较大争议，争议的核心是抢劫行为与被害人致死原因之间有无刑法上的因果关系。因此，需要对因果关系理论做一个梳理。

因果关系，是指危害行为与危害结果之间的一种引起与被引起的关系。因果关系是两个构成要件即危害行为与危害结果之间的联系，不是犯罪构成要件，但因果关系又是犯罪构成的重要内容，正确认定因果关系，是坚守罪责自负这一刑法基本原则所要求的。[1] 例如：

案例一（雷击案）：甲某看天气预报后认为下午会有雷雨出现，于是约仇人乙某到某高处的林场决斗，以期乙某为雷电致死，自己并不打算去，结果乙某果真为雷电致死。可以看出，甲某将乙某骗至树林的行为与乙某的死亡之间存在着因果关系，因为如果甲不把乙骗至树林，则乙被雷电致死的概率会很小，或者说根本不会发生死亡的结果。但是这种貌似合理的因果关系逻辑在刑法中是无效的，刑法中的因果关系与日常生活中的因果关系之间存在着交集，前者是后者的一个子集，因此在理解上必须把握好领域问题。此案中，甲的行为具有道德上的可责性，但不具备刑法乃至法律上的可责性。因为，乙死亡的结果是雷电造成的，而雷电是一种自然现象，其出现的精确时间和地点不是现代科技所能预测的，更不能为甲所操纵，亦即乙的死亡结果不是甲所能控制的，只能作为意外事件。

案例二（刹车案）：甲男与乙女恋爱，后两人分手，甲男怀恨在心，趁乙女不备将其汽车刹车破坏，期待乙女因刹车失灵车祸死亡，但乙女刚上路就被其他违章车辆碰撞致死。本案中甲男的刹车破坏行为与乙女的死亡后果之间也存在一般的因果关系，但仍不属于刑法上的因果关系，因为其行为与乙女的死亡之间不具有直接性，当然，由于甲男在破坏行为中的主观故意为杀人，因此涉嫌故意杀人罪（未遂），如不是出于杀人的故意，则可能构成破坏交通工具罪。

因果关系的认定是一个复杂而具体的过程，不存在能够解决所有因果关系的理论。但一般来说，刑法上的因果关系应该具备以下特征：

1. 客观性。要求因果关系的"因"与"果"之间存在客观上的原因，例如"迷信犯"，因为实际损害与其行为之间无客观上的关联，因此不受处罚。本案

---

[1] 参见曲新久等：《刑法学》，中国政法大学出版社2011年版，第30~31页。

中，被告人王国全对被害人扼颈致其昏迷后溺死，存在客观上的扼颈行为及导致昏迷的后果，进而引发了溺亡，具有客观上的联系。假如被害人被扼颈昏迷后恢复正常，但在回家途中不慎落水死亡，则不能认定为抢劫行为导致的死亡，只能作为其他情节来考虑。

2. 相对性。因果关系总是具体的、有条件的，是一定条件下的因果关系，具有强弱之分，例如，"一拳打死人"的案例，经查，是被害人有严重心脏病，受外力发作，但因离医院远而没能得到及时救助所致，可以看出，导致被害人死亡的原因性条件不止一个，但拳击是因果关系发起的直接条件，是刑法上的因果关系，其他原因性因素可以作为量刑情节，但不能用来排除刑法上的因果关系。

3. 顺序性。人们常说的"因果报应"，实际上就是在强调"因"与"果"的关系，先有因后有果，在这一点上刑法上的因果关系与生活中其他因果关系是一样的。例如，甲乙有共同仇人丙，甲乙二人事前无意思联络，甲事先已将丙杀害，但乙并不知，重复对丙头部开了数枪。此种情况下，丙的死即与乙的行为不存在因果关系，因为丙的死是甲的行为造成的，乙只能是故意杀人罪的未遂。

4. 多样性。具体的因果关系中，"一因一果"只是最常见的形式，"因"与"果"的数量关系可能会十分复杂，"多因一果"、"一因多果"和"多因多果"都是经常出现的，必须结合客观情况和经验法则进行确定。本案中的因果关系，被告人的抢劫行为导致被害人死亡是刑法上的原因，因此，在被害人死亡这一事件中，仍属于一因一果的形式。

案例七：张兴等绑架案[1]

[基本案情]

被告人张兴，男，1989年7月21日出生，湖南省吉首市人。2006年7月26日因犯抢劫罪被判处有期徒刑1年零6个月，2009年6月17日因涉嫌犯抢劫罪被逮捕（其他被告人省略）。被告人张兴与被害人王凤英（女，殁年34岁）于2008年12月开始保持不正当两性关系。2009年4月30日晚，张兴伙同符安仁等5人将王凤英带至该房间。此后，张兴等人殴打王凤英并索要钱财。后张兴等人怕被发现，欲将王凤英转移。张兴等3人挟持王凤英搭乘一辆出租车，张文青等人随后。途中，所乘出租车与一辆小汽车发生碰撞，张兴等3人逃离，

---

[1] 参见中华人民共和国最高人民法院刑事审判第一、二、三、四、五庭主办：《刑事审判参考》2012年第4集（总第87集），法律出版社2013年版，第36~42页。

王凤英因钝性外力打击头部致严重颅脑损伤死亡。东莞市中级人民法院认为，被告人张兴、符安仁、张文青、张启刚以勒索财物为目的绑架他人，其行为均构成绑架罪，依法应当惩处。张兴等人在控制被害人王凤英的过程中，虽有殴打行为，但在转移王凤英途中发生交通事故，在案证据不足以证实王凤英头部损伤系殴打行为所致，且不能排除王凤英头部受到损伤系交通事故所致，故不认定张兴、符安仁、张文青、张启刚的行为属绑架致人死亡情形。据此，东莞市中级人民法院认定被告人张兴犯绑架罪，判处有期徒刑15年，剥夺政治权利5年，并处罚金2万元。宣判后，张兴等人没有提出上诉，检察院没有抗诉。该判决已发生法律效力。

[法律问题]

在犯罪过程中，犯罪行为以外的因素导致其他危害后果发生的，应如何认定犯罪人行为与危害结果之间的因果关系？

[法理分析]

本案是一起典型的抢劫案件，在定罪上没有异议，但对各被告人的行为能否认定为《刑法》第239条第2款规定的"致使被绑架人死亡"这一结果加重情节，存在争议。本案争议的焦点在于"第三方车祸"的介入是否中断了被告人行为与被害人死亡这一结果之间的因果关系。介入因素是因果关系理论中的难点之一，在解决本案争议之前，先对相关知识点做一个简要梳理。

因果关系分为事实上的因果关系和刑法上的因果关系，前者是后者成立的基础，具有客观性，后者是前者在刑法上的评价，具有主观性（价值判断）。刑法上因果关系的介入一般是指在犯罪行为引起危害结果的过程中，出现了第三方因素介入的情形。这种因素可以是行为，也可以是自然或社会事件，可能中断原因果关系，也可能不中断原因果关系的成立，需要做具体的刑法上的价值判断。下文以数个案例进行说明：

案例一：深夜，大雪，在一处独立的农场，因争执，丈夫殴打妻子，恐惧之下妻子离家出走，欲步行到离家1公里以外的城镇求助，结果冻死在途中。经法医鉴定，妻子死于冻伤，但丈夫的殴打造成了妻子腿部轻伤，已造成其行走不便，若在四肢健康的情况下能够正常走到城镇。

在本案中，丈夫的殴打行为与妻子的死亡之间存在低温这一介入因素，但这一因素却无法中断其殴打行为与妻子的死亡结果之间的因果关系，构成《刑法》第234条第2款"致人死亡"的结果加重情节。因为其殴打行为导致了妻子的腿部受损，在恐惧之下选择了离家出走，其出走行为及造成的死亡结果与丈夫的故意伤害行为之间有着事实上的因果关系，并基于此产生了刑法上的因果关系评价。但是，若其是自愿而非恐惧的原因出走导致，即便腿部轻伤影响行走的情节存在，也能中断故意伤害行为与死亡结果之间的因果关系，因为这是被害人的自愿行为，这种情况下，前行为已不足以造成死亡的结果。

案例二：被告人持刀追打被害人，被害人虽有其他路可逃，但慌不择路跳入河中，河水虽浅，不足以淹没被害人，但水温过低，导致被害人手足抽筋溺亡。在这种情形下，如何认定被告人的故意伤害行为与被害人死亡之间的因果关系？

本案中，被害人逃入河中的行为是一种非自愿行为，在当时的情形下，只是一种本能的逃生行为，是在伤害行为威胁之下作出的反应，因此被告人的伤害行为与被害人的死亡结果之间存在刑法上的因果关系。

案例三：甲在争吵中将乙打成轻伤放在丙的房间后离开，丙不知情，回来后认为昏迷中的乙已经死亡，将乙扔入河中。后法医鉴定乙死于溺水。

本案中，丙的介入行为带有认识上的错误，对于这种认识错误和基于此的过失行为，甲实际上已经结束了伤害行为，且其所能造成的伤害结果已经固定（轻伤），没有承担其结果的责任，仅对故意伤害（轻伤）负刑法上的责任。当然，乙的死亡结果可以作为对甲量刑时的酌定情节考虑。但若甲将乙丢弃在荒郊野外导致其无法获得救助而死亡，则死亡结果与其伤害行为存在刑法上的因果关系，因为丢弃行为本身亦属于伤害行为的延续。

本案中，被告人张兴等人转移被害人的行为属于绑架行为的一部分，被害人出于其绑架行为的控制之下，因此，虽然车祸属于介入因素，但不能中断张兴等人绑架行为与被害人死亡之间的刑法上的因果关系。因此，张兴等人符合《刑法》第239条第2款"致使被绑架人死亡"规定的情形。《刑法》第239条第2款规定"致使被绑架人死亡或者杀害被绑架人的，处死刑"是一种绝对确定的规定，其用意在于威慑，但实际上造成了案件处理的困难，因此，在司法实践中对于像本案或类似情况下造成的死亡情形，一般会以无刑法上的因果关系来规避绝对死刑，但这种做法本质上是对事实的扭曲和对因果关系的错误理解。其解决思路应该是修订该条第2款的规定，而不是"曲法救人"。

案例八：　　　　　　　　陆振泉强奸案[1]

[基本案情]

被告人陆振泉，男，1981年11月4日出生，农民。因涉嫌犯故意杀人罪、

---

[1] 参见中华人民共和国最高人民法院刑事审判第一、二、三、四、五庭主办：《刑事审判参考》2008年第6集（总第65集），法律出版社2009年版，第24~30页。

强奸罪于 2005 年 4 月 27 日被逮捕。被告人陆振泉要求林志勇（同案被告人，已判刑）介绍女子与其发生性关系。2005 年 3 月 19 日晚，林锦升（同案被告人，已判刑）、林志勇以吃烧烤为由将林志勇同学袁某某（女，殁年 16 岁）骗至林锦升家中，并用玩"扑克牌"赌喝酒的方法，意图灌醉袁后与其发生性关系。至晚上 11 时许，二人意图不能得逞，又以送袁回市区为由，驾驶摩托车将袁骗至四会市大沙镇大旺桥底。途中，林锦升用电话通知了陆振泉。陆振泉驾驶摩托车来到桥底后，即上前搂抱袁并将其按倒在地，袁不从、反抗并喊"救命"，陆振泉即对袁进行殴打，林锦升亦上前帮忙按住袁的双手，让陆振泉脱去袁的裤子，强行将袁奸污。事后陆振泉因手指被袁某某咬伤很恼火，将爬到河边的袁一脚踢落水中。经尸体检验鉴定：被害人袁某某因溺水死亡。

肇庆市中级人民法院审理后作出判决：判决被告人陆振泉犯故意杀人罪，判处死刑，剥夺政治权利终身；犯强奸罪，判处有期徒刑 10 年；数罪并罚，决定执行死刑，剥夺政治权利终身。一审宣判后，被告人陆振泉提出上诉。广东省高级人民法院裁定驳回上诉，维持原判，并依法报送最高人民法院核准。最高人民法院复核后改判被告人陆振泉犯强奸罪，判处死刑，剥夺政治权利终身。

[法律问题]

本案中，被告人陆振泉实施强奸行为后将被害人踢落水中溺亡的行为是否属于强奸罪中的结果加重情形？

[法理分析]

犯罪结果分为构成要件的结果与非构成要件的结果，就功能而言，前者定罪，后者量刑，结果加重犯中的"结果"属于后者。结果加重犯是指行为人实施了基本构成要件行为，由于发生了更为严重的结果，刑法加重其法定刑的一种犯罪类型。

一般认为，在结果加重犯的情形下，该罪的基本构成要件行为与法定加重结果之间必须存在因果关系，但因果关系的强度方面存在争议。

在实施强奸的过程中，出于报复、灭口等动机，杀死被害人的，同时构成强奸罪和故意杀人罪。本案中，如被告人陆振泉在强奸被害人后，又将其踢落水中致被害人溺死，则无疑符合故意杀人的构成要件，单独成立故意杀人罪，但是在本案中，关于被告人陆振泉将被害人踢落水中的事实仅有口供，且先后翻供，证据不足，难以认定。因此，排除了故意杀人罪的认定。

对被害人死亡这一结果，是否符合《刑法》第 236 条第 3 款规定的"强奸致被害人重伤、死亡"的情形，存有争议。有观点认为，本案被害人是在被强奸后溺水而亡，其死亡与强奸行为间不具有直接的因果关系，不属于《刑法》

第 236 条第 3 款规定的 "强奸致被害人重伤、死亡" 情形，而是属于 "强奸造成其他严重后果的" 的情形。《刑法》第 236 条第 3 款对于强奸罪加重处罚的规定分为情节加重和结果加重两种情形。该款 1~4 项，列举了 "强奸妇女、奸淫幼女情节恶劣的"、"强奸妇女、奸淫幼女多人的"、"在公共场所当众强奸妇女的"、"二人以上轮奸的" 四种情节加重情形；在该款第 5 项，将强奸 "致使被害人重伤、死亡" 和 "造成其他严重后果" 作为结果加重情形予以规定。该观点认为 "强奸致被害人重伤、死亡" 中的 "致"，在汉语词典中，解释为 "由于某种原因而使得"[1]，考虑到刑法的严密性，其含义在此处应为 "由于某种原因而直接导致" 的意思，即某种行为是某种特定后果发生的直接原因。[2] 其实此处的 "查字典" 是解决日常问题的一般手段，甚至是解决诸如 "侮辱"、"猥亵" 等规范性构成要素的途径之一，但是 "致使" 一词的刑法含义，严格意义上来讲，不是查词典后通过推断就能确定的，此处对 "致使" 的解释实际上属于随意解释。而 1984 年《最高人民法院、最高人民检察院、公安部关于当前办理强奸案件中具体应用法律的若干问题的解答》第 4 条关于 "强奸'致人重伤、死亡'，是指因强奸妇女、奸淫幼女导致被害人性器官严重损伤，或者造成其他严重伤害，甚至当场死亡或者经治疗无效死亡的" 的规定已经于 2013 年 1 月份被废止，其虽然具有理论参考的价值，但不能再作为定案的标准。因此，"致使" 的解释实际上已经失去了有效的依据。可见，此种观点通过对 "致使" 的解释来排除 "致使被害人重伤、死亡" 后果的适用的做法实际上是不成功的，但也并不意味着可以适用这一规定。

还有观点认为，本案被告人的强奸行为是导致被害人溺水死亡的原因之一，属于刑法规定的 "强奸造成其他严重后果的" 的情形。这一说法中关于原因的观点基本成立，但结论却是有问题的。

我们认为，强奸是一种极其严重的暴力犯罪行为，是一个复杂的而不是单一的举动，就如同抢劫罪，其抢劫行为是一个过程行为。在强奸犯罪中，与非法拘禁等犯罪不同，犯罪人使用暴力将被害人的人身自由和生命安全置于自己控制之下，在这种情形下，使用暴力实际上贯穿于对被害人进行控制的整个阶段，而不是狭义上的强奸行为完成后就结束了，因此，本案被害人是在被告人强奸行为暴力控制之下致死的，强奸行为与死亡之间有着直接的因果关系，符合强奸致被害人死亡的结果加重规定。刑法中的因果关系存在一般的判断标准，

---

[1] 参见中国社会科学院语言研究所词典编辑室编：《现代汉语词典》，商务印书馆 2012 年版，第 1680 页。

[2] 参见中华人民共和国最高人民法院刑事审判第一、二、三、四、五庭主办：《刑事审判参考》2008 年第 6 集（总第 65 集），法律出版社 2009 年版，第 28 页。

但在具体罪名和案件中必须结合行为和结果的性质来确定因果关系的客观性和强弱。本案中，在当时的情势下，被害人并未脱离犯罪人严重暴力行为的控制，对其作出一般人的因果关系要求实际上是苛刻的和不合情理的。

案例九：　　　　　　　张甲、张乙强奸案[1]

[基本案情]

被告人张甲，男，1984年11月10日出生，务工。因涉嫌犯强奸罪于2010年7月30日被逮捕。被告人张乙，男，1987年5月20日出生，务工。因涉嫌犯强奸罪于2010年7月30日被逮捕。被告人张甲和张乙共谋强奸被害人杨某（女，时年已满16周岁）。2010年6月28日13时许，张乙到被害人杨某家中，以有朋友打电话找她为名，将杨某骗至张甲、张乙在Z市某区暂住的出租屋后，张乙实施暴力，欲强行与杨某发生性关系而未得逞。而后，张甲强奸杨某得逞。

Z市某区人民法院认为，被告人张甲、张乙行为均构成强奸罪，且具有轮奸情节。张乙是犯罪未遂，依法可以减轻处罚。Z市某区人民法院据此判决：被告人张甲犯强奸罪，判处有期徒刑10年，剥夺政治权利1年；被告人张乙犯强奸罪，判处有期徒刑5年。宣判后，被告人张甲、张乙均提出上诉。Z市中级人民法院经审理认为，被告人张甲、张乙违背妇女意志，轮流以暴力、胁迫手段强行与妇女发生性关系，其行为均构成强奸罪，并具有轮奸情节。在共同强奸犯罪中，张乙系从犯，依法可以减轻处罚。原判认定的事实清楚，定罪准确，量刑适当，审判程序合法，但适用《中华人民共和国刑法》第23条错误，认定张乙在共同犯罪中构成犯罪未遂不当，应予纠正。据此，Z市中级人民法院裁定驳回上诉，维持原判。

[法律问题]

本案是否属于情节加重犯？犯罪形态是否会影响加重情节的适用？

[法理分析]

（一）情节加重的相对独立性

情节加重犯是指在基础犯罪成立的基础上，又出现了刑法规定的加重情节时，对该行为处以较基础犯罪更重的刑罚的情形。[2] 其与基础犯罪罪名相同，量刑不同。情节加重犯的称谓容易让初学者误判其与基础犯罪的关系，其实这只是一种学理上的习惯用法，在规范性语言中一般用"加重情节"这一术语。

---

〔1〕 参见中华人民共和国最高人民法院刑事审判第一、二、三、四、五庭主办：《刑事审判参考》2012年第4集（总第87集），法律出版社2013年版，第14～20页。

〔2〕 参见李翔：《情节犯研究》，上海交通大学出版社2006年版，第32页。

根据我国刑法，在犯罪构成的分类上，可以分为基本的犯罪构成、加重的犯罪构成和特别加重的犯罪构成。情节加重犯以基本犯的成立为前提，这种修正的犯罪构成一旦构成又具有独立的评价功能，但加重构成仅具有相对独立性，其价值在于强化刑法的惩罚与威慑功能并简化立法条文。因此，情节加重犯不是一种独立的犯罪构成，而是一种在基础犯罪成立（无论既遂与否）的前提下在量刑方面所作出的特别规定，与犯罪的既遂、未遂之间实无直接的联系，因而只有构成与否的问题。

在本案中，张乙虽未得逞，但由于与张甲的共同强奸犯罪成立，无论其个人的具体犯罪行为处于何种形态，都具有轮奸的情节，既遂与否不影响此情节的构成。因此，在二被告人明显构成强奸共同犯罪的前提下，上诉理由中所称的不构成轮奸情节是没有事实和法律依据的。因此，一、二审法院对轮奸情节的认定是准确的。

但在司法实践中存在将轮奸作为"实行犯"的做法，并进而推导出未能独自完成强奸行为的共同犯罪人属于犯罪未遂，因而也不构成轮奸的结论。共同强奸犯罪中，虽然有2人以上的行为人参与，但可能最终实施强奸行为的只有2人，其他人可能是仅仅提供了犯罪的预备或者辅助工作，对于这些行为人虽然也要认定强奸犯罪既遂，但却并不能因此而将其也认定为强奸行为的实施者，进而认定与实施强奸的行为人构成轮奸。可见轮奸和其他共同强奸犯罪的重要区别就在于，轮奸共同犯罪应当具有两个以上的实行犯，即亲自实施完成了强奸行为人，而一般共同犯罪则无需这种要求。[1] 这本质上是将情节加重作为二次犯罪构成导致的误区。在同一犯罪行为中，共同犯罪人之间存在共同的犯罪故意和行为，一人既遂则全体既遂，否则就是对同一行为的重复评价，即基础犯罪既遂，但情节行为未遂，是对共同犯罪基本构造的扭曲。

因此，在强奸共同犯罪中，犯罪形态不影响轮奸情节加重对全体共同犯罪人的适用。

（二）情节加重的价值所在

对于本案，除了犯罪形态和加重情节适用问题之外，还有一个情节加重自身存在的价值问题。

本案二审认定张乙为从犯，量刑在张甲之下，其理由是张乙的犯罪行为与犯罪后果无直接因果关系。这一依据值得怀疑。从案件事实可以看出，张乙是共同犯意的先行制造者，其行为贯穿了在整个准备阶段和实行过程，只是因为意志以外的因素而未完成实际行为，其起到的作用并不比张甲小，从因果关系

---

[1] 参见李少平主编：《审判案例研究（第1卷）》，中国法制出版社2010年版，第93~97页。

上来讲,也应将其认定为主犯,亦即本案中实际上并无从犯之说。这种从从犯考虑减轻刑罚的做法,实际上是对情节加重存在价值的削弱,但是却没有合理合法的依据,是对情节加重规定的误读。

关于情节加重的规定,在特殊犯罪预防中,主要起到对犯罪人犯罪能力在基础刑的基础上进行进一步剥夺的作用,在一般犯罪预防中,主要起到对潜在犯罪人进行震慑,从而阻却其实施犯罪的作用。例如在本案中,较之一般强奸行为,轮奸是一种对被害人伤害更为严重的行为,其带来的社会危害也更加严重,因此作为加重情节规定,对于是否完成强奸行为不作要求。

拓展案例

罗忠兰盗窃案[1]

[基本案情]

被告人罗忠兰,女,19岁,汉族。因涉嫌犯盗窃罪,于1998年3月17日被逮捕。1998年2月18日晚,被告人罗忠兰进入海口市金夜娱乐广场851包厢陪伴客人唱"卡拉OK"。当晚10时许,在此消费的客人陈某某将装有现金等物的黑色手提包置于电视机上,到包厢外打电话。嗣后,包厢内其他客人结账后离开娱乐广场。罗忠兰送客人走后返回851包厢,趁正在打扫卫生的服务员未注意之机,将陈某某的手提包拿进包厢的卫生间,盗走包内现金12 000元,将手提包及包内其他物品弃于卫生盆下,熄灭卫生间的灯,锁上卫生间的门后逃离现场。陈某某打完电话回到851包厢欲取包时,发现手提包不见。经与打扫卫生的服务员共同寻找,发现手提包被丢弃在卫生间内卫生盆下。罗忠兰于次日用所盗钱款以其男友的姓名购买诺基亚移动电话机一部、SIM卡一张、备用电池一块、充电器一个;另将7000元现金存入银行,800元现金随身携带。案发后,公安机关已追回全部赃款赃物并退还失主。新华区人民法院认定被告人罗忠兰犯盗窃罪,判处有期徒刑3年,并处罚金3000元。一审宣判后,被告人罗忠兰提起上诉。海口市中级人民法院裁定驳回上诉,维持原判。

[法律问题]

犯罪的客观方面在区分罪名中的作用如何?

[重点提示]

犯罪的客观方面所包含的要素较多,在司法实践中,客观方面往往是确定

---

[1] 参见中华人民共和国最高人民法院刑事审判第一庭、第二庭编:《刑事审判参考》2002年第1辑(总第24辑),法律出版社2002年版,第67~71页。

罪名的关键因素,如本案中侵占还是盗窃的确定即是一例。

第三节 犯罪主体

知识概要

犯罪的主体是实施犯罪行为的人,包括自然人和单位。本部分内容主要包括刑事责任年龄、精神障碍(精神病)、原因自由行为、身份犯、单位犯罪主体等问题。其中,刑事责任年龄需要注意转化犯的特别规定,精神障碍需要注意医学标准与司法标准的协调问题,原因自由行为需要注意其对定罪量刑方面的实际影响,身份犯需要注意其认定标准的选择问题,单位犯罪主体需要注意单位犯罪的立法原意与实践之间的冲突问题等。

一、刑事责任年龄

刑法中刑事责任年龄的规定体现在定罪和量刑方面,其主要依据是行为人的行为能力受限,可罚性较弱,以及可矫正性较强等。在定罪方面进行了严格限制,在量刑方面一般采用必减主义。

二、精神障碍

刑法对精神障碍者的处置史,也是一个现代科技和人类文明的进步史。《精神卫生法》中统一采用了"精神障碍者"的术语,刑法中"精神病人"的用语也应该作出相应的调整,《精神卫生法》中对精神障碍的界定、分类等相关规定也应该体现在刑法及司法实践中。

三、原因自由行为

原因自由行为是一个有争议的问题,但其理论和实践价值不容忽视。对于原因自由行为的认定,一般要结合行为人行为前、行为中以及行为后的主客观情况来综合认定。原因自由行为一般不具有除罪的功能,但其罪责上的考虑往往会影响到量刑。

四、身份犯

我国刑事司法实践中遇到的身份犯问题,主要体现在对国家工作人员身份的认定上。对于身份犯的认定,不但要注意其身份"标签",更要注意其行为的性质,即是否与其身份具有刑法上的因果关系。司法实践中一般采用行为人单位性质结合行为性质来认定,这一标准适用于大部分相关身份的认定,但在部分案例中存在问题。

五、单位犯罪主体

单位犯罪是一种具有特殊刑法价值的规定,是对单位行为的规范,也是对单位正常活动的保护。在目前的司法实践中，存在一些适用困难的问题，主要体现在单位行为与个人行为的认定问题。

经典案例

案例一：　　　　　　王伟华抢劫案[1]

[基本案情]

被告人王伟华，男，1996年3月5日出生于四川省乐山市五通桥区，汉族。2010年9月29日12时40分许，被告人王伟华窜至乐山城区"莱佛士地景"18幢2单元17楼时，发现该处住户戴本清家房门虚掩，遂潜入该住户房内盗得项链两根、项链坠一个，后被戴本清发现并将其挡在户内。王伟华为达到逃离现场的目的，当场将戴本清头部、手部咬伤后挣脱逃出房间至该小区正门入口时，被该小区保安人员抓获。经鉴定，王伟华窃得的项链两根、项链坠一个共价值人民币（以下币种同）2728元。乐山市市中区人民法院认为，被告人王伟华在实施盗窃行为后，为抗拒抓捕当场使用暴力，其行为已触犯刑律，构成抢劫罪。被告人王伟华犯罪时已满14周岁不满16周岁，应当对其从轻或减轻处罚；其自愿认罪，案发后犯罪所得已经追回发还失主，可酌情对其从轻处罚。根据被告人王伟华的犯罪事实、性质、认罪态度及对社会的危害程度，不宜对其适用缓刑，决定对其减轻处罚。乐山市市中区人民法院以被告人王伟华犯抢劫罪，判处有期徒刑3年零6个月，并处罚金500元。一审宣判后，被告人王伟华提出上诉。乐山市中级人民法院审理后裁定撤销一审判决，被告人王伟华不负刑事责任。

[法律问题]

本案被告人属于未成年人，对其行为应如何定性？

[法理分析]

刑事责任年龄是刑法出于对未成年人的保护而作出的定罪和量刑上的特别规定。因此，对未成年人的保护理念应当贯穿在整个刑法的运行当中。

犯罪主体的刑事责任年龄，是指法律规定的行为人对自己实施的刑法所禁止的危害社会行为负刑事责任所必须达到的年龄。我国《刑法》第17条第1款规定："已满16周岁的人犯罪，应当负刑事责任。"这是刑事责任的一般规定。已满14周岁不满16周岁的人，犯故意杀人、故意伤害致人重伤或者死亡、强

---

[1] 中华人民共和国最高人民法院刑事审判第一、二、三、四、五庭主办：《刑事审判参考》2012年第3集（总第86集），法律出版社2013年版，第35~39页。

奸、抢劫、贩卖毒品、放火、爆炸、投毒罪的，应当负刑事责任，这是刑事责任的例外规定，因这几类犯罪较其他犯罪性质严重。已满14周岁不满18周岁的人犯罪，应当从轻或者减轻处罚，这是量刑上的"必减主义"。因不满16周岁不予刑事处罚的，责令他的家长或者监护人加以管教；在必要的时候，也可以由政府收容教养，这是处置规定。该条的4项规定形成了对未成年人严重危害社会行为在刑法上的规范体系，较为严密。

　　本案被告人在入室盗窃过程中，为抗拒抓捕，当场使用了暴力，形式上符合《刑法》第269条转化型抢劫罪的主、客观要件。因此，能否构成抢劫罪取决于被告人的主体因素。根据出生日期可以看出，被告人犯罪时属于已满14周岁不满16周岁的未成年人，因此其刑事责任能力受到限制，是否属于转化型抢劫犯罪的主体存在争议。第一种意见认为，本案被告人虽然不能构成盗窃罪，但能够成为转化型抢劫罪的犯罪主体；第二种意见认为，本案被告人不能成为转化型抢劫罪的犯罪主体。

　　1. 转化型抢劫罪的立法技术分析。《刑法》第269条规定："犯盗窃、诈骗、抢夺罪，为窝藏赃物、抗拒抓捕或者毁灭罪证而当场使用暴力或者以暴力相威胁的，依照本法第263条的规定定罪处罚。"对本法条分析可知，"犯盗窃、诈骗、抢夺罪……"的规定表明转化抢劫的前提是前一犯罪行为，即盗窃、诈骗、抢夺罪犯罪必须成立。本案被告人在实施盗窃行为时，因刑事责任年龄问题，只对实施《刑法》第17条第2款规定的故意杀人、抢劫等8种犯罪负刑事责任，因而不构成盗窃犯罪，也不具有转化抢劫罪的前提条件。2006年发布的《最高人民法院关于审理未成年人刑事案件具体应用法律若干问题的解释》第10条第1款规定："已满14周岁不满16周岁的人盗窃、诈骗、抢夺他人财物，为窝藏赃物、抗拒抓捕或者毁灭罪证，当场使用暴力，故意伤害致人重伤或者死亡，或者故意杀人的，应当分别以故意伤害罪或者故意杀人罪定罪处罚。"这实际上表明，已满14周岁不满16周岁的人对于盗窃、诈骗、抢夺他人财物的行为不负刑事责任，但在这一过程中如果确实出现了故意伤害致人重伤或者死亡，或者故意杀人等事实，仍应对故意伤害和故意杀人行为负刑事责任。由于本案被告人王伟华的当场暴力行为没有造成被害人重伤或死亡的后果，因此不符合这一特别的犯罪构成。

　　2. 转化型抢劫罪的立法价值分析。转化型抢劫罪本质上是刑事政策在刑法上的直接体现，强调对社会利益的保护和对暴力犯罪行为的威慑，其主旨在于强化刑法的犯罪预防功能。而犯罪预防又可以分为特殊预防和一般预防。特殊预防是在具体案件中对特定的犯罪人进行的，主要表现为客观犯罪能力的剥夺和主观犯罪意识的消除；一般预防是指通过制定、适用和执行刑罚，防止社会上可能犯罪的人实施犯罪，一般预防的对象是可能犯罪的人即潜在的犯罪人。转化抢劫罪这一特殊规定在犯罪构成上使盗窃、诈骗、抢夺的附带性质的暴力行为转化为抢劫罪构成要件要素的一部分，其犯罪预防的强度上超过了一般犯罪的规定。而刑法对于未成年人危害社会的行为在立法和司法上都表现以轻缓为基调，选择不构成转化抢劫罪是这一刑事政策的必然要求。

案例二：　　　　　　　　　阿古敦故意杀人案[1]

[基本案情]

被告人阿古敦，男，1981年7月13日出生，学生。1999年10月29日，被告人阿古敦乘乌日娜家无人之机入室盗窃。阿古敦行窃时在乌日娜家阳台上看到冯延红骑摩托车返回，便虚开房门持擀面杖藏在门后。当冯延红进入乌日娜家，阿古敦持擀面杖朝冯头部猛击两下，因冯戴头盔未被打倒，阿古敦便逃回自己家中。后阿古敦准备外出时，在楼道内听到冯延红正在乌日娜家打电话，误认为冯已认出自己，即返回家拿了一把杀牛单刃弯刀进入乌日娜家，持刀将冯延红逼到卧室，朝冯腰、腹、头部连捅数刀，将冯刺倒在地，随后又朝冯颈部连捅数刀，致冯延红气管、双侧颈动脉被割断，因失血性休克而死亡。

锡林郭勒盟中级人民法院认为，被告人阿古敦私自配制他人家门钥匙行窃，并杀害他人，其行为已构成故意杀人罪，因此判处被告人阿古敦犯故意杀人罪，判处死刑，缓期2年执行，剥夺政治权利终身。一审宣判后，被告人阿古敦服判，不上诉。内蒙古自治区人民检察院锡林郭勒盟分院以被告人阿古敦犯罪情节特别恶劣，手段极其残忍，一审判决量刑畸轻为由，向内蒙古自治区高级人民法院提出抗诉。内蒙古自治区高级人民法院经审理改判被告人阿古敦犯故意杀人罪，判处死刑，剥夺政治权利终身。最高人民法院经复核认为，被告人阿古敦患有分裂型人格障碍，系限制责任能力人，依法可从轻处罚，因此判决被告人阿古敦犯故意杀人罪，判处无期徒刑，剥夺政治权利终身。

[法律问题]

对限制刑事责任能力的精神病人在处罚上应该注意哪些问题？

[法理分析]

《刑法》第18条规定："间歇性的精神病人在精神正常的时候犯罪，应当负刑事责任。尚未完全丧失辨认或者控制自己行为能力的精神病人犯罪的，应当

---

[1] 中华人民共和国最高人民法院刑事审判第一、二、三、四、五庭主办：《刑事审判参考》2012年第3集（总第86集），法律出版社2013年版，第35~39页。

负刑事责任,但是可以从轻或者减轻处罚。"不同于刑法对未成年人的规定,此处采用的是得减主义,因为精神病人犯罪情况复杂,不宜一概采取必减主义。可以比照正常人犯罪处以较轻的刑罚,也可以与正常人犯罪同罚,至于具体怎样处罚应由审判机关根据犯罪社会危害性的大小和犯罪人人身危险性的大小来决定。

由于精神病属于疾病的范畴,因此其认定标准较之未成年刑事责任要复杂得多,因为后者的标准是单一的时间标准,而前者在病理上尚未被当前医学所完全掌握。在刑事法领域,精神病人应作广义的理解,即应理解为司法精神病学中所说的精神障碍或精神疾患。它既包括医学上通常所说的精神病,如精神分裂症、躁狂抑郁性精神病、偏执型精神病这些明确诊断的精神疾病,还应包括精神发育迟滞、精神发育不全以及非精神病性精神障碍,如神经官能症(包括癔症、强迫症、焦虑症、神经衰弱等)、人格障碍(变态人格)、性心理障碍(性变态)等。

刑事责任能力精神病人的认定。在刑法领域之外,精神病人的认定是一种单纯的医学科学活动,是医生根据当时的医学标准对精神疾病患者所做的医学认定,仅具有医学意义上的确诊意义。在刑法领域内,精神病人的认定不再是一种单纯的医学科学活动,而是加入了司法性质的判断,一般来说,后者的判断是建立在前者认定基础上的,但司法精神鉴定具有刑法意义上的决定权。这就使二者之间的关系处于相互协作,但又不时发生冲突的状态,本质上是一种价值上的冲突。前者从科学的角度基于现有的医学知识对患者进行诊断,其直接目的在于治病救人,但诊断结果在为司法机关认定之前不具法律上的意义;后者从司法和正义的角度对精神鉴定结果进行判断,其直接目的在于实现司法正义和预防犯罪,但其单独无法实现判定,必须结合医学鉴定结果做出。如果有充分的医学依据证明被告人患有影响其刑事责任能力的精神疾病,且在实行危害社会行为之时处于因该疾病发作因而降低了其认识和判断能力的状态,则司法机关很难做出相反的司法意义上的结论,反之,司法机关则可以依据自己的判断来决定被告人是否属于因精神疾病而导致的限制刑事责任能力的精神病人。但是,司法机关的判断受到多种因素的影响,除了科学鉴定结论外还受诸如社会舆论压力、上级压力、自身的判断能力等外因、内因的影响。因此,限制刑事责任能力的认定实际上处于较为易受多种法外因素影响的境地,究其原因,主要是相关医学水平的限制和司法鉴定决定权配置结构的问题。

本案中,阿古敦在一审和自治区高级人民法院审理过程中都没有对被告人阿古敦患有分裂型人格障碍,系限制刑事责任能力人这一事实作出认定,是我国在限制刑事责任能力的精神病人认定方面缺乏重视的一个缩影。由于本案涉及死刑复核程序,本着认真负责的原则,最高人民法院不仅对被告人阿古敦的犯罪事实进行了认定，而且还对其进行了刑事责任能力的鉴定，从而使案件得到了正确的处理。

我国是一个精神疾病高发的国家，易肇事肇祸的精神病人总量很大，因此在处理刑事案件中，如发现被告人有精神病史或疑似患有精神疾病，应对其作出相应的精神鉴定，以确保司法正义的真正实现。

案例三：　　　　　　　　房国忠故意杀人案[1]

[基本案情]

被告人房国忠，男，1973年1月2日出生，农民。2006年11月30日，被告人房国忠在卢氏县城关镇北关村被害人白建江的邻居金小军家帮忙修塑料大棚。白建江携带白酒来到塑料大棚，叫金小军喝酒，金小军推脱不喝，白建江就让房国忠和他一起喝。下午4时许，二人喝完两瓶白酒后，白建江又将房国忠带到自己家中喝酒。喝酒时白建江同房国忠发生争吵、厮打，在厮打中房国忠用白建江家的菜刀朝白建江头部、颈部连砍数刀，致白建江当场死亡。

三门峡市中级人民法院认为，被告人房国忠与被害人白建江酒后发生争吵、厮打，遂持刀将被害人当场砍死，其行为已构成故意杀人罪，依法判决如下：被告人房国忠犯故意杀人罪，判处死刑，剥夺政治权利终身。一审宣判后，房国忠不服，提出上诉。河南省高级人民法院二审裁定驳回上诉，维持原判。最高人民法院经复核认为，被告人房国忠构成故意杀人罪。但是认为其为酒后激情犯罪，主观恶性并非特别深，人身危险性和社会危害性相对较小。因此，对房国忠判处死刑，可不立即执行。第一审判决、第二审量刑不当，裁定发回河南省高级人民法院重新审判。

[法律问题]

本案所涉及的刑法理论主要是原因自由行为，即在醉酒、吸毒、使用麻醉品等状态下实施犯罪，在定罪量刑方面是否需要考虑原因部分？

[法理分析]

原因自由行为，又称原因上的自由行为，是指行为人处于有责任能力状态之时，即具有实现特定犯罪的意思，或能预见其行为对于特定法益的侵害，进而以故意或过失行为使自己陷于无责任能力或限制责任能力状态，并且在这种状态下犯罪的情形。这种实现结果的行为虽是不自由的，但在原因上却是自由

---

[1] 参见中华人民共和国最高人民法院刑事审判第一、二、三、四、五庭主办：《刑事审判参考》2009年第3集（总第68集），法律出版社2009年版，第1~5页。

的。亦即行为人在实现不法构成要件的瞬间,虽无意思决定的自由,但在导致无责任能力或限制责任能力的原因设定阶段,行为人仍有意思决定的自由。[1]

原因自由行为主要解决的是醉酒状态下行为人的责任问题。我国《刑法》第18条第4款明确规定:"醉酒的人犯罪,应负刑事责任。"在司法实践中,醉酒一般分为生理性醉酒和病理性醉酒。病理性醉酒类似精神病状态,比较罕见;常见的醉酒一般指生理性醉酒(普通醉酒)。我国《刑法》第18条所规定的醉酒人的刑事责任,指的就是生理性醉酒。从刑法规定来看,生理性醉酒对行为人的刑事责任没有影响,定罪处罚方面适用一般人标准。但在司法实践中一般会考虑行为当时的一些主客观情况,如主观恶性和被害人过错等。

最高人民法院复核时认为:被告人房国忠受被害人白建江邀请而饮酒,事先并无实施杀害被害人的故意,但是有义务预见醉酒可能会导致其对被害人进行伤害,因此,其前行为(使自己醉酒)符合原因自由行为的要求。具体而言,其伤害行为是在二人共饮两瓶白酒并接着饮酒之后发生的,因此,其过量饮酒是一种过失使自己陷入无责任能力或限制责任能力状态的行为,而非预谋,过失行为的主观恶性较小。此外,被害人是与被告人房国忠在争吵斗殴过程中被杀害的,属于激情犯罪,且被害人也有一定过错。综合以上原因,充分考虑罪、责、刑各种因素,未核准被告人死刑,将案件发回重审。

以上只是一个醉酒的典型案例,在现实生活中类似的案件不在少数,且案情复杂程度不一。而刑法关于醉酒人的刑事责任规定得十分简略,在司法实践中需要结合具体案情做出合理、合法的判决。原因自由行为的后行为实际上是处于无意识或意识模糊的状态下进行的,在认定上一般都较为简单,此处不作详细分析。但前行为对案件的审理,尤其是量刑方面十分重要,值得进一步探讨。

原因自由行为的前行为一般包括醉酒、吸毒、使用麻醉品等。在我国司法实践中,一般不将后两种情形列入原因自由行为。[2] 而在大陆法系国家,一般都有相关规定,例如,《德国刑法典》第20条规定:"行为人行为时,由于病理性精神障碍、深度的意识错乱、智力低下或其他严重的精神病态,不能认识其行为的违法性,或依其认识而行为的,不负责任。"第21条规定:"行为人认识行为违法性的能力,或者依其认识而行为的能力因第20条规定的某种原因而显著减弱的,可依第49条第1款减轻其刑罚。"[3] 前者是无责任能力规定,后者

---

[1] 参见(台)林山田:《刑法通论(上)》,北京大学出版社2012年版,第254页。
[2] 参见中华人民共和国最高人民法院刑事审判第一、二、三、四、五庭主办:《刑事审判参考》2007年第2集(总第55集),法律出版社2007年版,第1～5页。
[3] 《德国刑法典(2002年修订)》,徐久生、庄敬华译,中国方正出版社2004年版,第10页。

是减弱的责任能力规定。"深度的意识错乱"和"其他严重的精神病态"实际上包括了原因自由行为的一般情形。这就使司法实践中法官的判断有法可据，避免了司法操作上的随意性和前后判决冲突。我国之所以没有借鉴类似德国刑法典的规定，一般认为是防止犯罪人借此实行犯罪的缘故，但应该还有其他原因。原因自由行为的可罚性在理论上始终没有一个可靠的法理基础，直至今日，其可罚性实际上仍建立在行为人道德上的可责性。例如醉酒，虽然在多数国家合法，但并不受到赞同，尤其是在公共场所醉酒，更是一种道德上值得谴责的行为，但是其本身并不具有刑法上的可罚性。至于吸毒、使用麻醉品等，虽然违法，但也不具有刑法上的可罚性。这就使原因自由行为的前行为无论是从主观方面还是客观方面都无刑法上可罚的依据。而后行为（危害行为）实际上是在缺少或者减弱责任能力状态下进行的，本质上与精神病人的"行为"没有本质上的区别。这就使一般的犯罪理论无法解释其可罚性，因此，各国立法实际上仍采取了以道德上的过错作为其可罚性的基础，我国刑法也不例外。

因此，原因自由行为的理论和实践实际上是建立在道德可责性和实际危害基础上的，其构造具有特殊性。

案例四：　　　　　　　吕辉受贿案[1]

[基本案情]

被告人吕辉，男，1976年12月14日出生，原系上海市虹口区新港路街道社区卫生服务中心（以下简称新港卫服中心）、上海市虹口区嘉兴路街道社区卫生服务中心（以下简称嘉兴卫服中心）网络管理员。2004年5月被告人吕辉进入新港卫服中心担任网络管理员，系临时工，2008年8月成为新港卫服中心的正式职工。2009年12月，新港卫服中心并入嘉兴卫服中心，吕辉继续担任新合并成立的嘉兴卫服中心的网络管理员。上述两家社区卫生服务中心的性质均系上海市虹口区卫生局差额拨款的国有事业单位。2006~2010年，吕辉利用担任上述两家单位网络管理员的职务便利，在负责为本单位采购计算机及相关配件的业务过程中，多次收受供货单位上海广创科技有限公司销售员吴丽、上海切尔顿企业管理咨询有限公司总经理卢中秋、上海紫越网络科技有限公司销售员郁凯以及UPS供应商王健宏的贿赂，共计人民币（以下币种同）14.47万元。在负责管理本单位医药信息的过程中，多次擅自对外提供医生药品用量等信息

---

[1] 参见中华人民共和国最高人民法院刑事审判第一、二、三、四、五庭主办：《刑事审判参考》2012年第4集（总第87集），法律出版社2013年版，第111~117页。

并收受医药销售代表邓施方、刘文军的贿赂，共计2.35万元。

上海市虹口区人民法院以受贿罪判处被告人吕辉有期徒刑6年，并处没收财产2万元，尚未退出的赃款连同已退出的赃款一并予以追缴。一审宣判后，吕辉提出上诉，辩称自己直到2008年8月才成为正式职工，故不构成受贿罪，而仅构成非国家工作人员受贿罪。上海市第二中级人民法院裁定驳回上诉，维持原判。

[法律问题]

如何认定国家工作人员的身份？

[法理分析]

国家工作人员主体的认定问题是我国刑法理论中的一个较为复杂的问题，这是由我国特殊的国情造成的，但整体来讲，仍属于身份犯理论的一部分。

身份犯是指具有特定身份的人实施的犯罪。这是一种刑法上规定的身份，应与一般意义上的身份相区别。对于一般犯罪构成，尤其是像杀人、故意伤害等自然犯罪来说，其犯罪主体并无特别的规定，符合构成要件的一般自然人都可以构成。但是对一些特殊种类的犯罪则要求行为人必须具有特定的身份才能构成该犯罪。

对于身份犯的界定和分类，不同国家和刑法理论之间差别较大。例如，在日本刑法理论中学者多依据《日本刑法》第65条将身份犯分为纯正身份犯与不纯正身份犯。纯正身份犯（亦称真正身份犯或构成身份犯），是指在构成要件中规定的犯罪主体限于有一定身份者的情况，如受贿罪、贪污罪等即《日本刑法》第65条第1款中所说的"因犯人的身份而构成的犯罪行为"。不纯正身份犯（亦称不真正身份犯或加减身份犯），是指刑法一般没有限制犯罪的主体，但由具有一定的身份者实施时规定较重或较轻刑罚的情况，如保护责任者遗弃罪等即《日本刑法》第65条第2款中所说的"因身份而致刑有轻重"的犯罪。[1] 德国刑法也将身份犯分为纯正身份犯与不纯正身份犯，但在具体界定上存在争议，例如强奸罪是否是纯正身份犯的问题。认为强奸只能由男性进行的学者认为该罪是纯正身份犯，认为女子作为帮助犯也可以构成强奸罪的学者认为是不纯正身份犯。可以看出，身份犯是对具有特定身份义务的人所作出的刑法规定，其目旨在使特别的法益不受具有某种侵害便利的人侵害，这是我们在解决身份犯问题，尤其是遇到疑难问题时首先需要考虑的标准。例如，国家工作人员接受他人馈赠，如未有利用职务上的便利，索取他人财物，或者非法收受他人财物，为他人谋取利益的行为，则不能认定为受贿行为，而应认定为正常行为

---

〔1〕 参见杜国强：《身份犯研究》，武汉大学出版社2005年版，第83~85页。

或违反规章制度的行为。

本案涉及国家工作人员这一身份的认定，争议的焦点：一是被告人任职单位的性质，二是被告人国家工作人员身份的取得时间。

（一）被告人所在单位的性质

控方和辩方围绕新港卫服中心和嘉兴卫服中心的性质展开了一系列调查，虽证据之间有冲突，但控方的证据占据优势，法院最终采纳了被告人所在单位为国有事业单位的结论。以单位性质作为国家工作人员身份认定的条件之一是一种便利的手段，但在操作中容易出现问题。

《刑法》第93条规定："本法所称国家工作人员，是指国家机关中从事公务的人员。国有公司、企业、事业单位、人民团体中从事公务的人员和国家机关、国有公司、企业、事业单位委派到非国有公司、企业、事业单位、社会团体从事公务的人员，以及其他依照法律从事公务的人员，以国家工作人员论。"控方认为，在这一规定中找不到能够直接适用的依据，因此认为对其是否能以国家工作人员论处，首先要确认被告人所在单位性质，如果属于国有事业单位，则可以进一步判断其行为是否利用了职务上的便利。被告人不属于"机关中从事公务的人员"，由于"委派到非国有公司、企业、事业单位、社会团体从事公务的人员"这一"委派"的主体限定在"国家机关、国有公司、企业、事业单位"，被告人也不属于受委派人员。最后只剩下"其他依照法律从事公务的人员"这一兜底规定，但是这一规定涉及对"法律"的理解问题，对这一问题的理解决定着规定的适用范围。

狭义的法律，即立法规定的由全国人大及其常委会制定的法律，广义的法律则包括法律、行政法规、地方性法规、自治条例和单行条例等。"法律"一词在现行刑法（2011年2月25日修正后）中出现45次，其用法有四种：狭义上的法律、包含狭义法律及行政法规在内的法律（如煽动暴力抗拒法律实施罪）、广义上的法律（如民事、行政枉法裁判罪）和指代不明（如国家工作人员的认定中使用的"法律"）。采用何种解释，可能会直接影响到具体案件的认定。本案中，被告人所在单位被认定为国有事业单位的依据本身也不具有狭义法律的性质，因此，实际上是采用了广义的法律概念。如同样采取广义的法律概念，则不排除适用"其他依照法律从事公务的人员"这一规定的可能，具体认定需要进一步取得相关证据，超出了本案例讨论的能力范围，但作为一个思路，值得在具体司法实践中考虑。

（二）被告人身份的取得时间

本案中，2004年5月，被告人吕辉进入新港卫服中心担任网络管理员，系临时工。2008年8月成为新港卫服中心的正式职工。2009年12月，新港卫服中心并入嘉兴卫服中心，吕辉继续担任新合并成立的嘉兴卫服中心的网络管理员。被告人吕辉利用职务收受他人财物的行为始于2006年，当时被告人仍系单位临时工，被告人也以此作为辩护理由。

控方在认定了被告人单位性质为国有事业单位的基础上，认为对被告人吕辉能否认定为国家工作人员并不取决于其身份临时还是正式，而取决于其职责，应当结合被告人是否从事公务来判断。实际上，本案中，被告人单位性质的认定是一种多余的做法，而且可能会影响到案件的正确审判。改革开放30多年的进程中，新旧体制的交替不断出现在各类涉及经济的组织，许多企事业单位的性质在不断的变化过程中，其变化的依据可能是法律更可能是相关的行政命令，以此作为单位性质认定的依据并用来决定被告人刑法上的身份，是一种不严谨、不严肃的做法，同时也为各级司法机关带来适用上的困难和混乱。对于被告人国家工作人员身份应该以被告人对外所提供的社会服务的性质来确定，而不是其在单位内部的身份，即被利用的职务行为是否具有公务性质。本案中，被告人被利用的职务行为具有明显的公务性质，是政府公共职能的向外延伸，因此在认定受贿行为时应作为国家工作人员对待。

案例五：　　　　　　　　周敏合同诈骗案[1]

[基本案情]

被告人周敏，女，1952年6月23日出生于上海市，系上海众超工艺品有限公司（以下简称众超公司）、上海一丰镉工艺品有限公司（以下简称一丰镉公司）法定代表人。2008年2月~2009年4月，被告人周敏在担任一人有限责任公司众超公司、一丰镉公司法定代表人并直接负责生产经营期间，先后与上海岷琪针织品有限公司、常州仕高针纺织品有限公司等多家单位发生玩具原材料买卖或加工合同业务，上述单位按约为周敏所在公司供货或完成加工业务，周敏经自己公司再生产加工、通过瑞宝公司等单位予以销售并收取货款后，采用将上述自己公司账户内的资金转入个人账户或以差旅费等名义提取现金等方式转移公司财产，却以尚未收到货款为由拒不支付各被害单位合计价值人民币（以下币种均为人民币）900 000余元的原材料货款及加工费等。在被害单位多次催讨后，被告人周敏采用隐匿等手段逃避催讨。案发后，周敏支付部分货款后仍造成被害单位直接经济损失合计890 000余元。

---

〔1〕 参见中华人民共和国最高人民法院刑事审判第一、二、三、四、五庭主办：《刑事审判参考》2011年第5集（总第82集），法律出版社2012年版，第15~22页。

上海市奉贤区人民法院认为，被告人周敏构成合同诈骗罪。经查，现有证据不足以证明周敏在收取货款后系用于其个人开支，因此，公诉机关指控周敏系个人犯罪的证据不足。上海市奉贤区人民法院认为被告人周敏的行为符合单位犯罪的特征，属单位犯罪。因此，认定被告人周敏犯合同诈骗罪，判处有期徒刑3年，宣告缓刑5年，并处罚金46万元；被告人周敏的犯罪所得予以追缴并发还被害单位。一审判决后，被告人没有上诉，检察机关没有抗诉，判决已经发生法律效力。

[法律问题]

如何区分个人犯罪和单位犯罪？

[法理分析]

我国《刑法》第30条规定："公司、企业、事业单位、机关、团体实施的危害社会的行为，法律规定为单位犯罪的，应当负刑事责任。"第31条规定："单位犯罪的，对单位判处罚金，并对直接负责的主管人员和其他直接责任人员判处刑罚。刑法分则和其他法律另有规定的，依照规定。"我国对单位犯罪的规定主要分布在破坏社会主义市场经济秩序罪和侵犯财产罪，其指向主要是公司企业类的单位犯罪主体。这就说明，我国单位犯罪的规范以社会经济生活为原则，其他领域为例外。

对于单位犯罪的界定，一般采用照搬刑法规定的方法，如"实施了危害社会的、依法应受刑罚处罚行为的公司、企业、事业单位、机关、团体，是单位犯罪主体"[1]。这一界定方式固然于法有据，但在司法实践中的实际操作性不强，需要进一步分析。

依据刑法规定，单位犯罪的主体主要包括公司、企业、事业单位、机关和团体等。公司是指依照法律规定，以营利为目的，由股东投资而设立的企业法人。包括有限责任公司、股份有限公司。企业是指以营利为目的，具有法人资格的除公司之外的经济组织。包括独资企业、合资企业、股份合作制企业、集体企业、国有企业等。事业单位是指国家为了社会公益目的，由国家机关举办或者其他组织利用国有资产举办的，从事教育、科技、文化、卫生等活动的社会服务组织。机关是指一切代表国家权力和行使国家职能的政治组织。它包括中央和地方各级国家权力机关、国家行政机关、国家军事机关、国家审判机关和国家检察机关，其作为单位犯罪主体，在司法实践中有相关案例。执政党的领导机关不属于国家机关，但是在刑法领域可视为国家机关，不过相关案例十分罕见。团体即社会团体和人民团体。社会团体是公民自愿组成，为实现会员

---

[1] 参见曲新久等：《刑法学》，中国政法大学出版社2011年版，第34页。

共同意愿，按照章程开展活动的非营利性社会组织。人民团体是参加中国人民政治协商会议的团体，有全国总工会、共青团、全国妇联、科学技术协会、华侨联合会、台湾同胞联谊会、全国青年联合会、全国工商联合会等。

对以上五类单位犯罪主体的认定，机关和团体很少见，事业单位也不多见，司法实践中涉及较多的是公司、企业，其中又以公司单位主体的认定最为复杂。一般来说，公司是由多个人共同出资组成的法人，成员多数性为其主要特点之一，也是公司制度的初衷。2005年修订后的《公司法》在第二章第三节中增加了"一人有限责任公司的特别规定"，即一人有限责任公司是指只有一个自然人股东或者一个法人股东的有限责任公司。此外《公司法》第59条第2款和第64条分别规定：一个自然人只能投资设立一个一人有限责任公司。该一人有限责任公司不能投资设立新的一人有限责任公司。一人有限责任公司的股东不能证明公司财产独立于股东自己的财产的，应当对公司债务承担连带责任。这一限制性规定和连带责任规定是一般责任有限公司所没有的，体现了对一人有限公司从严限制的立法意图，防止以设立公司为手段进行与正常公司活动无关的行为。本案中，从案件事实可以看出，被告人周敏的犯罪行为是有预谋的，一人有限公司只是其用来骗取财物的工具，不能以符合形式上的单位犯罪构成要件和积极退回赃款就认定其为单位犯罪，从技术上达到从轻处罚的目的。

设立单位犯罪的目的，一是为了惩罚和预防单位犯罪，二是为了保护单位及其单位的个人成员不会因集体的决策和行为而受到过于苛的刑事惩罚，以体现罪刑相适应的刑法原则精神。因此，对单位犯罪采取了双罚制，其刑罚较之同样的自然人犯罪一般要轻。本案实际上不具有单位犯罪的实质要件，其判决值得进一步研究。

拓展案例

邱进特等销售假冒注册商标的商品案[1]

[基本案情]

被告人邱进特，男，1981年6月8日出生，农民。因涉嫌犯销售假冒注册商标的商品罪于2009年10月19日被逮捕。其他被告人略。被告人邱进特、邱进生于2009年3月~9月，租用广州市海珠区宝岗大道268号中新大厦902、903、1815室作为上海易才数码技术有限公司、广州特亿网络科技有限公司的办

---

[1] 参见中华人民共和国最高人民法院刑事审判第一、二、三、四、五庭主办：《刑事审判参考》2011年第1集（总第78集），法律出版社2011年版，第106~110页。

公场所。被告人邱进特担任上海易才数码技术有限公司法定代表人、广州特亿网络科技有限公司总经理,负责全面工作;被告人邱进生担任广州特亿网络科技有限公司法定代表人,负责采购。二被告人以上述二公司的名义,通过互联网招聘网络技术人员和网络销售业务员,在互联网上设立 LV、GUCCI 商品销售网站,通过互联网向外国客户销售假冒注册商标的 LV、GUCCI 商品,并通过易智付科技(北京)有限公司第三方支付平台、西联汇款的方式收取货款,至案发时止销售金额共计人民币(以下币种均为人民币)1 923 825. 96 元。同年9月16日,广州市公安局海珠区分局经济犯罪侦查大队和广州市工商行政管理局海珠分局根据 LV 商标代理人的举报,对上址进行联合执法检查时将被告人邱进特、邱进生抓获,并当场扣押涉案物品一批及假冒 LV 各式皮手袋 92 个、LV 鞋 5 对、LV 各式皮箱 15 个、LV 各式皮带 27 条、LV 各式钱包 52 只、GUCCI 各式手袋 33 个、GUCCI 鞋 4 对、GUCCI 钱包 17 只、GUCCI 各式皮带 13 条,共计商品 258 件。经鉴定,共计价值 220 096 元。

广州市海珠区人民法院认定被告人邱进特犯销售假冒注册商标的商品罪,判处有期徒刑 4 年,并处罚金 20 万元;被告人邱进生犯销售假冒注册商标的商品罪,判处有期徒刑 3 年 6 个月,并处罚金 15 万元;扣押的作案工具、赃款、赃物(略)均予以没收或销毁。一审宣判后,被告人邱进特提出上诉。广州市中级人民法院裁定驳回上诉,维持原判。

[法律问题]

单位犯罪中,单位主体的合法性对单位主体的认定有何影响?

[重点提示]

设立单位犯罪的目的,一是为了惩罚单位犯罪行为,二是为了避免对相关自然人的处罚,做到罪刑相适应,因此,对于以犯罪活动为主要目的设立的单位,即使形式上具备了单位犯罪主体的资格,仍不能作为单位犯罪来处理。

第四节 犯罪主观方面

知识概要

犯罪主观方面是指犯罪主体在犯罪时对自己行为和结果所持的心理状态,主要包括故意、过失、动机、目的等。本节的难点在于直接故意对定罪的影响,间接故意与过于自信的过失之间的区别与联系,疏忽大意的过失与意外事件之间的区别,认识错误对定罪量刑的影响,等等。此外,还要注意犯罪客观方面对主观方面认定的影响等。

一、直接故意

直接故意的认定是建立在主客观相统一的基础上的，仅从主观或者客观都无法准确认定行为人是否构成主观故意。主观故意必须是行为当时的心理状态，此前或者此后，都不能认定为直接故意。

二、间接故意

间接故意的认定容易与过失和意外事件相混淆，其主要区分依据是对犯罪结果的态度。而态度的判断主要依据行为人行为当时，以及在危害后果发生后的行为和态度。

三、疏忽大意的过失

在疏忽大意的过失中，行为人的认识因素因可归咎于行为人的原因而缺乏，因此，对导致其认识因素缺乏的原因进行正确认定是解决此类过失的关键。例如，为实施犯罪而故意使自己陷入缺乏认识因素的状态，从而导致"过失"的情形下，实际上构成直接故意，而非疏忽大意的过失。

四、过于自信的过失

在过于自信的过失中，行为人对危害结果的发生有认识，但认为自己能够避免其发生。即认识到可能会有危害结果的发生，但认为对自己来说不会发生，并且对于危害结果持否定的态度，这一点与间接故意相区别。

五、认识错误

认识错误具有多种类型，但最常见的是对象的认识错误。认识错误对定罪量刑的影响因具体案件而各异，应具体问题具体分析，结合整个案件主客观情况来确定，不宜一刀切。

经典案例

案例一： 冯庆钊传授犯罪方法案[1]

[基本案情]

被告人冯庆钊，男，1989年3月10日出生于北京市，无业。因涉嫌犯传授犯罪方法罪于2010年5月20日被羁押，2010年6月18日被逮捕。被告人冯庆钊在家中自行搜集涉及炸药制造的信息，经整理形成一个电子文档，命名为

---

〔1〕参见中华人民共和国最高人民法院刑事审判第一、二、三、四、五庭主办：《刑事审判参考》2011年第2集（总第79集），法律出版社2011年版，第60~69页。

《恐怖分子手册》，并于 2009 年 11 月 26 日及 2010 年 4 月 19 日先后两次使用"但它"的用户名，在百度文库栏目中发布《恐怖分子手册》电子文档（一）至（十），内容包括各种炸药、燃烧剂、汽油弹、炸弹、燃烧弹等配方及制作方法，其中穿插了一些涉及恐怖组织活动的字眼和语句。例如，"同学们，伟大主席奥马尔说：'胜利属于团结的塔利班人民'"；"同学们，双手沾满了恐怖分子鲜血的沙龙曾说：'如果我是巴勒斯坦人，我也会做自杀爆炸者，而且我要用C4'"；等等。文档中所涉及的各种炸药知识、制法等均具有一定的科学性、可行性，但其内容不涉密，通过正常渠道如专业图书、网络等均可进行查询。两个文档在网络上共被浏览 2065 次，下载 116 次。冯庆钊于 2010 年 5 月 20 日被抓获归案后供述："自己这样做当时没想后果，就是觉得好玩，想让别人也看看，用这个文档名称，是想引起浏览者的注意。"

北京市朝阳区人民法院认为，被告人冯庆钊构成传授犯罪方法罪，认定被告人冯庆钊犯传授犯罪方法罪，判处拘役 6 个月。宣判后，冯金钊未提出上诉，检察院未提出抗诉，判决已发生法律效力。

[法律问题]

如何认定本案被告人的主观方面？

[法理分析]

犯罪的主观方面包括故意、过失、动机和目的等因素。其中，故意、过失合称为罪过，罪过是任何犯罪构成不可或缺的要件。"无犯意则无犯人"的法律格言指的就是罪过的构成要件功能，其含义是，如果行为人在实施刑法禁止的行为时不具有犯意（包括故意与过失），其行为就不构成犯罪，即没有罪过就没有犯罪，没有罪过就没有犯罪人。大陆法系国家刑法理论多认为，犯罪的成立条件是构成要件符合性、违法性与有责性（责任），责任是指非难可能性，责任的要素包括责任能力、故意与过失、违法性认识的可能性与期待可能性。没有责任就没有刑罚，这也是现代刑法理论中称责任主义的由来。[1] 故意和过失在构成要件理论与司法实践中的重要性可见一斑。

与罪过原则相关的是主观归罪和客观归罪。[2] 主观归罪是指以行为人的主观心理状态作为犯罪成立的唯一标准，而不问行为人的客观方面，其极端就是惩罚"思想犯"；客观归罪是指将客观行为作为犯罪成立的唯一标准，而不问行为人的主观方面，这种理论实际上把人作为刑法作用的对象而物化，忽视了人

---

[1] 参见张明楷：《刑法格言的展开》，北京大学出版社 2013 年版，第 346 页。

[2] 客观归罪与客观归责是两个不同的术语，前者如文中所述，后者指在责任成立上要先进行客观性判断。

本身的价值与存在。这两种倾向都是十分有害的，无论是在理论上还是实践中都需要注意防范。在现代社会，产生这两种倾向的原因实际上是共同的，即为了保护或实现某些利益而不当使用了刑法的打击和震慑功能，其后果是削弱刑法自身的正当性，降低刑法的社会规范效能。

本案主要涉及犯罪故意的认定问题。《刑法》第 14 条第 1 款规定，犯罪故意是指明知自己的行为会发生危害社会的结果，并且希望或者放任这种结果发生的心理状态。犯罪故意包括认识因素和意志因素两方面内容。一是认识因素，即明知自己的行为会发生危害社会的结果。行为人对案件事实的认识应该是全面的，而不只是对最终的犯罪危害后果的认识。二是意志因素，即希望或放任自己的行为造成危害社会结果的发生。是行为人在明知自己的行为事实符合犯罪构成的基础上，决意实施这种行为的心理状态。意志因素包括"希望"和"放任"两种情形。希望指行为人对犯罪结果的发生持积极追求的态度，放任是指行为人对于犯罪结果的发生，虽不积极追求，但也不去防止，任其发生。

《刑法》第 295 条规定："传授犯罪方法的，处 5 年以下有期徒刑、拘役或者管制；情节严重的，处 5 年以上 10 年以下有期徒刑；情节特别严重的，处 10 年以上有期徒刑或者无期徒刑。"通说认为，传授犯罪方法罪的构成需要直接故意的心理状态，间接故意和过失均不构成本罪。本案中，被告人冯庆钊在传播所谓的《恐怖分子手册》时主要是出于"好玩"、"出名"或精神无聊、寻求刺激等，且传播内容为网络公开资料，按一般人的标准，并不知道自己的行为将会产生危害社会的结果。写在《恐怖分子手册》中的所谓鼓动性语言并不比相关新闻电视媒体报道中所出现的类似语言更能产生恐怖活动犯罪的故意，不能作为其明知的认定依据。因此，在其做出"传播"行为时，缺乏认识上的因素。而在意志方面，根据被告人的供述，"自己当时没想后果，只是觉得好玩"，"如果有人用这些东西实施犯罪，那就是他自己的事情了"，无法判断是否为行为当时的意志，而事后的推测在缺乏其他客观要素的情况下无法作为认定的依据，根据主客观相一致的原则，无法得出其有希望或者放任意志因素的结论。

在司法实践中，不同于对客观方面的解释，对于行为人主观方面的解释往往没有一个相对客观的标准做依据，很容易做出违反罪刑法定主义原则的扩张解释，因此要十分慎重。

案例二：　　　　　　　　　杨某某故意伤害案[1]

[基本案情]

被告人杨某某，女，1987年3月5日生，学生。被告人杨某某因与被害人张某某谈恋爱而产生矛盾，杨某某即购买两瓶硫酸倒入喝水的杯中，随身携带至其就读的洛阳市第一中学。2004年10月23日21时40分许，杨某某在该校操场遇到张某某，两人因恋爱之事再次发生激烈争执，杨某某手拿装有硫酸的水杯对张某某说："真想泼到你脸上"，并欲拧开水杯盖子，但未能打开。张某某认为水杯中系清水，为稳定自己情绪，接过水杯，打开杯盖，将水杯中的硫酸倒在自己的头上，致使其头、面、颈、躯干及四肢等部位被硫酸烧伤。经法医鉴定其伤情为重伤，伤残程度为一级。

涧西区人民法院认为，被告人杨某某明知自己的行为会造成他人身体伤害，仍放任伤害结果的发生，致他人严重残疾，其行为已构成故意伤害罪。认定被告人杨某某犯故意伤害罪，判处有期徒刑10年。被告人杨某某给附带民事诉讼原告人张某某造成经济损失259 471.58元，扣除其已支付的16 650元和洛阳市第一中学支付的35 000元，余款207 821.58元由杨某某于10日内付清。一审宣判后，杨某某不服，提起上诉。河南省洛阳市中级人民法院经审理后裁定驳回上诉，维持原判。

[法律问题]

行为人放任他人将自己预备的硫酸当做清水倾倒而致残的行为，在主观上如何认定？

[法理分析]

本案涉及不纯正的不作为和间接故意，不作为在其他案例中已经探讨过，此处重点对间接故意进行分析。

犯罪故意是行为人对其所实施的危害社会的行为及其危害结果所持的一种主观心理态度，包括认识因素和意志因素两个方面。其中认识因素是指行为人对自己行为及结果的危害性有认识，这是直接故意和间接故意都具备的前提条件。意志因素是行为人对危害结果所持的态度，也是区分直接故意与间接故意的关键所在。

（一）认识因素

一般来说，犯罪的认识因素可以分为认识内容和认识程度方面。

在认识内容方面，本案被告人杨某某对于硫酸对人体的伤害性具有明确的

---

[1] 参见中华人民共和国最高人民法院刑事审判第一、二、三、四、五庭主办：《刑事审判参考》2007年第2集（总第55集），法律出版社2007年版，第6~12页。

认识，因为，对一个中学生来说，这是常识。被告人杨某某对自己会将硫酸泼向被害人也就有明确的认识，这一点从其从准备到携带到现场等一系列行为可以看出。在自己打开硫酸失败后，被告人对张某某会自行取过并误认为是水因而造成伤害的后果亦具有认识。因为被告人将硫酸交给处于情绪激动中的被害人，应该认识到可能会造成危害结果的发生，因此对自己的行为与危害结果之间的因果关系具有认识。可见，虽然发生了被害人的介入因素，但从行为手段、行为结果到因果关系来看，被告人对自己行为具有全面的认识。

在认识程度方面，行为人对自己行为结果发生的可能性的认识，即必然会发生、可能会发生，还是介于两者之间。本案被告人杨某某精心准备了硫酸，认为会自己泼硫酸到张某某身上，对这一结果的认识是必然的。因此，在这一阶段被告人认为危害结果必然发生。但在争吵中，被告人虽取出了硫酸，但由于自身能力的原因未打开，此时，被告人对以后发生的危害结果不再具有必然程度的认识了，只是认识到可能会发生危害的结果，但这种可能性还是比较大的，因为硫酸是装在平时喝水的杯子里，被害人很容易会误认为是水而不是硫酸，因此，被告人用平日水杯装硫酸这一行为增加了危害结果发生的概率，被告人应该认识到这一点。因此，在这一阶段，本案被告人对危害结果的发生实际上是处于必然与可能之间的，究其原因是介入了被害人的行为。可见，被告人在认识程度方面具有阶段性，但已经达到满足故意中关于认识程度的要求。

（二）意志因素

意志因素是故意的核心部分，决定着故意的具体类型，同时也是犯罪人主观恶性程度判断的重要依据。我国刑法中犯罪故意的意志因素，分为"希望"和"放任"两种。希望，是指行为人积极追求危害结果的实现；放任，是指放任危害结果的发生。

希望，是一种强烈的意志状态，具有目的性、积极性、坚决性和持续性等特征。本案被告人准备硫酸并试图泼向被害人，但未能打开盖子，此时被告人处于犯罪未遂阶段，其意志表现为希望，即希望伤害被害人。

放任，是一种相对消极的意志状态，是对危害结果发生的危险置之不顾的状态。本被告人在未能打开瓶盖，由被害人接过之后，其行为从积极的作为转变为不作为，而其意志状态也随之发生了变化，即从希望变为放任。被告人根据经验常识可以判断，被害人很可能会误将硫酸当水，从而造成严重伤害，但是在这种情况下，被告人虽然不积极追求这一结果的发生，但也不采取任何措施避免结果的发生，而是坐待其原始伤害目的的达成。

可见，在整个犯罪过程中，被告人的意志状态具有阶段性，但后一阶段的意志造成了实际的危害结果。因此，本案最后认定的故意伤害罪中的主观方面亦为间接故意。

从本案可以看到，在犯罪行为的实施过程中，行为人的主观意志状态可能会发生改变，不过，在同一犯罪行为中故意意志因素的变化一般不影响定罪，但可能会影响到量刑。

案例三： 朱家平过失致人死亡案[1]

[基本案情]

被告人朱家平，男，1958年4月13日出生于淮安市淮阴区，汉族，初中文化，农民。被告人朱家平为了拆迁，从拆迁市场购买回来旧砖头、旧钢筋、旧楼板交给无建筑资质的于全门建两层楼房，并吩咐于全门为其节省资金。2004年5月中旬的一天，于全门带领王顶玉、王顶宝、王玉喜、王桂莲等人进行施工，在施工过程中，未采取安全防范措施。2004年5月28日下午2时许，当被告人朱家平经于全门同意将两桶烂泥浆调到二楼廊檐顶部不久，在楼板自重和施工操作等负荷作用下，导致挑梁断落，致使王顶玉被砸当场死亡；王顶宝被砸伤后抢救无效死亡；王进喜、王桂莲被砸成轻微伤。经鉴定，该房建造标准很低，泥浆强度为零，主要承重构件构造连接和整体性很差，挑梁不符合现行建筑结构设计规范的有关要求。

淮阴区人民法院认为，被告人朱家平建设两层楼房，购买的是旧材料，为了拆迁，吩咐于全门尽量节省，其由于疏忽大意没有预见到后果发生的可能性，并且亲自用吊车将两大桶烂泥浆吊到二楼，最终导致楼房崩塌，进而致两死两伤的后果，被告人主观上具有疏忽大意的过失，客观上其行为与两死两伤的后果有因果关系，其行为符合过失致人死亡罪的法律特征。考虑到被告人朱家平在整个事故中起次要作用，其犯罪情节轻微，不需要判处刑罚，可以免除刑事处罚。认定被告人朱家平犯过失致人死亡罪，免于刑事处罚。一审宣判后，被告人朱家平未上诉，检察机关也未抗诉，判决发生法律效力。

[法律问题]

如何区分疏忽大意的过失与意外事件？

[法理分析]

《刑法》第15条对过失犯罪作了明确界定："应当预见自己的行为可能发生危害社会的结果，因为疏忽大意而没有预见，或者已经预见而轻信能够避免，

---

[1] 参见中华人民共和国最高人民法院刑事审判第一庭、第二庭编：《刑事审判参考》2005年第3集（总第44集），法律出版社2006年版，第49~52页。

以致发生这种结果的,是过失犯罪。"根据这一界定,可将过失分为疏忽大意的过失和过于自信的过失。犯罪过失实际上是对犯罪故意的补充,因此,不同于刑法对犯罪"故意犯罪,应当负刑事责任"的规定,对于过失犯罪,"法律有规定的才负刑事责任"。在刑法分则中,过失犯罪往往规定在故意犯罪之后,实际上是一种补充性规定,且在造成同样程度危害结果的情况下,量刑一般较故意犯罪要轻,这主要是考虑到过失的主观恶性因素作出的规定。

本案涉及的是疏忽大意的过失。疏忽大意的过失有三个基本要素:应当预见自己的行为可能导致危害社会的结果;没有预见到自己的行为可能发生危害社会的结果;没有预见的原因是疏忽大意。

1. 应当预见。应当预见,是指行为人必须对行为具有明确认识,并预测其发生危害社会结果的可能性。应当预见意味着行为人对危害结果具有预见的义务,如果违反这种义务,并导致危害结果发生,则可能承担相应的刑法上的责任。而这种义务主要来源于法律规定、特定职业义务和日常行为准则等。应当预见是疏忽大意的过失成立的前提,如缺乏预见的义务,则不构成过失。可见,"应当预见"意味着危害结果的发生具有可预见性,行为人负有预见危害结果发生的法律义务,且能够预见危害结果的发生。本案被告人朱家平为了拆迁而建房,使用的是不合格的建筑材料,委托的是无资质的施工人员,根据一般生活常识和社会经验,发生危害结果的可能性较大,具有明显的可预见性。被告人对使用的材料和人员均有清楚的认识,实际上是自己将他人置身于危险当中,因此,具有预见危害结果发生的法律义务。此外,被告人行为能力正常,具有一般生活经验,能够预见到危害结果的发生。可见,在"应当预见"这一要求上,被告人不存在问题。

2. 没有预见。没有预见是指行为人没有认识到自己的行为可能发生危害的结果,这也是疏忽大意的过失与过于自信的过失和犯罪故意之间的不同之处。即行为人在行为时没有认识到可能发生的危害结果,因而也没有采取避免危害结果发生的措施,如果意识到了,就有可能采取相关预防措施,以避免危害结果的发生。本案被告人朱家平在施工过程中没有采取任何防护措施,并且是在经于全门同意才将两桶烂泥浆调到二楼廊檐顶部的,因此没有预见到即将发生的危害。

3. 疏忽大意。没有预见的原因是疏忽大意。如果是其他原因,如行为的注意力为其他因素所分散,且这些因素是一般人所不能避免的,则行为人不构成疏忽大意。本案中,被告人为了省钱而忘记了安全防范,属于典型的自行将注意力集中到某一方面而疏忽了安全的例子。

因此,被告人的主观方面缺乏犯罪故意所要求的明知和希望、放任等因素,也缺乏过于自信的过失所要求的认识要素，但完全符合疏忽大意的过失，定过失致人死亡罪是恰当的。

案例四：杨春过失致人死亡案[1]

[基本案情]

被告人杨春，男，1985年5月22日出生，原系江苏省无锡市汇家乐水业有限公司员工。2008年12月4日14时许，被告人杨春驾驶牌号为苏B30687的轻型货车至无锡市滨湖区景丽东苑20-11号车库吴雪琴经营的杂货店送桶装纯净水，杨春将水卸在吴雪琴店门口，吴要求杨将桶装水搬入店内，遭杨拒绝。随后杨春驾驶车辆欲离开，吴雪琴遂用右手抓住汽车的副驾驶室车门，左手抓住车厢挡板，阻止杨离开。杨春见状仍驾车向前低速行驶数米并右转弯，致吴跌地后遭汽车右后轮碾轧，吴因腹部遭重力碾轧造成左肾破裂、多发骨折致失血性休克，经送医院抢救无效于当日死亡。

滨湖区人民法院认为，被告人杨春的行为构成过失致人死亡罪，判处被告人杨春有期徒刑4年。一审宣判后，被告人杨春未提出上诉。无锡市滨湖区人民检察院抗诉称，被告人杨春的行为构成故意伤害罪。无锡市中级人民法院经审理认为，被告人杨春明知被害人吴雪琴悬吊在其行车侧窗外，已经预见到其低速行驶可能致使吴雪琴倒地受伤，但轻信吴雪琴会自动放手而避免严重后果的发生，最终造成吴雪琴死亡的严重后果，其行为构成过失致人死亡罪。杨春主观上不具有伤害的故意，因此抗诉机关的抗诉理由和意见不予采纳。故裁定驳回抗诉，维持原判。

[法律问题]

如何区分过于自信的过失和间接故意？

[法理分析]

本案涉及如何区分过于自信的过失和间接故意。两者之所以容易混淆，主要是因为过于自信的过失犯罪中行为人对危害后果发生的可能性具有认识，即认识因素。而将两者区分开则主要是行为人对危害结果的态度，即意志因素。

过于自信的过失是指行为人已经预见到自己的行为可能发生危害社会的结果，但轻信能够避免，以致发生这种结果的心理态度。间接故意，是指明知自己的行为会发生危害社会的结果，放任此种结果发生的心理状态。过于自信与

---

[1] 参见中华人民共和国最高人民法院刑事审判第一、二、三、四、五庭主办：《刑事审判参考》2010年第4集（总第75集），法律出版社2011年版，第31~36页。

间接故意的界线如何界定，是学界和司法领域的一大难题。

（一）认识因素

在过于自信的过失中，行为人已经预见自己的行为可能发生危害社会的结果而轻信能够避免，而在间接故意中，行为人明知自己的行为会发生危害社会的结果。因此，表面上看两者在认识因素上的区别在于前者认识到的是危害结果发生的可能性，后者认识到的是危害结果发生的必然性，对于区分二者价值不大，因为无论理论界还是司法事务部门所重视的是二者在意志方面的区别。实际上，两者还是存在明显区别的。在过于自信的过失中，行为人对危害结果的认识上，既有可能认为危害结果必然发生，也有可能认为危害结果可能发生，但是行为人综合各种主客观因素，自认为完全可以避免危害结果的发生，因此，认为危害结果不会发生。在间接故意中，行为人的认识也存在认识到结果可能发生和必然发生两种情况，但不会认为危害结果不会发生。因此，在认识方面也是可以区分二者的，关键在于分清"认识"和"认为"是两个不同的阶段和心理状态。此外，"认为"带有一定的意志因素成分，但在此处体现的更多的则是认识因素。

本案中，被告人杨春是一名驾驶员，能够认识到自己的行为可能会造成被害人伤亡的后果，但认为在低速状态下，以自己的技术和平日的经验，不可能发生危害结果，因而强行离开。此外，被告人与被害人之间并无其他矛盾，缺乏产生故意伤害的动机，对危害结果持完全否定的态度，亦即，如果认为有发生此危害结果的可能，则不会去实行这一行为。因此，在认识因素上，被告人认识到可能会发生危害结果，但是认为对自己来说是不可能发生的。如果认为可能发生，仍继续实行该行为的话，实际上构成了直接故意，而对于本案来说，各种因素表明故意是没有依据的。

（二）意志因素

在过于自信的过失中，行为人积极避免危害结果的发生，并采取相应的措施。而在间接故意中，行为人是放任的态度，不采取措施避免危害结果的发生。意志因素是区分过于自信的过失和间接故意的关键，但意志是主观的，行为人的供述未必可靠，需要通过对行为人行为过程中伴随的客观情况进行分析才能作出认定，因此，在实务中主观意志的认定往往是通过对行为人在案前、案中和案后的客观表现做出的。

本案被告人案前与被害人的生活基本上不存在交集，因此不存在故意犯罪的事前动机；案中时，被告人车开得很慢，整个过程中也没有加速，仅仅意在脱离被害人的纠缠；案后，行为人发现有异常时就停车下来检查，发现被害人受伤后进行了及时的救助，主动负担了所需的医疗费用。对于间接故意来说，一般是不会有上述贯穿于整个环节的积极避免危害结果发生的行为的,因此,其主观意志上对危害结果是持否定态度的。

综合被告人的认识因素和意志因素可以看出,被告人所犯为过失致人死亡罪,而非(间接)故意伤害(致人死亡)罪。

案例五: 沈某某盗窃案[1]

[基本案情]

被告人沈某某,女,1981年8月19日出生,汉族。2002年12月2日晚12时许,被告人沈某某在某市高明区"皇家银海大酒店"3614房与潘某某进行完卖淫嫖娼准备离开时,乘潘不备,顺手将潘放在床头柜上的嫖资及一只"伯爵牌"18K黄金石圈满天星G2男装手表拿走,后藏匿于其租住的某市某区荷城甘泉街90号二楼的灶台内。当潘询问沈是否拿了他的手表时,沈某某坚决否认自己拿走了该表。沈某某在被羁押期间供述了自己拿走潘手表的事实及该手表的藏匿地点,公安人员据此查获了此手表,并返还给被害人。另经查明,在讯问中,沈某某一直不能准确说出所盗手表的牌号、型号等具体特征,并认为该表只值六七百元;拿走潘的手表是因为性交易中潘行为粗暴,自己为了发泄不满。经某市某区价格认证中心鉴定:涉案手表价值人民币123 879.84元。

某市某区人民法院审理后认为:被告人沈某某秘密窃取他人数额较大以上的财物,其行为已构成盗窃罪。但被告人主观上只有非法占有他人"数额较大"财物的故意,而无非法占有"数额特别巨大"财物的故意。由于被告人对所盗物品价值存在重大误解(或者认识错误),其所认识的数额远远低于实际数额,根据主客观相统一的刑法原则,判被告人沈某某犯盗窃罪,免予刑事处罚。一审宣判后,某市某区人民检察院以被告人沈某某犯盗窃罪数额特别巨大,原判量刑畸轻为由,向某市中级人民法院提出抗诉。由于被告人下落不明,二审中该案依法中止审理。

[法律问题]

对犯罪对象的认识发生错误时,应如何定罪量刑?

[法理分析]

认识错误,是指行为人故意实施危害社会行为过程中的主观认识与客观实际情况不相符合。人的认识与意志相统一,如果行为人主观上发生认识错误,

---

[1] 参见中华人民共和国最高人民法院刑事审判第一庭、第二庭编:《刑事审判参考》2004年第5集(总第40集),法律出版社2005年版,第15~23页。

就可能影响到认识与意志的统一，进而影响到故意的成立。如果认识错误影响到行为人犯罪意志的决定，就阻却故意的成立，否则，不阻却故意的成立。刑法上的认识错误，属于故意领域的问题，行为人对于犯罪构成要件之外的事实要素或者法律要素产生错误认识，与犯罪故意的认识因素和意志因素无关，不影响犯罪故意的成立。[1]

根据错误是有关事实方面还是有关（法律）评价方面，可以将认识错误分为法律错误和事实错误。法律错误，或称违法性认识错误，是指行为人对于自己的行为是否具有违法性，或者说是否为法律所禁止在认识上有错误。根据"不知法律不免责"的原则，法律错误一般不阻却故意的成立。事实认识错误，又称构成要件错误，是指行为人在着手犯罪时预见或设想的事实与实际发生的事实不符合。

在司法实践中，事实错误较为常见。事实错误一般可以分为四类：

1. 对象错误。即行为人对自己的行为对象的认识与实际情况不符合。对象错误又可分为同类对象错误和异类对象错误。同类对象错误不影响同一犯罪构成要件的成立，例如将甲当做乙杀害。异类对象错误是指行为人侵犯的对象与行为人所误认的对象在性质上不是同一类。例如，甲误将乙当做珍稀动物杀害，甲的故意仅及于杀害珍稀动物，对于乙的死可能构成过失也可能只是意外事件。反之，甲将珍稀动物当作乙杀害，其杀害的故意仅及于乙，对于珍稀动物，可能是过失也可能是意外。

2. 打击错误。又称行为误差，是指行为人由于失误而致使其实际侵害的对象与意图侵害的对象不一致。打击错误实际上与行为人的认识无关，只是一种行为偏差。而在对象错误中，行为人对于行为对象的性质存在认识错误。对于打击错误，其错误可以视为概括故意范围内的错误，不影响故意的成立。

3. 手段错误。又称行为性质错误，是指行为人对其所采取的方法产生了认识错误。例如：误以白糖为砒霜来杀人，由于其行为的危险性，应成立故意杀人罪（未遂）；反之，在迷信犯的情形下，误以为迷信手段能杀人，则不构成犯罪。

4. 因果关系的错误。是指行为人达到了所希望的犯罪目的，但导致危害结果发生的因果关系发展过程与行为人认识不一致。因果关系错误不影响故意的成立，例如，误认为已将被害人杀死而推入河中，但实际上被害人是在被推入河中后溺水身亡的。

对认识错误理论有了一个比较清晰的掌握后，我们对本案进行具体分析。本案被告人盗窃过程中对盗窃对象发生了认识上的错误，但是这一错误具有一

---

[1] 参见曲新久等：《刑法学》，中国政法大学出版社2011年版，第38~39页。

定的特殊性，即被告人的对象认识错误在性质上并不明显，即不像误将枪支弹药当做财物那么典型，而是对象价值上的认识错误。对于这一类对象认识错误，需要从案件的具体情况进行分析，否则就可能会造成客观归罪或者主观归罪。

从本案被告人的个人情况来看，被告人存在认识错误具有合理性。在认识因素上，根据案情，被告人刚从贫困山区来到城镇不久，在其认识能力范围内是无法认识到该块手表价值的巨大性的。此外，完成盗窃后并没有潜逃，在被潘某讯问后也没有在意手表的价值，且在准备离开城镇时也未带走该表。因此，对于该表的价值，被告人实际上存在重大认识错误。在主观目的上，被告人盗窃受害人的手表主要是为了报复其嫖娼过程中的暴力行为，而不是贪利，即基于报复心理而产生的盗窃行为。

从盗窃罪的构成来看，要求行为人所窃之物为他人价值数额较大的财物。本案中的手表属于他人财物无疑，但是，是否要求行为人必须认识到该财物可能是数额较大呢？答案应该是肯定的。根据主客观相统一的原则，"数额较大"的要求是客观要素，在与行为人的认识相一致时才存在刑法上的评价意义，否则就会涉嫌客观归罪。综合各种因素，本案被告人的盗窃故意与"数额特别巨大"并不统一，实际上仅与"数额较大"以下的数额相符合。此外，若仅以手表本身的价值来从情节上认定"情节严重"或者"特别严重"，也是对主客观相统一原则的违背。因此，对于被告人的盗窃行为适用行政处罚较为合适。

类似的案例还有"天价葡萄"案和"天价兰花"案。[1] 不同的是该案中葡萄的价值可以用不同的标准测算，最后采用了一般人所能认识到的市价，即300余元，虽客观上造成的间接损失达40余万元，可谓"情节特别严重"，但最终以检察院决定不起诉而告终。本案中，对被告人沈某某所盗窃的手表，其价值也如同"天价葡萄"，应该采取一般人所能认识的标准，如此，才符合主客观相统一的要求。

拓展案例

王岳超等生产、销售有毒、有害食品案[2]

[基本案情]

上诉人（原审被告人）王岳超，男，1963年12月19日出生，原系上海熊

---

〔1〕 参见林世钰、梁童："偷吃'天价葡萄'民工被批捕"，载《检察日报》2003年9月17日，第4版；卢金增等："祸起'天价兰花'"，载《检察风云》2007年第17期。

〔2〕 参见中华人民共和国最高人民法院刑事审判第一、二、三、四、五庭主办：《刑事审判参考》2011年第4集（总第81集），法律出版社2012年版，第1~8页。

猫乳品有限公司法定代表人兼常务副总经理。因涉嫌犯生产、销售有毒、有害食品罪于2009年6月3日被逮捕。其他上诉人从略。2008年10月，因受"三鹿事件"影响，熊猫乳品公司的销售客户福建晋江公司将1300余件熊猫牌特级和三级全脂甜炼乳退回熊猫乳品公司。被告人王岳超、洪旗德、陈德华为减少本公司的经济损失，在明知退回的熊猫牌全脂甜炼乳存在三聚氰胺超标的情况下，仍于2008年12月30日召开由三被告人和公司生产技术部负责人荣建琼、朱贵奏、潘兴娟参加的会议，决定将上述退回的熊猫牌全脂甜炼乳按比例添加回炉生产炼奶酱，并于2009年2月起批量生产。截至2009年4月23日案发，熊猫乳品公司采用上述方式生产的炼奶酱合计6520余罐，价值人民币（以下币种均为人民币）36万余元，其中已销售3280余罐，价值20余万元。案发后，经上海出入境检验检疫局动植物与食品检验检疫技术中心、上海市质量监督检验技术研究院对福建晋江公司退回的熊猫牌全脂甜炼乳以及使用该甜炼乳回炉生产的炼奶酱进行抽样检测，所检产品三聚氰胺含量超标，其中最高值为34.1mg/kg（国家临时管理限量值为2.5mg/kg）。已销售的涉案炼奶酱召回率约94%。奉贤区人民法院认定被告人王岳超犯生产、销售有毒、有害食品罪，判处有期徒刑5年，并处罚金人民币40万元；其他被告人省略。一审宣判以后，被告人王岳超等提出上诉。二审法院作出驳回王岳超、洪旗德的上诉，维持原判的裁定。

[法律问题]

司法实践中，故意犯罪中如被告人不如实招供，如何认定"明知"？

[重点提示]

犯罪故意中的"明知"认定除了被告人的招供之外，还可以从犯罪的客观方面等结合一般生活常识进行间接认定。

第五章

正当化行为

刑法中的正当化行为一般包括正当防卫、紧急避险、被害人承诺、安乐死、自救行为、义务冲突、法令行为等。其中最为常见的是正当防卫和紧急避险。在正当防卫的认定过程中，要注意防卫过当和假想防卫等问题；在紧急避险的认定过程中，要注意避险过当等问题。

第一节 正当防卫

知识概要

我国《刑法》第20条第1款规定："为了使国家、公共利益、本人或者他人的人身、财产和其他权利免受正在进行的不法侵害，而采取的制止不法侵害的行为，对不法侵害人造成损害的，属于正当防卫，不负刑事责任。"该规定相对完整，但在司法实务中仍需要根据个案，综合案件情况进行认定。

经典案例

案例一：　　　　谢立强假想防卫过失致人重伤案[1]

[基本案情]

被告人：谢立强，男，27岁，江苏省锡山市人，无业，住无锡市新市场后1号。2000年12月14日因涉嫌故意伤害被逮捕。

1999年12月6日晚11时许，被告人谢立强起身如厕，见陌生人史江淮（男，16岁，送奶员）骑自行车从其居住的无锡市新市场后1号门口经过，认为

---

[1] 江苏省无锡市中级人民法院（2001）锡刑终字第93号。

其形迹可疑，遂尾随其后查看。见史江淮向前骑至一拐角处，将自行车停靠在该处路灯下，右向拐进小弄，至新市场后7号门口，用手开门旁的窗户。谢立强跟至史江淮身后约五、六米处停下，查问史是干什么的，史答："你管我是干什么的！"谢听后未作声，返身至一邻居家，对邻居讲"有贼，快跟我去捉贼！"并从门后取得一根晾衣用的铁杈返回现场，见史江淮正欲推自行车离开，遂用铁杈向史头部打去，正击中史的嘴部，致史江淮7颗牙齿脱落。随后赶至的邻居认出史江淮系送奶员，谢立强也发现了自行车倒下后从篓筐中散落在地的牛奶瓶，才知道史原来是送牛奶的。经法医鉴定，史江淮的损伤已构成重伤。案发后，谢立强已赔偿史江淮的经济损失1万元（人民币）。

无锡市北塘区人民检察院以被告人谢立强犯故意伤害罪向无锡市北塘区人民法院提起公诉。无锡市北塘区人民法院经公开开庭审理认为：被告人谢立强基于臆断，将事实上并不存在的不法侵害而误认为存在，出于防卫的目的致人重伤，被告人谢立强对此应当预见而未预见，属疏忽大意的过失，已构成过失致人重伤罪。公诉机关指控谢立强犯故意伤害罪的定性不当，罪名不能成立。辩护人提出的被告人谢立强主观恶性较小的辩护意见予以采纳，作为酌情从轻的量刑情节予以考虑，提出的减轻处罚和适用缓刑的意见，因不符合法定条件，故不予采纳。据此，该院依照《刑法》第235条之规定，于2001年4月29日作出刑事判决如下：被告人谢立强犯过失致人重伤罪，判处有期徒刑1年。宣判后，无锡市北塘区人民检察院以原审判决认定罪名不正确，提起抗诉。其抗诉理由是：被告人谢立强持铁杈返回现场时，史江淮已经欲推车离去，当时并不存在不法侵害，其用铁杈对史江淮要害部位打击，致史重伤，并非出于防卫的目的，而是明知自己的行为会发生危害社会的结果，却希望这种结果发生，主观上具有伤害他人身体的故意，应以故意伤害罪定罪，当处3年以上10年以下有期徒刑。无锡市中级人民法院经二审审理后认为原审人民法院认定谢立强犯过失致人重伤的犯罪事实清楚，证据充分，定罪准确，诉讼程序合法。故抗诉机关提出的被告人的行为构成故意伤害罪的抗诉理由不能成立，本院不予采纳。同时，鉴于被告人谢立强出于正当动机，过失造成他人重伤，且在案发后已赔偿被害人的经济损失，根据其犯罪情节对其适用缓刑确实不致再危害社会，故依法可以宣告缓刑。故维持无锡市北塘区人民法院刑事判决的定性部分，但撤销该刑事判决的量刑部分。被告人谢立强犯过失致人重伤罪，判处有期徒刑1年，缓刑1年。[1]

---

〔1〕 最高人民法院中国应用法学研究所编：《人民法院案例选》2002年第3辑（总第41辑），人民法院出版社2003年版，第35~42页。

[法律问题]

谢立强的行为是否属于假想防卫？若属于，应如何处理？

[法理分析]

本案的核心问题在于假想防卫的认定与处理问题。检察机关认为：被告人臆想中的不法侵害根本就不存在，其行为符合故意伤害罪结果加重犯的特征。但人民法院认为被告人的行为是假想防卫，由于存在过失，应当定过失致人重伤罪。

假想防卫是指行为人出现了主观上的认识错误，实际上没有不法侵害却误认为存在，因而对假想的不法侵害进行了所谓的正当防卫，造成了他人的损害。假想防卫必须具备下列特征：

1. 在主观上，行为人必须出于正当化的防卫意识，行为人自认为不法侵害正在进行，出于保护国家、公共利益、本人或者他人人身、财产和其他权利免受正在进行的不法侵害的目的。同时，行为人出现了认识错误，误认为存在不法侵害。因为行为人主观上具备正当化的防卫意识，因此，假想防卫与一般的故意犯罪应当有所区别。

2. 在客观上，不存在不法侵害，但行为人对假想中的不法侵害进行了所谓的防卫，对没有实施不法侵害的他人造成了无辜的损害。因其客观上毕竟没有不法侵害，被害人没有实施不法侵害行为，所以假想防卫不能按照正当防卫处理。

在本案中，谢立强在主观上具备正当化的防卫意识，但产生了认识错误。谢立强的主观目的是为了抓小偷，保护他人的合法财产免受不法侵害的行为，具有防卫的认识和意志。本案发生在冬天的深夜，被害人在此时段送牛奶，容易让人产生误解，当谢立强询问被害人的身份，被害人也没有澄清，被害人本身的行为误导了被告人。谢立强后对邻居说"有贼，快跟我去抓贼"，也足以证明当时他确实产生了认识错误。在客观上，被害人没有实施不法侵害，但却受到了谢立强的攻击，出现了重伤的后果。综上，本案应当认定为假想防卫。

假想防卫应当如何处理，在理论不无争议。

一种观点认为，假想防卫的行为人在实施行为时明知自己的这一行为会造成他人伤害或死亡的结果，而又实施了这一行为，客观上也确实发生了致人伤害或死亡的后果，这些特征完全符合故意杀人或故意伤害的要件。因此，对假想防卫的行为造成他人伤害死亡的要按故意杀人或故意伤害处理[1]。

另一种观点认为，根据情况，假想防卫有三种罪过形态：①间接故意责任。

---

[1] 参见姜代境："论假想的防卫"，载《西北政法学院学报》1984年第4期。

如果假想防卫人基于不确定判断的认识错误,即只是认为有正在进行不法侵害的可能,而贸然采取自认为"正当防卫"的行为,这就是说,他明知自己行为有发生危害结果的可能性,而放任这种结果的发生,则应当对其所造成的危害结果负间接故意的责任。②假想防卫的过失责任。当假想是基于判断错误,而根据当时情况,本来不应当发生,而是因为假想防卫人疏忽大意才发生的,那么,应当负过失责任。③意外事件。如果当时的主客观条件极其不利,假想防卫人不可能作出正确的判断,因而产生假想,则即使造成了危害结果,也属于意外事件,不能令假想防卫人负刑事责任[1]。

第三种观点认为,假想防卫不可能存在故意的罪过形式。只可能存在过失和意外事件两种情况。行为人应当预见、可能预见到不法侵害实际上不存在,则行为人在主观上存在有过失的罪过形式,构成过失的犯罪。行为人不可能预见其不法侵害实际上不存在,则行为人在主观上无罪过,不认为是犯罪[2]。

第三种观点是当前中国刑法学界的通说,人民法院显然也采取了这种观点,即认为假想防卫应当否定故意的罪过形式,只可能存在过失和意外事件两种情况。笔者也赞同通说的立场,假想防卫之所以被误认为是故意犯罪,主要是把犯罪故意与心理学上的故意混为一谈了。假想防卫虽然是故意的行为,但这种故意是建立在对客观事实错误认识的基础上的,自以为是在对不法侵害实行正当防卫。行为人不仅没有认识到其行为会发生危害社会的后果,而且认为自己的行为是合法正当的,而犯罪故意则是以行为人明知自己的行为会发生危害社会的后果为前提的。因此,假想防卫的故意只有心理学上的意义,而不是刑法上的犯罪故意[3]。

在本案中,谢立强的行为造成了无辜他人的重伤后果,在客观上具有一定的社会危害性,在主观上违背了一般人的生活常识,应当预见到其行为可能发生危害社会的结果,但因疏忽大意没有预见,属于疏忽大意的过失,因此对其应当以过失致人死亡罪论处,法院的判决结果是符合现行主流刑法理论的。

值得思考的是,有观点认为,本案中谢立强的防卫行为已明显超过了必要的限度,造成了不应有的重大损失,显属过当,所以不成立假想防卫。在日本刑法理论中,有一种现象属于假想过当防卫,这是指假想防卫的结果,实施了过当的防卫行为,并且对过当性存在认识[4]。比如日本国的英国骑士道事件,

---

[1] 王者香:"析假想防卫",载《法学》1984年第8期。
[2] 朱音:"假想防卫刑事责任的探讨",载《法学》1982年第1期。
[3] 陈兴良:"正当防卫:指导性案例以及研析",载《东方法学》2012年第2期。
[4] [日]西田典之:《日本刑法总论》,刘明祥、土昭武译,中国人民大学出版社2007年版,第136页。

被告人（英国人）身怀空手道三段的技能，在夜间回家的路上，看到醉酒的女子正在与安慰他的男子发生纠葛，误以为男子在对女子施暴，欲救助女子。被告人见男子把拳头举在胸前，以为男子要殴打自己，为了防卫自己和女子的身体，就突然用空手道的反身踢技法用左腿踢在男子脸部，致男子头盖骨骨折，数日后死亡。法院最后认定被告人属于假想过当防卫，构成伤害致死罪。关于假想过当防卫，在中国刑法学界还很少有人研究。日本刑法学界对此问题也存在一定的争议，日本学者大塚仁认为，被告人误想了侵害，同时也误想了防卫行为是过当的，所以，结果作为整体，也可以理解为假想防卫。只是对于过当行为，可以按照防卫过当来处理。[1]

案例二：　　　　　　　　　邓玉娇故意杀人案[2]

[基本案情]

被告人邓玉娇（又名邓玉姣、娇娇），女，1987年7月11日生于湖北省巴东县，土家族，初中文化程度，巴东县野三关镇雄风宾馆服务员，因涉嫌故意伤害罪于2009年5月11日被刑事拘留，同年5月26日被监视居住。系部分刑事责任能力人。

2009年5月10日晚上8时许，时任巴东县野三关镇招商办主任的邓贵大和副主任黄德智等人酗酒后到巴东县野三关镇"雄风宾馆梦幻城"玩乐。黄德智进入"梦幻城"5号包房，要求正在该房内洗衣的宾馆服务员邓玉娇为其提供异性洗浴服务。邓向黄解释自己不是从事异性洗浴服务的服务员，拒绝了黄的要求，并摆脱黄的拉扯，走出该包房，与服务员唐芹一同进入服务员休息室。黄德智对此极为不满，紧随邓玉娇进入休息室，辱骂邓玉娇。闻声赶到休息室的邓贵大，与黄德智一起纠缠、辱骂邓玉娇，拿出一叠人民币向邓玉娇炫耀并搧击其面部和肩部。在"梦幻城"服务员罗文建、阮玉凡等人的先后劝解下，邓玉娇两次欲离开休息室，均被邓贵大拦住并被推倒在身后的单人沙发上。倒在沙发上的邓玉娇朝邓贵大乱蹬，将邓贵大蹬开。当邓贵大再次逼近邓玉娇时，邓玉娇起身用随身携带的水果刀朝邓贵大刺击，致邓贵大左颈、左小臂、右胸、右肩受伤。一直在现场的黄德智见状上前阻拦，被刺伤右肘关节内侧。邓贵大因伤势严重，在送往医院抢救途中死亡。经法医鉴定：邓贵大系他人用锐器致颈部大血管断裂、右肺破裂致急性失血休克死亡。黄德智的损伤程度为轻伤。

---

[1] [日]大塚仁：《刑法概说（总论）》，冯军译，中国人民大学出版社2003年版，第336页。
[2] 湖北省巴东县人民法院（2009）巴刑初字第82号。

案发后，邓玉娇主动向公安机关投案，如实供述罪行，构成自首。经司法精神病医学鉴定，邓玉娇为心境障碍（双相），属部分（限定）刑事责任能力人。[1]

巴东县人民检察院以被告人邓玉娇犯故意伤害罪，于2009年6月5日向巴东县人民法院提起公诉。法院认为，邓玉娇在遭受邓贵大、黄德智无理纠缠、拉扯推搡、言行侮辱等不法侵害的情况下，实施的反击行为具有防卫性质。但明显超过了必要限度，属于防卫过当，邓玉娇的行为构成故意伤害罪。鉴于邓玉娇是部分刑事责任能力人。并具有防卫过当和自首等法定从轻、减轻或者免除处罚情节，可以对邓玉娇免除处罚。判决：被告人邓玉娇犯故意伤害罪，免于刑事处罚。

[法律问题]

邓玉娇的行为是正当防卫还是防卫过当？

[法理分析]

此案是当时轰动一时的案件，其核心问题在于防卫过当与特殊防卫的区别。检察机关认为：邓玉娇在制止正在进行的不法侵害的过程中，致人死亡的行为属于防卫过当。但被告人认为其行为属于正当防卫。人民法院最后采纳了检察机关的意见。

《刑法》第20条第3款规定："对正在进行行凶、杀人、抢劫、强奸、绑架以及其他严重危及人身安全的暴力犯罪，采取防卫行为，造成不法侵害人伤亡的，不属于防卫过当，不负刑事责任。"防卫人如果遭遇到某些严重危及人身安全的暴力犯罪，实施正当防卫不存在过当问题。从立法上一方面体现了对暴力犯罪的严厉惩治；另一方面体现了鼓励公民积极反抗暴力犯罪的态度，让防卫人放开手脚勇敢保护合法权益。

这个条款是一种特殊防卫制度，这种防卫并非没有限度。此条款虽然有一定的特殊性，但是它不能脱离于前两款的规定。换言之，特殊防卫必须要受到《刑法》第20条第1、2款有关正当防卫制度规定的约束。

特殊防卫所针对的对象是"正在进行行凶、杀人、抢劫、强奸、绑架以及其他严重危及人身安全的暴力犯罪"。这里的暴力犯罪必须在客观上达到严重危及人身安全的程度。因此，并非对于任何正在进行行凶、杀人、抢劫、强奸、绑架以及其他暴力犯罪都可以采取特殊防卫，只有当暴力犯罪严重危及人身安全的，才适用上述规定。比如对迷药型抢劫，就不应该适用特殊防卫。同时，严重危及人身安全的暴力犯罪不限于刑法条文所列举的上述犯罪，还包括其他

---

[1] 湖北省巴东县刑事判决书（2009）巴刑初字第82号。

严重危及人身安全的暴力犯罪，如劫持航空器、组织越狱等犯罪。

邓玉娇案发生在服务员的休息室，有多名服务员在场。当邓贵大、黄德智纠缠、辱骂邓玉娇时，有多名服务员进行劝解。由于此案并未发生在封闭性的空间，邓玉娇并未孤立无援，面对对其纠缠的邓贵大等人，很容易从他人处获得帮助。因此，综合本案的时间、空间和环境，从客观一般人的标准来看，邓玉娇并未遭受严重危及人身安全的暴力侵害。在此情况下，邓玉娇的伤害攻击行为虽然具有防卫性质，但显然没有达到特殊防卫所需要的标准。

一个相关的对比案件是登载于《中华人民共和国最高人民法院公报》上的吴金艳故意杀人案。[1] 该案被告人吴金艳与尹小红系舍友。被害人李光辉曾是某饭店职工，其与孙金刚被饭店开除。2003年9月9日晚9时许，李光辉、张金强（同村村民）将孙金刚叫到张金强家，称尹小红向饭店经理告发其三人在饭店吃饭、拿烟、洗桑拿没有付钱，致使李光辉被开除；并说孙金刚追求尹小红，尹小红却骂孙金刚傻。孙金刚听后很气恼，于是通过电话威胁尹小红，扬言要在尹小红身上留记号。三人当即密谋强行将尹小红带到山下旅馆关押两天。当晚23时许，三人上山在饭店外伺机等候。次日凌晨3时许，三人强行破门而入。孙金刚直接走到尹小红床头，李光辉站在被告人吴金艳床边，张金强站在宿舍门口。孙金刚进屋后，掀开尹小红的被子欲强行带走尹小红，遭拒绝后，便殴打尹小红并撕扯尹小红的睡衣，致尹小红胸部裸露。吴金艳见状，下床劝阻。孙金刚转身殴打吴金艳，一把扯开吴金艳的睡衣致吴金艳胸部裸露，后又踢打吴金艳。吴金艳顺手从床头柜上摸起一把刃长14.5厘米、宽2厘米的水果刀将孙金刚的左上臂划伤。李光辉从桌上拿起一把长11厘米，宽6.5厘米，重550克的铁挂锁欲砸吴金艳，吴金艳即持刀刺向李光辉，李光辉当即倒地。吴金艳见李光辉倒地，惊悚片刻后，跑出宿舍给饭店经理拨打电话。公安机关于当日凌晨4时30分在案发地点将吴抓获归案。经鉴定，李光辉左胸部有2.7厘米的刺创口，因急性失血性休克死亡。检察机关认为：被告人吴金艳持刀扎死李光辉的行为不属于正当防卫。但人民法院认为：无论从防卫人、防卫目的还是从防卫对象、防卫时间看，吴金艳的防卫行为都是正当的。由于吴金艳是对严重危及人身安全的暴力行为实施防卫，故虽然造成李光辉死亡，也在《刑法》第20条第3款法律许可的幅度内，不属于防卫过当，依法不负刑事责任。一审宣判后，北京市海淀区人民检察院提出抗诉。二审审理期间，北京市检察院第一分院认为北京市海淀区人民检察院的抗诉不当，决定撤回抗诉。

邓玉娇案与吴金艳案最大的区别在于发生的时空场合不同，吴金艳案发生

---

[1] "吴金艳故意杀人案"，载《中华人民共和国最高人民法院公报》2004年第12期。

在女工宿舍，当时已是凌晨3点，夜深人静。在这种时间和地点，3名女子被围困在空间狭小的宿舍里，孤立无援，很难获得他人的帮助。鉴于双方力量对比悬殊，李光辉等人是3名年轻力壮的当地男子，李光辉还拿起一把重550克的铁挂锁欲砸吴金艳，被侵害人是3名外地打工的年轻女子，只有吴金艳敢于防卫，另外两名女子在高度恐慌的情况下也无任何抵抗之力。因此，吴金艳对于李光辉的侵害行为可以认定为特殊防卫。但在邓玉娇案中，邓贵大、黄德智并没有使用任何器械对邓玉娇进行攻击，同时邓玉娇也很容易从其他服务员处获得帮助，因此在此情况下，不宜认定邓玉娇遭受了"严重危及人身安全的暴力侵害"，故其行为不属于特殊防卫，人民法院的判决是恰当的。

案例三： 胡咏平故意伤害案[1]

[基本案情]

被告人：胡咏平，男，1980年5月9日出生，湖北省武汉市人，汉族，初中文化。2002年4月27日因涉嫌故意伤害被逮捕。

2002年3月19日下午3时许，被告人胡咏平在厦门伟嘉运动器材有限公司上班期间，与同事张成兵（在逃）因搬材料问题发生口角，张成兵扬言下班后要找人殴打胡咏平，并提前离厂。胡咏平从同事处得知张成兵的扬言后即准备二根钢筋条磨成锐器藏在身上。当天下午5时许，张成兵纠集邱海华（在逃）、邱序道在厦门伟嘉运动器材有限公司门口附近等候。在张成兵指认后，邱序道上前拦住刚刚下班的胡咏平，要把胡拉到路边。胡咏平不从，邱序道遂殴打胡咏平两个耳光。胡咏平即掏出一根钢筋条朝邱序道的左胸部刺去，并转身逃跑。张成兵、邱海华见状，立即追赶并持钢管殴打胡咏平。尔后，张成兵、邱海华逃离现场。被害人邱序道受伤后被120救护车送往杏林医院救治。被告人胡咏平被殴打后先到曾营派出所报案，后到杏林医院就诊时，经邱序道指认，被杏林区公安分局刑警抓获归案。经法医鉴定，被害人邱序道左胸部被刺后导致休克、心包填塞、心脏破裂，损伤程度为重伤。

厦门市杏林区人民检察院以被告人胡咏平犯故意伤害罪，向厦门市杏林区人民法院提起公诉。厦门市杏林区人民法院经公开审理认为：被告人胡咏平在下班的路上遭到被害人邱序道不法侵害时，即掏出钢筋条刺中邱序道，其行为具有防卫性质，但明显超过必要限度造成重大损害，属于防卫过当，构成故意

---

[1] 中华人民共和国最高人民法院刑事审判第一庭、第二庭编：《刑事审判参考》2003年第1辑（总第30辑），法律出版社2003年版，第33~38页。

伤害罪，但依法应当减轻处罚。宣判后，被告人胡咏平服判未上诉，厦门市杏林区人民检察院认为一审判决确有错误，向厦门市中级人民法院提出抗诉。厦门市杏林区人民检察院抗诉称：原判认定被告人胡咏平积极准备工具，主观上有斗殴的故意，同时被告人并未遭受正当进行的不法侵害，属于事先防卫。综上，被告人胡咏平的行为不属于防卫过当，请求二审依法改判。厦门市中级人民法院经二审审理原判定罪准确，量刑适当，审判程序合法。抗诉机关的抗诉意见缺乏法律和事实依据，不予采纳。故裁定驳回抗诉，维持原判。[1]

[法律问题]
1. 预先携带凶器防卫是否就属于打架斗殴？
2. 何谓事先防卫？
3. 正当防卫的防卫限度应当如何把握？

[法理分析]
（一）预先携带凶器与互相斗殴

互相斗殴不具有防卫性质，正当防卫之所以正当，就在于其正当化的意图，它必须具有保护国家、公共利益、本人或者他人的人身、财产或者其他权利免受正在进行的不法侵害的目的。互相斗殴显然缺乏这种正当化的防卫意图。斗殴双方无论谁先动手，谁后动手，都是违背法律要求的，因此一般不成立正当防卫。

在司法实践中，一种常见的现象就是知道他人要伤害自己，故预先携带凶器，当遭遇伤害时使用凶器造成他人伤害，在此情况下，有观点认为，应当否定行为人之正当化的防卫意图，属于互殴。在本案中，抗诉机关就持这种观点。抗诉机关认为：当人身安全受到威胁时，应当向单位领导或公安机关报告，以缓和矛盾，解决纠纷，而胡咏平不向单位领导或公安机关报告，反而事先准备凶器，说明其主观上有斗殴故意。

这种观点并不恰当，正当防卫是一种"正"对"不正"的行为，而互殴是"不正"对"不正"。因此，在判断预先携带凶器防卫是否具有防卫性质时，主要应该看行为人是否是"不正"行为的发动者。如果行为人携带凶器是为了积极地攻击对方，那显然其发动了"不正"之行为，故不具有防卫性质，但如果行为人携带凶器只是保护自己，在对方攻击时作为防身使用，那依然要认可其防卫意图，否则就是对防卫人的过分苛求，也不符合设立正当防卫制度的目的。

在本案中，胡咏平犯携带钢筋条的目的是为了防身，并不是为了主动攻击

---

[1] 最高人民法院中国应用法学研究所编：《人民法院案例选》2004年刑事专辑（总第47辑），人民法院出版社2005年版，第225~231页。

对方,因此具有防卫性质,不属于互殴。

(二) 事先防卫

正当防卫必须发生在不法侵害正在进行时,只有当不法侵害人着手实行不法侵害时才能进行防卫,如果不法侵害人还没有开始进行不法侵害,就对其进行防卫,则为事先防卫。本案抗诉机关认为,邱序道用拳掌殴打胡咏平脸部的行为还不属于不法侵害,只有持凶器殴打或将人打成轻伤以上的行为才属于不法侵害。这种观点并不恰当。

在刑法理论中,对于不法侵害是否已经开始,一般采取"危险面临说",也即当法益面临着不法侵害的危险,就可以进行防卫。是否面临危险应当采取客观一般人的标准进行判断。只要不法侵害人已经着手不法侵害,防卫人的法益就开始面临不法侵害,故可以对其进行防卫。在本案中,邱序道用拳掌殴打胡咏平脸部,邱某显然已经着手开始实施伤害,如果要等到打到出现轻伤的既遂结果才可实施防卫,这显然对防卫人的要求太过严格。事实上,对于即便没有达到犯罪的违法行为都是可以进行正当防卫的,更何况是明显具有伤害意图的行为。

(三) 防卫限度的认定

正当防卫不能明显超过必要限度造成重大损失。在刑法理论中,对于"必要限度"通说采基本相适应和客观需要相统一说。判断正当防卫是否超过了必要限度,关键看其是否是有效制止不法侵害行为所必需的,而认定"是否必需"则需要综合考虑不法侵害的强度、不法侵害的缓急、不法侵害的权益与防卫手段是否基本相适应。

被告人胡咏平辩称其行为属正当防卫,没有超过必要限度,不负刑事责任。这种辩解是不成立的。在本案中,胡咏平所遭受的是拳掌殴打,并未严重危及其人身安全,他应当采取与侵害程度大体相当的防卫措施,但他所实施的防卫行为明显超过必要限度并造成对方重伤,属于防卫过当。需要说明的是,防卫过当只是不符合正当防卫的限度要件,其他要件都等同于正当防卫,因此事先防卫、假想防卫等情况都不属于防卫过当。

案例四: 张宏凯在执行职务中击毙歹徒被判决宣告无罪案[1]

[基本案情]

被告人:张宏凯,男,30岁,河南省巩县人,系新疆生产建设兵团农八师

---

[1] 祝铭山主编:《故意杀人罪》,中国法制出版社2004年版,第134~135页。

144 团保卫科副科长。1993 年 2 月 16 日被监视居住。

1993 年 2 月 15 日下午,被告人张宏凯接到有人报案,说本团待业青年张凯擅自钻进外地人王新民驾驶的汽车驾驶室,翻着搭车人乔德忍的公文包。遭到反对后,张凯先以拳脚将乔打倒在地,接着又用螺丝套筒朝王新民身上乱打,致王受重伤(事后经医生检验,王颅骨骨折、脾脏破损被切除)。张宏凯速派保卫人员陈宏宇、王连云等人去现场将张凯带来保卫科讯问情况。在现场,张凯与陈宏宇对打,被在场的其他保卫人员拉开。陈宏宇等保卫员强行将张凯带到保卫科,张凯扬言:"你们抓我,我要杀了你们!"被告人张宏凯将张凯带到治安室交由治安员临时看管。张凯乘机溜出,窜到附近某单位的汽车修理房,强行要驾驶员沙宁开车拉他去找人,沙宁不从。此时张凯的同伙陈玉远闻声赶来与张凯会合。张、陈追打沙宁,沙宁逃跑得以脱身。接着,张凯、陈玉远又到保卫科找陈宏宇行凶报复,接连踢开四个办公室的门,未找到陈宏宇,陈玉远即对治安员汪新成拳打脚踢。随后,陈玉远和张凯又去某单位汽车修理房找沙宁行凶报复。沙宁不在,陈玉远即用菜刀砍正在清洗汽车零件的工人熊辉,致熊的左手 3 个指头折断;又以拳脚将修理工熊德亮和李六 2 人打翻在地;离开时还把修理房门上的玻璃砸坏。接着,张凯、陈玉远窜到附近的公路上,拦截腾建驾驶的汽车,把菜刀架在腾的脖上,要腾拉他们去陈宏宇家行凶报复。陈玉远站在汽车翼子板上,手握菜刀,杀气腾腾。当车行至医院门前篮球场时,与执行公务回来的张宏凯相遇,张宏凯示意停车。车还未停稳,陈玉远、张凯即跳下车扑向张宏凯。张宏凯斥问:"你们今天想干什么?"陈说:"我们算账!"挥刀向张宏凯砍来。张宏凯用枪对着陈玉远说:"你们这样做是没有好处的!"陈拍着胸脯说:"朝这打,我是打不死的。"举刀向张宏凯逼近。张宏凯将枪口对着陈玉远朝后退,继续劝他们停止行凶。陈玉远说:"今天放你一马,以后再找你算账!"2 人又向陈宏宇家跑去,继续找陈宏宇行凶报复。张宏凯见状骑自行车紧随其后,防止出事。当陈玉远闯进陈宏宇家时,张宏凯对空鸣一枪,以示警告。陈玉远毫不理会,在陈宏宇家正屋未找到陈,又窜入厨房寻找。张宏凯喝令陈玉远"出来",陈玉远转身喊叫"我劈死你!"即举刀朝张宏凯砍来。张宏凯将枪口对着陈玉远,边后退边躲闪。刚退出门外时,被从后面赶来的张凯抓住其衣领。张凯叫喊:"陈玉远,砍死他!"陈玉远举刀就要砍。在场的陈宏宇的母亲曾玉华见此情景,急忙上前抱住陈玉远持刀的胳膊。此时,张宏凯的左手抓住张凯的手腕,右手握枪;张凯的左手抓住张宏凯的衣领,右手打陈宏凯的手。陈玉远挣脱曾玉华的手,举刀向张宏凯砍来。张宏凯喝令张凯松手,张凯死抓住不放,还用右手继续打击张宏凯。当陈玉远的刀将要砍上张宏凯时,张宏凯为能脱身避开陈的刀,即朝张凯的腰部击一枪,才得以挣脱。但张凯无被击中的反应，仍向张宏凯扑来，张宏凯又朝张凯的胸部击一枪。陈玉远见张凯被击倒，便疯狂地挥刀向张宏凯砍来。张宏凯在躲避的一瞬间，朝陈玉远的左肩击了一枪；陈中弹后仍挥刀向张宏凯砍来，张宏凯跳起躲闪到陈玉远的左后侧，朝陈又击了两枪；转过身又朝倒在地上但还在"蠕动"的张凯的头部击一枪。随后，张宏凯前去保卫科报案。经法医鉴定：张凯、陈玉远均系张宏凯向他们分别发射第二枪的子弹贯通心脏引起出血性休克而死亡。

新疆维吾尔自治区石河子市人民检察院以被告人张宏凯犯故意杀人罪向石河子市人民法院提起公诉。起诉书认为，张宏凯在自身生命安全受到严重威胁的紧迫情况下，当场开枪制止不法侵害，属于正当防卫。但当不法侵害者张凯被击中倒地后又朝其头部射击，属于防卫过当，其行为已构成故意杀人罪。石河子市人民法院经公开审理认为，被告人张宏凯身为保卫科副科长，负有维护社会治安的职责，面对寻衅滋事、连续殴打致伤多人后又冲到保卫人员家行凶的两名歹徒，挺身而出，在鸣枪示警仍无法制止其不法侵害的紧急情况下，为保护他人及自身的生命安全，连续开枪将歹徒当场击毙，其行为属正当防卫。因当时情况十分危急，被告人无法确知歹徒是否已被击中，是否已经失去反抗能力，同时法医鉴定证明其开枪击中张凯头部的行为，是在正当防卫中击中张凯心脏，张已必死无疑的情况下所为，第三枪危害后果不大，情节显著轻微，不构成犯罪。公诉机关关于被告人在侵害者被击中后又朝其头部开枪属防卫过当，构成故意杀人罪的指控不能成立。故判决被告人张宏凯无罪。宣判后，被告人及附带民事原告人均未提出上诉，人民检察院也没有提出抗诉，判决已发生法律效力。[1]

[法律问题]

执行职务的行为是否属于正当防卫？应当受到何种限制？

[法理分析]

本案首先要研究的是职务行为与正当防卫的关系，即军警人员的正当防卫问题。

1979年《刑法》并没有涉及人民警察的职务行为，但随后有关的行政法规对此问题进行了规定。1980年7月，经国务院批准，公安部颁布的《人民警察使用武器和警械的规定》对人民警察执行公务中的开枪射击，适用警棍和手铐等警械的具体要求作出了规定。而公安部随后公布的《关于执行〈人民警察使用武器和警械的规定〉应注意几个问题的通知》出现了"在制止犯罪行为或采

---

[1] 最高人民法院中国应用法学研究所编：《人民法院案例选》1994年第2辑（总第8辑），人民法院出版社1994年版，第26~31页。

取正当防卫时……"（该通知第1条）的用语，1983年9月14日最高人民法院、最高人民检察院、公安部、国家安全部和司法部联合制发的《关于人民警察执行职务中实行正当防卫的具体规定》指出刑法关于对不法侵害采取正当防卫行为的规定，适用于全体公民，同时明确授予了人民警察的正当防卫的权力。

于是在理论界和实务界就引发了1979年《刑法》所规定的正当防卫制度与警察执行职务行为的关系问题。最初有人认为人民警察执行职务中的正当防卫是正当防卫的特殊类型，在实践中，也出现了按照刑法有关正当防卫的规定来处理人民警察执行职务的行为。但是，随着研究的深入，越来越多的学者认识到，警察执行职务的行为与刑法中规定的正当防卫制度存在很大的区别。如有学者指出，普通公民行使的正当防卫，是一种权利，它是可以放弃的，而人民警察的职务行为，是法律所赋予的一种权力，是他们必须履行的义务[1]。还有学者指出，两者在防卫手段、造成后果、防卫范围、防卫目的等各方面也有很大区别[2]。

更为重要的争论是关于两者在防卫限度上的区别。主张正当防卫制度与警察职务行为是普通与特别关系的论者一般认为，后者在防卫限度上应该采取"基本相适应说"[3]，这与当时有关正当防卫防卫限度的主流观点是一致的。而认为两者存在本质区别的论者，则大多采取"必要说"，如有论者指出：警察防卫的限度问题，决不能以刑法规定公民的"基本相适应"标准来衡量，这是由警察防卫的主动性和防卫手段的特殊性决定的，如果机械地考查警察防卫行为是否与不法侵害相适应，警察的主动性就难以成为现实。另外，具有杀伤性武器在警察执行公务中的使用，其防卫行为造成的后果要大于普通公民的正当防卫行为。因而对警察防卫界限的划分，应以"有效制服不法侵害人"为标准[4]。

本案发生在1997年《刑法》生效之前，鉴于当时法律没有规定特殊防卫制度，即"对正在进行行凶、杀人、抢劫、强奸、绑架以及其他严重危及人身安全的暴力犯罪，采取防卫行为，造成不法侵害人伤亡的，不属于防卫过当，不负刑事责任"。将军警人员执行职务的行为认定为正当防卫，缺陷并不明显。故在本案中检察机关和人民法院并未将军警人员的执行职务的行为与正当防卫制度相区别，这是可以理解的。但是在现行刑法下，必须严格区分这两种制度。

首先，正当防卫不是法律义务，而职务行为却是法律义务，如果将军警人

---

[1] 杨忠民："执行特别职务的国家工作人员的正当防卫探讨"，载《法学研究》1994年第3期。
[2] 崔戈夫、成良文："警察防卫"，载《公安大学学报》1992年第2期。
[3] 焦国香："浅谈人民警察的正当防卫"，载《法律学习与研究》1986年第6期。
[4] 崔戈夫、成良文："警察防卫"，载《公安大学学报》1992年第2期。

员制止犯罪的行为认定为正当防卫，有可能导致其不履行阻止犯罪的义务。其次，正当防卫并不要求防卫人先行警告，再采取防卫措施。但军警人员面对不法侵害时，应当首先警告，在不得已的情况下，才能实施由轻到重的侵害行为。再次，对于正当防卫所采取的手段，法律没有限定。但对军警人员而言，并非面对任何违法行为，都可以使用所携带的警械和武器。[1]

因此，按照现行法律的规定，张宏凯的行为属于执行职务的行为，而非正当防卫。在本案中，张宏凯面对手持凶器，连续殴打无辜群众和保卫人员数人（重伤2人）的歹徒，并未立即枪杀，而是首先进行规劝，在规劝无效之后鸣枪予以警告，可见张宏凯的行为遵循了由轻到重的制止措施，属于正当的职务行为。

值得研究的是，张宏凯所开的第三枪是否属于过当的职务行为。根据法医鉴定，张宏凯在射击第二枪时就已经制住歹徒。故检察机关认定张宏凯所开的第三枪是不当之举。人民法院则认为第三枪危害后果不大，情节显著轻微，不构成犯罪。但在笔者看来，检察机关和人民法院的观点都不恰当。张宏凯的射杀行为应当评价为一个整体行为，而不宜随便切割。在判断张宏凯是否依然面临着紧迫的人身危险，应当根据当时的客观情况，采取类型化一般人的标准，而非科学标准进行判断。在本案中，张宏凯受到两名歹徒前后夹击的威胁，精神高度紧张，他被迫向歹徒开枪时，不可能确切地知道他向歹徒开了几枪，也不可能清楚地知道每枪是否击中歹徒以及歹徒是否丧失了侵害能力。任何一个与张宏凯相同的军警人员在那种情况下都有可能射出第三枪，因此对其开枪行为不宜切割，应当评价为一个整体的执行职务的行为，其行为没有不当。

拓展案例

李明故意伤害案[2]

[基本案情]

被告人李明，男，1978年12月23日出生，汉族，高中文化；北京胜利饭店临时工。因涉嫌犯故意伤害罪于2002年10月15日被逮捕。2002年9月17日凌晨，上诉人李明与其同事王海毅、张斌（另案处理）、孙承儒等人在北京市海淀区双泉堡环球迪厅娱乐时，遇到本单位女服务员王晓菲等人及其朋友王宗伟

---

[1] 张明楷：《刑法学》，法律出版社2011年版，第212~213页。
[2] 参见中华人民共和国最高人民法院刑事审判第一、二、三、四、五庭主办：《刑事审判参考》2007年第2集（总第55集），法律出版社2007年版，第13~20页。

（另案处理）等人，王宗伟对李明等人与王晓菲等人跳舞感到不满，遂故意撞了李明一下，李明对王宗伟说："刚才你撞到我了。"王宗伟说："喝多了，对不起。"两人未发生进一步争执。李明供称其感觉对方怀有敌意，为防身，遂返回其住处取尖刀一把再次来到环球迪厅。其间王宗伟打电话叫来张艳龙（男，时年20岁）、董明军等三人（另案处理）帮其报复对方，三人赶到环球迪厅时李明已离去，张艳龙等人即离开迪厅。李明取刀返回迪厅后，王宗伟即打电话叫张艳龙等人返回迪厅，向张艳龙指认了李明，并指使张艳龙等人在北沙滩桥附近的过街天桥下伺机报复李明。当日凌晨1时许，李明、王海毅、张斌、孙承儒等人返回单位，当途经京昌高速公路辅路北沙滩桥附近的过街天桥时，张艳龙、董明军等人即持棍对李明等人进行殴打。孙承儒先被打倒，李明、王海毅、张斌进行反击，期间，李明持尖刀刺中张艳龙胸部、腿部数刀。张艳龙因被刺伤胸部，伤及肺脏、心脏致失血性休克死亡。孙承儒所受损伤经鉴定为轻伤。李明作案后被抓获。北京市第一中级人民法院：认定李明犯故意伤害罪，判处有期徒刑15年，剥夺政治权利3年。一审宣判后，被告人李明提出上诉。北京市高级人民法院判决撤销北京市第一中级人民法院（2003）一中刑初字第996号刑事判决，认定上诉人李明犯故意伤害罪，判处有期徒刑5年。

[法律问题]

违法的侵害预防性措施是否阻却正当防卫？互殴与正当防卫之间有何区别？

[重点提示]

违法的侵害预防性措施并不阻却正当防卫的成立，但可能会构成防卫过当。互殴与正当防卫的区别在于前者无正当防卫的意图。

第二节 紧急避险

知识概要

紧急避险是指在法律所保护的权益遇到危险而不可能采用其他措施加以避免时，不得已而采用的损害另一个较小的权益以保护较大的权益免遭损害的行为。[1]

---

[1] 参见曲新久等：《刑法学》，中国政法大学出版社2011年版，第50页。

经典案例

王仁兴破坏交通设施案[1]

[基本案情]

王仁兴，又名王仁贵，男，1968年12月5日出生于重庆市江北区，汉族，小学文化，农民，住重庆市江北区五宝镇干坝村七社。因涉嫌犯破坏交通设施罪，于2003年8月20日被刑事拘留，同年9月16日被逮捕。

2003年7月28日16时许，被告人王仁兴驾驶机动渔船行至长江红花碛水域的"红花碛2号"航标船附近时，见本村渔民王云等人从渔船上撒下网后的"网爬子"挂住了固定该航标船的钢缆绳，王主动驾船帮忙时其渔船螺旋桨被该航标船的钢缆绳缠住。王仁兴持刀欲砍断缆绳未果后，又登上该航标船将缆绳解开，致使"红花碛2号"航标船漂流至下游2公里的锦滩回水沱，造成直接经济损失人民币1555.50元。

江北区人民检察院以破坏交通设施罪向人民法院提起公诉，人民法院认为：被告人王仁兴为自身利益，竟不顾公共航行安全，故意破坏交通设施航标船，致其漂离原定位置，其行为已构成破坏交通设施罪。公诉机关指控的罪名成立。后判处被告人王仁兴犯破坏交通设施罪，判处有期徒刑3年。被告人不服，认为其行为属于紧急避险，不负刑事责任，遂提起上诉。二审法院认为，王仁兴解开航标船钢缆绳的先前行为属紧急避险，但王在其危险解除后，明知航标船流失会造成船舶在通过该航标船流域时发生危险，其应负有立即向航道管理部门报告以防止危害发生的义务，王未履行该义务，其不作为的行为构成了破坏交通设施罪，应负刑事责任。但鉴于本案未发生严重后果，王仁兴认罪态度较好，对其适用缓刑不致再危害社会，可对其适用缓刑。故维持一审法院关于被告人王仁兴犯破坏交通设施罪，判处有期徒刑3年的决定，但同时判决对上诉人王仁兴宣告缓刑3年。[2]

[法律问题]

王仁兴解开缆绳的行为是否属于紧急避险？如果认定为紧急避险，避险行为是否会引起作为义务？

---

[1] 中华人民共和国最高人民法院刑事审判第一庭、第二庭编：《刑事审判参考》2004年第3集（总第38集），法律出版社2004年版，第82~87页。

[2] 中华人民共和国最高人民法院刑事审判第一、二、三、四、五庭主办：《中国刑事审判指导案例1》，法律出版社2009年版，第54~56页。

[法理分析]

紧急避险，是指为了使国家、公共利益、本人或者其他人的人身、财产和其他权利免受正在发生的危险，不得已对另一较小合法权益造成损害的行为。

成立紧急避险，需符合六个条件：①避险意图。紧急避险必须是为了使国家、公共利益、本人或者其他人的人身、财产和其他权利免受正在发生的危险。如果是为了保护非法利益，则不成立紧急避险。比如，为了躲避公安机关抓捕，闯入民宅，仍然成立非法侵入他人住宅罪。②避险起因。紧急避险要求合法权益必须存在危险。这里的危险范围要大于正当防卫中的不法侵害范围。③避险时间。正在发生的迫在眉睫的危险是紧急避险的时间条件。对于尚未到来或者已经过去的危险，都不能够进行紧急避险。④避险客体。紧急避险是采取损害一合法权益保全另一个合法权益，它是"正对正"，而区别于"正对不正"的正当防卫。因此，法律对紧急避险的限制要远远大于正当防卫。⑤避险可行性。紧急避险必须是在迫不得已，别无选择的情况下才允许进行。紧急避险不适用于职务上、业务上负有特定责任的人。比如发生火灾时，消防队员就不能以有危险而拒绝救火。⑥避险限度。紧急避险所保全的利益必须大于所损失的利益。

在本案中，王某在帮助他人时，其渔船螺旋桨被航标船的钢缆绳缠住，王某遂将缆绳解开，这种行为虽然对法益造成了危险，但在主观上王某具有避险意图，客观上也是一种"正对正"的行为。鉴于当时的特殊情况，除了解开缆绳，王某也很难寻找到其他方法脱身，因此，这种行为属于紧急避险。

然而，紧急避险毕竟是一种"正对正"的行为，它对合法的权益造成了危险，因此避险人负有防止损失扩大的义务。在本案中，王某的行为制造侵犯了公共安全的危险，因此其负有排除危险发生的作为义务，如果不履行这种作为义务，自然要承担刑事责任。

虽然在本案中并未造成实害结果，但破坏交通设施罪是一种危险犯，只要出现对法益的具体危险即可入罪。王某解开缆绳虽系紧急避险，但此时他至少负有报告义务，应当将此事报告给交通管理部门，由于他没有履行这种义务，故应当构成破坏交通设施罪。

拓展案例

谭荣财、罗进东强奸、抢劫、盗窃案[1]

[基本案情]

被告人谭荣财，男，1983年7月5日出生，初中文化，工人。2003年5月27日因涉嫌犯抢劫罪、强奸罪被逮捕。其他被告人略。2003年5月23日20时许，被告人谭荣财、罗进东与赖洪鹏（另案处理）在阳春市春城镇东湖烈士碑水库边，持刀对在此谈恋爱的蒙某某、瞿某某（女）实施抢劫，抢得蒙某某230元、瞿某某60元，谭荣财、罗进东各分得80元。抢劫后，谭荣财、罗进东、赖洪鹏用皮带反绑蒙某某双手，用黏胶粘住蒙的手腕，将蒙的上衣脱至手腕处，然后威逼瞿某某脱光衣服、脱去蒙的内裤，强迫二人进行性交给其观看。蒙因害怕，无法进行。谭荣财等人又令瞿某某用口含住蒙的生殖器进行口交。在口交过程中，蒙某某趁谭荣财等人不备，挣脱皮带跳进水库并呼叫救命，方才逃脱。2003年5月期间，被告人谭荣财、罗进东伙同他人先后在阳春市春城镇三桥等处先后5次持刀抢劫现金、手机等财物共计价值人民币（以下均同）5879元。2000年9月19日凌晨3时40分，谭荣财在阳春市圭岗镇明景游戏室，从屋顶揭瓦入室，将严仕章的一辆价值3705元的摩托车盗走。阳春市人民法院认定被告人谭荣财犯抢劫罪，判处有期徒刑13年，剥夺政治权利3年，并处罚金人民币3000元；犯强奸罪，判处有期徒刑9年；犯盗窃罪，判处有期徒刑10个月，并处罚金人民币1000元；决定执行有期徒刑20年，剥夺政治权利3年，并处罚金人民币4000元。判决其他部分省略。一审宣判后，被告人谭荣财等提出上诉。阳江市中级人民法院判决撤销阳春市人民法院（2003）春法刑初字第108号刑事判决的第一、二项，改判上诉人（原审被告人）谭荣财犯抢劫罪，判处有期徒刑13年，剥夺政治权利3年，并处罚金人民币3000元；犯强制猥亵妇女罪，判处有期徒刑3年；犯盗窃罪，判处有期徒刑10个月，并处罚金人民币1000元，决定执行有期徒刑15年，剥夺政治权利3年，并处罚金人民币4000元。判决其他部分省略。

[法律问题]

在因受威胁做出的损害他人利益的行为中，如何认定紧急避险的限度？

---

[1] 参见中华人民共和国最高人民法院刑事审判第一、二、三、四、五庭主办：《刑事审判参考》2008年第4集（总第63集），法律出版社2008年版，第1~9页。

[重点提示]

紧急避险的本质是为了避免造成较大合法权益的损害而侵犯他人较小合法权益的行为,但是权益大小的认定并不都是客观的,因此认定标准并不统一,需要在个案中进行具体认定。本案中,蒙某某在他人胁迫下对瞿某某实施了强奸和猥亵行为,法院之所以认定其不构成犯罪且避险未过当,应该是考虑到了二人之间的恋爱关系,但这一认定是否合理值得进一步思考。

第三节 被害人承诺

知识概要

我国刑法并没有直接规定被害人承诺的问题,但"在被害人的承诺之下进行的行为,很难看成是典型的违法性阻却事由,而实际上被害人的承诺往往具有不同的意义"。[1] 也就是说,被害人的承诺效力如何,需要在具体的案件中来认定。

经典案例

蒲连升、王明成故意杀人案[2]

[基本案情]

被告人蒲连升,男,46岁,陕西省汉中市传染病医院住院部肝炎科医生。1987年9月29日被逮捕,1988年9月23日取保候审。被告人王明成,男,36岁,陕西省第三印染厂销售科职工。1987年9月25日被逮捕,1988年9月23日取保候审。

被告人王明成之母夏素文长期患病,1984年10月曾经被医院诊断为"肝硬化腹水"。1987年初,夏病情加重,腹胀伴严重腹水,多次昏迷。同年6月23日,王明成与其姐妹商定,将其母送汉中市传染病医院住院治疗。被告人蒲连升为主管医生。蒲对夏的病情诊断结论是:①肝硬化腹水(肝功失代偿期、低蛋白血症);②肝性脑病(肝肾综合症);③渗出性溃疡并褥疮2~3度。医院当

---

[1] [日] 大塚仁:《犯罪论的基本问题》,冯军译,中国政法大学出版社1993年版,第156页。
[2] 祝铭山主编:《故意杀人罪》,中国法制出版社2004年版,第103~104页。

日即开出病危通知书。蒲连升按一般常规治疗，进行抽腹水回输后，夏的病情稍有缓解。6月27日，夏素文病情加重，表现痛苦烦躁，喊叫想死，当晚惊叫不安，经值班医生注射了10毫克安定后方能入睡，28日晨昏迷不醒。8时许，该院院长雷××查病房时，王明成问雷××其母是否有救。雷回答说："病人送得太迟了，已经不行了。"王即说："既然我妈没救，能否采取啥措施让她早点咽气，免受痛苦。"雷未允许，王明成坚持己见，雷仍回绝。9时左右，王明成又找主管医生蒲连升，要求给其母施用某种药物，让其母无痛苦死亡，遭到蒲的拒绝。在王明成再三要求并表示愿意签字承担责任后，蒲连升给夏素文开了100毫克复方冬眠灵，并在处方上注明是家属要求，王明成在处方上签了名。当该院医护人员拒绝执行此处方时，蒲连升又指派陕西省卫校实习学生蔡某、戚某等人给夏注射，遭到蔡、戚等人的回绝。蒲连升生气地说："你们不打（指不去给夏注射），回卫校去！"蔡、戚等人无奈便给夏注射了75毫克复方冬眠灵。下班时，蒲连升又对值班医生李××说："如果夏素文12点不行（指夏还没有死亡），你就再给打一针复方冬眠灵。"当日下午1时~3时，王明成见其母未死，便两次去找李××，李又给夏开了100毫克复方冬眠灵，由值班护士赵××注射。夏素文于6月29日凌晨5时死亡。经陕西省高级人民法院法医鉴定：夏素文的主要死因为肝性脑病。夏素文两次接受复方冬眠灵的总量为175毫克，用量在正常范围，并且患者在第二次用药后14小时死亡，临终表现又无血压骤降或呼吸中枢抑制。所以，冬眠灵仅加深了患者的昏迷程度，促进了死亡，并非其死亡的直接原因。

陕西省汉中市人民检察院以被告人蒲连升、王明成犯故意杀人罪，向陕西省汉中市人民法院提起公诉，陕西省汉中市人民法院经过公开审理认为，被告人王明成在其母夏素文病危濒死的情况下，再三要求主管医生蒲连升为其母注射药物，让其母无痛苦地死去，虽属故意剥夺其母生命权利的行为，但情节显著轻微，危害不大，不构成犯罪。被告人蒲连升在王明成的再三请求下，亲自开处方并指使他人给垂危病人夏素文注射促进死亡的药物，其行为亦属故意剥夺公民的生命权利，但其用药量属正常范围，不是造成夏素文死亡的直接原因，情节显著轻微，危害不大，不构成犯罪。故宣告被告人蒲连升、王明成无罪。

宣判后，被告人蒲连升、王明成对宣告他们无罪表示基本满意，但对判决书中认定他们的行为属于故意剥夺他人的生命权利表示不服，提出上诉，要求二审法院改判。

汉中市人民检察院认为，蒲、王两被告人在主观上有非法剥夺他人生命权利的故意，在客观上又实施了非法剥夺他人生命权利的行为，社会危害性较大，符合我国刑法规定的故意杀人罪的基本特征，已构成故意杀人罪。据此，该院以原判定性错误、适用法律不当为理由,向陕西省汉中地区中级人民法院提出抗诉,要求对蒲、王二被告人予以正确判处。

陕西省汉中地区中级人民法院二审审理后认为,抗诉和上诉的理由不能成立,故驳回汉中市人民检察院的抗诉和蒲连升、王明成的上诉;维持汉中市人民法院对本案的判决。[1]

[法律问题]

得到被害人承诺的杀人行为能否作为一种违法阻却事由?

[法理分析]

被害人的承诺是刑法中的一种违法阻却事由,对于侵害个人法益的行为,被害人的承诺在某种情况下可以否定行为的犯罪性。然而,这种违法阻却事由的成立有严格限定:①承诺者对被侵害的法益有处分的权限。②承诺者必须有承诺能力。③承诺必须事先做出,事后承诺是无效的,否则国家的追诉权就会受到被害人意志左右。④经承诺的行为不能超出承诺的范围。

承诺者的处分权限应当如何确定,在刑法理论存在较大争议,一般认为,生命权和重大的身体健康权是无权处分的,法律不能采取没有限制的自由主义立场,它必须坚守伦理的最低要求。禁止谋杀这个诫命是不得被突破的,得到他人承诺的杀人行为也构成故意杀人罪。

本案所涉及的恰恰就是安乐死这个极具争议性的话题。只是本案的特殊之处在于医生注射的药品并非夏某死亡的直接原因,人民法院显然故意回避了安乐死这个争议问题。

一般说来,安乐死可以分为积极安乐死和消极安乐死,前者是采用积极的措施加速患者的死亡进程,如给患者注射或服用剧毒药品、麻醉药物让其迅速死亡,而后者则是通过停止、放弃治疗,让患者自然死亡。包括我国在内的绝大多数国家和地区都对于消极安乐死持容忍态度,但对积极安乐死则认为属于犯罪。

荷兰是世界上第一个将积极安乐死合法化的国家,2001 年 4 月 1 日,荷兰国会众议院、参议院分别以 104 票赞同、40 票反对和 46 票赞同、40 票反对、1 票弃权,通过了安乐死合法化法案。紧随其后的是邻邦比利时,2002 年 5 月,该国成为世界上第二个将安乐死合法化的国家。当然,两国对于安乐死的条件有严格的限制。荷兰法律要求安乐死只能对 12 周岁以上的人实施,而且必须符合"合理关怀标准"(Due Care Criteria),否则其行为还是构成刑法中所规定的受嘱托自杀罪,最高刑为 12 年监禁。这个标准共有六个要点:①患者必须经过深思熟虑的审慎考虑;②医院方经过确诊认为患者的病情没有治愈的可能,而其

---

[1] 祝铭山主编:《故意杀人罪》,中国法制出版社 2004 年版,第 103 页。

本人正经受着无法忍受的痛苦；③医院方必须如实地向患者本人告知病情的现状及前景；④医院方已经与患者一致认为，除了"安乐死"，别无他法，解脱病人的痛苦；⑤负责治疗的医生就上述 4 点出具书面意见书，并同时要得到另外一位独立医生的支持；⑥医院方必须保证对患者实施正当合理的"安乐死"方式[1]。

其他国家对安乐死的态度则颇为保守，德国、奥地利、意大利、英国等主要发达国家，法律明确禁止积极安乐死，并对实施者处以重刑。相比而言，美国的态度更为保守，虽然美国大多数州都承认了消极安乐死，但包括总统布什在内相当多的民众和政要甚至认为这也不能接受。

我国的立场与大多数国家相同，消极安乐死不构成犯罪，但对积极安乐死，刑法理论及司法实践从来都认为这属于帮助自杀型的故意杀人，只是在量刑时可以从轻。

在本案中，法院后认为，医生的行为不是导致患者死亡的直接原因，夏素文的直接死因是肝性脑病、严重肝肾功能衰竭，不排除褥疮感染等原因，也就是说事实上对夏文素实施的并非真正的安乐死。如果药物是患者致死的直接原因，法院肯定会作出有罪判决。

拓展案例

周某某非法行医案[2]

[基本案情]

被告人周某某，男，32 岁，农民。曾因从事非法行医活动被行政处罚。因涉嫌犯非法行医罪，于 2002 年 12 月 12 日被逮捕。2002 年 10 月，被告人周某某在未取得医生执业资格和办理医疗机构执业许可证的情况下，在某市某区私设诊所擅自从事行医活动。2002 年 11 月 2 日 9 时许，周某某应孕妇蒋某某亲属之邀出诊为蒋接生。23 时许，周某某用手触摸检查后感到胎动，认为有生产迹象，遂给蒋肌肉注射催产素 1 支（1 毫升）。至次日凌晨，蒋仍未生产且腹部疼痛加剧并直冒冷汗，周又给蒋注射病毒灵 1 支，安乃静半支，蒋稍感平静。凌晨 6 时许，周某某用手触摸检查后告知蒋家胎儿孕妇均正常，可去医院作进一步检查并收取 80 元后离去。2002 年 11 月 4 日上午，蒋某某去重庆市红十字会医院检查，被诊断为：胎儿已死于腹中。该院随后对蒋某某进行了引产术。某

---

[1] Bert P. Dorenbos, "The Dutch Euthanasia Law", *Public Justice Report*, Vol. 25, No. 3, 2002.
[2] 中华人民共和国最高人民法院刑事审判第一庭、第二庭编：《刑事审判参考》2004 年第 5 集（总第 40 集），法律出版社 2005 年版，第 24~27 页。

市法医验伤所法医学尸体解剖鉴定结论认定，蒋某某的胎儿系在脐带、胎盘病变的基础上，因肌肉注射催产素1毫升引起强烈宫缩，导致胎儿在宫内窒息死亡。同日，蒋某某的亲属将周某某扭送至公安机关。蒋某某住院治疗3天，共花去各项医疗费用1118余元。某市某区人民法院认定被告人周某某犯非法行医罪，判处有期徒刑2年6个月，并处罚金1000元；被告人周某某赔偿附带民事诉讼原告人蒋某某医疗费、交通费、营养费、护理费等各项经济损失共计人民币2227.15元。一审宣判后，被告人在法定期限内未提出上诉，公诉机关也未提出抗诉，判决已发生法律效力。

[法律问题]

被害人承诺在定罪量刑中有何影响？

[重点提示]

被害人承诺并不阻却犯罪的成立，例如，在性犯罪中，如果行为人得到了有效的承诺，则不存在所谓的被害人，因此，所谓的"被害人承诺"，其前提是犯罪成立。但是被害人承诺在某些情形下对量刑具有一定的影响。

犯罪的未完成形态

犯罪的未完成形态包括犯罪预备、犯罪未遂和犯罪中止。对犯罪未完成形态的认定需要结合总则的规定，在具体案件中进行综合分析。

第一节 犯罪预备

知识概要

我国《刑法》第 22 条第 1 款规定："为了犯罪，准备工具、制造条件的，是犯罪预备。"即犯罪预备是指已经实施犯罪的预备行为，由于行为人意志以外的原因而未能着手实行犯罪的情形。在司法实践中，要注意区分犯罪预备与犯意表示以及犯罪未遂。

经典案例

案例一：　　　　　　　张正权等抢劫案[1]

[基本案情]

被告人张正权，男，1988 年 11 月 5 日出生，无业，因涉嫌犯抢劫罪于 2006 年 12 月 8 日被逮捕。被告人张文普，男，1988 年 8 月 19 日出生，无业，因涉嫌犯抢劫罪于 2006 年 12 月 8 日被逮捕。被告人徐世五，男，1989 年 4 月 1 日出生，无业，因涉嫌犯抢劫罪于 2006 年 12 月 8 日被逮捕。

---

[1] 中华人民共和国最高人民法院刑事审判第一、二、三、四、五庭主办：《刑事审判参考》2007 年第 6 集（总第 59 集），法律出版社 2008 年版，第 26～31 页。

2006年11月初，被告人张正权、张文普因经济紧张，预谋到偏僻地段对单身女性行人实施抢劫，并购买了尖刀、透明胶带等作案工具。11月6日~9日，张正权、张文普每天晚上携带尖刀和透明胶带窜至安吉县递铺镇阳光工业园区附近，寻找作案目标，均因未找到合适的作案对象而未果。11月9日晚，张正权、张文普在伺机作案时提出如果遇到漂亮女性，就先抢劫后强奸，并采用手机游戏定输赢的方式确定张正权先实施强奸行为。11月11日晚，张正权、张文普纠集被告人徐世五参与抢劫作案，提出劫得的钱财三人平分，徐世五同意参与抢劫作案，但表示不参与之后的强奸犯罪。张正权即交给徐世五一把单刃尖刀。三人商定：发现作案目标后，由张文普、徐世五各持一把尖刀将被害人逼至路边，张正权用胶带将其捆绑后实施抢劫。当晚，三人寻找作案目标未果。11月12日晚，张正权、张文普、徐世五在递铺镇铜山桥附近寻找作案目标时被公安巡逻队员抓获。

浙江省安吉县人民检察院以被告人张正权、张文普、徐世五犯抢劫罪（预备）、强奸罪（预备），向安吉县人民法院提起公诉。

安吉县人民法院经不公开审理，认为被告人张正权、张文普、徐世五以非法占有为目的，经事先预谋并准备工具、制造条件，预备采用持刀威胁、捆绑的暴力手段劫取他人钱财，三被告人的行为均已构成抢劫罪（犯罪预备）。公诉机关指控三被告人犯抢劫罪（犯罪预备）的罪名成立。对于三被告人犯强奸罪（犯罪预备）的指控，经审理认为，张正权、张文普虽在抢劫犯罪预备时产生在可能的条件下实施强奸犯罪的主观故意，但仅是强奸的犯意表示；徐世五明确表示不参与强奸行为，无强奸的主观故意，三人没有强奸的具体行为，故指控犯强奸罪（犯罪预备）的罪名不能成立。三被告人系抢劫犯罪预备犯，依法可比照既遂犯从轻、减轻处罚或免除处罚。徐世五犯罪时未满18周岁，且系从犯；张正权在犯罪预备的开始阶段未满18周岁；三被告人归案后均能如实供述犯罪事实，认罪态度较好。鉴于三被告人的犯罪情节及现实社会危害性，对张正权、张文普予以减轻处罚，对徐世五免除处罚。判决如下：①被告人张正权犯抢劫罪（犯罪预备），判处有期徒刑8个月，并处罚金人民币1000元；②被告人张文普犯抢劫罪（犯罪预备），判处有期徒刑10个月，并处罚金人民币1000元；③被告人徐世五犯抢劫罪（犯罪预备），免予刑事处罚。一审宣判后，三被告人均未上诉，公诉机关亦未抗诉，判决发生法律效力。[1]

---

[1] 中华人民共和国最高人民法院刑事审判第一、二、三、四、五庭主办：《中国刑事审判指导案例1》，法律出版社2009年版，第446~448页。

[法律问题]
如何区分犯罪预备与犯意表示？

[法理分析]
犯罪预备是指为了犯罪，准备工具、制造条件，但由于行为人意志以外的原因而未能着手实行犯罪的情形。

成立犯罪预备在主观上要具有犯罪的目的，客观上要有犯罪预备行为，也即有准备工具、制造条件的行为。常见的预备行为有：准备工具，如为杀人而买刀，为盗窃而配钥匙；练习犯罪的手段，如练习射击技术；进行犯罪前的调查，如踩点、了解被害人的作息起居情况；排除实行犯罪的障碍，如为了盗窃，先把看门的狗毒死；前往犯罪现场或诱骗被害人去犯罪现场；尾随和守候行为；勾引共犯，其中也包括为了实施某种犯罪而组织犯罪集团，这种组织、参加犯罪集团的行为也是犯罪的一个预备行为。

犯罪预备事实上未能着手实行犯罪，犯罪预备必须在预备阶段停顿下来，行为人由于意志以外的原因而没有能够"着手"，假如行为人已经着手犯罪，由于意志以外的原因没有既遂的，是犯罪未遂，不是犯罪预备。

在司法实践中，犯罪预备与犯意表示往往很难区分。犯意表示是一种思想流露，还没有表现为行为，不属于刑法打击范围。犯意表示一般是以口头、书面或者其他方法，将真实犯罪意图表现于外部的行为。比如某人说："我真恨某某人，我真想把他给杀了！"但是没有任何行动。这本身不是行为，不是犯罪预备。犯罪预备与犯意表示的最本质区别在于犯罪预备行为是为犯罪准备工具、制造条件，为实行犯罪起到促进作用，对刑法所保护法益构成了威胁；犯意表示并没有为实行犯罪起到促进作用，只是单纯流露犯意的行为，对法益没有现实的威胁。

需要注意的是，虽然犯意表露是通过言语、文字的形式流露出来，但如果这种流露是为了实施某一个犯罪，是为了实施某种犯罪而采取的预备行为，那就不是犯意流露。比如，某人为了犯罪，通过写信和电话邀请、联络、勾结共同犯罪人，商定犯罪计划、方案，这就不是犯意流露，而是实实在在的预备行为。有时，言语表示本身还是一种实行行为。如对他人口头威胁："你给我钱，否则就把你通奸的事情曝光。"这种语言就不再是犯意流露，而是一个敲诈勒索的威胁行为，而且还是犯罪的实行行为。总之，没有实际的准备行为，仅仅有犯意流露的，这不能算是犯罪；另一方面，人们通过语言、文字表示出来的东西并非都是犯意的流露，有可能本身就是一个犯罪行为，那么这种场合就应该认定为犯罪行为。

在本案中，张某等人已经预谋到偏僻地段对单身女性行人实施抢劫，并购买了尖刀、透明胶带等作案工具，多次准备实施抢劫行为，但由于意志以外的原因，没有着手。这显然对人身权已经有了一定的危险，不再是一种单纯的犯意流露，故不属于犯意表示，而是典型犯罪预备，故成立抢劫罪的犯罪预备。同时，在第二次准备抢劫时，张正权、张文普在伺机作案时提出如果遇到漂亮女性，就先抢劫后强奸，并采用手机游戏定输赢的方式确定张正权先实施强奸行为。在第三次准备抢劫时，张正权、张文普纠集被告人徐世五参与抢劫作案，提出劫得的钱财三人平分，徐世五同意参与抢劫作案，但表示不参与之后的强奸犯罪。这些证据，足以证明张某等人已经不再是强奸的犯意流露，而已经有了相应的规划，并采取了必要的措施，如果遇到合适的被害人，张某等两人极易实施强奸行为，因此从一般人立场来看，两人的行为对女性的性自主权有一定的威胁，因此，其行为还构成强奸罪的犯罪预备。当然，徐某明确表示不参与强奸行为，故不属于强奸罪的犯罪预备。

按照想象竞合的理论，一行为触犯数个罪名，应当从一重罪论处。在本案中，张正权和张文普只实施了一个预备行为，但同时符合两个犯罪构成，故应该以抢劫罪的犯罪预备和强奸罪的犯罪预备从一重罪论处。虽然抢劫罪与强奸罪的基本刑都是3年以上10年以下有期徒刑，但抢劫罪还可以同时附加罚金，故抢劫罪的刑罚要更重些，故本案应当以抢劫罪（预备）论处。人民法院的判决是恰当的。

案例二：　　　　　　　　　　尚天虎绑架案[1]

［基本案情］

被告人尚天虎，曾用名尚天培，男，1974年8月20日出生，曾因犯故意伤害罪于1999年10月21日被洛阳市西工区人民法院判处有期徒刑6年，2004年4月5日减刑释放。因涉嫌犯绑架罪于2009年12月11日被荥阳市公安局刑事拘留，2009年12月22日被逮捕。

2008年11月份，荥阳市乔楼镇的高金东（另案处理）以讨要赌账为名，先后找人多次携带作案工具，跟踪绑架位于荥阳市万山路的被害人汪某某，均因未找到下手时机而未着手。后经蒋培元（另案处理）介绍，高金东找到被告人尚天虎等人，经预谋后，携带刀具、绳子等作案工具，两次到被害人汪某某家门口，伺机绑架汪某某索要钱财，由于汪某某驾车回家途中车速过快等原因，均未能着手实施犯罪。

---

［1］河南省荥阳市人民法院（2010）荥刑初字第346号。

荥阳市人民检察院指控被告人尚天虎犯绑架罪，于 2009 年 12 月 29 日向荥阳市人民法院提起公诉。法院认为：被告人尚天虎以勒索财物为目的，准备工具、制造条件，欲使用暴力、胁迫的手段劫持他人，其行为已构成绑架罪，但尚未着手实施犯罪，系犯罪预备。对于预备犯，可以比照既遂犯从轻、减轻处罚或者免除处罚。被告人尚天虎在刑满释放后 5 年内再犯应当被判处有期徒刑以上刑罚之罪，属累犯，依法应从重处罚，但其经公安机关电话传唤后自行到案，并如实供述自己的罪行，应认定为自首，依法可从轻或减轻处罚，辩护人据此辩护的理由成立，予以采纳。被告人尚天虎犯罪情节较轻，且在共同犯罪中受人指使，所起作用较小，属从犯，依法应从轻、减轻处罚或者免除处罚。结合其犯罪事实、性质及悔罪表现，在量刑时决定对其减轻处罚。故判决：被告人尚天虎犯绑架罪，判处有期徒刑 6 个月，并处罚金人民币 2000 元。[1]

[法律问题]

犯罪预备应当如何认定？多个量刑情节应当如何量刑？

[法理分析]

犯罪预备是指为了犯罪，准备工具、制造条件，但由于行为人意志以外的原因而未能着手实行犯罪的情形。犯罪预备必须发生在预备阶段还没有进入着手实行，这是犯罪预备和犯罪未遂之间的重要区分。对于着手的认定，一般认为有两个标准：其一，行为人实施了分则条文规定的行为。比如为杀人购买刀具，这就并非《刑法》第 232 条故意杀人罪所规定的杀人行为，而是一种预备行为，但如果用刀向人脖子上砍去，就已着手，开始了实行行为。又如，为了盗窃而组织犯罪集团是盗窃的预备行为。但是，组织、领导、参加恐怖活动组织、黑社会性质的组织的，就属于实行行为，因为组织、领导、参加这两种犯罪集团是刑法分则直接禁止的行为。预备行为在刑法分则中没有具体规定，而实行行为在刑法分则中则有规定。凡是分则条文规定的行为，而又被行为人实施的，这个行为就叫作实行行为。其二，对法益有现实侵害的紧迫性。比如，某人在小区内入户盗窃，打开小区的大门，又撬开单元门，最后将住户的防盗门撬开。打开前两扇门对住户财产并没有现实侵害的紧迫性，但防盗门被撬，就已开始对法益有现实侵害的紧迫性，就已"着手"犯罪，进入到实行阶段，开始了实行行为。

在本案中，尚天虎等人，经预谋后，携带刀具、绳子等作案工具，两次到被害人汪某某家门口，伺机绑架汪某某索要钱财，显然尚某等人还没有开始实施绑架罪的犯罪构成行为，同时从一般人立场来看，对于人身权和财产权，还

---

[1] 河南省荥阳市人民法院（2010）荥刑初字第 346 号。

没有现实侵害的紧迫性,因此认定其行为属于犯罪预备是恰当的。根据《刑法》第22条第2款的规定,对于预备犯,可以比照既遂犯从轻、减轻或者免除处罚。

另外一个问题是,本案的被告人有数个量刑情节,除了犯罪预备,他还有累犯、自首和从犯这三种法定量刑情节。对于这种量刑情节竞合的现象应当分别予以考虑各量刑情节,而不能任意改变量刑情节的功能。比如犯罪人具有几个从轻情节,那应该对犯罪人在法定幅度内数次从轻,而不能减轻处罚,相应的如果有数个从重情节,也不能对其加重处罚。如果犯罪人既有从宽情节,又有从严情节,则应先考虑从严情节,再考虑从宽情节。因此,在本案中,应当首先考虑累犯这种从重情节,然后再分别考虑后三种从宽情节。

拓展案例

黄斌等抢劫(预备)案[1]

[基本案情]

被告人黄斌,男,31岁,湖南省芷江侗族自治县人,无业。因涉嫌犯抢劫罪,于1998年4月21日被逮捕。被告人舒修银,男,22岁,湖南省芷江侗族自治县人,农民。因涉嫌犯抢劫罪,于1998年4月21日被逮捕。1998年3月的一天,被告人黄斌邀被告人舒修银去外地抢劫他人钱财,并一同精心策划,准备了杀猪刀、绳子、地图册等作案工具,从芷江侗族自治县流窜到贵州省铜仁市伺机作案,并在该市购买了准备作案用的手套两双。3月20日晚7时许,黄斌、舒修银在铜仁汽车站以100元的价钱骗租一辆车号为贵D-30306的豪华夏利出租车前往湖南省新晃侗族自治县,准备在僻静处抢劫司机吴某夫妇驾驶的出租车。当车行至新晃后,黄斌、舒修银仍感到没有机会下手,又以50元的价钱要求司机前往新晃县波洲镇。当车行至波洲镇时,由于司机夫妇的警觉,向波洲镇政府报案,黄斌、舒修银的抢劫未能着手实行。黄斌、舒修银被捕后,对其准备作案工具、图谋抢劫出租车的事实供认不讳。新晃侗族自治县人民法院判决如下:①被告人黄斌犯抢劫罪(预备),判处有期徒刑4年,罚金人民币3000元;②被告人舒修银犯抢劫罪(预备),判处有期徒刑2年,罚金人民币2000元;③作案工具杀猪刀一把,纱手套二双,地图册一本,尼龙线二支,予以没收。一审宣判后,被告人黄斌、舒修银提出上诉。湖南省怀化市中级人民法院裁定驳回上诉,维持原判。

---

[1] 中华人民共和国最高人民法院刑事审判第一庭、第二庭编:《刑事审判参考》2001年第11辑(总第22辑),法律出版社2001年版,第1~15页。

[法律问题]

犯罪预备的定罪与量刑中应该注意哪些问题?

[重点提示]

在我国刑法中,对于犯罪预备以处罚为原则,但在司法实践中,对于犯罪预备的认定与处罚掌握的较为严格,一般综合行为人的主观恶性和犯罪的性质来认定。

第二节 犯罪未遂

知识概要

《刑法》第 23 条第 1 款规定:"已经着手实行犯罪,由于犯罪分子意志以外的原因而未得逞的,是犯罪未遂。"犯罪未遂因分则规定的具体犯罪而表现为不同的形式,在具体认定过程中需要注意着手的时间等。

经典案例

薛超伟敲诈勒索案[1]

[基本案情]

被告人薛超伟,男,21 岁,河南省偃师市人,农民,初中文化,住偃师市佛光乡东窑村。2000 年 1 月 25 日被逮捕。

被告人薛超伟见邻村村民贺宏昌家有钱,遂起意敲诈贺家的钱财。2000 年 1 月 4 日凌晨,薛超伟隔墙将装有恐吓信及两只死老鼠的塑料袋投入贺宏昌家院内,向贺索要现金 5000 元,并要求贺于 1 月 8 日中午将钱放于指定地点。贺宏昌见信后,为稳住被告人,写了一封回信称索要的现金太多,能否少点,并附上两盒红旗渠牌香烟将回信放于恐吓信所指定的地点。当日,被告人薛超伟将所放的信及物品取走。薛看了回信后,又写了一封恐吓信,称数额可以降至 3000 元,并于同月 15 日凌晨将此信投入贺家。贺宏昌见信后,又写回信一封,并附现金 100 元,于约定的 1 月 18 日中午放至指定地点。当薛超伟取钱正要返

---

[1] 最高人民法院中国应用法学研究所编:《人民法院案例选》2002 年第 2 辑(总第 40 辑),人民法院出版社 2002 年版,第 44~45 页。

回时,被群众抓获,扭送公安机关。归案后,薛超伟的认罪态度较好,有悔罪表现。

偃师市人民检察院以被告人薛超伟犯敲诈勒索罪于 2000 年 3 月 24 日向偃师市人民法院提起公诉。指控被告人薛超伟先后于 2000 年 1 月 4 日和 1 月 15 日两次向贺宏昌家投掷恐吓信,分别勒索现金 5000 元和 3000 元,其行为已构成敲诈勒索罪。但两次作案均系勒索未遂,可按未遂犯惩处。偃师市人民法院经公开审理认为,被告人薛超伟以非法占有为目的,写恐吓信威胁他人,强行索要 3000 元,数额较大,其行为已构成敲诈勒索罪,但由于意志以外的原因而未得逞,属犯罪未遂,可以比照既遂犯从轻处罚。公诉机关指控的犯罪事实清楚,罪名成立,但指控薛超伟"两次"敲诈勒索"5000 元和 3000 元"不妥。据此,该院判决如下:被告人薛超伟犯敲诈勒索罪,判处有期徒刑 1 年零 6 个月。宣判后,被告人薛超伟没有提出上诉,人民检察院也未提出抗诉。[1]

[法律问题]

1. 应当如何认定犯罪未遂?
2. 犯罪行为个数的应当如何认定?

[法理分析]

《刑法》第 23 条第 1 款规定:"已经着手实施犯罪,由于犯罪分子意志以外的原因而未得逞的,是犯罪未遂。"犯罪未遂的特征有三:①已经着手实行犯罪。不同的犯罪,其实行行为是不同的,所以着手的特点也不一样。即使是相同的犯罪,由于方式或场合的不同,"着手"的表现形式也有所不同。②犯罪未得逞。"未得逞"不等于不发生任何损害结果,它是指没有具备刑法分则条文规定的某一犯罪构成的全部要件。这是未遂和既遂区别的关键。如果由于意志以外的原因没有完全实现分则所规定的犯罪构成的全部要件,这就是未遂;如果完全实现了就是犯罪既遂。③由于意志以外的原因而没有既遂。这是未遂犯和中止犯的区别。意志以外的原因指并非出于行为人的意愿而是遭遇客观障碍,被迫停止于既遂之前。

在本案中,薛超伟隔墙将装有恐吓信及两只死老鼠的塑料袋投入贺宏昌家院内,向贺索要现金 5000 元,并要求贺于指定时间将钱放于指定地点。显然,行为人已经开始了敲诈勒索罪的犯罪构成行为,且在客观上也有侵犯财产权的现实危险,因此薛某已经着手实施了敲诈勒索行为,但由于其意志以外的原因,并未完全实现敲诈勒索罪所要求的犯罪构成要件。按照法律规定,普通的敲诈

---

[1] 最高人民法院中国应用法学研究所编:《人民法院案例选》2002 年第 2 辑(总第 40 辑),人民法院出版社 2002 年版,第 44~46 页。

勒索罪要求达到数额较大方能入罪，在本案中薛某只取得100元钱，并未达到数额较大的标准。薛某之所以未能得逞是出于意志以外的原因。综上，本案成立敲诈勒索罪的犯罪未遂。

另外一个问题，薛某向被害人所实施的敲诈勒索应当评价为一个行为，还是两个行为。检察机关指控薛超伟实施了"两次"敲诈勒索行为，但人民法院却认为系一次敲诈勒索行为。在刑法理论中，关于行为的个数的认定一般采取日常生活意义上的行为观，也即基于同一个犯罪目的，实施了数个具有密切联系的举动，一般理解应认定为一个行为。在本案中，被害人的两次敲诈勒索应当视为一次敲诈勒索行为下的数个连续性举动，只能看成一个敲诈勒索行为，不宜拆分。当被害人见到第一封恐吓信后，回信与被告人讨价还价，要求降低索要之数额。薛超伟表示同意并将数额降为3000元。显然，在主观上薛某自动放弃了对5000元的主张请求，而改变为3000元，根据主客观相统一学说，应当以3000元作为其犯罪数额。

拓展案例

杨飞飞、徐某抢劫案[1]

[基本案情]

被告人杨飞飞，男，1987年9月10日出生，无业。因涉嫌犯抢劫罪于2008年2月20日被逮捕。被告人徐某，男，1990年7月8日出生，无业。因涉嫌犯抢劫罪于2007年12月21日被逮捕。2007年11月17日21时许，被告人杨飞飞、徐某骑摩托车进入上海南站3号轻轨1号进出口处自行车停车场内，窃走一电动自行车上的电瓶（价值人民币150元），上海南站社保队员吴桂林发现后进行拦截。杨飞飞、徐某为抗拒抓捕，分别用大力钳、拳头对吴桂林实施殴打，杨飞飞挣脱吴的抓捕后逃逸，徐某在逃跑途中被抓获，遗留在现场的摩托车和电瓶被公安机关扣押。吴桂林的伤势经鉴定构成轻微伤。上海市长宁区人民法院认定被告人杨飞飞犯抢劫罪，判处有期徒刑3年，并处罚金人民币3000元；认定被告人徐某犯抢劫罪，判处有期徒刑1年3个月，并处罚金人民币1000元。一审宣判后，被告人杨飞飞、徐某及徐某的法定代理人均提出上诉。上海市第一中级人民法院维持原审法院对被告人杨飞飞、徐某定罪的判决，撤销对两名被告人量刑的判决，改判杨飞飞有期徒刑2年10个月，并处罚金人民币3000

---

[1] 参见中华人民共和国最高人民法院刑事审判第一、二、三、四、五庭主办：《刑事审判参考》2011年第2集（总第79集），法律出版社2011年版，第55~59页。

元；改判徐某有期徒刑 1 年，并处罚金人民币 1000 元。

[法律问题]

在转化型犯罪中，既遂、未遂的认定需要注意哪些因素？

[重点提示]

在转化型犯罪中，既遂、未遂的认定应遵循一般犯罪的认定标准，不能制定特殊的标准，否则就是对罪刑法定原则的破坏。

第三节　犯罪中止

知识概要

犯罪中止的刑法价值不仅在于罪责刑相适应，而且还有刑事政策上的考虑，在于为犯罪人架起后退的金桥。犯罪中止的认定，在司法实践中的难点主要体现在共犯的终止等方面。

经典案例

案例一：　　　黄勇、张海春、王小鹏入户抢劫案[1]

[基本案情]

被告人黄勇，男，1980 年 1 月 13 日出生，江苏省启东市人，汉族，初中文化，2002 年 4 月 29 日被逮捕。被告人张海春，男，1981 年 3 月 9 日出生，江苏省海门市人，汉族，初中文化，农民，2002 年 4 月 29 日被逮捕。被告人王小鹏，男，1982 年 5 月 5 日出生，安徽省当涂县人，汉族，初中文化，2002 年 4 月 29 日被逮捕。

被告人黄勇、张海春、王小鹏于 2001 年 12 月预谋采用麻醉方法抢劫海门市海门镇柿树村十组盲人林亚池、黄顶兰夫妇家的钱财，并准备了安眠药、封箱胶带、螺丝刀等作案工具。经数次踩点后，三被告人于 2001 年 12 月 20 日 17 时许，携带上述作案工具前往林家，以算命为由骗开门，因林家无开水而未能实施麻醉计划。尔后，三被告人遂商定改用捂嘴、持刀威胁的方法实施抢劫，并

---

[1] 最高人民法院中国应用法学研究所编：《人民法院案例选》2004 年刑事专辑（总第 47 辑），人民法院出版社 2005 年版，第 295～296 页。

由被告人王小鹏找出林家菜刀进行威胁。被告人黄勇、张海春则分别同时捂住林亚池、黄顶兰夫妇的嘴巴,林亚池随即用力挣扎并呼喊"救命"。三被告人见状相继逃离现场。被告人张海春到案后,协助公安机关抓获被告人王小鹏;被告人王小鹏到案后,亦协助公安机关抓获被告人黄勇。

江苏省海门市人民检察院于2002年7月17日指控被告人黄勇、张海春、王小鹏犯抢劫罪,向海门市人民法院提起公诉。被告人黄勇、张海春、王小鹏对指控的事实供认不讳。被告人黄勇辩解其行为是犯罪中止。三被告人各自的辩护人主要提出:本案三被告人的行为不属入户抢劫,理由是作案地点系两被害人以算命为生的营业场所;三被告人的行为属抢劫未遂且属从犯;被告人张海春、王小鹏有立功表现。海门市人民法院经公开审理后认为:被告人黄勇、张海春、王小鹏以非法占有为目的,采取暴力方法抢劫他人钱财,其行为均已构成抢劫罪,且系入户抢劫的既遂。黄勇、王小鹏均不服,向江苏省南通市中级人民法院提出上诉。江苏省南通市中级人民法院经二审审理后认为,本案属于入户抢劫,但系未遂。[1]

[**法律问题**]

1. 如何区分犯罪中止与犯罪未遂?
2. 情节加重犯是否存在未完成形态?

[**法理分析**]

中止必须是自动放弃犯罪,是行为人在认为能够完成犯罪的情况下,出于本人意志自动停止犯罪。自动性是中止与犯罪未遂的重要区别。通常可以根据弗兰克公式来判断中止的自动性。"能达目的而不欲"是中止,"欲达目的而不能"是犯罪未遂或犯罪预备。此处的"能"、"欲"应采行为人的主观标准。如果行为人主观上自认为能够完成犯罪,即使客观上注定要失败的情况下,自动放弃犯罪,也算自动停止。如甲在撬保险柜,撬着撬着良心发现放弃了,但事实上保险柜里分文没有,从主观标准出发,这也属于"能达目的而不欲",是犯罪中止。相反,如果行为人主观上自认为无法完成犯罪,但客观上是可以完成的,放弃犯罪,这应当理解为被动放弃,不属于自动中止。比如,行为人撬保险柜,结果有人打电话告诉他柜子里什么也没有,于是他放弃了,但其实柜子里有大量现金。从行为人的主观标准出发,这显然是"欲达目的而不能",属于犯罪未遂。

在本案中,行为人之所以放弃犯罪,是因为被害人用力挣扎并呼喊"救

---

[1] 最高人民法院中国应用法学研究所编:《人民法院案例选》2004年刑事专辑(总第47辑),人民法院出版社2005年版,第295~303页。

命",行为人害怕被他人发现,遂逃离现场,行为人主观上并非自愿放弃犯罪,而是"欲达目的而不能",故属于犯罪未遂。

入户抢劫是一种情节加重犯,情节加重犯是否存在未完成形态,在理论上不无争议。2005年6月8日《最高人民法院关于审理抢劫、抢夺刑事案件适用法律若干问题的意见》中指出:抢劫罪侵犯的是复杂客体,既侵犯财产权利又侵犯人身权利,具备劫取财物或者造成他人轻伤以上后果两者之一的,均属抢劫既遂;既未劫取财物,又未造成他人人身伤害后果的,属抢劫未遂。据此,《刑法》第263条规定的八种处罚情节中除"抢劫致人重伤、死亡的"这一结果加重情节之外,其余七种处罚情节同样存在既遂、未遂问题,其中属抢劫未遂的,应当根据刑法关于加重情节的法定刑规定,结合未遂犯的处理原则量刑。显然,根据这个司法解释除了抢劫致人重伤、死亡以外,其他七种加重抢劫罪中,存在加重抢劫的未遂。在本案,行为人入户抢劫中既没有伤人,又未获取财物,应该认定为入户抢劫的未遂,当在加重抢劫罪的刑罚幅度,从轻或减轻处罚。

事实上,情节加重犯不仅可能成立犯罪未遂,还可能成立犯罪中止。比如某男于某日傍晚在某公园对被害妇女实施暴力,并打算在公园当众奸淫该妇女,在暴力压制被害妇女的反抗后,被害妇女恳求对方不要在公园当众奸淫自己,于是,男子主动将被害妇女挟持到无人发现的附近地下室内奸淫了该妇女。在公共场所当众强奸妇女的行为是强奸罪的加重情节,男子主动放弃这种加重行为,完全符合加重犯的中止犯的成立条件,由于此种加重中止犯没有出现损害结果,故应当免除处罚,单独追究普通强奸罪的既遂责任即可。[1]

案例二: 孙运财破坏交通设施案[2]

[基本案情]

被告人孙运财,男,39岁,汉族,黑龙江省伊春市人,原系佳木斯铁路分局伊春车站运转车间工人,2003年8月21日被逮捕。

2003年7月下旬,孙运财得知其所在单位将要进行优化组合,孙担心自己会下岗,便萌生了在铁路上摆放障碍物,再去拦截列车,争取"立功",避免下岗的想法。此后,孙做了一系列准备,他将一根长20厘米,直径1.6厘米的钢

---

[1] 参见张明楷:"简论部分的中止",载《法学杂志》2013年第4期。
[2] 国家法官学院、中国人民大学法学院编:《中国审判案例要览(2004年刑事审判案例卷)》,人民法院出版社、中国人民大学出版社2005年版,第110~111页。

筋制作成"U"形，并在一端焊上螺母，螺母内拧一长 5.63 厘米，直径 1.55 厘米的螺栓，可扣压在钢轨上的卡具。8 月 1 日 5 时许，孙运财到其所在单位换上衣服伴装去钓鱼，他来到南乌线伊春至缓岭间 103 公里 110 米处。此时，孙明知 K601 次旅客列车将要临近，仍将制作的"卡具"用螺丝固定在线路右侧钢轨上，并用红条塑料袋盖上。然后孙找来在附近打鱼的王福山，二人试图徒手拆下此障碍物未果，孙让王去通知伊春车站，自己迎着 K601 次旅客列车方向拦截列车。K601 次旅客列车被孙拦下，造成该车晚点 16 分钟。经佳木斯铁路公安处侦查，将孙抓获。哈尔滨铁路局佳木斯铁路分局的专业技术人员经技术鉴定，认定孙运财制作的卡具安放在线路钢轨上，能造成列车脱线甚至颠覆事故。

佳木斯铁路运输检察院指控孙运财犯破坏交通设施罪，起诉至佳木斯铁路运输法院。佳木斯铁路运输法院判决如下：孙运财犯破坏交通设施罪，判处有期徒刑 3 年，缓刑 3 年。[1]

[法律问题]

对于危险犯应当如何认定犯罪中止？

[法理分析]

犯罪中止必须发生在犯罪过程中，自开始实施犯罪预备行为到犯罪既遂之前（预备阶段、实行阶段、实行后阶段），都可以成立犯罪中止。但如果犯罪已经既遂，则不可能成立中止。比如，某人盗窃之后非常后悔，又把原物返还的，这只能算犯罪后的悔罪表现，不能成立犯罪中止。

破坏交通设施罪是指破坏轨道、桥梁、隧道、公路、机场、航道、灯塔、标志或者进行其他破坏活动，足以使火车、汽车、电车、船只、航空器发生倾覆、毁坏危险，尚未造成严重后果的行为。该罪是危险犯，只要出现了足以引起交通工具倾覆、毁坏的具体危险，即构成既遂，不需要出现实害结果。在本案中，孙运财在使用中的钢轨上放置了"U"形卡具，且该卡具经专门技术人员鉴定，能造成列车脱线甚至颠覆事故。据此，孙运财已经实施完成了破坏交通设施的犯罪行为，并造成可能使列车颠覆的法定危险状态，构成破坏交通设施罪的既遂。至于其后来伴装防止列车事故，找人来拆卸"U"形卡具（未成），并进而拦截停车的行为，这只是一种事后的悔罪行为，不影响本罪既遂的认定。既然孙某的行为已经构成破坏交通设施罪的既遂，也就不存在成立犯罪中止的可能性。当然，其悔罪行为在量刑时可以作为酌定情节加以考虑。

此外，本案中的孙运财是因为担心自己下岗进而想创造"立功"机会才实

---

〔1〕 国家法官学院、中国人民大学法学院编：《中国审判案例要览（2004 年刑事审判案例卷）》，人民法院出版社、中国人民大学出版社 2005 年版，第 110 页。

施破坏交通设施的犯罪行为，但动机不影响定性，故这并不能成为其免责的理由。

案例三： 姜俊武强奸案[1]

[基本案情]

被告人姜俊武，男，1978年1月22日出生于湖南省湘潭市，汉族，大专文化，湘潭市国税局雨湖分局管理三科副科长，住湘潭市云塘街道金凤巷4号市国税局宿舍3栋3单元2楼。因涉嫌犯强奸罪，2003年6月2日被湘潭市公安局雨湖分局刑事拘留，同年7月8日被逮捕，2004年3月5日经本院决定被取保候审。

被告姜俊武与黄静系恋人关系，一晚两人在黄静宿舍同宿。姜俊武与黄静亲吻、抚摸后，提出与黄性交，黄将双腿夹紧，姜即用双手扳黄的双下肢腘窝处，黄不依，表示等结婚时再行其事，姜便改用较特殊方式骑跨在黄的胸部进行了体外性活动，之后两人入睡。熟睡中黄静吐气、喷唾液、四肢抽搐，姜惊醒便问黄静"哪里不舒服"，黄未作答，姜便又睡。早上6时许，姜俊武起床离开黄静的宿舍。约一小时后，姜俊武多次拨打黄静的手机无人接听，后敲黄的宿舍门没有应答，且发现黄静又未在学校上班，姜便将此情况向校领导反映。校方派人从楼顶坠绳由窗户进入黄静的宿舍，9时30分许发现黄静裸体躺在床上，已经死亡。经最高人民法院司法鉴定中心法医学鉴定，黄静系在潜在病理改变的基础下，因姜俊武采用较特殊方式进行的性活动促发死亡。公诉机关后以强奸罪的犯罪中止提请法院依法判处。但一审法院认为：被告人姜俊武留宿于黄静的宿舍并提出与黄静发生性关系时，被害人黄静表示要等到结婚时再行其事，姜尊重恋人黄静的意愿，而采用较特殊方式进行性活动。其主观上没有强奸的故意，客观上没有违背妇女的意志强行与之性交的行为，不符合强奸罪构成要件，不构成犯罪。二审法院维持了原判。[2]

[法律问题]

被害人同意对犯罪中止的认定有何影响？

[法理分析]

关于此案的性质，关键要看黄静是否同意性行为。如果女方对性交表示同意，被告既不构成强奸罪的既遂，也不构成中止。强奸罪中止的前提仍必须在

---

[1] 湘潭市雨湖区人民法院（2004）雨刑初字第6号。
[2] 湖南省湘潭市雨湖区人民法院（2004）雨刑初字第6号刑事附带民事判决书。

女方不同意的情况下才可能构成。如男方采用暴力手段行奸，女方说其怀孕，希望男方不要施暴，男方放弃，这成立中止。在男方放弃行为之前，他知道女方对性行为持不同意态度。

然而，在黄静案中，男女双方系恋人关系，当男方提出性主张，虽有所行为，但此时他并不确定女方的心态，他期待着女方的同意。女性说"不"之后，还可能改变意图，男性试图说服女性改变态度的做法也合乎情理，对于不断纠缠着的男性，合理的女性应当再次拒绝，并在可能的情况下选择离开。显然在黄静案中，被告提出性主张后，虽然开始动手动脚，但这种行为本身不是性侵犯罪中的"暴力手段"，它只是性行为本身所伴随的正常举动，当女方表示拒绝，被告放弃了性交的意图，这不构成任何犯罪。如果将此行为认定为强奸罪的中止，这不仅将性行为所伴随之正常举动视为不法，同时还剥夺了女方可能同意性行为的自治权。

另外，被告也不构成强制猥亵、侮辱妇女罪，虽然被告在女方拒绝性交之后，对女方实施了体外性行为，由于女方对此没有语言上的再次拒绝，也没有其他形式的反抗，因此在法律上应当视为对性行为的同意。即便女方在当时由于身体原因无法再次拒绝，但由于被告无法预见这种特殊情形，这种对同意的误认也是一种可以免责的合理错误。

拓展案例

朱高伟强奸、故意杀人案[1]

［基本案情］

被告人朱高伟，男，1985年1月15日出生，无业。因涉嫌犯强奸罪、故意杀人罪于2009年3月17日被逮捕。被告人朱高伟与被害人陈某（女，20岁）系租房邻居。2005年8月2日23时许，朱高伟路过陈某住处，见陈某独自在房内睡觉，遂产生强奸念头，并准备了老虎钳及袜子各一只。次日凌晨1时许，朱高伟用老虎钳将陈某住处防盗窗螺丝拧下，从窗户进入室内，把袜子塞入陈某嘴内，又从室内拿了一根绳子将陈捆绑，并将陈拖至隔壁自己住处内实施了奸淫。后朱高伟又将陈某捆绑，因害怕陈报警，便用手掐、毛巾勒其颈部，意图灭口，因发现陈某面部恐怖，心生恐惧，不忍心下手遂解开被害人手脚上的绳子，逃离现场。合肥市中级人民法院认定被告人朱高伟犯强奸罪，判处有期

---

［1］ 参见中华人民共和国最高人民法院刑事审判第一、二、三、四、五庭主办：《刑事审判参考》2010年第1集（总第72集），法律出版社2010年版，第32~37页。

徒刑6年；犯故意杀人罪，判处有期徒刑3年，决定执行有期徒刑8年。一审宣判后，被告人朱高伟提出上诉。安徽省高级人民法院经二审审理认为，朱高伟在着手实施故意杀人犯罪过程中，自动放弃犯罪构成犯罪中止，其故意杀人行为没有给被害人造成实际损害，故对其故意杀人犯罪应当免除处罚。原判认定事实清楚，定罪准确，审判程序合法；但对于朱高伟犯故意杀人罪判处有期徒刑3年属适用法律错误。据此，依法改判上诉人朱高伟犯强奸罪，判处有期徒刑6年；犯故意杀人罪，免予刑事处罚，决定执行有期徒刑6年。

[法律问题]

如何正确理解犯罪中止中关于"损害"的规定？

[重点提示]

我国《刑法》第24条第2款规定："对于中止犯，没有造成损害的，应当免除处罚；造成损害的，应当减轻处罚。"此处的损害应严格按照分则中关于损害的具体规定进行理解，不应随意扩大或缩小解释。

第七章

共同犯罪

共同犯罪是一种复杂的社会现象，数人协力参与犯罪，使得此类行为的不法程度相对于单个人的犯罪有增无减，这一点在有组织犯罪之于社会的危害性上可见一斑。鉴于共同犯罪严重的社会危害性，各国刑法多在其总则中规定了共同犯罪。与此同时，刑法学者立足本国刑事立法对共同犯罪这一重大理论问题展开了长期且卓有成效的研究工作。尽管如此，由于存在诸多复杂的相互交错的理论问题，共同犯罪中的问题并没有随着时间的推移与研究的深入而减少，相反，问题是有增无减，且成扑朔迷离状，以至于被称之为刑法学中"最黑暗的一章"、"绝望之章"。

本书一方面以我国现行刑法有关共同犯罪的规定为依据，结合相关案例就共同犯罪的概念、共同犯罪的构成要件以及共同犯罪的认定作相应介绍；另一方面，以相关案例的研究为契机，从理论层面就共同犯罪的组织形式、共犯刑事责任的认定等理论与实践中的疑难问题进行相应分析。

第一节 共同犯罪概述

知识概要

我国《刑法》第 25 条分两款专门规定了共同犯罪的概念与范畴问题，其中第 25 条第 1 款[1]从正面规定了共同犯罪的概念与构成特征，第 2 款[2]则从反面进一步说明了共同犯罪的成立条件，明确了共同犯罪的范畴。据此，构成共

---

[1] 该款规定，共同犯罪是指 2 人以上共同故意犯罪。
[2] 该款规定，2 人以上共同过失犯罪，不以共同犯罪论处；应当负刑事责任的，按照他们所犯的罪分别处罚。

同犯罪，必须具备如下要件：

一、须有两个以上的犯罪参与者

就犯罪参与者的数量而言，共同犯罪必须是二人以上犯罪参与主体，包括两个或两个以上的自然人、单位或者自然人与单位均可。从犯罪参与者的"适格性"上看，通说认为二人以上必须是达到刑事责任年龄、具有刑事责任能力的人。否则，一个达到刑事责任年龄的人和一个未达到刑事责任年龄的人，或一个精神健全有刑事责任能力的人和一个由于精神障碍无刑事责任能力的人共同实施的危害行为，不构成共同犯罪。[1] 但如果认为共同犯罪的立法与理论需要解决的问题是将违法事实归属于哪些参与人的行为，即解决客观归责问题，将共同犯罪理解为特殊的违法形态，则共犯参与者的责任年龄、精神状态恐并非共同犯罪构成所要重点关注的，如此，则有责任能力者与无责任能力者也可能成立共同犯罪。[2] 从理论的张力与实践的适用层面看，后一种观点值得肯定。

二、共同的犯罪行为

所谓共同的犯罪行为，是指各参与者所实施的行为相互协力、相互配合，共同引起了具体犯罪的危害结果。首先，参与者所实施的行为，必须是严重的违法行为，否则不可能构成共同犯罪。其次，从参与行为的表现样态上看，犯罪参与行为的组合形式存在以下三种情形：共同的作为、共同的不作为以及作为与不作为的结合。从犯罪参与分工角度，可将共同犯罪的参与区分为：实行行为、组织行为、教唆行为以及帮助行为。仅参与犯罪的共谋而未分担实行行为者，即共谋者构成共犯不存疑问，但其系实行犯（正犯）抑或组织犯、教唆犯，还是帮助犯，在我国仍存在较大争议。最后，参与行为客观上必须存在协力与配合的效果，通常情况下，协力与配合是相互的，但也不排除单方面加工、促进他人犯罪行为而不为他人所知的情形。另外，共同的犯罪参与行为是否必须限定在同一具体犯罪构成内，也存在争议，主要涉及对共犯本质的理解，即行为共同说还是犯罪共同说（包括部分犯罪共同说），倾向性的意见认为，共同犯罪的参与行为不必完全限定在同一具体的犯罪构成之内。

三、共同的犯罪故意

所谓共同的犯罪故意，是指各犯罪参与者认识其参与行为会发生危害社会的结果，并且希望或者放任此危害结果发生的心理态度。与一般的犯罪故意一样，共同犯罪故意也包含认识因素与意志因素两个方面。在共同犯罪认识因素

---

[1] 参见高铭暄、马克昌主编：《刑法学》，北京大学出版社、高等教育出版社2011年版，第163页。

[2] 参见张明楷：《刑法学》，法律出版社2011年版，第349页。

方面，存有争议的是，犯罪参与者之间是否必须存在犯意联络，以及犯意联络的内容及其程度。与此相关的是是否承认片面共犯，以及共同犯罪认定中如何把握犯意联络。在现行共犯立法框架下，从正面直接肯认片面共犯确有其困难，但对片面加工、促进他人犯罪行为的参与行为又必须实现刑法规范。对此，通过扩张间接正犯的外延与范畴，将具有严重社会危害性的片面加工行为以间接正犯入罪，或许不失为明智之举。就共同犯罪的意思联络及认识程度而言，共同犯罪的认识内容不应该是事无巨细的，而应当具有一定程度的概括性。事实上，绝大多数的共同犯罪参与者在着手实施犯罪行为之前，都不可能就犯罪的具体细节进行全面的沟通与协商，犯意联络往往是在较短时间内形成，共同犯罪的认识内容也非常抽象、高度概括。至于认识的程度，应根据犯罪参与者之前的沟通情况、参与过程中的实行情况以及犯罪的类型来确定。

经典案例

案例一： 马汝方等贷款诈骗、违法发放贷款、挪用资金案[1]

[基本案情]

1997年9月，时任明华公司法定代表人兼总经理的马汝方，在明知明华公司所属子公司北京硬视兄弟商务有限责任公司、北京硬视多媒体开发制作有限公司不具备高额贷款和提供担保的条件，在无保证还贷能力的情况下，为获取银行高额贷款，指使明华公司财务负责人徐光采取变造、虚构硬视兄弟公司、硬视多媒体公司的营业执照、财务报表等贷款证明文件的手段，将硬视兄弟公司的注册资金由人民币30万元变造为人民币330万元，将硬视多媒体公司的注册资金28万美元变造为128万美元，法定代表人由马汝方变造为张爽，并将两公司的财务报表做大，以硬视兄弟公司为借款人，以硬视多媒体公司为保证人，从中国民生银行北京中关村支行骗取贷款人民币500万元。该贷款中的100万元转至明华公司，其余款项均用于明华公司的债务及其他事务。

此后，马汝方分别于1997年11月、1998年1月指使马凤仙与公司财务负责人徐光采取变造公司营业执照法定代表人及注册资本继而利用其中一公司为另一公司提供担保的方法，先后分3次向银行贷款1300万元，该贷款最终均被转至明华公司账户上，绝大部被明华公司使用，但均未用于贷款申请书所列项

---

[1] 参见中华人民共和国最高人民法院刑事审判第一庭、第二庭编：《刑事审判参考》2004年第4集（总第39集），法律出版社2005年版，第1~10页。

目，到期后亦未归还。

法院认为，被告人马汝方、马凤仙、徐光以非法占有为目的，冒用他人名义，使用虚假的贷款证明文件签订借款合同，为明华公司的利益而骗取银行贷款，三被告人的行为均已构成合同诈骗罪，且犯罪数额特别巨大。其中，马汝方身为单位犯罪中直接负责的主管人员，徐光身为单位犯罪中的直接责任人员，马凤仙以个人身份参与共同犯罪，系合同诈骗罪的共犯。

[法律问题]

仅就本案的犯罪事实而言，3名被告中马汝方与徐光分别系明华公司的法定代表人与财务负责人，而被告人马凤仙则因其与被告马汝方的亲属关系以个人身份参与明华公司的贷款诈骗活动。就骗取银行贷款的方法而言，前后4次基本一致，即编造公司注册资本与法定代表人，利用关联公司相互提供担保的方法。本案的核心法律问题有二：①如何区分自然人共同犯罪与单位犯罪？②自然人与单位共同犯罪的情况下，如何定罪？其中，第二个问题的解决以第一个问题的结果为前提。

[法理分析]

单位犯罪的基本特征可为区分单位犯罪与自然人共同犯罪提供界分依据。根据刑法有关单位犯罪的规定，单位犯罪具有下述特征：①单位是否依法成立、是否真实存在。所谓单位犯罪是指由公司、企业、事业单位、机关、团体实施的依法应当承担刑事责任的危害社会的行为。[1]据此，为了进行违法犯罪活动而设立公司、企业等，或者公司、企业等成立后主要以违法犯罪为主要活动的，与单位犯罪的立法宗旨相悖，不符合单位犯罪的构成特征，不应以单位犯罪论处，对其相关人员以自然人犯罪定罪处罚。②是否在单位的意志支配下实施犯罪活动。所谓在单位的意志下实施犯罪，指犯罪活动经过单位决策程序批准，委托单位成员或其他自然人为谋取单位利益而实施犯罪。[2]据此，未经单位集体研究决定或单位负责人决定或同意实施的犯罪行为，因缺乏程序上的符合性而没有体现单位的意志，不能认定为单位犯罪。③是否为了本单位的利益。这是从利益归属的角度就单位犯罪的特征进行厘定，据此，单位实施犯罪必须是为本单位谋取相关利益，否则，即便以本单位名义实施相关犯罪行为，但犯罪所得由个别参与人所得的，亦不能被认定为单位犯罪。④是否以本单位名义实施犯罪。成立单位犯罪要求必须真实地以本单位的名义实施犯罪活动，盗用单位名义实施犯罪，违法所得由个人所有的，根据相关司法解释的规定不能被认

---

[1] 参见高铭暄主编：《新编中国刑法学》（上），中国人民大学出版社1998年版，第164页。
[2] 参见张文、刘凤桢、秦博勇等："法人犯罪若干问题再研究"，载《中国法学》1994年第1期。

定为单位犯罪,而应依照刑法有关自然人犯罪的规定定罪处罚。

具体到本案中,被告人马汝方系明华公司的法定代表人兼总经理,被告人马汝方为了明华公司的利益,指示公司财务负责人徐光冒用多家公司的名义,采用伪造、使用虚假的贷款证明文件的手段与银行签订贷款合同,且所得款项最终均进入明华公司银行账户,所骗款项虽未用于贷款申请书所列项目,但绝大部分被明华公司使用。就此而言,被告人马汝方、徐光是为了公司的利益、以公司的名义经公司法定代表人兼总经理马汝方的决定采取欺诈手段向银行骗取贷款,完全符合单位犯罪的构成特征。

在认定被告人马汝方与徐光的行为系单位犯罪的情况下,需要就其行为所涉罪名进行研究。虽然实践中单位实施贷款诈骗的情况常见多发,理论上主张单位可以构成贷款诈骗罪的意见也非常强劲,但坚持罪刑法定原则,结合现行刑法有关贷款诈骗罪的规定来看,本罪的犯罪主体仅限于自然人,排出了单位成立本罪的可能。根据2001年《全国法院审理金融犯罪案件工作座谈会纪要》的相关规定,此类行为不能以贷款诈骗罪定罪处罚,也不能以贷款诈骗罪追究直接负责的主管人员和其他直接责任人员的刑事责任,只能以合同诈骗罪对单位及其相关责任人员定罪处罚。与此相关的是,作为非单位员工的被告人马凤仙的行为如何定性。众所周知,成立共同犯罪不仅限于自然人与自然人之间,自然人与单位、单位与单位之间也可以成立共同犯罪。本案被告人马凤仙虽非明华公司员工,但因其与被告马汝方的亲属关系3次参与到明华公司的贷款诈骗活动中,并为该公司骗取银行贷款提供了便利条件,促成了贷款诈骗的结果,构成明华公司合同诈骗罪的共犯。但另一方面,作为单个的自然人,马凤仙的行为完全符合贷款诈骗罪的构成特征,这也体现了共犯行为的复杂性与特殊性:同一行为若仅从单个参与者的角度来看,构成贷款诈骗罪;倘若将该行为纳入到整个犯罪参与活动中全面考察,则又符合合同诈骗罪的构成特征。即因主体身份差异而既符合贷款诈骗罪的构成特征,又成立合同诈骗罪,实属共同犯罪的竞合。纵观全案,被告人马凤仙的犯罪参与行为,不论是作为自然人实施的贷款诈骗犯罪抑或作为与单位共同实施的合同诈骗犯罪而言,与被告人马汝方、徐光相比,仅起到次要或辅助作用,故应作为从犯对待。参考相关司法解释的精神,此类情形应以主犯的犯罪性质定罪处罚,故本案被告人马凤仙的行为以合同诈骗罪定罪为宜,两审法院的判决意见是合理的。

案例二：　　　　　　　　　李尧强奸案[1]

[基本案情]

被告人李尧，男，1985年7月4日出生，汉族，初中文化，无业。2000年7月某日中午，被告人李尧伙同未成年人申某某（1986年11月9日出生，时龄13周岁）将幼女王某（1992年5月21日出生）领到香坊区幸福乡东柞村村民张松岭家的玉米地里，先后轮流奸淫了王某。2000年11月2日，因被害人亲属报案，李尧被抓获。

法院经审理后认为，被告人李尧伙同他人奸淫幼女的行为构成强奸罪，且属轮奸，但因其犯罪时不满16周岁，依法应予以减轻处罚，终判处被告人李尧有期徒刑6年。审理过程中，被告人李尧的行为构成强奸罪基本不存在疑问，存在异议的是李尧的行为是否属于轮奸，继而依据《刑法》第236条第3款第4项的规定从重处罚。一种意见认为，李尧的行为不属于"轮奸"，不能适用《刑法》第236条第3款第4项的规定进行处罚。另一种意见认为，李尧的行为属于"轮奸"，应依法从重处罚。

[法律问题]

李尧与申某某的行为是否属于"轮奸"？

[法理分析]

实践中经常出现达到刑事责任年龄、具有刑事责任能力者与未达到刑事责任年龄、不具有刑事责任能力者共同实施犯罪行为的情形，诸如本案中具有相应犯罪刑事责任能力的未成年人与不具备刑事责任能力的未成年人共同实施的强奸行为，前者依法构成强奸罪，而后者因未满刑事责任年龄自不成立犯罪。审判过程中之所以就被告人李尧的行为是否属于"轮奸"产生分歧意见，皆因在何等意义上认识共同"犯罪"存在认识上的差异。具体到本案中，形成上述分歧的"导火索"则源于如何理解共同犯罪主体的"适格性"问题。

通说认为，共同犯罪的主体必须是两个以上达到刑事责任年龄、具有刑事责任能力的人或单位。否则，一个有刑事责任能力的人，教唆或帮助一个幼年人或者精神病人，实施危害行为，不构成共同犯罪。在案件的终局性处理上，通说的上述结论或许是正确的，但在具体的论证上，通说恐怕存在着"复杂问题简单化"嫌疑。共同犯罪是一类非常复杂的犯罪现象，共犯理论在探究案件中追求处理结论的妥善与合理性的同时，还必须努力保证其理论适用的张力，

---

[1] 参见中华人民共和国最高人民法院刑事审判第一庭、第二庭编：《刑事审判参考》2004年第1集（总第36集），法律出版社2004年版，第27~31页。

即确保共犯理论能够就犯罪参与现象中存在以及可能出现的各类情况能够适用，处理结果能够被广泛接受。通说更多立足共同犯罪成立的意义上理解共犯现象，将共同犯罪理解为共同不法与共同责任的统一体。倘若如此，则容易导致共犯理论适用上的局限性，共犯理论不能解释共犯现象、不能解决共犯问题。例如，甲请求正犯乙杀害自己，正犯乙杀害甲未遂的情形，也属于一类特殊的犯罪参与现象，但若在共同不法与共同责任的意义上认识共同犯罪，则上述现象就不能适用共犯理论。事实上，共同犯罪的立法与理论主要是为了解决法益侵害结果归属于谁的行为这一问题，至于各参与人是否具有责任，则非共犯理论所关注，即共同犯罪是违法行为，各参与人的责任不可能完全相同，更不可能连带。有责任能力者与无责任能力者，也可能成立共同犯罪，但最终是谁承担责任，则不是共同犯罪的立法与理论所要解决的问题，而是责任层面的问题[1]。就此而言，单从术语上讲，犯罪参与较之共同犯罪要更为科学，既是坚持适用共同犯罪，那么共犯理论中的"共犯罪"只能是在脱离了诸如责任年龄、责任能力等影响主观归责因素的意义上理解，简言之，共犯理论中的共同犯罪只是就数人客观上参与法益侵害而言的。由此伸展，若认为共犯现象系共同违法形态，则在共犯本质即二人以上的犯罪参与行为在哪些方面是共同的才成立共同犯罪这一问题上倾向于行为共同说，即赞成共同犯罪是数人共同实施了行为，而不要求数人共同实施特定的犯罪。

具体到本案中，被告人李尧与犯罪嫌疑人申某某在共同奸淫被害人的意思联络下，违背被害人的意愿，在同一时空强行对被害人分别实施奸淫行为。虽然申某某因未满刑事责任年龄，无须就其奸淫行为承担刑事责任，但并不能就此认为申某某违背幼女意愿、强行奸淫幼女的行为在客观上没有达到严重的社会危害性，更不能据此认为犯罪嫌疑人申某某与被告人李尧共同奸淫幼女的行为的法益侵害性小于被告人李尧单独奸淫幼女的不法性。第一种意见否认被告人李尧的行为系"轮奸"，实际上是因本案另一犯罪参与者申某某未达刑事责任年龄这一影响刑事责任能力且具有鲜明人身依附性的特征否认了申某某客观上参与了共同奸淫的事实，这明显与客观事实不符。与此相关，更不能因犯罪参与者中某一参与人未满刑事责任年龄这一成立犯罪的责任阻却事由而"惠及"其他具有刑事责任能力者。因此，立足客观的共同不法的意义上主张行为共同说，必然赞成上述第二中处理意见，即被告人李尧与犯罪嫌疑人申某某的行为属于"轮奸"。

---

[1] 参见张明楷：《刑法学》，法律出版社2011年版，第349页。

案例三：　　　　　　　　刘正波、刘海平强奸案[1]

[基本案情]

被告人刘正波，男，1976年7月1日出生。2008年9月20日20时许，被告人刘正波、刘海平及黄登科、"小伢子"等人与被害人刘某甲（女）、刘某乙（女）在邵阳市北塔区江北广场"老字号家常馆"吃完饭后，黄登科提议将刘某甲、刘某乙分别带走发生性关系，刘正波、刘海平等人均表示同意。随后，刘正波、黄登科将刘某甲带至大祥区敏州路左岸宾馆278号房间。刘正波威胁并殴打刘某甲，黄登科用手掐住刘某甲的脖子，并和刘正波一起强行脱去刘某甲的衣服。黄登科用手指戳破刘某甲的处女膜后，与刘正波轮流对刘某甲实施了强奸。刘海平、"小伢子"将刘某乙带至大祥区雨溪镇松坡公园一山坡上后，欲强行与刘某乙发生性关系，刘某乙反抗并在用手机接听一个电话后称已经报警，刘海平与"小伢子"被迫放弃强奸刘某乙的计划。期间，刘正波与刘海平两次互通电话询问对方"事情"进展情况。

一审法院认为，被告人刘海平、刘正波伙同他人违背妇女意志，采取暴力手段强行与被害人发生性关系，其行为构成强奸罪（共犯）。一审宣判后，被告人刘海平提出上诉，认为其与刘正波实施犯罪的时间、地点及对象不同，不能认定二人系共同犯罪。二审法院经审理后认为，刘正波与刘海平虽均有与被害人发生性关系的意图，但犯意不明确，且系各自伙同他人分别实施犯罪，犯罪时间、空间及对象均不同，二人无共同强奸刘某乙、刘某甲的犯罪故意和犯罪行为，其行为在主、客观上不符合共同犯罪的构成要件，不构成共同犯罪。

[法律问题]

本案中，被告人刘正波与刘海平的行为是否构成强奸罪的共犯？

[法理分析]

本案中被告人刘海平、刘正波各自的行为构成强奸罪，这一点是不存在疑问的。与共同犯罪相关且尚存异议的是，被告人刘正波与刘海平的行为是否构成强奸罪的共犯，被告人刘海平即以其与被告人刘正波各自的强奸行为发生的时间、地点及对象均不同为由，主张二人的行为不属于共同犯罪。

根据我国《刑法》第25条有关共同犯罪的界定，成立共同犯罪以二个以上适格主体在共同犯罪的意思联络与犯意支配下，实施客观上相互配合、彼此促进、密切协作的危害行为为必要。本案中被告人刘正波与刘海平的行为是否构

---

[1] 参见中华人民共和国最高人民法院刑事审判第一、二、三、四、五庭主办：《刑事审判参考》2010年第6集（总第77集），法律出版社2011年版，第42~50页。

成强奸罪的共犯，主要涉及如何理解并认定共同犯罪中的"共犯行为"与"犯意联络"。

本案一审判决中肯认了被告人刘正波与刘海平存在共同犯罪的故意与行为，继而确认了上述两被告系强奸罪的共同犯罪。二审判决则以被告人刘海平与刘正波欠缺犯意联络和协同行为为由，认定二被告系强奸罪的同时犯，进而以我国《刑法》第 25 条第 2 款为据，否认二被告的行为构成强奸罪的共同犯罪。

从共同犯罪的主观方面看，成立共同犯罪要求各犯罪参与者有共同犯罪的意思，包括共同犯罪的认识因素与意志因素，而共同犯罪认识因素中的犯意联络对共犯的认定具有重要的意义。本案中被告人刘正波与刘海平是否系强奸罪的共犯，很大程度上取决于二被告主观上是否存在共同强奸的合意。二被告在黄登科提议将刘某甲、刘某乙带出去发生性关系时表示同意，自不能认定已然形成了共同强奸的故意。但在被告人刘海平与刘正波分别对二被害人实施强奸的过程中，两被告以电话联络的方式两次互相询问事情进展情况，且在同一时间得知彼此正以暴力方式迫使被害人就范。就此而言，在行为进行过程中，两被告以电话联络的方式已经形成了共同强奸的合意，存在共同犯罪的故意。

从行为客观方面看，二被告虽在不同的时空、针对不同的被害人实施奸淫行为，但并不能据此直接否认两者之间缺乏协同性与促进性。易言之，在共同犯罪意图支配下，在不同时间、不同地点，针对不同对象实施犯罪，也是可以成立共同犯罪的，各参与者同样要对共同的危害结果负责。在本案中，两被告以电话联络的方式两次就彼此的强奸犯罪进展情况进行沟通，从物理的有形的角度看虽难评价为一种协力活动，但两次通过电话联络的方式相互告知己方的犯罪进展，从无形的精神层面看客观上起到了相互促进、彼此鼓励的效果，完全可以评价为精神上的帮助与协力。二审法院认为被告人刘正波、刘海平各自的强奸行为彼此独立、分开进行，不存在相互利用、补充、分工和配合关系，实质上只是从有形的、物理的层面考察共犯行为，忽略了无形的、精神层面的协力行为。共同犯罪过程中，参与者通过语言上的沟通甚至眼神交流也可以为其他参加者起到鼓劲打气的作用，客观上协力并促进对方的参与行为，继而通过其他参与者的实行行为与危害结果发生关联性，这也正是共犯因果关系的独特之处。

综上，被告人刘正波与刘海平的行为构成强奸罪的共犯，一审法院的判决结果值得肯定，二审法院否认两被告成立共同强奸的意见有待商榷。

案例四： **蒋勇、李刚过失致人死亡案**[1]

[基本案情]

被告人蒋勇、李刚驾驶农用车在江苏省无锡市某村道上行驶时，与徐维勤驾驶的农用车为了让道问题发生争执并扭打。徐维勤持手机打电话，蒋勇、李刚以为徐维勤纠集人员，即上车调转车头欲驾车离开现场。徐随即冲上前拦在农用车前方并抓住右侧反光镜，意图阻止蒋勇、李刚离开。此后，由李刚拉住徐维勤，蒋勇上车驾驶该车以约20公里的时速缓慢行驶。后李刚放开徐跳上该车的后车厢。徐维勤见状双手抓住该车的右侧护栏欲爬上该车。蒋勇在驾车过程中，从后视窗看到上述情况但未停车。李刚为阻止徐维勤爬进车厢，将徐维勤的双手沿护栏扳开。徐维勤因双手被扳开而右倾跌地且面朝下，被该车的右后轮当场碾轧致死。

本案审理过程中存在两种不同意见：一种意见认为，被告人蒋勇、李刚的行为构成故意杀人罪（共犯）。另一种意见认为，被告人蒋勇、李刚没有主观意思联络，没有放任被害人死亡的心态，其行为分别构成过失致人死亡罪。判决最终认为，被告人蒋勇、李刚为摆脱徐维勤的纠缠而驾车离开过程中分别违反了应有的预见义务和应尽的避免义务，从而导致了徐维勤死亡结果的发生，其行为均符合过失致人死亡罪的基本特征。虽然我国《刑法》第25条第2款实际上承认了共同过失犯罪的存在，但却明确规定不以共同犯罪处理。因此，本案实际上是一起比较典型的共同过失犯罪，不能以共同犯罪论处，只能分别定罪处罚。

[法律问题]

如何区分间接故意与过失尤其是过于自信的过失之间的界限？共同过失犯罪能否以共同犯罪论处？

[法理分析]

1. 就本案中两被告的主观罪过而言，主要涉及间接故意与过于自信的过失的区别而言。一般认为，两者的区别有三：①成立间接故意要求行为人放任结果的发生，结果的发生符合行为人的意志；但成立过于自信的过失不要求行为人放任结果发生。②间接故意的行为人是为了实现其他意图而实施行为，主观上根本不考虑是否可以避免结果的发生；过于自信过失的行为人之所以实施其行为，是因为考虑到可以避免结果的发生。③间接故意的行为人在行为时"明知"结果发生的可能性；过于自信过失的行为人是暂时地"预见"结果发生的

---

[1] 参见中华人民共和国最高人民法院刑事审判第一、二、三、四、五庭主办：《刑事审判参考》2007年第4集（总第57集），法律出版社2007年版，第27~32页。

可能性，在行为时又否认了结果发生的可能性。[1] 本案中两被告因让道问题与被害人发生争执并扭打，误以为被害人在纠集人手欲对其不利，随欲驾车离去，被害人则极力阻止两被告离开。在此过程中，被告人蒋勇以每小时 20 公里低速行进，本案另一被告李刚则为阻止徐维勤爬进车厢，将徐维勤的双手沿护栏扳开，并由此导致被害人徐维勤跌地后被该车后轮碾死。从案件的起因以及二被告离开现场的动机来看，二被告均不希望事态扩大，欲以驾车离去的方式追求"息事宁人"的效果，致人死亡结果的发生不仅与行为人的初衷相悖，且完全背离了行为人意志。从行为当时的车速以及被告人李刚阻止被害人上车的行为来看，两被告客观上也以默契的配合努力防止严重危害结果的发生，积极采取了防止重结果发生的一系列措施——降低车速、采用温和的手段阻止被害人进入车厢。因此，认为两被告就被害人的死亡结果主观上系间接故意的意见不能被支持。但两被告为了顺利离开而阻止被害人进入正在行进中的车厢，终因其"失算"致被害人死亡，就此而言，两被告均应承担过失致人死亡的结果。

2. 本案中被害人死亡结果的发生源于两被告"默契的配合"，这也是本案较为特殊之处，即默契的配合共同导致危害结果发生却不能以共同犯罪对待。仅就本案中两被告所实施的行为而言——蒋勇低速驾车、李刚通过掰开被害人抓在车厢边的手的方式阻止被害人进入车厢的行为，确实存在相互配合、相互协作的关系，而被害人死亡结果的发生也正由上述协力行为共同导致。申言之，两被告各自的行为与被害人的死亡结果之间存在着"如无前者，则必无后者"的因果关系。这一点与共同犯罪尤其是共同正犯中的因果关系高度一致。但根据主客观相统一的要求，成立共同犯罪不仅要求存在共同的犯罪行为，还必须有共同的犯罪故意，包括共同犯罪的认识因素与意志因素。如上所述，本案中两被告对危害结果的发生虽有过错，但均系过失，而根据我国《刑法》第 25 条第 2 款的规定，共同过失犯罪不以共犯论处，因此，法院对被告人蒋勇、李刚分别以过失致人死亡罪定罪处罚是正确的。

案例五： **乌斯曼江、吐尔逊故意伤害案**[2]

[基本案情]

2003 年 9 月 6 日上午，因同在"喀什餐厅"打工的被害人艾山江酒后拿鸡

---

[1] 参见张明楷：《刑法学》，法律出版社 2011 年版，第 267~268 页。
[2] 参见中华人民共和国最高人民法院刑事审判第一庭、第二庭编：《刑事审判参考》2005 年第 3 集（总第 44 集），法律出版社 2006 年版，第 53~58 页。

腿让被告人吐尔逊吃，引起吐尔逊的不满，遂对艾山江拳打脚踢。当晚，被告人乌斯曼江和艾山江在暂住处，因艾山江硬劝乌斯曼江喝酒，引起乌斯曼江的强烈不满，乌斯曼江喝醉后遂抓住艾山江的头往墙上撞，并用夹煤用的铁夹子、铁锨等凶器殴打艾山江，铁锨柄断裂后继续殴打艾山江致使其瘫倒在地上被他人抬到床上。次日8时左右，吐尔逊来到艾山江暂住处见其尚未起床，遂向艾身上踹了一脚后离开。后他人发现艾山江死亡并报警。经鉴定，被害人艾山江系在醉酒状态下遭受钝器打击，致创伤性休克引发多器官功能不全死亡，醉酒加速其死亡。

法院经审理认为，虽然乌斯曼江和吐尔逊都对艾山江实施了故意伤害行为，但两被告人的行为是相互分离的，也没有主观上共同的故意，不能构成共同犯罪，应当对两人分别处理。被告人乌斯曼江故意伤害他人身体，致人死亡，其行为已构成故意伤害罪。本案中吐尔逊虽然对艾山江实施了伤害行为，但没有证据证明吐尔逊的行为对艾山江的身体造成了实际的伤害以及伤害的程度，因此不能认定吐尔逊的行为构成犯罪。

[法律问题]

犯罪参与人在缺乏共同犯罪的意思联络的情况下，分别在不同时间甚或同一时间针对同一行为对象实施伤害行为，致被害人重伤或死亡的，是否符合共同犯罪的构成特征？

[法理分析]

数人"不谋而合"或"不约而同"针对同一行为对象实施相应犯罪行为，客观上甚至起到了相互配合、相互促进的效果，这种情况也是比较常见的，在定罪量刑时涉及数个参与行为是否构成共同犯罪的问题。根据我国刑法有关共同犯罪的规定，行为构成共同犯罪，不仅要求存在共同的犯罪行为，而且必须存在共同的犯罪故意。通说认为，共同犯罪故意包括认识因素与意志因素。其中共同犯罪故意的认识因素包括如下内容：①共同犯罪人认识到自己与他人相互配合共同实施犯罪；②共同犯罪人认识到自己的行为性质，并且认识到共同犯罪行为的性质；③共同犯罪人概括地预见到共同犯罪人与共同危害结果之间的因果关系。共同犯罪的意志因素，即共同犯罪人希望或者放任自己的行为引起的结果和共同犯罪行为会发生的危害结果。[1]

法院终因没有证据证明被告人吐尔逊的伤害行为对被害人艾山江造成了何等程度的伤害，继而宣告被告人吐尔逊的行为不构成犯罪，但并不能据此否认被告人吐尔逊参与了伤害被害人艾山江致死这一客观事实。在此意义上，继续

---

[1] 参见高铭暄、马克昌主编：《刑法学》，北京大学出版社、高等教育出版社2011年版，第165页。

探讨二被告前后相继的故意伤害行为是否构成共同犯罪，仍有必要。本案中二被告在不同时间分别对被害人艾山江实施了程度不同的伤害行为，在一定程度上甚至可以说二被告前后相继的伤害行为相互作用、相互促进，共同导致了被害人的死亡，符合共同犯罪的客观构成特征。但诚如前述，成立共同犯罪不仅要求存在共同的犯罪行为，而且要求有共同的犯罪故意。而本案中，二被告在针对被害人实施伤害行为之前或之中并没有共同伤害的意思联络，详言之，犯罪参与人没有认识到自己正在与他人相互配合共同实施犯罪，也没有认识到共同犯罪行为会引起的危害结果，当然也谈不上希望或者放任共同犯罪行为会发生的危害结果。正是因为二被告缺乏共同犯罪的意思联络，据此方得以否认二被告系故意伤害罪的共犯。

在此，需要特别指出的是，法院在否认二被告存在共同伤害的故意时，以二被告伤害被害人艾山江的目的（动机）不同为由，继而否认二被告存在共同伤害故意。即认为被告人与斯曼江伤害被害人艾山江是因为艾山江硬逼自己喝酒违背了其戒酒的誓言而发泄愤恨和不满，被告人吐尔逊伤害被害人艾山江是因为其喝酒成性，影响了餐厅生意。[1] 犯罪动机与犯罪故意虽均属于犯罪主观方面的重要范畴，但犯罪动机不同于犯罪故意，动机不同也并不会影响犯罪故意的存在。犯罪参与者参与共同犯罪的动机通常情况各异，但并不能据此否认参与者存在共同犯罪的故意。就此而言，以犯罪参与人参与犯罪动机不同为据否认存在共同犯罪故意是有失偏颇的。

案例六：　　　　　陈家鸣等盗窃、销赃案[2]

[基本案情]

1997年10月，被告人经俊杰得知被告人陈家鸣能"卖车"后，即分别伙同经俊义和被告人王建勇在天津市窃得大发牌汽车两辆开往沈阳交由陈家鸣销赃。陈销赃后未将赃款分给经氏兄弟。1998年1月，陈用电话与经俊义联系，提出要两辆黑色桑塔纳轿车。因上次销赃之事，经氏兄弟不愿与其合作。陈便于当月下旬到天津找到经氏兄弟，提出要"买"车，经氏兄弟碍于情面同意帮其弄车。经俊杰后伙同经俊义、王建勇于1月22日晚窃得黑色桑塔纳2000型轿车一辆。后案发，王建勇及经俊义等被抓，经俊杰、陈家鸣闻讯潜逃。负案在逃的

---

[1] 参见中华人民共和国最高人民法院刑事审判第一庭、第二庭编：《刑事审判参考》2005年第3集（总第44集），法律出版社2006年版，第54页。

[2] 参见中华人民共和国最高人民法院刑事审判第一庭、第二庭编：《刑事审判参考》2001年第11辑（总第22辑），法律出版社2001年版，第16~23页。

经俊杰又分别于 1998 年 2 月 16 日、23 日窃得大发牌汽车一辆、桑塔纳轿车一辆，交由陈家鸣销赃。同年 3 月 3 日经俊杰在天津市窃得黑色桑塔纳 2000 型轿车一辆，通过陈家鸣联系到买主。两人先后在交车过程中被公安机抓获。

审理过程中，被告人经俊杰、经俊义、王建勇犯盗窃罪和被告人陈家鸣犯销赃罪，定性无异议。但对被告人陈家鸣事先与经氏兄弟联系"购买"黑色桑塔纳轿车，事后为其销赃的行为是否构成盗窃罪共犯，存在三种意见：第一种意见认为，陈家鸣的行为构成销赃罪；第二种意见认为，应以盗窃罪的共犯论处；第三种意见认为，陈家鸣主动到天津"要车"的行为应以盗窃罪共犯论处，但对经俊杰潜逃后盗车并交付陈家鸣销赃的行为，应认定为事后的单纯销赃行为。

[法律问题]
如何认识共同犯罪的故意，尤其是共同犯罪的意思联络、认识内容及程度？

[法理分析]
犯罪参与形式往往是复杂多样的，绝大多数的共犯行为通常缺乏定型性，但也不排除存在一些类型化的犯罪参与行为，此类行为或者作为他人实施犯罪前必要的协力活动而存在，如传授犯罪方法的行为、煽动颠覆国家政权的行为、组织恐怖组织的行为；或者作为他人犯罪后为方便本犯隐匿或赃物隐藏或证据湮灭所必要而存在，如窝藏、包庇本犯的行为，掩饰、隐瞒犯罪所得及其收益的行为，洗钱行为以及资助恐怖活动的行为等。上述行为本质上都是对本犯及其犯罪活动不同程度的参与，客观上或者引起了他人犯罪的意图，或者为他人实施犯罪创造了便利条件，系一般意义的犯罪参与行为，无论在理论上还是经验上均具有事理上的当然性与实践中的频繁性，有鉴于此，立法者在刑法分则中将其类型化的作了明确规定，并赋以独立的罪名，此即共犯行为实行化。经实行化后的犯罪参与行为不再是共同犯罪意义上的共犯行为，完全具备了实行行为的一般特征，符合此类行为特征及相关犯罪构成要件者，不再以某种犯罪的共犯对待，而直接以刑法分则相关犯罪定罪处罚。

在此，涉及如何界分诸如掩饰、隐瞒犯罪所得等赃物犯罪与相关财产犯罪的共犯问题。通说认为，事后同谋的窝藏、包庇行为，不构成共同犯罪，因为这些行为与危害结果的发生没有因果关系。但事前同谋窝藏行为或包庇行为，支持和鼓励了实行犯的实行行为，通过实行行为引起危害结果的发生，因而与危害结果的发生之间存在因果关系，并且具有共同的犯罪故意，应成立共同犯罪。[1] 本案中被告人陈家鸣初次即 1997 年 10 月帮助被告人经俊义等销售盗窃

---

[1] 参见高铭暄、马克昌主编：《刑法学》，北京大学出版社、高等教育出版社 2011 年版，第 166 页。

来的轿车，系事前无意思联络的事后加工行为，其代为销赃的行为不构成盗窃罪共犯而仅成立掩饰、隐瞒犯罪所得罪，这一点应当不存在疑问。被告人陈家鸣于1998年1月，用电话联系经俊义，提出要两辆黑色桑塔纳轿车，并为此专程赶赴天津面见被告人经氏兄弟，明确提出"购车"请求及相关要求，正如第二种意见认为分析指出的，陈家鸣之前曾帮助经氏兄弟销售盗窃来的轿车，知其不经营汽车交易，也根本没有正当的现货或货源，却要经氏兄弟为其提供两辆"廉价"桑塔纳轿车，实际上是用暗示的方式让经氏兄弟去盗窃其所要的轿车，实为教唆他人犯罪。事实上，经氏兄弟也根据陈家鸣的指示，按照其要求盗窃了两辆桑塔纳轿车，说明经氏兄弟领会了被告人陈家鸣的犯罪意思，形成了共同犯罪的故意。因此，就1998年1月份这一次盗窃桑塔纳轿车的行为，被告人陈家鸣的行为构成盗窃罪的共犯（教唆犯），第一种意见认为有失偏颇，第二种意见有其合理性。此后，在逃的经俊杰又分别于1998年2月16日、23日以及3月3日共盗窃数量轿车，且交由陈家鸣帮其销赃，就陈家鸣而言，可谓第三阶段参与犯罪。陈家鸣虽在该阶段帮助经俊杰联系买家销售盗窃来的轿车，但并没有证据显示经俊杰在该阶段实施盗窃犯罪之前与陈家鸣在事前进行通谋，即就自己负责实施盗窃轿车而陈家鸣帮其联系买家负责销售进行协商与沟通。因此，两被告人之间就第三阶段盗窃汽车的行为不存在共同犯罪的故意，就被告人陈家鸣的行为而言，仅构成掩饰、隐瞒犯罪所得罪。不可否认，陈家鸣与经氏兄弟在第二阶段曾经临时形成了比较松散的犯罪共同体，但在此类临时组合中，"事前通谋"的射程是非常有限的，更何况第二阶段销售赃物的行为以失败而告终，临时的犯罪共同体已然解散，认为经俊杰潜逃后继续盗窃汽车并交陈家鸣销赃的行为，是继续完成他们的事前通谋，这是对第二阶段"事前通谋"的过度延伸甚至是滥用。就此而言，上述第二种意见并不准确，我们赞同第三种意见。

拓展案例

焦祥根、焦祥林故意杀人案[1]

[基本案情]

被告人焦祥根，男，1969年6月2日出生，农民。因涉嫌犯故意杀人罪于2008年5月19日被逮捕。被告人焦祥林，男，1974年9月19日出生，农民。

---

〔1〕参见中华人民共和国最高人民法院刑事审判第一、二、三、四、五庭主办：《刑事审判参考》2010年第4集（总第75集），法律出版社2011年版，第16~23页。

因涉嫌犯故意杀人罪于2008年5月19日被逮捕。被告人焦祥根、焦祥林系同胞兄弟，与家人共同经营管理并不属其家所有的安徽省黄山市黄山区耿城镇城澜村中棚组"小岭洞"山场。1999年前后，焦祥林与被害人唐邦明炒股时相识。焦祥林为谋取唐邦明的房产，于2007年11月14日虚构公司，以骗取唐的信任。2008年3月22日，焦祥林谎称公司要给唐邦明分房及年薪人民币（以下币种均为人民币）10万元，让唐邦明书写收到购房款50万元的收条以便公司会计做账。唐邦明出具收条后，焦祥林私自在收条的空白处添加内容，伪造了房屋买卖协议书，企图找机会凭此协议侵占唐邦明的房产。焦祥林明知焦祥根极力反对村委会将"小岭洞"山场转与他人开发经营，便欲利用焦祥根的心理谋取唐邦明的房产。2008年春节之后，焦祥林多次哄骗焦祥根，称有人要买"小岭洞"山场，焦祥根表示"谁来买山场就干掉谁"，焦祥林默认。2008年4月9日，焦祥林再次对焦祥根提及有人要来买山场，焦祥根让焦祥林将要买山场的人带来。次日7时许，焦祥林以"中林国际集团有限公司"要开发"小岭洞"山场为由，约唐邦明下班后到城澜村中棚组看山场。同日16时许，焦祥林告知焦祥根将有一"老板"前来看山场，焦祥根仍表示"谁来买山场就干掉谁"，并携带柴刀到"小岭洞"山场等候。同日17时许，焦祥林带唐邦明来到"小岭洞"山场，行至山场一小木棚处时，遇到在此等候的焦祥根，焦祥林故意与唐邦明谈论买山场之事以让焦祥根听到。焦祥根听见后立即上前辱骂并殴打唐邦明，将唐打倒在地，后骑在唐的背上，向后猛勒唐的领带，致唐机械性窒息死亡。其间，焦祥林假意劝阻焦祥根不要殴打唐邦明。焦祥根恐唐邦明未死，用石头又砸击唐的背部数下，并用事先准备的钢丝绳套在唐的颈部扎紧，用唐的皮带捆扎唐的双脚。之后，焦祥根让焦祥林回家取来锄头和铁锹，与焦祥林一起将唐邦明的尸体驮至附近"封门口"山场的一烧炭洞处，用柴刀将唐邦明衣裤割开脱下后烧毁，将尸体放入烧炭洞中掩埋。随后，焦祥根、焦祥林携带从唐邦明身上搜出的手机、钥匙、铂金戒指、水果刀等物品回到家中。黄山市中级人民法院认定被告人焦祥根犯故意杀人罪，判处死刑，剥夺政治权利终身；认定被告人焦祥林犯故意杀人罪，判处死刑，缓期2年执行，剥夺政治权利终身。一审宣判后，被告人焦祥林提出上诉。安徽省高级人民法院经裁定驳回上诉，维持原判，并依法报请最高人民法院核准。最高人民法院裁定核准安徽省高级人民法院维持第一审以故意杀人罪判处被告人焦祥根死刑，剥夺政治权利终身的刑事裁定。

[法律问题]

共同犯罪中，犯罪人的共同故意如何认定？

[重点提示]

共同犯罪的前提是共同犯罪人之间具有共同的犯罪故意，但在司法实践中共同故意的认定往往会遇到各种具体共同故意形态，但都不会影响共同犯罪故意的认定。

第二节 共同犯罪的形式

知识概要

共同犯罪的形式，是指二人以上共同犯罪的存在方式、结构状况或者共同犯罪之间的结合形态。[1] 准确地对共同犯罪进行分类，有助于全面认识各种形式的共同犯罪的性质及其社会危害程度，正确把握不同类型的共同犯罪的特征，明确不同类型的共同犯罪的成立范围，以便对其进行合理的处罚。

依据不同的标准，可对共同犯罪的形式进行不同的划分。

1. 以共同犯罪能否任意形成为标准，可将共同犯罪区分为任意的共同犯罪和必要的共同犯罪。前者是指刑法分则规定的可以由单个人实施的犯罪而由二人以上共同实施的情形。必要的共同犯罪则指刑法分则所规定的必须由二人以上共同实行的犯罪，具体包括三种情形：对向犯、聚众共同犯罪以及集团共同犯罪。对向犯中存在较大争议的是，刑法分则只规定处罚一方的情况下，能否直接根据刑法总则的规定直接将相对方的行为作为共犯处罚？在聚众共同犯罪中，如何合理确定处罚范围、厘定首要分子以及明确聚众犯罪与共同犯罪之间的关系。

2. 以共同犯罪之间有无分工为标准，可将共同犯罪区分为简单的共同犯罪和复杂的共同犯罪。简单共同犯罪又称共同正犯或共同实行犯，是指二人以上共同故意实行某一具体犯罪的构成要件行为的情形。复杂共同犯罪是指各犯罪参与者之间存在分工的共同犯罪，可能的情形包括组织犯、教唆犯、实行犯以及帮助犯。在复杂共同犯罪中，因犯罪参与形态各异，参与犯之间的关系以及不同犯罪的构成要件值得深入研究。

3. 以共同犯罪人之间结合的紧密程度为标准，可将共同犯罪区分为一般的共同犯罪和特殊的共同犯罪。前者是指犯罪参与者之间不存在固定组织形式的

---

[1] 参见高铭暄、马克昌主编：《刑法学》，北京大学出版社、高等教育出版社2011年版，第166页。

共同犯罪；后者则指各犯罪参与者之间有固定的组织形式的共同犯罪，故又被称为有组织犯的共同犯罪或犯罪集团，集团犯罪中需要重点掌握犯罪集团的构成特征。

4. 以共同犯罪故意形成的时间为标准，可将共同犯罪区分为事前通谋的共同犯罪和事中通谋的共同犯罪。前者是指犯罪参与者着手实行犯罪以前形成共同犯罪故意的情形，后者则指共同犯罪人在着手实行犯罪之际或者实行犯罪过程中形成共同犯罪故意的情形。比较特殊的是承继的共犯，其中存在较大争议的是后参与者是否对其参与前其他行为人的行为及其结果承担刑事责任。

经典案例

案例一： 叶燕兵非法持有枪支案[1]

[基本案情]

同案被告人韩勇杰（已判刑）于2008年12月8日因犯非法持有枪支罪被四川省仁寿县人民法院判处有期徒刑2年，缓刑3年，其在缓刑考验期内仍继续非法持有枪支。2009年9月4日22时许，被告人叶燕兵因朋友在成都发生纠纷，遂邀约韩勇杰以及陈伟、胡洪刚帮忙并告诉韩勇杰要带枪，韩勇杰遂将2支仿制式手枪、3发子弹放入随身携带的挎包内，上了叶燕兵驾驶的轿车。上车时叶燕兵要求韩勇杰将枪支交由自己保管并让其不要去，被韩勇杰拒绝。该车应叶燕兵要求改由韩勇杰驾驶，途中接上受邀帮忙的陈伟、胡洪刚后，4人一同从仁寿县前往成都市。途经高速公路收费站时被巡警盘查，韩勇杰、叶燕兵被当场抓获，2支仿制式手枪、3发子弹被缴获。经鉴定，所缴两支手枪均属《中华人民共和国枪支管理法》所规定的枪支。

一审法院认为，被告人叶燕兵违反枪支管理规定，非法持有枪支，其行为构成非法持有枪支罪，且与韩勇杰系共同犯罪。一审宣判后，被告人叶燕兵提出上诉，认为被告人韩勇杰事先已触犯非法持有枪支罪，叶燕兵没有实际有效控制枪支，2人并非共同犯罪，叶燕兵不构成非法持有枪支罪。二审法院经审理认为，被告人叶燕兵因与他人纠纷主动邀约韩勇杰携带枪支，后共同携枪乘车前往成都，其行为构成非法持有枪支罪，且系共同犯罪。据此，裁定驳回上诉，维持原判。

---

[1] 参见中华人民共和国最高人民法院刑事审判第一、二、三、四、五庭主办：《刑事审判参考》2010年第5集（总第76集），法律出版社2011年版，第11~16页。

[**法律问题**]

被告人叶燕兵是否与被告人韩勇杰构成非法持有枪支罪的共同正犯？如何认识刑法上的持有？我国刑法是否承认共同持有？如何判断共同持有？

[**法理分析**]

构成共同正犯要求 2 人以上必须存在共同实行犯罪的意思，以客观上共同实施或分担实行行为。详言之，从犯罪主观方面看，各犯罪参与者必须具有共同实行犯罪的故意，包括各参与者对所具体实施的犯罪具有共同的认识，各参与者具有共同实行犯罪的意思联络以及各参与者均希望或放任共同犯罪结果的发生。从客观方面看，各犯罪参与者必须共同实施或分担犯罪实行行为，包括共同实施同样的构成要件的行为，或者各自分担不同的实行行为，或者针对不同行为对象分别实行构成要件行为。本案比较特殊的是成立共同正犯的载体——非法持有枪支罪，该罪系典型的持有型犯罪，涉及对持有的性质及内涵的厘定。一般来说，持有是以行为人对物的实力支配关系为内容的行为，换言之，人对物的实力支配即是持有，判断某一行为是否属于刑法上的持有，不仅要求行为人对物的客观上的支配关系，而且还要求主观上具有支配的意思。有关持有的性质，理论上存在三种观点：作为说、不作为说以及独立行为说。[1] 当前，三种观点都被有力地支持着，还很难说哪一种观点具有压倒性的优势。

非法持有枪支罪是指行为人违反枪支管理规定，非法持有、私藏枪支的行为。而没有合法根据地实际占有或控制枪支，非法替他人保管枪支的行为，也属于非法持有。本案中韩勇杰的行为构成非法持有枪支罪自无疑问，而被告人叶燕兵是否构成非法持有枪支罪的共同正犯，关键在于是否承认共同持有或通过他人而间接持有枪支。需要说明的是，刑法中的持有与占有或许存在区别，但此处则是在同等意义上理解持有与占有。从客观方面来看，构成非法持有枪支罪的共同正犯，必须存在非法持有枪支的行为。我们赞成判决中的下述意见：持有既可以是一人单独持有，也可以是两人以上共同持有；既可以是直接持有，也可以是间接持有。但具体到本案中，则很难说被告人叶燕兵与韩勇杰共同持有枪支或者通过韩勇杰间接地持有枪支。本案的枪支自始至终由韩勇杰实际占有，被告人叶燕兵事实上并没有占有或对枪支形成有力的支配关系。更重要的是，非法持有枪支罪侵害的法益是公共安全和国家对枪支的管理制度，这意味着非法持有枪支这一行为及其产生的持有状态在时间上必须具有一定的持续性，非常短暂的接触或极其柔和的支配，都不可能达到严重侵害本罪法益的程度。据此可以否定被告人叶燕兵客观上分担或实施了非法持有枪支的行为。从主观

---

〔1〕 参见张明楷：《刑法学》，法律出版社 2011 年版，第 161 页。

方面看,成立非法持有枪支罪,要求行为人主观上有支配或控制枪支的意思。很明显,被告人叶燕兵曾产生过自己占有枪支的想法,即韩勇杰应邀上车时,叶燕兵要求韩勇杰将枪支交由自己保管,但却遭到韩勇杰的拒绝,枪支继续由韩保管。对此,叶燕兵表示默认。换句话说,被告人叶燕兵即使产生过占有枪支的想法,但在遭到韩勇杰的拒绝后,客观上没有形成对枪支的支配,主观上也放弃了占有枪支的意思。据此,叶燕兵的行为不应构成非法持有枪支罪的共同正犯。事实上,法院最终之所以以非法持有枪支罪对被告人叶燕兵定罪处罚,很大程度上是因被告人有实施犯罪的可能。诚如判决理由中指出的,叶燕兵因朋友与他人发生纠纷,遂邀约他人携枪帮忙,使得枪支发生了空间上的转移故而具有了新的潜在危险;同时,叶燕兵的主观内容不仅限于简单持有枪支本身,而且具有明确的使用枪支意图。但枪支若不被实际使用,非法持有枪支所造成的危险状态并不会因空间上的转移必然形成新的潜在危险。既然通过现有证据不能证明叶燕兵准备枪支意欲何为的情况下,又何谈具有明确的使用枪支的意图。"无行为则无犯罪",既然被告人叶燕兵客观上并没有实施相关犯罪行为,通过相关证据也不能证明行为人约人专程赶赴成都是为了犯罪,那么对其定罪处罚实际上就是在惩罚一种可能的犯罪,甚或是诛心之举。

案例二: 陈继明等传播淫秽物品牟利案[1]

[基本案情]

2009年5月,被告人陈继明创建了"天下灵通"网站,后在此基础上又创建了"开心休闲论坛"网站,并限定只有注册成为会员才能浏览该网站的相关内容。为增加会员数和网友的浏览点击数,"开心休闲论坛"上传了许多描绘性行为或露骨宣扬色情的图片、文章等。2009年8月,陈继明认为该网站的点击数、会员数量已经具有一定的规模,遂决定收取广告费。陈继明利用该网站为酒店桑拿部等色情场所进行宣传,每个场所收取每月人民币200~300元或每季度500~800元。被告人史迎庆、盛家志起初只是"开心休闲论坛"网站的注册会员,后为了获取权限以便浏览更多的淫秽图片和淫亵性文字内容信息,明知陈继明创建淫秽网站从中收取广告费牟利,还分别于2009年6月和11月向陈继明申请成为该网站的管理人员,主要负责对描绘嫖娼过程过于简单的帖子或没有上传色情图片的帖子进行删除,对能详细描绘整个嫖娼过程并上传色情图片

---

[1] 参见中华人民共和国最高人民法院刑事审判第一、二、三、四、五庭主办:《刑事审判参考》2012年第2集(总第85集),法律出版社2012年版,第82~87页。

的帖子进行加分和回复，以便吸引更多网民进行点击和浏览。至案发，该网站的会员数达到 70 968 名。

本案审理过程中，对史迎庆、盛家志二被告的行为如何定罪存在两种意见：一种意见认为，史迎庆、盛家志主观上无牟利目的，其帮助管理行为并不是为了获得经济利益，而是为了提高自己浏览网站的权限。二被告人与陈继明缺乏犯意联络，不构成共同犯罪，应单独认定为传播淫秽物品罪。另一种意见认为，二被告虽无牟利目的，客观上也未获得报酬，但在明知陈继明建立淫秽网站收取广告费牟利，仍申请成为网站的版主，对网站进行管理、编辑和维护，从而吸引更多的网民进行点击和浏览，其行为对陈继明的行为起到了帮助作用，应当构成传播淫秽物品牟利罪的共犯。

[法律问题]

如何认识犯罪参与过程中除实行犯之外的其他犯罪参与者的协力行为以及实行犯之外的狭义共犯的犯罪参与的故意、目的等？

[法理分析]

狭义的共犯通常是指教唆犯与帮助犯。构成狭义的共犯不仅要求客观上存在教唆或帮助行为，且教唆者或帮助者主观上还必须具有教唆他人犯罪或帮助他人犯罪的故意。详言之，客观上实行犯之外的犯罪参与者所实施的犯罪协力行为要么促使、引诱甚至威胁、强迫"适格主体"主观上产生了实施犯罪行为的意图或具有产生这种犯罪意图的现实性，要么协力行为客观上使得实行犯的犯罪实行更为容易，如果坚持客观不法论，即使缺乏主观上帮助他人犯罪的故意，但行为人的协力行为客观上使得实行犯的犯罪实行更为容易，也存在客观违法的空间，最典型者莫过于"中立行为"。从主观上看，犯罪参与者必须就协力行为的对象的个人基本情况有相应明确的认知，诸如主体的责任年龄、精神状况以及是否已经存在犯罪的决意，与此同时，通常情况下，犯罪参与者通常会与犯罪实行者就共同犯罪的事实进行沟通、协商，继而达成共同犯罪的意思。但在部分共同犯罪中也并不排除实行犯与教唆犯、帮助犯就共同犯罪的相关情况缺乏直接的、面对面的沟通，尤其是在有组织的共同犯罪的场合，实行犯与组织犯、教唆犯及帮助犯犹如一个有机运行的组织体上的某一"零部件"，在各自的职位上扮演不同角色、分担不同职能、发挥不同作用，犹如流水线作业进行犯罪活动，在此过程中，组织者犹如神经中枢向实行犯、帮助犯等分别下达各自任务，实行犯与帮助犯或许知道有人在协助自己的犯罪行为，但对具体的协力者则不甚明了，更不可能就相关犯罪的实行与参与等配合情况与帮助者面对面进行直接沟通。但并不能据此否认实行犯与组织犯、教唆犯与帮助犯之间存在共同犯罪的故意这一事实。

具体到本案中，被告人史迎庆、盛家志在2009年6月和11月向陈继明申请成为"开心休闲论坛"网站的管理人员之后，主要负责对描绘嫖娼过程过于简单的帖子或没有上传色情图片的帖子进行删除，对能详细描绘整个嫖娼过程并上传色情图片的帖子进行加分和回复，上述行为是对本案被告人陈继明通过网络发布、散播淫秽物品牟利行为的加工与协助行为，客观上也产生了吸引更多网民点击和浏览该色情网站上相关淫秽图片、文字的效果。从主观方面看，被告人史迎庆、盛家志在申请成为"开心休闲论坛"网站的管理人员之前已经明知被告人陈继明在利用该网站从事发布、传播淫秽物品牟利的事实还积极申请加入，成为网站的管理人员后明知其管理、维护、编辑工作必将吸引更多网民点击、浏览该网站仍积极参与，在此过程中行为人不仅就自己的行为的内容及其不法性存在明确的认知，而且就各自的行为会使得被告人陈继明通过网络散播、传播淫秽物品牟利的犯罪活动更为容易这一点上是存在共同认知的。易言之，从行为的性质以及行为较长时间的持续性上看，被告人史迎庆、盛家志与被告人陈继明已经通过各自持续性的不法行为达成了共同实施该犯罪活动的意思。需要特别说明的是，本案的被告人史迎庆、盛家志辩称自己虽然客观上参与了他人传播淫秽物品牟利的犯罪活动，但自己主观上并没有牟利的目的，客观上也没有获得经济上的利益，据此认为自己的行为不构成犯罪。但是，在共同实施诸如以特定目的活动为构成要件的犯罪的场合，并不要求所有的犯罪参与者主观上都具有该罪所要求的特定目的或动机。换句话说，只要实行犯主观上具有上述目的或动机即可，其他犯罪参与者即使缺乏上述目的，也不影响其参与行为构成犯罪。

案例三：　　　胡忠、胡学飞、童峰峰故意杀人案[1]

[基本案情]

2005年国庆节期间，被告人胡忠因怀疑被害人李光耀在其贩卖毒品时从中作梗，便指使被告人胡学飞教训李光耀一顿，将其打致"住院"，并答应事后给胡学飞好处。随后胡忠带胡学飞到李光耀居住处对李进行了指认，并交给胡学飞人民币1500元。同年10月7日晚，胡学飞纠集了被告人童峰峰一同作案，并购买了两把弹簧刀。当晚8时许，胡学飞、童峰峰看见李光耀出门在路上行走，胡学飞即冲上前持刀朝李光耀背部捅刺。李被刺后挣脱逃跑，童峰峰追上将李

---

[1] 参见中华人民共和国最高人民法院刑事审判第一、二、三、四、五庭主办：《刑事审判参考》2009年第3集（总第68集），法律出版社2009年版，第6~12页。

抓住，胡学飞赶上后又持刀朝李身上捅刺。李再次挣脱逃走，胡学飞、童峰峰追上将李按倒在地并持刀朝李身上乱刺，造成李光耀因双肺被刺破致急性大失血当场死亡。作案后，胡学飞打电话告知胡忠。胡忠便将人民币3500元交给胡学飞，胡学飞分给童峰峰人民币750元。同月15日、16日、19日，胡忠、胡学飞、童峰峰先后被抓获归案。

法院经审理认为，被告人胡忠指使被告人胡学飞对李光耀实施伤害报复行为，造成一人死亡的严重后果，其行为已构成故意伤害罪。被告人胡学飞受胡忠指使，邀约被告人童峰峰持械共同故意非法剥夺他人生命，其行为均已构成故意杀人罪。犯罪手段特别残忍，情节特别严重，应依法惩处。

[法律问题]

如何认识教唆犯的教唆故意尤其是教唆犯的主观认识内容及其程度？本案中，被教唆者即实行犯所实施的犯罪行为及由此产生的危害结果是否超出了教唆犯教唆故意的范围继而构成实行过限？

[法理分析]

本案系实践中常见多发的雇凶犯罪。雇凶犯罪本质上系共同犯罪，其中，"雇主"属典型的教唆犯，而"雇员"即被教唆者则为实行犯。

所谓教唆犯是指故意唆使并引起他人实施符合构成要件的违法行为的一类犯罪参与形态。教唆行为构成教唆犯必须具备如下条件：①教唆对象即被教唆者必须是达到一定年龄、具有一定责任能力的人。达到一定责任年龄并非指被教唆者必须达到刑事责任年龄，具有一定责任能力也并不意味着被教唆者必须具备刑事责任能力，而是说被教唆者虽未达到法定负刑事责任的年龄，但是根据被教唆者的年龄与精神状况，可以就其行为的社会意义、性质甚至法律评价具有基本的认知。通常来讲，教唆的对象必须是特定的，但并不意味着只能对一人进行教唆或一次只能教唆一个人。从教唆者与被教唆者系引起与被引起的前因后果的关系角度看，正是因教唆者的唆使方使得被教唆者主观上产生了犯罪的决意，因此，教唆者实施教唆行为前被教唆者已经产生了犯罪的意图的情况下，教唆者不成立教唆犯。②必须具有教唆行为。教唆行为的本质在于使原本没有犯罪意思的人产生犯罪的意思，从教唆效果上看，犯罪意思经历了从无到有的过程。教唆行为的方式、方法没有限制。常见的教唆方法诸如劝告、嘱托、哀求、指示、引诱、怂恿、命令、威胁、强迫等。[1] ③教唆故意。教唆故意即通过教唆行为使被教唆者产生实施特定犯罪的故意。理论上存在争议的是教唆犯的主观罪过是否仅限于直接故意，与此相关的是如何理解未遂的教唆；

---

〔1〕 参见张明楷：《刑法学》，法律出版社2011年版，第382页。

实践中教唆犯的处理中比较棘手的是如何认识教唆犯主观方面的认识内容及其程度。

具体到本案中，被告人胡忠因怀疑被害人李光耀在其贩卖毒品时从中作梗，心存报复，遂指使被告人胡学飞"教训"李光耀，"教训"的程度为将其打致住院，并许诺事后给予胡学飞好处。就此而言，被告人胡忠存在犯罪教唆行为，即通过指使、利诱等方法使得原本没有犯罪意图的他人产生了实施故意伤害犯罪的故意，即教唆行为与被教唆者主观上产生犯罪故意之间存在引起与被引起的关联性，被教唆者客观上也实施了针对被害人李光耀的"伤害行为"；从主观方面看，被告人胡学飞在实施教唆行为时已经就所教唆之罪作了较为明确的说明——"教训"被害人李光耀，即唆使被教唆者对被害人李光耀实施人身伤害，并且就"教训"的程度也作了限定——"打致其住院"，这一点可证明被告人胡忠主观上并不希望被教唆者剥夺被害人的生命，内心也排斥被害人死亡这一结果的出现。因此，纵观全案，被告人胡忠的行为构成故意伤害罪没有问题。被教唆者胡学飞在接受教唆后，又纠集了本案另一被告人童峰峰一同作案，在此，本案实行犯胡学飞实际上还实施了教唆他人犯罪的行为，同时构成教唆犯。在共同犯罪的故意支配下，本案两被告胡学飞、童峰峰准备了犯罪工具——两把弹簧刀，并着手实行犯罪。实行犯罪过程中，第一次伤害行为发生后，被害人李光耀两次挣脱逃跑，均被上述二被告赶上后持刀乱捅，从持刀"打击"的部位、"打击"的频率上看，两被告对被害人的"打击"是没有限制的，已经完全超出了伤害行为的限定程度，也远远超出了本案教唆犯胡忠有关伤害程度的"交待"，明显属于剥夺他人生命的行为，因此，被告人胡学飞、童峰峰的行为构成故意杀人罪，系典型的实行过限，被告人胡忠自不必就被告人胡学飞、童峰峰的故意杀人行为承担刑事责任。根据部分犯罪共同说或行为共同说，虽能较容易地得出被告人胡忠与胡学飞、童峰峰的行为在故意伤害罪的范围内构成故意伤害罪的共同犯罪。但有疑问的是，被告人胡忠是否应就被害人李光耀的死亡结果负刑事责任，是否应承担故意伤害致死的责任。答案应当是肯定的。故意伤害致死系故意伤害罪的结果加重犯，行为人对该加重结果的出现主观上持过失的心理态度，即应当预见而没有预见或已经预见但轻信能够避免。以暴力方式实施的伤害行为在实施过程中因打击部位、打击力度以及打击频率、被害人的反抗甚至某些意外因素的影响很容易直接导致被害人的死亡，且这种结果出现的概率从经验事实上看是非常高的，被告人胡忠应当预见而没有预见到这一点，不能不说他对被害人的死亡结果存在过失。因此，法院认定其构成故意伤害致人死亡的结果加重犯是正确的。

案例四： 练永伟等贩卖毒品案[1]

[基本案情]

2004年3月~10月，被告人练永明先后纠集了被告人吴兵、练永伟、刘宏伟、苏楚文和杨宗明、鲜报、涂强及陈民福（在逃）等人，组成了集购买、运输、储藏、贩卖于一体的贩毒网络。练永明在重庆市负责联系购买毒品海洛因，并安排人员运送至上海市、无锡市进行出售；练永伟在重庆市受练永明的指使取回练永明购买的海洛因，并负责将海洛因交给练永明安排的人员逐批运送，同时购买并提供从重庆市至上海市的火车票；刘宏伟和杨宗明、涂强、陈民福相继在练永明的安排下负责运输海洛因；吴兵在练永明的安排下，在上海市、无锡市负责接收和出售海洛因，并将回笼的赃款通过异地存储或委托运送毒品人员返程时带回等方式交给练永明；苏楚文受吴兵的指使在无锡市负责接收和出售海洛因；鲜报在练永明、吴兵的安排下，在无锡市的租住处储藏、中转海洛因。

法院经审理认为，被告人练永明不满足于零星贩卖海洛因而纠集被告人吴兵、练永伟、刘宏伟、苏楚文、鲜报、杨宗明、涂强等人，组成贩卖海洛因的犯罪集团，有组织地贩卖、运输大宗海洛因。被告人练永明、吴兵、练永伟、杨宗明的行为均已构成贩卖、运输毒品罪；被告人苏楚文、鲜报的行为均已构成贩卖毒品罪；被告人刘宏伟、涂强的行为均已构成运输毒品罪。

[法律问题]

犯罪集团有哪些构成特征？

[法理分析]

本案系有组织的贩卖、运输毒品犯罪，即通过组建犯罪集团实施毒品犯罪，实现毒品犯罪规模化效应。集团犯罪中的法律问题较多，诸如何为犯罪集团、犯罪集团的法律特征是什么、犯罪集团中各参与者的责任如何分担，等等。从本案的审理过程来看，其争议点主要围绕犯罪集团的构成特征展开。

有关犯罪集团的基本特征，最高人民法院、最高人民检察院和公安部于1984年6月15日联合制定的《关于当前办理集团犯罪案件中具体应用法律的若干问题的解答》中作了明确规定，认为犯罪集团具有五个基本特征：①人数较多（3人以上），重要成员固定或基本固定；②经常纠集一起进行一种或数种严重刑事犯罪活动；③有明显的首要分子，有的首要分子是在纠集过程中形成的，

---

[1] 参见中华人民共和国最高人民法院刑事审判第一、二、三、四、五庭主办：《刑事审判参考》2006年第5集（总第52集），法律出版社2007年版，第29~41页。

有的首要分子在纠集开始时就是组织者和领导者；④有预谋地实施犯罪活动；⑤不论作案次数多少，对社会造成的危害或其具有的危害性都很严重。现行《刑法》第 26 条第 2 款也就犯罪集团的概念作了明确规定，其中就共同犯罪的特征作了内隐性的描绘。据此，一般认为，犯罪集团具有如下构成特征：①3 人以上人数不等的参加者，且骨干成员较为固定。②具有较强的组织性与纪律性，即犯罪集团存在领导者与被领导者，集团成员在领导者的统一指挥下各司其职，分工协作且相互配合，共同实施犯罪行为。为保障犯罪集团的存续与发展，提高犯罪的效率，犯罪集团通常有约束成员行动的成文或不成文的行为规范。③目的明确，集团存在的目的就是为了实施违法犯罪活动。④严重的社会危害性。犯罪集团因为其有着严密的组织结构，有的犯罪集团甚至有专门规范成员行为的规章制度，集团成员的犯罪活动均在犯罪集团的组织领导者的指挥下统一行动、相互配合。因此，犯罪集团的存在本身就是对社会秩序的严重威胁，而与一般的共同犯罪相比，集团犯罪具有更加严重的社会危害性，历来是各国刑法规制并打击的重点。

具体到本案，主要是根据练永明等毒品犯罪参与者之间结合的紧密程度，依据上述有关犯罪集团构成特征的规定，分析其共同犯罪形式是否属于毒品犯罪集团。被告人练永明为了实现毒品犯罪规模化，先后纠集了被告人吴兵等 8 人共同参与毒品犯罪，符合犯罪集团有关参与人数的限定性要求；被告人练永明纠集被告人吴兵等共犯人的目的明确——专门从事毒品犯罪。该犯罪共同体在领导者练永明的指挥下，形成了一个相对完整的毒品犯罪网络，持续性实施毒品犯罪，涉案的毒品海洛因总量达 20 284.01 克，社会危害后果极其严重，符合犯罪集团具有严重社会危害性这一特征。申言之，从参与者的人数、犯罪共同体存在的目的性以及共同犯罪的社会危害性方面看，练永明等共同犯罪已具备了犯罪集团的三个特征，是否属于刑法上的犯罪集团关键在于其是否具备了犯罪集团的组织性特征。众所周知，一般共同犯罪与犯罪集团的关键性标志在于各犯罪参与者间结合的紧密程度，这一点主要从以下几方面进行判断：①是否存在支配与被支配、命令与服从这样的上下隶属关系；②是否具有约束、奖惩集团成员行为的成文或不成文的规范。从本案中各犯罪参与者与被告人练永明的人身依赖关系上看，被告人练永明对其他犯罪参与者缺乏上述支配力，更不存在上下级之间绝对的命令与服从关系。例如，2004 年 9 月中旬，练永明与刘绍波联系后，指使练永伟在重庆市沙坪坝区天心桥车站附近从刘绍波处购得 3000 克海洛因。按照练永明的安排，练永伟将 3000 克毒品分装两袋，于 14 日在都市花园某洗脚馆内将毒品连同火车票交给被告人刘宏伟、涂强准备运送至无锡。但涂强借故不愿意前往，并嗣后将装有海洛因的袋子退还练永伟。这说明被告人练永明在与其他毒品犯罪参加者共同犯罪过程中虽然扮演策划、组织角色,在共同犯罪中起主要作用,但尚未形成严密的等级结构,对其成员违背组织者意愿与指示的活动尚不能进行惩处,缺乏犯罪集团所要求的组织性。另外,也没有证据显示,该犯罪共同体为保障犯罪活动的顺利进行,制定或形成了约束成员行为的规范。综上,练永明犯罪团伙仍处于较为松散的联合状态,尚不具备成立犯罪集团所要求的组织性程度,仍处于一种较为松散的联合状态,系一般共同犯罪。

拓展案例

王立刚等故意伤害案[1]

[基本案情]

被告人王立刚,男,1979年4月5日出生,无业。因涉嫌犯故意伤害罪于2006年11月14日被逮捕。其他被告人省略。被告人王立刚、王立东二人在北京市丰台区开业经营东北饺子王饭馆,饭馆的员工都是东北老乡,有何立伟、马加艳等人。2006年10月6日中秋节晚上,在饭馆门前王立刚组织员工一起吃饭喝酒。同时,在东北饺子王饭馆斜对面经营休闲足疗中心的朱峰也在同老乡胡乐、李小笛、郭庭权、邱建军、周红等人一起吃饭、喝酒。10月7日2时许,王立刚因被害人胡乐用脚猛踢路边停车位的牌子声响很大而与胡乐发生口角。胡乐感觉自己吃亏了,对王立刚等人大喊"你们等着",就跑回足疗中心。王立刚见胡乐跑回去,怕一会儿他们来打架吃亏,就到饭馆厨房拿了一把剔骨尖刀,何立伟从厨房拿了两把菜刀,马加艳拿了一把菜刀。在准备好后,王立东对员工讲"咱们是做生意的,人家不来打架,咱们也别惹事,他们要是来打,咱们就和他们打"。胡乐回到足疗中心对朱峰等人说外面有人打他,去厨房拿了一把菜刀出去和王立刚等人打架,朱峰等人也分别拿炒菜铁铲、饭勺等东西一同出去打架。王立刚等人见对方六七个人手持武器过来了,也就携刀迎上去。王立东先进行劝阻、说和,被对方围起来打,后双方打在一起。王立刚被胡乐用菜刀砍伤左小臂(轻微伤),王立刚持剔骨尖刀砍伤胡乐左臂(轻微伤)、李小笛左臂及左前胸(轻伤),胡乐、李小笛受伤后跑回足疗店。王立刚又和朱峰对打,朱峰持炒菜铲子砍伤王立刚左前额,王立刚持剔骨尖刀扎入朱峰右胸背部,朱峰受伤后也跑回足疗店。胡乐等人跑回足疗店后,看朱峰后背流血很多,遂

---

[1] 参见中华人民共和国最高人民法院刑事审判第一、二、三、四、五庭主办:《刑事审判参考》2008年第5集(总第64集),法律出版社2009年版,第29~35页。

从足疗店出来去医院。此时,站在饭馆门口的王立刚等人看到后,马加艳说:"他们出来了,去砍他们去。"马加艳持菜刀砍伤周红腰部,王立刚持刀砍伤郭庭权的头部二处,致其轻微伤。后民警接报警赶至现场及时制止了王立刚一方的追打行为。朱峰因被尖刀扎伤右胸背部,深达胸腔,造成右肺破裂,致急性失血性休克,经抢救无效死亡。北京市第二中级人民法院认定被告人王立刚犯故意伤害罪,判处无期徒刑,剥夺政治权利终身。判决其他部分省略。一审宣判后,各被告人在法定期间内均未上诉,检察机关亦未抗诉,判决发生法律效力。

[法律问题]

在性质类似的共同犯罪中,如何正确定性?

[重点提示]

对于性质相近的犯罪,应根据犯罪人的主观关方面和客观方面,结合立法目的进行认定。

第三节 共同犯罪人的刑事责任

知识概要

在构成共同犯罪的情况下,坚持罪责刑相适应原则,是出于责任分担的个别性的考虑,须分别就每个犯罪参与者的刑事责任大小进行量定,这也是准确量刑的前提。申言之,在共同犯罪中其主要作用的犯罪分子作为主犯对待,承担主要刑事责任,量刑时从重处罚;而在共同犯罪中仅起到辅助或次要作用甚至被胁迫参加犯罪者,则作为从犯对待,承担次要刑事责任,量刑时从轻处罚。我国刑法正是以作用分类法为标准,将共同犯罪人区分为主犯、从犯与胁从犯。《刑法》第26条第1、3、4款分别就主犯的概念、外延及刑事责任承担作了明确规定,[1] 第27条分别规定了从犯的概念及从犯的处罚原则,[2] 第28条规定了胁从犯的概念与处罚。[3] 从理论上明确主犯、从犯与胁从犯的构成特征及区分标准,明确其

---

〔1〕 根据规定,组织、领导犯罪集团进行犯罪活动的或者在共同犯罪中起主要作用的,是主犯。对组织、领导犯罪集团的首要分子,按照集团所犯的全部罪行处罚。对于第3款规定以外的主犯,应当按照其所参与的或者组织、指挥的全部犯罪处罚。

〔2〕 该条规定,在共同犯罪中起次要或者辅助作用的,是从犯。对于从犯,应当从轻、减轻处罚或者免除处罚。

〔3〕 该条规定,对于被胁迫参加犯罪的,应当按照他的犯罪情节减轻处罚或者免除处罚。明确其

各自的范畴与外延,是实现正确适用刑罚的保障。

一、主犯、从犯与胁从犯的特征及其刑事责任

我国《刑法》第26条第1款规定,主犯是指组织、领导犯罪集团进行犯罪活动的或者在共同犯罪中起主要作用的犯罪分子。据此,可将主犯区分为如下两种:其一,组织、领导犯罪集团进行犯罪活动的犯罪分子,即犯罪集团的首要分子。其二,在共同犯罪中起主要作用的犯罪分子。根据《刑法》第27条第1款的规定,所谓从犯是指在共同犯罪中起次要或辅助作用的犯罪分子。据此,从犯也包括两类:在共同犯罪中起次要作用的犯罪分子与在共同犯罪中起辅助作用的犯罪分子。根据《刑法》第28条的规定,所谓胁从犯,是指被胁迫参加犯罪的犯罪分子。

有关主犯、从犯以及胁从犯的刑事责任,根据刑法相关规定,"对组织、领导犯罪集团的首要分子,按照集团所犯的全部罪行处罚。对于第3款规定以外的主犯,应当按照其所参与的或者组织、指挥的全部犯罪处罚。"而对于从犯,则应当从轻、减轻处罚或免除处罚,对于胁从犯,则应按照其犯罪情节减轻处罚或免除处罚。在此,正确区分主犯、从犯与胁从犯,明确其各自的外延,是正确量刑的关键。

二、实行过限及其刑事责任承担

所谓实行过限,是指共同犯罪人超出共同犯罪故意又犯其他罪的,对其他罪只能由实行该种犯罪行为的人负责,对其余的人不能按共同犯罪论处。[1] 实行过限主要以共同犯罪的成立范围以及各犯罪参与者的刑事责任的分担为核心。实践中,在具体认定共同犯罪的部分参与者是否存在实行过限问题上,关键在于如何理解并认定共同犯罪的故意的内容与范围,尤其是如何把握概括的故意的内涵与外延。

经典案例

案例一: 黄德全、韦武全、韦红坚贩卖毒品案[2]

[基本案情]

2002年12月~2003年2月,被告人韦武全、韦红坚先后3次从福建省石狮

---

[1] 参见高铭暄、马克昌主编:《刑法学》,北京大学出版社、高等教育出版社2011年版,第166~167页。

[2] 参见中华人民共和国最高人民法院刑事审判第一庭、第二庭编:《刑事审判参考》2005年第5集(总第46集),法律出版社2006年版,第51~54页。

市乘车到广东省普宁市,在普宁市一家茶馆、兰花大酒店1106号客房,经韦红坚检验海洛因质量后,韦武全以每克人民币150~200元的价格,共向被告人黄德全购买海洛因570克。二被告人携带购买的海洛因返回石狮市后,韦武全单独或通过他人将购买的海洛因贩卖给吸毒人员。

2003年3月1日,被告人韦武全、韦红坚再次到广东省普宁市,在普宁市兰花大酒店815号客房,由韦红坚检验海洛因质量后,韦武全以每克人民币150元的价格,向被告人黄德全购买海洛因250克。二被告人携带购买的海洛因返回石狮市途中,韦红坚利用自己保管毒品之机,藏匿其中的海洛因63克。回到石狮市后,韦武全到魏良河的租住处,以每克人民币280元的价格,向魏良河、沈洪丰出售海洛因10克。韦红坚将私藏匿的63克海洛因寄存于魏良河处。同年3月2日,公安机关从韦武全的租住处查获尚未贩卖的海洛因共计430克。同年3月4日,被告人韦武全协助公安机关到广东省普宁市抓获被告人黄德全。

一审法院经审理认为,被告人黄德全犯贩卖毒品罪,判处死刑,剥夺政治权利终身,并处没收个人全部财产;被告人韦红坚犯贩卖、运输毒品罪,判处死刑,剥夺政治权利终身,并处没收个人全部财产;被告人韦武全犯贩卖、运输毒品罪,判处死刑,缓期2年执行,剥夺政治权利终身,并处没收个人全部财产。二审法院经审理维持原判。最高人民法院经复核认为:被告人韦红坚受毒品货主邀约参与贩毒,在共同犯罪中的地位和作用较小,对其判处死刑,可不立即执行。

[法律问题]

本案一、二审法院与最高人民法院死刑复核中有关被告人黄德全、韦武全以及韦红坚的行为定性方面意见一致,在对被告人黄德全、韦武全的量刑方面也不存在分歧,只是有关被告人韦红坚是否应被判处死刑并立即执行方面存在不同认识,究其原因在于如何厘定被告人韦红坚在共同犯罪中的地位与作用,即应作为主犯对待抑或认定为从犯为妥?

[法理分析]

根据刑法有关主犯与从犯的界定,主犯即在共同犯罪中起主要作用的犯罪分子,而从犯则系在共同犯罪中起次要或辅助作用的犯罪分子。参与犯在共同犯罪中具体发挥了主要作用还是仅起到次要作用是一个综合判断的问题,换句话说,不能简单地从参与者在共同犯罪中具体分担了何种犯罪行为做一刀切的区分,如认为一切正犯即实行犯都是主犯,反之,除正犯之外的一切共犯均为从犯。就此而言,德国与日本刑法学上"正犯概念的实质化"、"正犯主犯化"均有其各自独特的形成背景与原因,在我国现行共犯立法体例下,正犯概念恐不宜也没有必要主犯化。通说更多立足形式的客观说厘定正犯或实行犯,而次要的实行犯的存在也一再表明，犯罪参与形态与参与者在共同犯罪中是否起到主要作用并没有必然的内在逻辑对应性。因此，犯罪参与者在共同犯罪中是否起到了主要作用，应综合考察参与者在共同犯罪中所处的地位、参与犯罪的形式、犯罪参与行为对共同犯罪的实行乃至危害结果的发生产生了何等作用、犯罪参与者之间的相互关系等因素。易言之，如果犯罪参与者在共同犯罪过程中处于支配地位，则不论其是否具体分担犯罪实行、是否亲临犯罪现场、是否从共同犯罪中受益、是否具有正犯的意思，均可以主犯对待。反之，如果犯罪参与者在整个犯罪过程中处于受支配的地位，其参与行为只是辅助性的，对整个共同犯罪的实行也并非不可或缺的，则其明显系从犯。

具体到本案中，被告人韦红坚虽数次与本案另一被告韦武全前往广东参与毒品购买，负责检验海洛因质量，之后与被告人韦武全一同将所购毒品携带回石狮市。纵观全案，被告人韦武全在共同贩卖、运输毒品活动处于支配地位。反之，被告人韦红坚则处于附属地位：被告人韦红坚是为了免费吸食毒品和不用还欠韦武全的2000余元债务，应韦武全的邀约为其检验毒品质量，并携带从广东购买的毒品与韦武全一起返回福建。在毒品买卖过程中，被告人韦武全是毒品的买主，而被告人韦红坚只是协助被告人韦武全，负责检验毒品质量。韦红坚既不是贩毒犯意的提起者，也不是出资者和毒品的所有者。而在将所购毒品由广东省携带回福建省石狮市的过程中，二被告的行为虽均构成运输毒品罪的共犯，在运输毒品过程中，被告人韦红坚也间歇性的负责毒品的保管，但很明显其保管行为也基本是在被告人韦武全的管理、监督之下进行，其保管行为充其量是被告人韦武全对毒品的管理、控制的一种延伸，系典型的辅助占有。因此，最高人民法院在死刑复核中认定被告人韦红坚在共同犯罪中处于次要地位，其参与行为对共同犯罪的进行起到辅助效果，继而认定其为从犯，该意见是中肯的。

案例二： 被告人王国清等抢劫、故意伤害、盗窃案[1]

[基本案情]

2000年7月22日中午，被告人王国清、李某甲、李某乙共谋盗窃，后由王国清在北京市颐和园广场南侧一饭馆内窃得一游客理光牌照相机1架。价值人民币540元；在海淀区西苑同庆街北京佳达龙鹏通讯公司内窃得望远镜1架，价

---

[1] 参见最高人民法院刑事审判第一、二、三、四、五庭主办：《中国刑事审判指导案例》，法律出版社2009年版，第292~294页。

值人民币 268 元。2000 年 7 月 23 日 8 时许，被告人王国清、李某甲、李某乙在北京市海淀区颐和园东官门售票处商定，由李某甲负责望风，王国清、李某乙混入购票的人群中行窃。王国清、李某乙窃得游客曹某价值人民币 1595 元的摩托罗拉牌移动电话机 1 部，欲逃离现场时，被发现。北京市公安局海淀分局东官门派出所民警袁时光与在场群众张林、何琦即上前抓捕。当袁时光等人追赶王国清等人至颐和园东官门邮电局附近时，王国清掏出随身携带的尖刀刺破袁时光腹主动脉，致袁时光因急性失血性休克死亡；将张林右臂及左胸刺伤，构成轻伤；将何琦右前胸刺伤，构成轻微伤。李某乙趁机逃跑，被在场群众抓获。后王国清、李某甲亦被抓获归案。

一审法院认为：被告人王国清以非法占有为目的，多次秘密窃取他人财物，数额较大，已构成盗窃罪；被告人王国清在盗窃他人财物被发现后，以暴力抗拒抓捕，致 1 人死亡，两人受伤，其行为已构成抢劫罪，必须依法严惩，数罪并罚，决定判处死刑立即执行。被告人李某甲、李某乙以非法占有为目的，以秘密手段窃取他人财物，数额较大，其行为均已构成盗窃罪，根据其在共同盗窃犯罪中所起作用不同，分别判处李某甲 1 年有期徒刑，李某乙 6 个月有期徒刑。

[法律问题]

如何定性被告人李某甲的望风行为？

[法理分析]

本案所涉刑法问题较多，诸如连续犯、转化型抢劫罪等，但与共同犯罪相关的则是共犯实行过限以及本案被告人李某甲的望风行为如何定性。共犯实行过限问题，将在下文作专题研究，故在此主要就被告人李某甲的望风行为的法律属性及其刑事责任的分担进行研究。

所谓望风行为，又称把风、放风，是指为了防止犯罪被发觉或者排除犯罪妨害等而在正犯实施犯罪行为之际，在外守望、观察动静的行为。有关望风行为的法律性质，在共犯界限论上主张形式客观说的学者认为，望风行为系帮助行为，但监禁罪中的望风行为是符合构成要件的行为，望风者构成正犯。[1] 而在共犯与正犯区分标准上赞成重要作用说者一般主张根据望风行为在整体行为中所发挥作用的大小来判断望风行为构成帮助犯抑或共同正犯。以下因素可作为判断的依据：①并不是一定拒绝分担实行行为本身，但是仅承担了望风这一任务的人，是共同正犯；并不具有在平等立场上分担任务的意思，而仅具有通

---

[1] 参见 [日] 齐藤金作：《共犯研究的理论》，有斐阁 1954 年版，第 34 页。山中敬一：《刑法总论》，成文堂 1999 年版，第 862 页。

过望风来加工犯罪的意思的人,是从犯。②在有组织的常习犯罪的场合,上述标准被进一步软化,可以构成共同正犯的场合增多了。③特别是就强奸罪、赌博罪这样的亲手犯而言,参加实行行为的人同时依次负责望风的场合,是共同正犯;但是,从最开始就没有实施实行行为的资格的人,在仅负责望风的场合,是从犯。[1] 而注重主观说的学者认为,如若望风者与构成要件实施者之间具有共同行为的意思交流,且有相互补充与担负彼此责任之意愿,且望风行为系共同犯罪中之分工,则此种场合构成共同正犯;相反,望风者与构成要件实施者之间并无共同行为之决意,无法共同支配犯罪的进行,仅只对于他人的犯罪提供助力而担任把风者,则属帮助犯。[2] 从德日刑事司法实务来看,日本的判例自古以来就认为望风者可以构成共同正犯,而且这种看法一直延续至今。[3] 实践中,除赌博等轻罪的望风行为被评价为帮助犯以外,对于杀人、抢劫、盗窃等重罪的望风行为通常都是作为共同正犯处理的。[4] 我国台湾地区在旧刑法时代的"刑法"第44条对帮助犯的处罚采两分制:帮助正犯者为从犯。从犯之刑减轻正犯之刑1/2。但于实施犯罪行为之际为直接及重要之帮助者,处以正犯之刑。由于帮助犯处罚上立法的区分论,使得区分共同正犯与帮助犯的意义大打折扣,而坚持形式的客观说也不至于出现罪刑不均衡的现象。但在现刑法时代,由于对帮助犯的修订,帮助犯处罚上的两分制被取消,为了实现罪刑均衡,理论与实务不得不倒向重要作用论,以此区分帮助犯与共同正犯。国内学界有关望风行为的性质也并未形成统一认识,如陈兴良教授认为,在大多数情况下,都可以把望风行为视为实行行为之分担,但在某些犯罪行为具有他人不可替代的性质的犯罪中,望风行为只能视为帮助行为。[5] 据此,望风行为担当者一般与构成要件行为实施者之间构成共同正犯。姜伟教授则认为,把风放哨行为不是共同犯罪实行行为,仅仅把风放哨不会直接侵犯犯罪客体、危害社会。把风放哨不是犯罪构成要件的行为,当然不是实行行为。[6] 依此,望风行为只能构成帮助犯。但更多的学者则认为,望风行为的性质不能一概而论,应根据我国

---

[1] 参见[日]西原春夫:《犯罪实行行为论》,戴波、江溯译,北京大学出版社2006年版,第276~277页。木村龟二主编:《刑法学词典》,顾肖荣、郑树周等译,上海翻译出版公司1991年版,第378页。

[2] 参见林山田:《刑法通论(下册)》,台大法学院图书部2000年版,第92页。

[3] 参见[日]西原春夫:《犯罪实行行为论》,戴波、江溯译,北京大学出版社2006年版,第276~277页。

[4] 参见[日]川端博:《新论点讲义シリーズ6 刑法总论》,弘文堂2008年版,第233~234页。转引自陈洪兵:《共犯论思考》,人民法院出版社2009年版,第250页。

[5] 参见陈兴良:《共同犯罪论》,中国社会科学出版社1992年版,第63页。

[6] 参见姜伟:《犯罪形态通论》,法律出版社1994年版,第234页。

犯罪构成基本理论和我国刑法的具体规定进行分析判断：我国刑法分则没有规定的放风行为，大多只是对共同犯罪的实行和完成起到加工的作用，不可能直接对法益造成侵害。此类放风行为应认定为帮助犯。若刑法分则已将望风行为规定为独立的犯罪，此类情形下的望风者构成正犯，在此姑且称其为"折中说"。[1] 首先，陈兴良教授认为事中帮助原则上构成实行犯，但这不符合以构成要件为核心的正犯认定标准，忽视了构成要件的定型性，抹杀了实行行为与帮助行为的界限，毕竟望风行为不可能像实行行为对法益构成直接侵害或侵害之现实危险。既然坚持以构成要件为基准区分共同正犯与帮助犯，构成共同正犯者至少事实上须分担构成要件实行行为之一部分，哪怕是最为次要的一部分也是必需的。其次，"折中说"貌似全面，实则经不起检讨。既然在共同犯罪的意义上讨论望风行为构成帮助犯抑或共同正犯，那么必然排除了刑法分则中以望风为构成要件行为的这种情况，因为在后者的场合，实施该类望风者成立本罪的正犯，这是不存在争议的，没有必要依据共犯理论来研究。因此，"折中说"忽略了对望风行为探讨的语境或前提。因此，主张望风行为只能构成帮助犯的意见是中肯的。

具体到本案中，三被告人密谋盗窃，盗窃过程中，被告人王国清因抗拒抓捕而当场实施暴力致人死亡，超出三被告共同盗窃的意思范围，构成转化型抢劫罪，而被告人李某甲、李某乙只对其参与的共同盗窃犯罪承担刑事责任。被告人李某甲在共同盗窃中，专门负责为本案两被告人王国清、李某乙望风，并没有具体实施窃取他人财物的行为，其望风行为构成帮助犯。至于实施了望风行为继而构成帮助犯的李某甲的刑罚比实施了盗窃罪实行行为继而构成正犯的李某乙的刑罚轻，其原因如前所述，参与形态与参与者在共同犯罪所起作用之间并不具有必然对应关系。换句话说，不排除帮助犯在共同犯罪中其主要作用的可能，诸如同一犯罪参与者在共同犯罪中帮助多人实施犯罪或实施多种帮助行为的情形。

案例三： 侯占齐、李文书、侯金山等人走私、贩卖毒品案[2]

[基本案情]

2003年底，被告人侯占齐与儿子侯金山、妹妹侯占珍（另案处理）越境到老挝国购买毒品12千克。3人携带毒品入境后，侯占齐与侯占珍将该毒品卖给王小

---

[1] 参见刘凌梅：《帮助犯研究》，武汉大学出版社2003年版，第208~209页。何荣功："论'放风'行为的法律性质及刑事责任"，载《政治与法律》2004年第5期。

[2] 参见中华人民共和国最高人民法院刑事审判第一、二、三、四、五庭主办：《刑事审判参考》2009年第2集（总第67集），法律出版社2009年版，第20~27页。

龙（另案处理）。2004 年 6 月，侯占齐与侯金山从被告人李文书处购得毒品 1 千克，李文书又委托侯占齐代卖毒品 1 千克。由侯占齐与杨礼芬、侯金姬携带毒品 2 千克乘火车到阜阳市，将毒品卖给王小龙。2004 年 7 月，侯占齐与王小龙联系毒品交易后，同李文书、侯金山、侯金姬、杨礼芬携带毒品 8.5 千克从云南前往阜阳与王小龙交易。抵达后，侯金姬将毒品交给王小龙。王小龙后将该箱交给同去的妻子王晓梅。按照王小龙的安排，王晓梅从所购毒品中称量出 6.5 千余克，分装成 6 大袋和 1 小袋分别卖给被告人王敬州和张彩英，将剩余毒品放在家中。

一审法院认为，被告人侯占齐、李文书、侯金山 3 人行为已构成走私、贩卖毒品罪；被告人侯金姬、杨礼芬、王晓梅、王敬州、张彩英 5 人的行为已构成贩卖毒品罪。各被告人在本案中主动、积极，均起主要作用，判处被告人侯占齐等 6 人死刑立即执行，被告人杨礼芬、张彩英死刑缓期 2 年执行。二审法院经审理认为，侯占齐、李文书、侯金山、王敬州在共同犯罪中起主要作用，系主犯，决定执行死刑立即执行。根据侯金姬、杨礼芬、王晓梅、张彩英在贩卖毒品中的地位、作用及本案的具体情节，对其 4 人判处死刑，可不立即执行。最高人民法院经复核认为，第一、二审判决定罪准确，对侯占齐、李文书的量刑适当。鉴于侯金山在共同犯罪中的地位和作用次于侯占齐，王敬州涉案的毒品数量明显低于侯金山，对侯金山、王敬州判处死刑，可不立即执行。

[法律问题]

1. 如何考量各犯罪参与人在共同犯罪中的地位与作用？
2. 在限制死刑适用的背景下，如何在毒品犯罪共犯中实现死刑的有效控制？

[法理分析]

如前所述，主犯分为两种：一类为组织、领导犯罪集团进行犯罪活动的犯罪分子；另一类为在共同犯罪中起主要作用的犯罪分子，其中复分为两种：①犯罪集团的首要分子以外的在犯罪集团中起主要作用的犯罪分子；②在一般共同犯罪中起主要作用的犯罪分子，主要包括三类：一是在犯罪集团中起主要作用的犯罪分子；二是在一般共同犯罪中起主要作用的犯罪分子；三是在聚众犯罪中起主要作用的犯罪分子。根据我国《刑法》第 26 条第 3、4 款的规定，犯罪集团的首要分子，不仅要对自己实施的犯罪行为负刑事责任，而且要对集团成员按照集团的规划实施的犯罪负刑事责任。首要分子以外的主犯则或者按照其组织、指挥的全部犯罪负刑事责任，或者按照其所参与的全部犯罪负刑事责任。[1] 稍存疑问的是，一般共同犯罪中均系主犯的情况下，是否有必要对主

---

[1] 参见高铭暄、马克昌主编：《刑法学》，北京大学出版社、高等教育出版社 2011 年版，第 166～167 页。

犯根据参与情况及其在共同犯罪中所处地位与作用再行区分，即在主犯内部进行二次划分，再次区分主次。从罪责刑相适应角度，尤其是立足死刑适用角度看，根据主犯在共同犯罪中所处地位、犯罪参与程度及对共同犯罪的支配力进行二次区分是必要的：一方面可以确保死刑只适用于罪行极其严重的犯罪分子，即在共同犯罪中不仅相对于从犯而言，起到主要作用，而且在所有的主犯中进行横向比较，其犯罪参与程度、对共同犯罪的"贡献"以及对共同犯罪的支配力也是其他主犯所不能匹配的，其社会危害性及人身危险性极大，可谓"罪大恶极"；另一方面，对于在共同犯罪中与其他犯罪参与者相比其犯罪参与程度较深、对共同犯罪也具有较大贡献者，虽也应作为主犯且从严惩处，但鉴于其对共同犯罪的支配力尚不能与前述主犯相"媲美"，坚持罪刑相适应原则，则应在量刑时有所区别，尤其是在是否适用死刑以及在判处死刑的情况下是否决定立即执行的问题上，应当作为考虑的重点，这也是从司法论的角度实现严格控制死刑适用的重要路径。

具体到本案中，一审、二审与最高人民法院的死刑复核主要针对诸毒品犯罪的主要参与者是否适用死刑、是否决定立即执行等存在意见分歧。诚如一审判决中认定的，本案中各毒品犯罪的参与者均处于自愿积极参与犯罪，对共同犯罪的顺利进行均起到重要作用，本案的毒品虽未流入社会造成危害，但涉案毒品数量大，对各被告人依法应予严惩。但一审并没有对被认定为主犯的各犯罪参与者进行二次横向比较与区分，对所有犯罪参与者一审均判处死刑，与当前严格控制死刑的立法与司法志趣相悖。就此而言，二审与死刑复核的相关决议可谓努力朝着严格控制死刑方向前进，值得肯定。惟其区别在于，最高人民法院的死刑复核意见中死刑适用的范围更小，主张毒品数量不是也不能成为定罪量刑的唯一标准，特别是对于共同毒品犯罪案件，更要考虑各被告人在共同犯罪中的地位与作用。被告人侯金山参与了三起贩毒犯罪，从境外携带毒品入境并驾车运输至安徽阜阳进行贩卖，涉及毒品数量巨大，在其家族共同犯罪中起主要作用，系主犯。但侯金山毕竟不是毒品共同犯罪的组织、领导者，而是在其父亲侯占齐的带领下参与犯罪的，其对参与的毒品犯罪并未出资，其主要任务是驾车运输毒品。单纯从涉案毒品来看，侯金山涉案的毒品数量巨大，论罪当判死刑，但是与其父侯占齐相比，其所起作用相对较小、地位相对较低，主观恶性也相对较小，虽同为主犯，量刑上也不能搞"一刀切"，而应区别对待，在对作用更大、地位更高的其父侯占齐判处死刑立即执行的情况下，可对其判处死缓。鉴于侯金山在走私、贩卖毒品共同犯罪中的地位和作用次于侯占齐，王敬州涉案的毒品数量明显低于侯金山，且毒品均未流入社会，对侯金山、王敬州判处死刑，可不立即执行。申言之，对一案有多个主犯的，量刑时应当具体分析各主犯所起作用大小、所居地位高低，做到区别对待，以体现罪刑均衡。就此而言，最高人民法院死刑复核意见中体现的共同犯罪的刑罚适用与严格控制死刑的司法精神是值得肯定并推广的。

案例四：　李春玲、赵美英、杜素容受胁迫故意杀人、抢劫案[1]

[基本案情]

2003年11月下旬，沈氏兄弟窜到包头市以嫖娼为由，将李春玲诱骗到其租住处后，对李进行殴打、捆绑，由沈长平持李的钥匙到李住处翻找到现金200余元及存折一个，在欲将李杀害时李苦苦求饶，沈长银便提出让李帮助寻找抢劫对象，李同意后，沈氏兄弟即放过李春玲。2003年11月底，继续在包头市作案的沈氏兄弟，指使李春玲，以介绍卖淫为由，将与和李有过矛盾的斯某诱骗至租住处，将其捆绑后抬至卫生间内，让李春玲持刀杀死斯某。2004年4月12日，窜到太原市作案的沈氏兄弟，指使李春玲到该市某歌城当坐台小姐后，李将在此坐台的赵美英诱骗。后沈氏兄弟逼迫赵美英以转让商铺为由，将杨某诱骗至租住处后，对其殴打、捆绑、抢劫后，李春玲外出买来单刃尖刀，沈长银逼迫赵美英持刀杀死杨某。4月14日，赵美英寻机脱身后，向当地公安机关自首，并带领民警赴现场抓获李春玲，沈氏兄弟则跳窗逃离。2004年5月20日，沈氏兄弟前往某洗浴中心以嫖娼为由，将杜素容诱骗至其租住房内，威逼杜为其寻找抢劫对象。同月30日，沈氏兄弟邀请此前在火车上认识的女青年商某吃饭，后以请商某去其住房内玩为由，将商骗至租住房内进行殴打、捆绑、抢劫后，沈氏兄弟威逼杜素容持刀杀死商某。

[法律问题]

如何认定胁从犯？对胁从犯应如何量刑？

[法理分析]

本案系典型的受胁迫参与犯罪的情形，沈氏兄弟以抢劫、杀人为目的，通过欺骗诱使被害人上钩继而以暴力相胁迫并迫使被害人参与其犯罪活动。沈氏兄弟在前后数起共同犯罪过程中积极参与、共同支配犯罪过程，其行为已构成故意杀人罪、抢劫罪，罪行极其严重，依法应予严惩，自不必言。而作为沈氏兄弟犯罪行为的被害方，李春玲等被害者在沈氏兄弟的胁迫下也参与了犯罪活动，对受胁迫参与犯罪者的罪责如何认定，值得研究。

---

[1] 张女燕：“兄弟食人魔杀死10名坐台女炒食器官被判死刑”，载http://news.sina.com.cn/s/2005-09~01/21257655626.shtml，2013年10月16日访问。

所谓胁从犯，是指被胁迫参与共同犯罪的人，而所谓胁迫，就是精神上受到一定程度的强制或者威胁。在胁从犯的认定上，应当注意以下四点：首先，胁从犯仅仅是指被胁迫参与犯罪的情形，不包括被欺骗参加犯罪的情形在内。其次，胁从犯尽管受到一定程度的外力强制，但仍具有某种程度的意志自由，否则就不能构成胁从犯。再次，符合紧急避险条件的，不构成胁从犯。最后，胁从犯的认定除了是被动参加之外，还要求其在共同犯罪中所起的作用相对较小。[1] 根据我国《刑法》第28条的规定，对于被胁迫参加犯罪的，应当按照他的犯罪情节减轻处罚或者免除处罚。

具体到本案中，被告人李春玲、赵美英、杜素容等均曾受沈氏兄弟胁迫参与杀人与抢劫犯罪。在此，有必要分别就各犯罪参与者的罪责逐一分析。首先，被告人李春玲作为沈氏兄弟抢劫、杀人犯罪的被害方，出于求生本能，答应帮助沈氏兄弟寻找抢劫对象，如果说在此阶段其答应参与犯罪行为尚属紧急避险或身体完全受强制、完全丧失意志自由不构成犯罪，但在该紧迫情形结束后，被告李春玲虽然也受一定程度的外力强制，却也具有了某种程度的意志自由，就此而言，其对稍后的犯罪参与行为应当负刑事责任。但值得注意的是，被告人李春玲起初虽受胁迫参与犯罪，但此后则由受胁迫转变为积极、主动犯罪，且在共同犯罪中起到主要作用，对此就不能再认定为胁从犯，而应认定为主犯。事实上，被告人李春玲参与杀人4起，杀死4人；参与抢劫6起，致1人死亡；抢得财物价值2.4万元、手机3部、金项链1条、戒指1枚。被告人李春玲在受胁迫参与一次犯罪后，多次积极参与抢劫他人财物，数额巨大，抢劫中致1人死亡。其次，被告人赵美英受骗遭沈氏兄弟及李春玲控制后，逼迫其以转让商铺为由，将杨某骗至住处，并迫使赵美英持刀杀死杨某。在此，被告人赵美英的杀人行为是否构成犯罪很大程度上取决于其是否具有一定程度的自由意志，申言之，被告人赵美英电话联系被害人杨某、受胁迫杀死杨某的整个过程中是否完全被沈氏兄弟强力控制、其生命是否处于随时被毫无障碍地剥夺的紧迫状态。从法院的最终判决来看，被告人赵美英的行为构成犯罪，即意味着上述紧迫状态还不具备，被告人赵美英尚存在一定程度的意志自由，就此而言，被告人赵美英属于胁从犯。另外，被告人赵美英具有自首和重大立功表现，自应减轻处罚。法院最终以故意杀人罪（被判有期徒刑3年）、抢劫罪（免予刑事处罚）数罪并罚，决定执行有期徒刑3年。最后，被告人杜素容受沈氏兄弟胁迫后，同意为其寻找抢劫对象，之后又在沈氏兄弟威逼下持刀杀死商某，其参与犯罪虽受到一定程度的外力强制，但仍具有相当程度的自由意志，故被告人杜

---

[1] 参见黎宏：《刑法学》，法律出版社2012年版，第296页。

素容的行为仍构成犯罪，应负胁从犯的刑事责任。但与赵美英不同的是，被告人杜素容多次参与杀人、抢劫犯罪（杀人2起，杀死2人；参与抢劫2起，抢得财物价值1.5万元），且无自首与立功情节，故虽应依法减轻处罚，但其社会危害性要比赵美英大，刑事责任自然也应重于赵美英，法院最终以故意杀人罪、抢劫罪数罪并罚，决定执行有期徒刑20年。

案例五：　　　　　　　郭玉林等抢劫案[1]

[基本案情]

被告人郭玉林、王林、李建伏和陈世英合谋抢劫。其中，王、李各携带一把尖刀。次日上午，郭玉林、王林、李建伏和陈世英到长城旅馆开了一间房，购买了作案工具尼龙绳和封箱胶带，陈世英按计划前去找赵某，其余3人留在房间内等候。稍后，赵某随陈来到长城旅馆房间，王林即掏出尖刀威胁赵某，不许赵反抗，李建伏、郭玉林分别对赵某捆绑、封嘴，从赵身上劫得50元和一块光林旅馆财物寄存牌。接着，李建伏和陈世英持该寄存牌前往光林旅馆取财，郭玉林、王林则留在现场负责看管赵某。李、陈离开后，赵某挣脱了捆绑欲逃跑，被郭、王发觉，郭抱住赵某，王取出尖刀朝赵某的胸部等处连刺数刀，继而郭接过王的尖刀也刺赵某数刀，导致其因大失血死亡。李、陈因没有赵的身份证取财不成返回长城旅馆，得知了赵某被害的情况，随即拿了赵的身份证，再次前去光林旅馆取财，但仍未得逞，4名被告人遂一起逃逸。

李、陈两被告人的辩护人均提出，李、陈事先未预谋杀人，抢劫中也未在现场实施杀人行为，故对被害人的死亡后果不应承担责任。一审法院认为：被告人郭玉林、王林、李建伏和陈世英分别结伙采用持刀行凶、绳索捆绑和胶带封嘴等手段，强行劫取财物，并致1人死亡，其行为构成抢劫罪。李、陈对郭、王两人为制止被害人反抗、脱逃而持刀行凶应有预见，故应承担抢劫致人死亡的罪责。二审法院经审理维持原判。

[法律问题]

对于被告人郭玉林、王林杀害被害人的行为，李建伏、陈世英应否承担刑事责任？

[法理分析]

本案审理过程中，对被告人郭玉林、王林持刀杀害被害人，应承担抢劫致

---

〔1〕 参见中华人民共和国最高人民法院刑事审判第一庭、第二庭编：《刑事审判参考》2002年第4辑（总第27辑），法律出版社2002年版，第12~19页。

人死亡的罪责无异议，但对被告人李建伏、陈世英是否也应对被告人的死亡承担刑事责任，则存在截然相反的两种意见，与此相关的核心法律问题是共同犯罪中的实行过限。

虽然共同犯罪故意的确立，并不要求各犯罪参与者的故意内容完全一致，但根据部分犯罪共同说，各犯罪参与者的犯罪故意必须存在最低限度的共同或交叉，否则就不可能成立"共同"犯罪。在共同犯罪故意的支配下实施犯罪，若部分犯罪参与者在实施犯罪过程中不按事先约定的犯罪计划实施犯罪或者超出共同犯罪计划，实施新的犯罪行为，则对该过限行为及其结果，其他犯罪参与者不应承担共犯责任。在实行过限的认定方面，既要考察共同犯罪的故意，又要分析犯罪行为的实施情况；既要注意危害结果的发生是否系共同的实行行为引致，又要结合相关犯罪的构成要件综合判定。通常来说，实行过限的认定是比较容易判断的，存在较多争议的问题是如何理解共同犯罪故意的内容，尤其是在概括的故意的场合，如何确定概括的故意的外延。易言之，概括的故意的场合，犯罪参与者共同犯罪的认识内容并不是漫无边际的，不可能对一切或然的情形与结果均有预见。如果过度理解概括故意的认识内容，则很有可能导致客观归责，与责任主义相悖。以抢劫罪（致人死亡）为例，犯罪参与者共谋实施抢劫，在按事先制订的犯罪计划实施暴力压制被害人反抗、劫取被害人财物时，因某些犯罪参与者在以暴力方式压制被害人反抗过程中用力过猛或打击部位不慎，直接导致被害人死亡。在此，各犯罪参与者均应就被害人的死亡这一加重结果负责，分担取财行为的参与者不能以其并没有实施暴力行为、被害人的死亡结果与其取材行为没有关系或者直接实施暴力行为的其他参与者的暴力程度超出了共同抢劫的故意认识内容为由，认为其他犯罪参与者实行过限，己方对此不承担刑事责任。因为在与抢夺罪相区分的意义上，抢劫罪的暴力程度必须达到足以压制被害人反抗的程度，而此等暴力行为中存在着导致被害人死亡这一结果现象的原因力，且上述引起与被引起的关联性的经验上也是得到肯认的。但抢劫罪中的致人死亡并不局限于过失心理，以取财为目的、以杀人为手段实施抢劫也构成抢劫罪，也适用抢劫（致人死亡）的法律规定。但在数人共同参与的情况下，根据具体犯罪事实的不同，却存在适用实行过限的空间。

具体到本案中，被告人虽预谋实施抢劫，但在事先的犯罪计划中并没有剥夺被害人生命的谋划，这一点可以从其着手实行前的犯罪预备行为——购买尼龙绳和封箱胶带窥见一斑。在压制被害人反抗的过程中虽向被害人显示刀具甚至以尖刀相威胁，但该威胁行为只是为了压制被害人的反抗，并没有杀死被害人的意思，对此，4名被害人存在共同的认知。但在抢劫行为的第二阶段——压制被害人反抗后，由被告人郭玉林、王林看管被害人，被告人李建伏、陈世英前往被害人住处取财，在阻止被害人逃跑过程中，被告人郭玉林、王林在压制被害人反抗过程中分别用其所携带刀具向被害人胸部连刺数刀，并用绳索再次捆绑，终致其死亡。在此，使用尖刀猛刺被害人胸部数刀目的虽为压制被害人反抗，但该暴力手段已然系典型剥夺他人生命的故意杀人行为。对于该行为及其结果，被告人郭玉林、王林存在共同的认知，但很难言之前没有杀人计划、不在杀人现场的被告人李建伏、陈世英存在认知或预见。法院判决中认为，李建伏、陈世英在犯罪预备过程中明知被告人郭玉林、王林携带刀具，在压制被害人反抗过程中曾亮出尖刀，对被害人的死亡置若罔闻，并以此为由，判定两被告对被害人的死亡有预见。但携带刀具、以尖刀相威胁与直接使用刀具杀人不能等同，而于被害人死亡后对上述死亡结果置若罔闻也并不意味着两被告对引起该危害结果的且已经发生了的危害行为在行为的当时存在认识与容忍。因此，被告人李建伏、陈世英对被告人郭玉林、王林在共同犯罪计划之外杀死被害人的行为及其结果不存在认知，缺乏共同犯罪的故意，被告人郭玉林、王林杀害被害人的行为及结果相对于原本的共同抢劫犯罪来说，系实行过限。与之相应，立足主客观相统一原理，被告人李建伏、陈世英对引致被害人死亡的行为及死亡结果不应承担刑事责任。

案例六： **陈卫国、余建华故意杀人案**[1]

[基本案情]

余建华因怀疑同宿舍工友王东义窃取其洗涤用品而与王发生纠纷，遂打电话给亦在温州市务工的被告人陈卫国，要陈前来"教训"王。次日晚上8时许，陈卫国携带尖刀伙同同乡吕裕双（另案处理）来到某鞋业有限公司门口与余建华会合，此时王东义与被害人胡恒旺及武沛刚正从门口经过，经余建华指认，陈卫国即上前责问并殴打胡恒旺，余建华、吕裕双也上前分别与武沛刚、王东义对打。其间，陈卫国持尖刀朝胡恒旺的胸部、大腿等处连刺三刀，致被害人胡恒旺左肺破裂、左股动静脉离断，急性失血性休克死亡。

一审法院认为，被告人陈卫国、余建华因琐事纠纷而共同故意报复杀人，其行为均已构成故意杀人罪。宣判后陈卫国、余建华均以没有杀人的故意、定性不准为由提出上诉。二审法院经审理认为，上诉人陈卫国事先携带尖刀，在与被害人争吵中，连刺被害人三刀，其中左胸部、左大腿的两处创伤均为致命

---

〔1〕 参见中华人民共和国最高人民法院刑事审判第一、二、三、四、五庭主办：《刑事审判参考》2006年第5集（总第52集），法律出版社2007年版，第1~4页。

伤,足以证明陈卫国对被害人的死亡后果持放任心态,原审据此对陈卫国定故意杀人罪并无不当。上诉人余建华、陈卫国均供述余建华仅要求陈卫国前去"教训"被害人,没有要求陈卫国携带凶器;在现场斗殴时,余建华没有与陈卫国作商谋,且没有证据证明其知道陈卫国带着凶器前往;余建华也没有直接协助陈卫国殴打被害人。原判认定余建华有杀人故意的依据不足,应对其以故意伤害罪判处。

[法律问题]

余建华是否构成故意杀人罪?

[法理分析]

本案一审与二审围绕被告人余建华的行为定性存在两种不同意见,一审认定被告人余建华与被告人陈卫国均构成故意杀人罪,二审则认定被告人陈卫国的行为构成故意杀人罪,而被告人余建华的行为仅构成故意伤害罪。之所以存在上述定性上的差异,主要原因在于是否承认犯罪参与者陈卫国的行为超出了原来的共同犯罪的故意范畴,即是否存在实行过限。

如前所述,即使是概括的故意,其故意的认识内容也并非是漫无边际的,必须根据犯罪行为的产生原因、犯罪参与者之间相互协商的过程、协商的内容以及犯罪的准备情况等,运用常识、常情与常理去分析判断案件的客观事实——犯罪故意的内容。详言之,有必要根据加害方与被害方的相互关系、促使加害方实施犯罪行为的动因判断行为人的主观故意的内容。在共同犯罪的情况下,各犯罪参与者之间一般就其共同实施的犯罪行为多存在程度不同的相互沟通,甚至制订有相应的犯罪计划,计划的内容对共同犯罪故意内容的认定、共同故意的范围均具有重要的意义;若在实行过程中使用了犯罪工具,则有必要考察各犯罪参与者是否知道存在该工具、工具的种类,其他犯罪参与者是否清楚或同意犯罪实行过程中使用该工具。运用常识、常情与常理认定案件事实有助于当事人乃至社会民众能够最大限度地接受并认可对案件事实的认定。在鲜活的事实与作为犯罪成立标尺的构成要件之间通常也需要解释,即将现象事实提炼、概括甚至抽象为理论范畴,规范事实的过程同样需要依据上述解释方法。

具体到本案中,被告人陈卫国受被告人余建华唆使"教训"被害人胡恒旺,在"教训"过程中,被告人陈卫国向被告人的胸部、大腿等处连刺三刀,致被害人急性失血性休克死亡,根据其犯罪使用的工具、打击的部位、打击的频率等来看,其行为已然超出了故意伤害的范畴。事实上,被告人陈卫国持刀连续猛刺被害人胸部、大腿直接导致被害人胡恒旺左肺破裂、左股动静脉离断,引发急性失血性休克死亡,其行为已构成故意杀人罪。被告人余建华唆使他人实施犯罪,并与他人共同实施针对被害人等的"教训"行为,并引发严重危害结果的发生,具有严重的社会危害性,已构成犯罪。被告人余建华的行为具体构成故意杀人罪还是故意伤害罪,关键在于如何理解"教训"以及以此为契机认识被告人余建华犯罪故意的内容——伤害的故意还是杀害的故意。从案件起因来看,本案起因于生活琐事,且上述矛盾发生在共同生活、工作的工友之间,立足常理可知被告人余建华缺少因此而杀人的动机;从其唆使陈卫国的过程来看,被告人余建华要陈前来"教训"王,立足常识可知"教训"意味着伤害,即被告人余建华唆使陈卫国伤害工友王东义,甚至可以说此处之"教训"包括了一般的殴打、轻伤害、重伤害甚至伤害致死,却并不包含故意杀人。陈卫国应邀携带刀具前来,对此,被告人余建华并不知情,对陈卫国预谋用刀猛刺被害人胡恒旺更是始料不及,就此而言,被告人陈卫国杀害被害人的行为已经超出原本的共同犯罪的故意范围,其故意杀人行为相对于原计划的故意伤害而言,属于实行过限。立足主客观相统一的定罪原理,被告人余建华不应就陈卫国的过限行为及其结果负责。根据部分犯罪共同说,被告人余建华与陈卫国在共同伤害罪的范围内成立共同犯罪,而被告人陈卫国仍需单独就其故意杀人罪承担刑事责任。据此,二审法院的定性是准确的。

拓展案例

宋光军运输毒品案[1]

[基本案情]

被告人宋光军,男,1973年6月14日出生,初中文化,无固定职业,曾因犯抢劫罪(未遂)于2003年2月20日被判处有期徒刑10个月。因涉嫌犯运输毒品罪于2005年2月25日被逮捕。被告人宋光军与同案被告人叶红军(已被判处死刑,缓期二年执行)、杨波(在逃)事先预谋运送毒品到福建省。2005年1月20日,三人携带一内藏有4包海洛因的深蓝色长方形行李包(由宋光军随身携带),乘坐客车从四川省出发,1月23日22时许,抵达福建省石狮市。宋光军与叶红军、杨波转乘杨某某驾驶的闽CT1569号出租车欲将毒品运往福州,途经泉州市城东出城登记站接受例行检查时,宋光军和叶红军被公安人员抓获,当场查获海洛因998克。杨波逃脱。泉州市中级人民法院认定被告人宋光军犯运输毒品罪,判处死刑,剥夺政治权利终身,并处没收个人全部财产。宣判后,

---

[1] 参见中华人民共和国最高人民法院刑事审判第一、二、三、四、五庭主办:《刑事审判参考》2006年第4集(总第51集),法律出版社2006年版,第33~37页。

宋光军不服，提出上诉。福建省高级人民法院裁定驳回上诉，维持原判，并依法报请最高人民法院核准。最高人民法院判决撤销福建省高级人民法院刑事裁定和福建省泉州市中级人民法院刑事判决中对被告人宋光军的量刑部分，认定被告人宋光军犯运输毒品罪，判处死刑，缓期2年执行，剥夺政治权利终身，并处没收个人全部财产。

[**法律问题**]

共同犯罪人中，作用和地位不明的情形下应该如何处理？

[**重点提示**]

共同犯罪的定罪量刑其标准仍然是"以事实为依据，以法律为准绳"，在事实不清的情况下，应依据"存疑从无"的原则进行处理。

第八章 罪数形态

知识概要

罪数指的是一人所犯之罪的数量，区分一罪与数罪，是对被告人正确定罪量刑的基础。我国刑法按照犯罪构成标准来区分一罪与数罪，数罪包括同种数罪与异种数罪，易于理解，重点需要掌握刑法规定的一罪的三种情形：①实质的一罪。外观上具有数罪的形式，但是行为人基于特定之罪过，实施了一个危害行为，符合数个犯罪的主客观构成要件，但实质上只构成一罪，包括想象竞合犯、结果加重犯和继续犯。②法定的一罪。法定的一罪本质上是数罪，但是因为某种特定的理由，法律上将其规定为一罪的情形，包括转化犯、结合犯和惯犯。③处断的一罪。处断的一罪本质上也是数罪，但由于数罪之间存在着紧密联系，基于刑事政策的需要，或被规定为一罪，或由司法机关习惯上作为一罪认定，包括了连续犯、吸收犯和牵连犯。本章中，需要结合案例，对这三种一罪类型重点掌握。

第一节 实质的一罪

经典案例

案例一： 被告人李进才等抢劫、盗窃案[1]

[基本案情]

被告人李某伙同王某、高某，于2010年7月4日23时许，在本市朝阳区和

---

[1] 参见北京市高级人民法院编：《北京法院参阅案例（第8卷）》，知识产权出版社2013年版，第27页。

平西街青年沟路口北侧马路西侧便道上，持刀抢劫被害人麦某的诺基亚3110C型手机一部，经鉴定，手机价值人民币270元。

被告人李某伙同王某、高某，于2010年7月6日凌晨1时许，在本市某区某德外佳苑小区南门冰窖口胡同路北侧，持刀抢劫被害人赵某的诺基亚QD手机一部，经鉴定，手机价值人民币189元；欲持刀抢劫赵某的华硕牌X88S型笔记本电脑一台，未遂，电脑经鉴定价值人民币1800元。后被查获。

被告人李某伙同于某（另案审理），于2010年3月至4月期间的一天中午，驾驶面包车在河北省冀州市医院住院部门口处，趁四周无人注意，盗窃跑狼牌TDR－45Z型蓝灰相间电动自行车一辆，经鉴定价值人民币1800元。

一审法院认为，被告人李某、王某、高某以非法占有为目的，当场使用暴力劫取他人财物的行为，侵犯了公民的人身权利及财产权利，已构成抢劫罪，被告三人部分抢劫犯罪行为系未遂，可比照既遂犯从轻处罚。原审被告人高某不服一审判决，提出上诉。二审法院驳回了上诉，但认为上诉人高某与原审被告人李某、王某在持刀欲抢劫被害人赵某电脑之前，已将赵某的手机抢走，三人虽最终未抢劫赵某的电脑，但其抢劫行为已经完成，一审法院据此认定高某、李某、王某部分抢劫犯罪行为系未遂，不符合我国刑法关于犯罪未遂构成要件的规定。

[法律问题]

对于三被告人的抢劫行为，应如何认定？

[法理分析]

在本案中，被告人李某构成盗窃罪与抢劫罪数罪并无异议。但一审法院认为抢劫行为"部分"未遂，将抢劫行为割裂为两个行为。这看似是一个既未遂的问题，实则是一个如何认识实行行为，从而正确区分一罪与数罪的实质问题。正确认识实行行为，是我们判断一罪与数罪的基础。

所谓罪数，指的就是犯罪的数量，研究罪数问题主要是为了区分犯罪人的行为是构成一罪还是数罪。这不但涉及定罪问题，而且还涉及量刑问题，是正确适用刑法的前提。但是罪数论在我国刑法理论中较为混乱，[1]确定罪数的标准也有犯意标准说、行为标准说、法益标准说、构成要件标准说等理

---

[1] 有学者将罪数的种类划分为单纯的一罪、包括的一罪和科刑的一罪。参见张明楷：《刑法学》，法律出版社2011年版，第416～433页。而其他教科书一般都分为实质的一罪（继续犯、想象竞合犯、结果加重犯）、法定的一罪（转化犯、结合犯、惯犯）、处断的一罪（连续犯、吸收犯、牵连犯）。参见曲新久：《刑法学》，中国政法大学出版社2012年版，第169页。韩玉胜主编：《刑法学原理与案例教程》，中国人民大学出版社2006年版，第215页。

论。[1] 按照我国刑法的通说，区分一罪与数罪的标准是犯罪构成标准说。凡是一次充足刑法规定的具体犯罪的犯罪构成的，即符合一个犯罪构成，构成一罪。[2] 而实行行为则是犯罪构成最核心的概念。要正确区分一罪与数罪，首先必须对实行行为有正确的认识。

刑法分则规定的个罪是以实行行为为基准的。刑法思维是一种类型化的思维方式，刑法分则规定的具体的犯罪行为都是从千姿百态的具体犯罪行为中抽象出来的一种类型化的犯罪模型，它有别于自然行为。比如故意杀人的方法有很多种，动作也由一系列自然动作所组成，但刑法规定的故意杀人罪的实行行为就只抽象为"杀人"这个模型。在审判中，必须首先确立实行行为的概念原则，对自然行为予以梳理、归类，找到其对应的刑罚分则条款上规定的行为类型，否则就会被淹没在千千万万具体的犯罪行为中，无从下手。

具体到本案中，抢劫罪的实行行为包括侵犯人身的行为和劫取财物的行为。尽管对于实行行为的概念尚有一定的争议，但在最基础的理解上，犯罪的实行行为指的是刑法分则中具体犯罪构成客观方面的行为，刑法分则规定的抢劫罪犯罪构成的客观方面为"以暴力、胁迫或者其他方法抢劫公私财物"，所以，抢劫罪侵犯的是复杂客体，其行为由两部分构成，包括以暴力或其他相当手段侵犯人身，以及通过这种暴力压制取得财物。根据当然解释，这里的暴力指的是足以压制当事人反抗的一切行为，自然不是仅指某一拳某一脚，抢劫财物指的是利用前行为的暴力状态劫取的所有物品，当然不是仅指某一个物品。本案中，无论是被告人李某伙同王某、高某持刀抢劫被害人赵某的诺基亚QD手机1部，还是欲抢劫赵某的华硕牌X88S型笔记本电脑1台（没有成功），都是其持刀抢劫他人财物的行为，都只构成抢劫罪一个行为，至于具体抢劫到了某个物品，根本不影响对行为的定性（当然抢劫特殊物品可能涉及认识错误的问题从而影响定性，因与本文无关，这里不再展开）。一审法院人为地将抢劫手机和电脑的一个抢劫实行行为割裂为抢手机和抢电脑两个行为，明显是错误的。

案例二：　　　　　　　　贾某非法拘禁案[3]

[基本案情]

张某通过贾某向贾某所在公司借款5万元，言明3个月归还。3个月过去以

---

[1] 详细内容参见张明楷：《外国刑法纲要》，清华大学出版社2007年版，第342～345页。
[2] 参见曲新久：《刑法学》，中国政法大学出版社2012年版，第167页。
[3] 此案例选自韩玉胜主编：《刑法学原理与案例教程》，中国人民大学出版社2006年版，第215页。笔者进行了一定程度的改编。

后，张某没有还款，公司即催贾某向张某追讨债务。当贾某找到张某要求他还款时，张某声称没有钱还，等以后有钱了再还这笔欠款，贾某坚持让张某马上拿钱，并将张某带到宾馆，住了6个小时后，贾某耐不住张某的苦苦求情，也想到张某可能一时真拿不出这么多钱，于是就让张某回家去凑钱。几天后，贾某看到张某穿着名牌服装，还买了一套住房，但就是不还钱，于是认为张某是故意不还钱给自己难堪，就又将张某带至宾馆，和张某在一个旅馆内一起住了6天，让张某打电话找家里人送钱过来。6天后，见张某家里一直没有送钱来，又让张某写了一个还款保证，一个月内一定还钱。一个月过后，张某仍然没有还钱，贾某再次找到张某，带至旅馆，不让张某回家，催其还钱。3天后，张某家人报警，警察赶到现场将贾某抓获。

[法律问题]

继续犯的概念及构成要件是什么？贾某三次"讨债"行为的性质应当如何认定？

[法理分析]

继续犯也称持续犯，是指从着手实施犯罪行为开始直到行为终了之时，犯罪行为与不法状态处于持续状态的犯罪。从概念上看，继续犯是基于一个罪过，针对同一法益，只有一个犯罪行为，因此是实质上的一罪。其特点决定了法律明确规定在继续犯追诉时效的计算上，要从犯罪行为终了之日起计算。

具体来说，要构成继续犯，必须满足以下几个条件：

1. 犯罪必须出于一个故意、一个行为。从主观上看，行为人只有一个故意，并且这种故意一直贯穿其行为始终；从客观上看，行为人的行为只能被评价为一个实行行为，如果是数个行为，肯定不能构成继续犯。比如在本案中，以贾某第二次拘禁行为为例，贾某以讨债的目的，故意对张某实施了非法拘禁的行为，其主观上只有一个非法拘禁的故意，而且自始至终都只有一个非法拘禁的行为，因此构成继续犯。

2. 侵犯的是同一法益。法益有同种法益和同一法益之分，非法拘禁侵害的法益必须是同一法益，如果行为侵犯的是同种但不同一的法益，比如行为人先对甲施行拘禁行为，后再对乙实施拘禁行为，虽然都是侵犯了人身自由的法益，但由于人身自由属于个人专属法益，同种但不同一，因此非法拘禁甲和非法拘禁乙这两个行为之间不构成继续犯。

3. 犯罪行为与不法状态同时处于持续状态之中。这是继续犯最为明显的一个特征，首先从行为的角度来说，从着手实施到实行终了，犯罪行为一直处于一种持续的、不间断的过程，因此瞬间性的行为不能构成继续犯；其次从行为引起的不法状态来讲，法益被侵害的不法状态也是持续的。而且这二者必须同时存在、同时继续，犯罪行为一旦终止，不法状态也就终止。这就区别于状态犯，比如盗窃或者诈骗等侵犯财产类犯罪，实行行为一旦既遂，则行为已经终止，但是财产法益被侵害的不法状态却一直在持续之中，二者并不同步，因此不能认为是继续犯。

4. 实行行为在一定时间内（成立继续犯所需的时间内）持续。[1] 首先，继续犯的成立需要一定的时间。以非法拘禁罪为例，虽然我国《刑法》第238条只规定了"非法拘禁他人或者以其他方法非法剥夺他人人身自由的"构成非法拘禁罪，并没有规定时间限制，但是根据刑法理论，不可能所有的拘禁行为都构成非法拘禁犯罪。《最高人民检察院关于渎职侵权犯罪案件立案标准的规定》规定："国家机关工作人员利用职权非法拘禁，涉嫌下列情形之一的，应予立案：①非法剥夺他人人身自由24小时以上的……"利用刑法解释的方法，举重以明轻，既然国家机关工作人员非法拘禁构成犯罪至少要24小时以上，那么对普通公民的要求就不能低于24小时，至于具体多少时间才能构成，就是一个司法活动中需要具体判断的实务问题了。其次，在继续犯的发展过程中，还要求犯罪行为具有一定的持续性。如果犯罪行为并没有一以贯之，而是中间出现了间断，就不再是继续犯的问题，而可能是同种数罪的情形。

本案中，贾某第一次对张某进行的拘禁行为，由于时间只有6个小时，尚不能达到非法拘禁罪的"量"的要求，可按照我国《刑法》第13条的规定，以情节显著轻微，危害不大，不认为是犯罪处理。贾某第二、三次非法拘禁张某的行为符合非法拘禁罪的构成要件，因此分别构成非法拘禁罪。但是这两个行为之间由于间隔了一段时间，已经不符合继续犯所要求的"持续性"要件，因此，对这两个行为应当分别定罪，构成同种数罪，而不是一个继续犯。

案例三： **彭定安破坏电力设备案**[2]

[**基本案情**]

2002年5月22日晚12时许，被告人彭定安伙同万易良、万长青、"小李"、"小陈"（均在逃）在京广线上行线K1416/100M处，将正在使用中的318~332号支柱杆之间的接触网回流线剪断，盗得回流线340米（19股单芯钢线、18股铝绞线），造成直接经济损失人民币5250元。当被告人第三次爬上支柱杆欲剪回

---

[1] 参见张明楷：《刑法学》，法律出版社2011年版，第417页。
[2] 中华人民共和国最高人民法院刑事审判第 庭、第二庭编：《刑事审判参考》2003年第1辑（总第30辑），法律出版社2003年版，第1~4页。

流线时，被高压电弧烧伤左上肢，即逃离现场，后于 2002 年 5 月 27 日被抓获。

长沙铁路运输法院审理后认为：被告人彭定安以非法占有为目的，伙同他人盗窃铁路接触网回流线，破坏正在使用中的铁路专用设备，危害公共安全，尚未造成严重后果，其行为已构成破坏电力设备罪。依法判决被告人彭定安犯破坏电力设备罪，判处有期徒刑 3 年。一审宣判后，被告人没有上诉，检察机关亦未抗诉，判决已发生法律效力。

[法律问题]

按照最高院关于审理盗窃罪的司法解释，实施盗窃行为又构成其他犯罪的，择一重罪处罚，学理上将这种犯罪称为想象竞合犯。想象竞合犯的法理依据何在？为何要择一重罪处罚而不是并罚？在本案中，行为人的行为构成盗窃罪与破坏电力设备罪的竞合还是盗窃罪与破坏交通设施罪的竞合？

[法理分析]

（一）想象竞合犯的处罚原理

"想象竞合犯，是指行为人实施一个行为触犯数个罪名的犯罪形态"。[1] 想象竞合犯虽然没有被规定在我国刑法典中，但却是学理中的一个常用概念，而且也常见于司法实践中。想象竞合犯之所以被认为是实质的一罪，因为其本质特征在于行为人只有一个决意，并且只实施了一个行为，只是由于其侵犯了数个法益，在刑法分则中符合了数个犯罪的构成要件，因此被认为是触犯了数个罪名。可以看出，想象竞合犯构成的数罪，只是一种观念上的数罪，实质上只能按照一罪来处理。想象竞合犯只能按照一罪来处理，既符合"一行为不能重复评价"的基本正义原则，也是由于"对构成要件符合性进行规范评价的结果"，"没有必要评价为二罪，只在一个构成要件内进行评价就够了，所以只评价为一罪"。[2] 对于想象竞合犯按照"从一重罪"的原则处理，这里的"从一重"，指的是按照行为相对应的刑罚中较重的一个罪来选择相应的罪名，并不是指在相应罪名内按照最高刑来处罚。[3]

---

[1] 曲新久：《刑法学》，中国政法大学出版社 2012 年版，第 171 页。

[2] 张明楷：《外国刑法纲要》，清华大学出版社 2007 年版，第 347 页。

[3] 有学者将处罚原则表述为"从一重罪论处，即按行为所触犯的罪名中的一个重罪定罪处罚"。参见曲新久：《刑法学》，中国政法大学出版社 2012 年版，第 172 页。这种表示容易导致歧义，如果按照罪名中法定刑的重来处理就是不妥当的。比如盗窃罪与破坏电力设备罪，盗窃罪最低可到管制，而破坏电力设备罪起刑就是 3 年，从最高刑来看，盗窃罪没有死刑而破坏电力设备罪最高可处以死刑，破坏电力设备罪无疑是重罪。但这并不意味着只要是盗窃罪与破坏电力设备罪竞合的，都要认定为是破坏电力设备罪，如果盗窃数额仅构成较大情节但同时构成破坏电力设备罪的，应当认定为是破坏电力设备罪，但如果盗窃数额特别巨大同时破坏电力设备并没有造成严重后果的，那就应当认定为是盗窃罪，而不是一概以破坏电力设备罪认定。

(二) 本案被告人的行为构成何罪

本案中，被告人将正在使用中的接触网回流线剪断，盗得回流线 340 米 (19 股单芯钢线、18 股铝绞线)，造成直接经济损失人民币 5250 元，侵犯财产法益，无疑已经构成了盗窃罪。其行为同时又侵犯了公共安全法益，构成想象竞合犯，一行为触犯了数罪，但是剪断接触网回流线的行为构成破坏电力设备罪还是破坏交通设施罪？

实务中一般认为应当定破坏电力设备罪。[1] 理由主要有：一是要确认辅助设施的独立性。譬如"刑法所讲的电力设备应当是指发电设备、供电设备、变电设备及输电线路。破坏上述设备，应构成破坏电力设备罪，但行为人如破坏的是与上述电力设备相关的辅助设施却不一定构成破坏电力设备罪。破坏火力发电厂用于运输煤炭的铁路专用线，应定破坏交通设施罪，而不是定破坏电力设备罪"。二是从作用及危害上看，接触网回流线实质上起着保障电力输送畅通的作用，盗割回流线有可能造成电力供应中断，牵引机车失去动力而停车，但本身并不会足以使列车发生倾覆、毁坏的危险。因此，铁路电气化接触网回流线，虽然是交通设施的辅助设施，但其本身又具有独立的属性，故将铁路电气化接触网回流线认定为电力设备更符合司法实际。[2]

上述做法不是没有疑问。首先，辅助设施具有独立性是没有错，但是否构成电力设备的一部分却偷换了概念。还是以火电厂用于运输煤炭的铁路专用线为例，离开铁路专用线，火电厂完全可以采用通过水路、公路，甚至是人挑的运输方式保持煤炭供应，铁路专用线完全是独立的，当然不是电力设备的一部分，破坏铁路专用线自然不构成破坏电力设备罪。但是回流线却不是，火车需要它保持正常的电力供应以及减少对通信线路的干扰影响，它是火车正常运行不可或缺的一部分。铁路运煤对于电厂和回流线对于火车的关系，相当于皮鞋对于身体和脚对于身体的关系，二者不可同日而语。其次，从作用及危害上来讲，诚如上述观点所言，盗割回流线可能造成电力供应中断，牵引机车会失去动力而停车，虽然此趟列车本身不会倾覆、毁坏，但其引发的后果可能就是后车追尾，严重危害公共安全，"温甬"特大铁路事故正是由于追尾所造成的。因此笔者认为，盗割回流线的行为，在构成盗窃罪的同时，也属于破坏交通设施

---

〔1〕 参见中华人民共和国最高人民法院刑事审判第一庭、第二庭编：《刑事审判参考》2003 年第 1 辑 (总第 30 辑)，法律出版社 2003 年版，第 1~4 页。舒秋膂、李旭明："盗割电气化铁道接触网回流线犯罪若干问题初探"，载广东法院网 http://gdcourts.gov.cn/gdcourt/front/front! content.action? gjid = 20868&lmdm = LM53，2012 年 10 月 7 日访问。

〔2〕 参见中华人民共和国最高人民法院刑事审判第一庭、第二庭编：《刑事审判参考》2003 年第 1 辑 (总第 30 辑)，法律出版社 2003 年版，第 1~4 页。

的行为，构成盗窃罪与破坏交通设施罪，应按照破坏交通设施罪定罪处罚。

拓展案例

袁才彦编造虚假恐怖信息案[1]

[基本案情]

被告人袁才彦，男，因涉嫌犯编造虚假恐怖信息罪被逮捕。2004年9月29日，被告人袁才彦用名为"张锐"的假身份证在河南省工商银行信阳分行红星路支行体彩广场分理处开设了银行账户，准备用于勒索钱款。2005年1月24日下午2时27分，被告人袁才彦通过手机打电话给上海太平洋百货有限公司徐汇店，要求该店在1小时内向其指定的户名为"张锐"的银行账户内汇款人民币5万元，否则就要在商场内引爆炸弹自杀。警方接到店方报警后，启动防爆预案，出动大量警力，于3时左右对上海太平洋百货有限公司徐汇店进行人员疏散，并对该店9层楼面逐层清场，排查可疑爆炸物，直至下午6时30分左右，该店才恢复正常营业，计停业三个半小时，损失营业额约人民币58万元。2005年1月25日上午及27日，被告人袁才彦又采用同样的方法，分别向福州市、广州市、南宁市、深圳市的百货商店以及上海铁路局春运办公室打电话，扬言爆炸威胁，勒索钱款人民币2~10万元不等，造成部分商场停业，公安部门出动大量的人力、物力，进行人员疏散。法院经审理后，以编造虚假恐怖信息罪判处被告人袁才彦有期徒刑12年，剥夺政治权利3年；犯罪工具予以没收。一审宣判后，被告人袁才彦不服，提出上诉。二审法院裁定驳回上诉，维持原判。

[法律问题]

在想象竞合的情形下如何定罪量刑？

[重点提示]

想象竞合属于"实质的一罪"，应按行为所触犯的罪名中的较重者论处。

---

[1] 中华人民共和国最高人民法院刑事审判第一庭、第二庭编：《刑事审判参考》2005年第6集（总第47集），法律出版社2006年版，第27~33页。

第二节 法定的一罪

经典案例

倪以刚等聚众斗殴案[1]

[基本案情]

被告人夏成小等人与徐杰等人发生矛盾，徐杰等人多次准备殴打夏成小，夏成小将此事告诉被告人倪以刚。2004年2月15日下午2时许，被告人倪以刚及其"老大"张卫出面处理此事，与徐杰等人的"老大"赵磊在开荣浴室门口发生争执，赵磊用刀将张卫的裤子戳坏，倪以刚等人认为"老大"丢了面子，遂联系汪凯，商定为张卫报仇，后倪以刚和汪凯先后召集被告人韩磊等二十余人，于同日下午6时许，携带砍刀准备到"东方网络"网吧寻找赵磊等"东边"的人殴打。倪以刚等人行至众小门东时，遇到被害人张明，听说其是"东边"的人，包括被告人在内的二十多人即围住张明，其中倪以刚、韩磊等人用砍刀将张明砍伤。

随后，包括被告人在内的二十多人又窜至众兴镇"东方网络"网吧，汪凯及倪以刚等人在网吧内砍打徐杰等人，韩磊等在网吧外追砍陈磊等人，王业佳欲用刀砍人时刀被夏成小夺去，夏成小、朱鹏在网吧门口持刀砍人，在本次殴斗中，徐杰、王允寅等人被砍伤。

泗阳县人民法院认为，被告人倪以刚、韩磊等人持械聚众斗殴；被告人倪以刚属首要分子；被告人韩磊等人均属于积极参加者，均构成聚众斗殴罪；被告人倪以刚、韩磊等人在聚众斗殴中还实施了致被害人张明重伤的行为，符合《中华人民共和国刑法》第292条第2款的情形，属于致人重伤的情况，应依《中华人民共和国刑法》第234条第2款规定的故意伤害罪定罪处罚。被告人倪以刚系首要分子，应对2004年2月15日发生的聚众斗殴事件全部负责。依法判决：①被告人倪以刚犯故意伤害罪，判处有期徒刑6年；犯聚众斗殴罪，判处有期徒刑6年，剥夺政治权利1年。决定执行有期徒刑11年，剥夺政治权利1

---

[1] 中华人民共和国最高人民法院刑事审判第一庭、第二庭编：《刑事审判参考》2005年第3集（总第44集），法律出版社2006年版，第71~84页。

年；②被告人韩磊犯故意伤害罪，判处有期徒刑 4 年；犯聚众斗殴罪，判处有期徒刑 5 年 6 个月。决定执行有期徒刑 9 年。（其他判决事项略）

[法律问题]

被告人倪以刚、韩磊的聚众斗殴行为是一个还是两个，是一罪还是数罪？是否为转化犯？

[法理分析]

转化犯是指行为人实施了一个较轻的犯罪，因具备法定条件而以较重的犯罪论处的犯罪形态。其基本特征有三个：一是由轻罪向重罪转化；二是具备特定的条件；三是以刑法分则明文规定为限。在我国刑法分则规定的转化犯有四例：非法拘禁罪，使用暴力致人伤残、死亡的；刑讯逼供罪、暴力取证罪，致人伤残、死亡的；虐待被监管人员罪，致人伤残、死亡的；聚众斗殴罪，致人重伤、死亡的，上述四例依照故意伤害、故意杀人罪定罪处罚。[1] 上述四例均有共同点，即在转化前的行为实质是想象竞合犯。而如若犯罪性质发生变化，则不属于转化犯，如转化型抢劫。

本案争议焦点为被告人倪以刚、韩磊的聚众斗殴行为是一个还是两个，是一罪还是数罪？是否为转化犯？一种观点认为，被告人等人在 2004 年 2 月 15 日的聚众斗殴过程中，在众小门被告人等追砍被害人张明与在"东方网络"内殴斗在时间上有一定的连续，但由于众小门与"东方网络"相隔较远，属不同的地点，在时间、地点、针对的对象上均有不同，在两处的行为应分别评价。认为被告人倪以刚、韩磊等人均应按故意伤害罪和聚众斗殴罪数罪并罚。第二种观点认为，被告人基于同一个聚众斗殴的故意，在攻击对方身体时间上肯定存在先后顺序，在前往目的地的路上，本案被害人张明先出现，被告人等人认为对方的人已经出现而开始殴打，继而前往目的地陆续殴打其他人，整个斗殴行为是连续性的，应认定为一个行为。第三种观点认为，从侵犯的法益角度分析，被告人等人殴打张明的行为，系多人殴打一人，侵犯的是人身权利，直接构成故意伤害罪，而之后被告人等人殴打其他人的行为则妨害社会管理秩序，构成聚众斗殴罪。

笔者倾向于第二种观点。首先需要明确被告人倪以刚、韩磊等一方单方故意能否成立聚众斗殴？聚众斗殴是指聚集多人攻击对方身体或者相互攻击对方身体的行为。本罪为必要的共犯，不要求斗殴的各方都必须 3 人以上。[2] 本案中被告人倪以刚、韩磊一方纠集 20 余人，对方的人数多少不影响被告人聚众斗

---

〔1〕 曲新久：《刑法学》，中国政法大学出版社 2012 年版，第 175 页。
〔2〕 张明楷：《刑法学》，法律出版社 2011 年版，第 933 页。

殴的认定。被告人倪以刚、韩磊等单方有聚众斗殴的故意，斗殴的场所发生在网吧等公共场所，被告人一方随意殴斗他们认为的所谓"东边人"，且不要求是某个特定的人，符合聚集多人攻击对方身体的行为条件，其行为妨害了社会管理秩序，符合聚众斗殴罪的构成要件，而非为了故意伤害特定人而实施的犯罪，因此，第三种观点是不成立的。但被告人聚众斗殴行为是一次还是两次，是直接以故意伤害一罪定罪，还是应该以故意伤害罪与聚众斗殴罪数罪并罚？笔者认为，判断行为是一个还是两个应该从构成要件的角度分析，本案被告人倪以刚、韩磊等人仅基于同一个聚众斗殴的犯罪故意，其主观打算是因为"东边人"经常在"东方网络"网吧内上网，因而决定向东方网络网吧行进，如在街上遇到"东边"的人也可以对其实施殴打。客观行为也确实和主观打算一致，先后实施了殴打不同人的行为，而这种殴打不同人构成聚众斗殴的一个行为链条，殴打张明只是行为链条中的第一部分，因此，被告人倪以刚、韩磊的行为应构成聚众斗殴一罪，而本案被告人倪以刚、韩磊等人在聚众斗殴中还实施了致被害人张明重伤的行为，符合转化的条件，应以故意伤害罪定罪。

拓展案例

黄艺等诈骗案[1]

[基本案情]

被告人黄艺，男，1962年7月29日出生于四川省叙永县，汉族，高中文化，原系叙永县公安局副政委。因涉嫌犯赌博罪于2005年4月13日被逮捕。其他被告人省略。2004年10月，被告人黄艺、袁小军为偿还因赌博欠下的债务，共谋设计赌局圈套，以打假牌的方式骗取他人钱财。二被告人约定由黄艺物色被骗对象，由袁小军负责约请帮助打假牌的人。此后，黄艺多次与在外经营业务的"长天数码港"业主、本案被害人姚某某电话联系，谎称请姚某某返家，当面商谈买卖煤矿的有关事宜。2004年11月4日，姚某某从成都返回叙永县，黄艺即邀请姚某某于次日一起共进晚餐，同时通知袁小军约请帮助打假牌的人。11月5日下午，被告人刘小冬、方开强应邀来到叙永县，黄艺在叙永县城"国香"茶楼检验刘小冬、方开强打假牌的技能后，表示满意。后在打牌中，先由刘昌敏、刘小冬与姚某某用扑克牌玩"斗地主"（一种赌博形式），黄艺为掩饰骗局，提出与姚某某合伙占一股。在打牌过程中，刘小冬以欺诈手段控制大小

---

[1] 参见中华人民共和国最高人民法院刑事审判第一、二、三、四、五庭主办：《刑事审判参考》2007年第4集（总第57集），法律出版社2007年版，第33~42页。

牌，仅两小时，姚某某就输掉现金一万多元，并欠债十余万元。随后，黄艺等人鼓动姚某某换种方式，改玩"打闷鸡"（一种赌博形式），以便把输的钱赢回来。之后，黄艺、刘小冬和方开强仍以欺诈手段控制牌局。23时50分左右结束赌局时，姚某某已输掉58万元，其中，欠刘昌敏13万元，欠方开强44万元。次日，姚某某约请黄艺到"长天数码港"自己的办公室，请求黄艺就赌债之事出面协调，看可否少还点钱。黄艺则以"愿赌服输是赌场规矩"为由，拒绝了姚某某的请求，并通知刘昌敏、方开强到"长天数码港"与姚某某结清赌债。姚某某只得将其所有的、车牌号为藏030093的尼桑奇骏越野轿车折价30万元，连同14万元现金抵偿欠方开强的赌债，将其所有的、车牌号为川AET995的尼桑蓝鸟轿车折价13万元，抵偿欠刘昌敏的赌债。黄艺等5人随后开车到兴文县"洞乡大酒店"一茶楼内分赃，黄艺、袁小军、刘昌敏各得人民币3万元，刘小冬和方开强分得5万元，并约定待两辆车卖出后再行分赃。经泸州市江阳区价格认证中心鉴定，两辆车的价值共计41.69万元。泸县人民法院认定被告人黄艺犯诈骗罪，判处有期徒刑8年，并处罚金5万元。判决其他部分省略。一审宣判后，各被告人在法定期限内未上诉，检察机关未提出抗诉，一审判决已发生法律效力。

[法律问题]

在作为犯罪手段出现时，对于法定的一罪应该如何认定？

[重点提示]

当长期以某种犯罪行为作为另一种犯罪的手段时，该行为不再单独处理，而是按目标犯罪行为进行定性。例如，本案中，长期赌博行为不是一种营业行为，而是进行诈骗的手段，因此作为诈骗罪处理。

第三节 处断的一罪

经典案例

案例一：　　　　　　梁其珍招摇撞骗案[1]

[基本案情]

2001年11月，被告人梁其珍与王某相识，谎称自己是安徽省公安厅刑警队

---

[1] 中华人民共和国最高人民法院刑事审判第一庭、第二庭编：《刑事审判参考》2003年第5集（总第34集），法律出版社2004年版，第34~42页。

重案组组长，骗得王与其恋爱并租房同居。期间，梁又先后对王谎称自己任省公安厅厅长助理等职。为骗取王及其家人、亲戚信任，梁其珍先后伪造了省公安厅文件、荣誉证书等；印制了职务为市公安局副局长的名片和刑警执法证；购买了仿真玩具手枪等；2001年10月~2002年8月梁多次从合肥、池州等地公安机关盗取数件警服、警帽、持枪证及相关材料；多次租用出租车冒充是省公安厅为其配备。在骗取信任后，2002年4月~2002年8月期间梁以种种谎言骗得王家人及亲戚现金39 750元，并挥霍。2002年5月，梁其珍又冒充安徽省公安厅刑警，骗取另一受害人张某与其恋爱并发生性关系。后以请人吃饭为由，骗取张现金500元。2002年8月初，梁其珍冒充池州市公安局副局长前往潜山县，骗取了该县人大、公安局有关领导的信任，陪同其游玩。

包河区人民法院认为：被告人梁其珍伪造公安机关的文件、印章，盗取警服、警帽，多次冒充人民警察招摇撞骗，骗取多名受害人钱款40 250元，并骗取了其他非法利益，严重妨害了国家机关的正常管理活动，侵犯了公民的合法权益，情节严重，其行为已构成招摇撞骗罪。依法判决被告人梁其珍犯招摇撞骗罪，判处有期徒刑10年。一审宣判后，被告人梁其珍不服，提出上诉。在二审审理期间申请撤回上诉，法院裁定予以准许。

[法律问题]

本案中被告人的行为是否构成连续犯？

[法理分析]

连续犯，指的是基于同一的或者概括的犯罪故意，连续实施数个独立的性质相同的犯罪行为，触犯同一罪名的犯罪形态。由于连续犯是数个行为，构成数个犯罪，因此不同于实质的一罪，它本质上其实是数罪，只是在司法实务中将其作为一罪来处理，因此和牵连犯、吸收犯一同被称为是"处断的一罪"。构成连续犯，需要满足以下几个条件：

1. 行为人必须实施了数个性质相同的行为。如果只有一个行为，自然不能构成数个犯罪，继而也不可能构成连续犯，按照一般的理解，数个指的是3个以上的行为。数个行为各自必须具有独立性，能够单独成罪，如果数个自然行为最终构成一个实行行为，则不是连续犯，而属于徐行犯的范畴。这数个行为还必须是性质相同的行为，如果性质不同，则可能触犯不同的罪名，构成不同种数罪，则没有继续犯存在的空间。

2. 行为人必须基于同一或者概括的犯罪故意。这种情况下，行为人具有连续反复实施行为的意图。包括了数次实施同一犯罪的故意和只要具备条件就实施特定犯罪的概括故意。

3. 数行为之间具有连续性。连续性是一个实务判断的问题，一方面要从主观方面入手，看行为是否具有连续实施某种犯罪的故意，另一方面要从客观方面入手，看行为之间是否具有连续性。

4. 数次行为必须触犯同一罪名。数次行为触犯的必须是同一罪名，不包括同类罪名，譬如诈骗罪与招摇诈骗罪就不能构成连续犯的情形。[1] 本案中，比较难以认定的是被告人在 2002 年 4 月~2002 年 8 月期间，以种种谎言骗得王家人及亲戚现金 39 750 元的行为，是认定为诈骗罪还是招摇撞骗罪，如果构成后者，就不能认定为是连续犯。从这两个罪的区别来看，诈骗罪必须具有非法占有财产的目的，而招摇撞骗罪谋取的非法利益，不限于财物，还包括地位、待遇等，侵犯的法益除财产法益外，还包括国家机关的威信和形象。[2] 本案中，行为人为了骗取财物，冒充国家机关工作人员，一行为触犯了数罪名，属于想象竞合犯，应当择一重罪处罚。按照 1996 年《最高人民法院关于审理诈骗案件具体应用法律的若干问题的解释》，被告人诈骗 39 750 元，属于诈骗数额巨大，应当在"3 年以上 10 年以下有期徒刑"区间量刑。根据招摇撞骗罪，诈骗这些钱款的也是在 3 年以上 10 年以下量刑，但是招摇撞骗罪又明确规定了冒充人民警察招摇撞骗的，要从重处罚，因此，对本案被告人来说，招摇撞骗罪要重于诈骗罪，因此按照想象竞合犯的原理认定为招摇撞骗罪是合适的。其伪造公安机关的文件、印章等行为系其招摇撞骗罪的手段行为，与招摇撞骗罪构成牵连犯，也认定为是招摇撞骗罪。综上所述，本案中被告人基于同一犯罪故意，实施了多个招摇撞骗行为，且多次行为之间具有连续性，应当认定为是招摇撞骗罪的连续犯。

案例二：　　　　　　　王昌和变造金融票证案[3]

[基本案情]

1998 年 10 月 18 日，被告人王昌和在某县城市信用社存款 130 元，至 11 月

---

〔1〕 具体到侵犯法益是否为同一的问题上，学者之间是存在争议的。比如，张明楷认为，侵犯个人专属法益的，尤其是其中法定刑较低的犯罪，宜采取同一法益说，否则难以做到罪刑相适应，因此对于连续故意造成 3 个不同的人轻伤的行为应认定为是同种数罪并且实行并罚，对于侵犯非专属法益如侵犯财产的，则应当采取同种法益说。参见张明楷：《刑法学》，法律出版社 2011 年版，第 430 页。但是韩忠谟认为，连续犯只需侵害同种类之法益即足以构成，例如以连续之意图，先后杀死多人（同种但不同一法益），亦系杀人罪之连续犯。

〔2〕 周道鸾、张军编：《刑法罪名精释——对最高人民法院、最高人民检察院关于罪名司法解释的理解和适用》，人民法院出版社 2007 年版，第 542 页。

〔3〕 中华人民共和国最高人民法院刑事审判第一庭编：《刑事审判参考》2000 年第 5 辑（总第 10 辑），法律出版社 2000 年版，第 11~14 页。

25 日已两次支取 125 元，存折上余额为 5 元。1999 年 6 月 29 日，被告人王昌和在自己家中将存折上存款余额涂改为 10 805 元。同年 7 月 1 日上午 10 时许，王持涂改后的存折到本县城关一发廊按摩嫖娼，结账时无现金支付，便同发廊老板、卖淫女 3 人乘三轮车到城关信用社取款，信用社工作人员发现存折被涂改后即报警，公安人员遂将王昌和抓获。

某县人民法院认为：被告人王昌和以牟取不正当利益为目的，以真实的金融凭证为基础，采取涂改存款余额的手段，改变金融凭证的内容，主观上表现为故意，客观上实施了涂改存单上存款余额的行为，其行为构成变造金融票证罪。检察机关指控被告人王昌和犯变造金融票证罪的事实清楚，证据确实、充分。依法判决被告人王昌和犯变造金融票证罪，判处有期徒刑 2 年，并处罚金人民币 2 万元。宣判后，王昌和未上诉，检察机关亦未抗诉，判决发生法律效力。

[法律问题]

本案中被告人涂改存折的行为与使用涂改存折取钱的行为分别构成什么罪？是否构成牵连犯？应当如何处罚？

[法理分析]

（一）牵连犯的基本理论

牵连犯指的是以某种犯罪为目的实施的犯罪行为，与其手段行为或者结果行为分别触犯不同罪名的犯罪形态。一般情况下，行为人以一个犯罪的目的，在手段行为与目的行为、原因行为与结果行为分别触犯了不同的罪名时，便成立牵连犯。可见，牵连犯的本质在于在一个目的的指引下，行为人实施了可独立成罪的数个犯罪行为，但是并非所有的原因行为与结果行为均可以被认定为是牵连犯，只有二者之间存在"牵连关系"的才被认为能构成牵连犯。

但何为"牵连关系"，至今尚没有统一的认识。主观说认为，只要行为人主观上将某种行为作为目的行为的手段行为或者原因行为的结果行为，就存在牵连关系；客观说认为只要客观上两种行为之间具有手段行为与目的行为、原因行为与结果行为之间的关系就构成牵连关系。[1] 何为"客观"上的牵连关系？客观说没有解释，实际上也很难把握。主观说虽然容易理解，但由于主观认识因人而异，难以把握，而且主张说明显扩大了牵连犯的范围，如将先抢枪然后再杀人的行为认为是牵连犯明显是不当的。主客观统一认定的观点实际上还是没有提出明确的实务标准。[2] "类型说"认为"根据刑法规定与司法实践，将

---

[1] 参见张明楷：《刑法学》，法律出版社 2011 年版，第 439 页。
[2] 参见曲新久：《刑法学》，中国政法大学出版社 2012 年版，第 182 页。

牵连犯的手段与目的、原因与结果的关系类型化"[1]。类型说较为实用，因为牵连犯本就不是一个学理上的精致概念，而是实务中对这一类犯罪具体处理方式的概括总结，因此，实践中某原因行为通常导致某结果行为时，就被认为具有牵连关系。这一点也体现在牵连犯的处罚上，由于刑法总则并没有规定牵连犯的概念及处罚原则，刑法分则有从一重罪处罚的，也有数罪并罚的，一般认为，法律明文规定的，按照法律规定定罪量刑，法律没有规定的，应当从一重罪处罚。

（二）本案应当按照牵连犯认定

本案中，被告人先是将存折上存款余额由 5 元涂改为 10 805 元，属于变造银行存单的行为，符合《刑法》第 177 条第 1 款第 2 项的规定，应当认定为是变造金融票证罪。后来行为人又使用变造的金融票证去取款，符合第 194 条第 2 款规定的使用变造的银行存单的罪状，应当构成票据诈骗罪。但也有观点认为："《刑法》第 194 条第 2 款已规定，使用伪造、变造的委托收款凭证、汇款凭证、银行存单等其他银行结算凭证的，以金融凭证诈骗罪定罪处罚。这里所说的使用伪造、变造金融凭证，当然包括使用者本人伪造、变造金融凭证的情况在内。尽管伪造、变造的行为也可单独构成伪造、变造金融票证罪，但《刑法》第 194 条第 2 款的规定，已从立法上排除了伪造、变造金融凭证罪的适用。"[2] 这一观点有待商榷，因为使用伪造、变造的金融凭证确实可以是本人伪造、变造的，但第 194 条第 2 款说的仅仅是"使用"，而使用这个词怎么可能包含"伪造、变造"这样独立的行为呢？又怎么能进而推出从立法上就排除伪造、变造金融凭证罪的结论？从其他犯罪来看，伪造信用卡的，同样构成伪造金融票证罪，而按照《刑法》第 196 条的规定，使用伪造的信用卡的则构成信用卡诈骗罪，这也没法推出信用卡诈骗罪就已经在立法上排除了伪造金融票证罪的适用。变造存单的行为通常就是为了使用，因此变造金融票证罪与金融凭证诈骗罪之间存在牵连关系，由于本案中的金融凭证诈骗罪属于未遂形态，所以应当以较重的变造金融票证罪定罪处罚。

---

〔1〕 转引自张明楷：《刑法学》，法律出版社 2011 年版，第 439 页。
〔2〕 中华人民共和国最高人民法院刑事审判第一庭编：《刑事审判参考》2000 年第 5 辑（总第 10 辑），法律出版社 2000 年版，第 11~14 页。

拓展案例

周洪宝妨害公务案[1]

[基本案情]

被告人周洪宝,男,1970年1月21日出生,无锡市新区江溪街道周洪宝车辆修理部经营者。因涉嫌犯放火罪于2010年1月15日被逮捕。被告人周洪宝在无锡市新区广南路与叙康路交叉路口向北五十余米处一面积为10平方米的二层简易房内开设了车辆修理部,其一家三口也居住在该修理部内。周洪宝为方便工作,在门前人行道上自行搭建了一个钢架棚。2009年8月底,无锡市新区江溪街道城管大队向周洪宝发出该钢架棚系违章建筑,令其限期自行拆除的通知书。此后,城管大队工作人员几次上门做工作。周洪宝认为其家庭经济困难,妻子智力低下,年幼的儿子需要抚养,车辆修理收入是其家庭唯一的经济来源,城管队员对修理棚的拆除将影响其正常经营,故迟迟不肯拆除。2009年11月24日上午,无锡市新区江溪街道城管大队机动中队、二中队以及新区执法大队共二十余名队员,按照《无锡市城市市容环境卫生管理条例》等有关规定,对周洪宝违规搭建在修理部门外的棚子进行强制拆除。为阻止强拆,周洪宝趁人不备跑至修理部二楼,将事先用酒瓶罐装好的汽油点燃扔向正在进行强制拆除的城管队员中间,致使装有汽油的酒瓶砸到棚子支架后碎裂,燃烧的汽油溅开,将正在用乙炔枪进行切割的城管队员周奇伟烧伤,后经鉴定未达到轻伤。无锡市高新技术产业开发区人民法院对被告人周洪宝以放火罪判处有期徒刑3年。一审宣判后,周洪宝提出上诉,称其不构成放火罪。无锡市中级人民法院判决撤销无锡高新技术产业开发区人民法院(2010)新刑初字第99号刑事判决:认定上诉人周洪宝犯妨害公务罪,判处有期徒刑1年。

[法律问题]

牵连犯如何认定?

[重点提示]

牵连犯属于处断的一罪,应当具有多个犯罪行为,且各行为之间具有牵连关系并触犯了不同的罪名,对牵连犯应择一重罪处罚。

---

[1] 参见中华人民共和国最高人民法院刑事审判第一、二、三、四、五庭主办:《刑事审判参考》2011年第5集(总第82集),法律出版社2012年版,第55~60页。

第九章

刑罚体系

知识概要

各种刑罚方法按照一定的结构组合，构成一个合理、有机的整体就是刑罚体系。各种刑罚方法按照主要与次要、中心与非中心的关系构成特定的比例份额，我国刑罚体系区分主刑与附加刑，并且分别按照由轻至重的次序排列刑罚方法。主刑是基本刑，只能独立适用，一个犯罪只能适用一个主刑，主刑包括了管制、拘役、有期徒刑、无期徒刑与死刑。附加刑是补充主刑适用的刑罚方法，既可以附加主刑适用，也可以独立适用，包括罚金、剥夺政治权利与没收财产三种。本章在对所有刑罚方法有全面掌握的基础上，重点要对主刑中的死刑和附加刑中的罚金有更加深入的了解。

第一节 主 刑

经典案例

案例一： 谭某贩卖毒品案[1]

[基本案情]

家住宾阳县宾州镇的谭某，出生于1932年，是一位年届79岁的老妇人。由于年事已高，且听力不好，平时是足不出户。2010年12月20日中午，吸毒人员马某来到谭某的家中，以50元1包的价格向谭某购买1包净重0.05克毒品，

---

[1] 本案选自广西法院网。

被公安机关当场抓获。从谭某身上搜出60元人民币和8包净重0.64克的毒品海洛因。鉴于谭某年龄及身体状况,公安局机关在抓获当天即对谭某采取了监视居住的强制措施,后又取保候审。

法院经审理认为,谭某的行为构成了贩卖毒品罪。考虑到谭某犯罪时已经年满75周岁,年老体弱,如果判处实刑,也很难羁押服刑,达不到羁押服刑的预期。因谭某年已79岁,又如实供述罪行,依法可以从轻处罚,对其判处管制,在其家人的亲情教育和社区帮助下进行矫正,效果会更好。遂依照《刑法修正案(八)》,结合到本案的实际情况,以贩卖毒品罪判处管制1年,同时适用禁止令,禁止谭某在管制期间接触吸毒、贩毒人员,禁止接触毒品。

[法律问题]

本案判处管制是否合理?是否有必要适用禁止令?

[法理分析]

管制是指对犯罪人不予关押,但限制其一定人身自由,并依法实行社区矫正的刑罚方法。《刑法修正案八》对管制修改较大,增加了禁止令的规定,同时将被判处管制的犯罪分子"由公安机关执行"修改为"依法实行社区矫正"。正确适用管制刑要注意以下几个问题:

1. 管制并不剥夺罪犯的人身自由。这就决定了其只能适用于罪行较轻的犯罪行为,从社会防卫的立场出发,如果罪犯具有较强的人身危险性、再犯可能性,就只能将其与正常社会予以隔离,而不能判处管制。刑法之所以规定管制刑,就是希望罪行较轻的罪犯能够在一个相对开放的环境中进行改造,以克服自由刑等刑罚所带来的"交叉传染"、封闭等弊端,便于其将来能够重新回归社会。本案中谭某已经79岁,再犯罪的能力已经减弱,而且所犯贩卖毒品罪属于妨害社会管理秩序的犯罪,也并非严重侵犯公民人身的暴力性犯罪,且又能够如实交代自己的罪行,主观上能够认罪、悔罪,对其适用管制可以达到社会防卫和教育改造的目的。

2. 不能无限制适用管制。管制的期限为3个月以上2年以下,数罪并罚时不能超过3年。管制毕竟是一种刑罚,也是在一定程度上限制了被管制人员的人身自由,而且管制犯在执行期间必须遵守严格的规定,其政治权利亦受到一定的限制,不能将管制无期限适用,成为一种控制手段。被判处管制的犯罪分子,管制期满,执行机关即应向本人和其所在单位或者居住地的群众宣布解除管制。

3. 对管制犯必须实行社区矫正。社区矫正,是指专门的国家机关在社会组织和志愿者的协助下,将判处管制、宣告缓刑、假释或者暂予监外执行的犯罪人置于特定的社区内,进行教育改造,矫正其犯罪心理的刑罚执行活动。社区矫正作为一种非监禁刑罚执行活动，经过多年的试点，终于在刑法修正案八及2012年修订的刑事诉讼法中以法律的形式固定下来。随后出台的《社区矫正实施办法》对社会矫正的适用作出了详细的规定，管制犯必须依法接受社区矫正。

4. 对管制犯可以适用禁止令。禁止令的立法是刑法修正案八较有特色的一部分，全国人大法工委在《刑法修正案（草案）条文及草案说明》写道："在有些人大代表提出，需要根据新的情况，对管制的执行方式适时调整，有针对性地对被判处管制的犯罪分子进行必要的行为管束，以适应对其改造和预防再犯罪的需要。据此，建议规定：对判处管制的罪犯，根据其犯罪情况，可以判令其在管制期间不得从事特定活动，不得进入特定区域、场所，不得接触特定的人。"从立法原意上看，禁止令的增设是为了强化管制刑的实施效果，促使其改造，并达到预防再犯罪的目的，因此，从本质上看，禁止令也属于保安处分的一种，对犯罪人规定了特别的义务。[1]《关于对判处管制、宣告缓刑的犯罪分子适用禁止令有关问题的规定（实行）》第2条原则性规定："要充分考虑与犯罪分子所犯罪行的关联程度，有针对性的决定其在考验期内从事特定活动，进入特定区域、场所，解除特定的人的一项或者几项内容。"第5条具体规定"……禁止解除其他可能遭受其侵害、滋扰的人或者可能诱发其再次危害社会的人。"具体到本案，在毒品犯罪中，以贩养吸的现象长期存在，吸毒人员之间互相介绍、引诱的现象非常普遍，如果不将谭某与吸毒、贩毒人员隔离开来，极易导致谭某受其影响再次走上犯罪的道路，因此，适用禁止令，禁止谭某在管制期间接触吸毒、贩毒人员是具有较强的针对性的，有利于其改造。但是规定禁止其接触毒品是否有必要值得商榷：一是禁止令规定的是"在执行期间从事特定活动，进入特定区域、场所，接触特定的人"，而毒品属于物，法律并没有禁止管制犯接触某种物品。二是在我国法律中，毒品本身属于违禁品，接触毒品或者构成行政处罚或者直接构成犯罪，而在管制犯应遵守的义务中已经明确规定了"要遵守法律、行政法规、服从监督"，因此也没有必要在禁止令中再次声明。

案例二：　　　　　　　李某危险驾驶案[2]

[基本案情]

被告人李某于2012年1月7日18时许，酒后驾驶小型客车由西向东行驶至

---

〔1〕 [德] 弗兰茨·冯·李斯特：《德国刑法教科书》，徐久生译，法律出版社2006年版，第402～408页。

〔2〕 北京市高级人民法院编：《北京法院参阅案例（第八卷）》，知识产权出版社2013年版，第35页。

北京市大兴区魏善庄吴庄村村东时，将由西向东步行人员韩某某、孙某某撞伤后逃逸，经法医鉴定两人均为轻伤，后被告人被查获。经北京市公安交通司法鉴定中心鉴定，李某体内血液检测酒精含量为 159.5 毫克/100 毫升。

一审法院经审理认为，被告人李某违反《道路交通安全法》，醉酒后驾驶机动车在道路上行驶，其行为已构成危险驾驶罪。故依照《刑法》第 133 条之一、第 52 条、第 53 条、第 61 条的规定判决：被告人李某犯危险驾驶罪，判处拘役 3 个月，并处罚金人民币 3000 元。一审宣判后，被告人李某未提起上诉，检察院亦未提出抗诉，判决发生法律效力。

[法律问题]

本案中，被告人因为逃逸被公安机关行政拘留 10 天，在醉酒驾驶行为构成犯罪被追究刑事责任时，已被执行了的行政拘留日期能否折抵刑期？

[法理分析]

拘役是短期剥夺犯罪人自由，就近实行教育和改造的刑罚方法。对于拘役刑的存废，有很大的争议，[1] 但是包括我国在内的大多数国家都还是保留了拘役刑的使用。拘役在刑罚体系中处于管制与有期徒刑之间，适用于较轻的犯罪。期限是 1 个月以上 6 个月以下，数罪并罚不能超过 1 年，属于典型的短期自由刑。拘役的刑期从判决执行之日起计算，判决执行以前先行羁押的，羁押 1 日折抵刑期 1 日。但在具体的折抵计算中，往往容易出现争议。

本案中，被告人李某驾车将步行人员撞伤后逃逸，由于只造成了人员轻伤，因此不构成交通肇事罪，其逃逸行为自然也不能评价在交通肇事罪中。2011 年修正的《道路交通安全法》第 99 条规定，有下列行为之一的，由公安机关交通管理部门处 200 元以上 2000 元以下罚款：……③造成交通事故后逃逸，尚不构成犯罪的……有第 1 项、第 3 项、第 5~8 项情形之一的，可以并处 15 日以下拘留。并且第 101 条规定，造成交通事故后逃逸的，由公安机关交通管理部门吊销机动车驾驶证，且终身不得重新取得机动车驾驶证。从行政处罚的角度看，被告人李某撞伤他人造成交通事故后逃逸行为本身尚不能构成犯罪，但是已经构成交通违法，对其处以行政拘留的处罚是没有问题的。

但被告人除交通事故逃逸行为之外，还有醉酒驾车的行为，其体内血液检测酒精含量高达 159.5 毫克/100 毫升，已经构成了危险驾驶罪。行为人同时构成交通违法和犯罪行为，其行政拘留的处罚能否折抵拘役的刑期就是一个值得研究的问题。《行政处罚法》第 28 条规定："违法行为构成犯罪，人民法院判处拘役或者有期徒刑时，行政机关已经给予当事人行政拘留的，应当依法折抵相

---

[1] 参见张明楷：《外国刑法纲要》，清华大学出版社 2007 年版，第 383~385 页。

应刑期。违法行为构成犯罪,人民法院判处罚金时,行政机关已经给予当事人罚款的,应当折抵相应罚金。"该法从原则上肯定了行政处罚可以折抵刑罚的刑期,但是从语义上推断,"违法行为构成犯罪"指的应该是本来应该用刑法来规制的行为被按照行政违法处理了,因此违背了"一事不二罚"的原则。这一点在司法解释中得到了进一步的明确,1988年《最高人民法院研究室关于行政拘留日期折抵刑期问题的电话答复》中解释道:"我院1957年法研字第20358号批复规定:'如果被告人被判处刑罚的犯罪行为和以前受行政拘留处分的行为系同一行为,其被拘留的日期,应予折抵刑期。'这里所说的'同一行为',既可以是判决认定同一性质的全部犯罪行为,也可以是同一性质的部分犯罪行为。只要是以前受行政拘留处分的行为,后又作为犯罪事实的全部或者一部分加以认定,其行政拘留的日期即应予折抵刑期。"

因此,认定行政处罚是否可以折抵刑期的关键,在于受到行政处分的行为,在后来的犯罪中是否被评价在犯罪构成要件中。如果对一个行为已经进行了行政处分,在后来的犯罪评价中又将其全部或者一部分予以刑罚的评价,那就违背了"一事不二理"的基本正义原则,自然是不可取的。具体到本案中,被告人造成交通事故后逃逸的行为已经构成了行政违法,因此可以进行行政处罚,问题是逃逸这一行为是否后来又被评价在了危险驾驶罪之中,从危险驾驶罪的罪状可以看出,只要是"在道路上醉酒驾驶机动车的"就构成了危险驾驶罪,可以看出危险驾驶罪是一个抽象的危险犯,[1]构成此罪只需要评价其是否"醉酒驾驶",不需要将其他诸如伤人、逃逸等因素考虑在内。所以,本案中被告人逃逸的行为并没有被作为危险驾驶犯罪事实的一部分加以认定,行政处罚的行为和危险驾驶的行为不属于"同一行为",其行政拘留的刑期不能折抵刑期。

案例三: 刘本露交通肇事案[2]

[基本案情]

2012年4月8日6时40分许,被告人刘本露在未取得机动车驾驶证的情况下,驾驶越野轿车,行驶至高速公路往江苏方向时,超速行驶,导致其驾驶的越野轿车与刘中州驾驶的豫HA8552—豫HN910挂车发生碰撞,造成越野车上的乘客郭明亮受伤并经医院抢救无效而死亡。经鉴定,刘本露在此事故中负主要

---

[1] 参见谢杰:"增设危险驾驶罪不妨以抽象危险犯为理论依据",载《检察日报》2010年6月21日。

[2] 中华人民共和国最高人民法院刑事审判第一、二、三、四、五庭主办:《刑事审判参考》2012年第4集(总第87集),法律出版社2013年版,第1~5页。

责任。事故发生后,刘本露即被送往医院接受治疗,其在交警向其询问时,谎称自己姓名为刘路,并编造了虚假的家庭成员情况,且拒不交代肇事经过。当日中午12时许,刘本露离开医院。次日,刘本露主动联系公安交警部门,表示愿意到公安机关交代犯罪事实。同月10日,刘本露到公安机关投案,如实交代了自己的肇事经过。其亲属与被害方达成了赔偿和解协议,赔偿给被害方经济损失共计人民币(以下币种同)93 000元,并取得被害人方的谅解。

台州市黄岩区人民法院经审理认为,被告人刘本露违反道路交通运输管理法规,在未取得机动车驾驶证的情况下,驾驶机动车在高速公路上超速行驶,并有其他妨碍安全驾驶的行为,导致发生1人死亡的重大交通事故,负事故的主要责任。且在交通肇事后逃逸,其行为构成交通肇事罪。依法判决被告人刘本露犯交通肇事罪,有期徒刑2年。宣判后,被告人未提起上诉,公诉机关亦未提起抗诉,判决已经发生法律效力。

[法律问题]

《刑法》第133条规定的交通肇事罪的量刑共三个刑档,本案应当在哪一区间量刑?在医院逃逸的能否被认定为是交通肇事后逃逸?

[法理分析]

有期徒刑是剥夺犯罪人一定期限的自由,实行教育和改造的刑罚方式。在我国刑法分则罪名中,除危险驾驶罪规定适用拘役之外,其他所有犯罪都规定有有期徒刑。有期徒刑不但有幅度较大的期限,可以适用于各种轻重不同的犯罪(期限为6个月以上15年以下,数罪并罚时最高刑期甚至能到25年),而且在其法定刑内部也有一定幅度,可以适应各种犯罪的罪行程度(一般都规定多个量刑区间),因此有期徒刑成为我国刑法中适用面最广、最主要的刑罚方式。[1]

交通肇事罪有三个量刑档次,违反交通运输管理法规,因而发生重大事故,致人重伤、死亡或者使公私财产遭受重大损失的,处3年以下有期徒刑或者拘役,这是第一个幅度区间;如果交通运输肇事后逃逸或者有其他特别恶劣情节的,处3年以上7年以下有期徒刑,这是第二个幅度区间;因逃逸致人死亡的,处7年以上有期徒刑,这是第三个区间。在实务中,要根据罪行的不同程度,分别按照不同的区间来量刑,有期徒刑属于主刑,一个犯罪只能有一个主刑,而且在主刑内部也只能是在某个区间内,不可能有横跨几个主刑或者一个主刑内部几个刑档之间量刑的情形存在。

---

〔1〕 除了纯粹法律意义上易于匹配犯罪与刑罚的意义外,有期徒刑本身所具有的社会意义是其成为最主要的刑罚种类的重要原因。有学者认为,有期徒刑极有价值:一是足以矫治犯罪恶性,养成劳动的习惯;二是服役可以训练其谋生技能,便于回归社会后不致于再犯罪;三是通过利用罪犯的劳动力,能够增加政府收入。参见韩忠谟:《刑法原理》,北京大学出版社2009年版,第369页。

按照《最高人民法院关于审理交通肇事刑事案件具体应用法律若干问题的解释》第2条的规定,交通肇事致1人死亡,并且负事故全部或者主要责任的,处3年以下有期徒刑或者拘役。本案中,被告人在未取得机动车驾驶证的情况下驾驶越野轿车,并且超速行驶,违反了交通运输管理法规,导致其驾驶的越野轿车与挂车发生碰撞,最终造成乘客郭明亮受伤并经医院抢救无效而死亡的后果,后经鉴定,本案被告人在此事故中负主要责任。因此被告人构成交通肇事罪基本的第一刑档是没有问题的,接下来需要判断其是否具有法定的加重情节,刑档能否"升级"到另外两个区间。

交通肇事后具有逃逸情节的,要处3年以上7年以下有期徒刑。司法解释将发生交通事故后,为逃避法律追究而逃跑的行为规定为是逃逸,为逃避法律追究易于理解,这是从主观上限制处罚的范围,在一些特殊情形下,被告人不是为了逃避法律追究(比如因被害人家属群殴而自卫逃走)的,不能认定为是逃逸。但是在譬如本案的特殊情形中,被告人在现场因为受伤被送往医院,不具备逃走的条件,但后来又从医院逃走的,能否认定为是逃逸,换句话说,逃逸一定必须是从现场逃走吗?答案应当是否定的,首先从法律条文上来说,并没有给逃逸规定时空限制,不能无理由地给法律条文增加限制条件;其次从目的上来说,法律将逃逸规定为交通肇事罪的加重情节,就是因为逃逸不但导致被告人得不到救治,容易扩大损失范围,而且不利于案件的侦破,因此必须从严惩处,通过时空限制来缩小适用范围,明显与加重情节的立法目的相违背。"如果仅将逃逸界定为逃离现场,那么性质同样恶劣的逃避法律追究的行为就得不到严惩,可能会影响对这类犯罪行为的惩处力度。"[1] 因此,本案中被告人谎称自己姓名并编造了虚假的家庭成员情况,拒不交代肇事经过,明显具有逃避法律追究的目的,于当日中午离开医院的行为构成了交通肇事后逃逸,应当按照交通肇事罪第二刑档范围量刑。

案例四:　　　　　　　　　林某某诈骗案[2]

[基本案情]

被告人林某某系美利坚合众国公民。2005年10月~2006年6月,被告人林某某虚构其在英国银行有1550万美元存款,准备将该款汇入中国境内用于投资

---

〔1〕 周道鸾、张军主编:《刑法罪名精释——对最高人民法院、最高人民检察院关于罪名司法解释的理解和适用》,人民法院出版社2007年版,第119页。

〔2〕 北京市高级人民法院编:《北京法院参阅案例(第8卷)》,知识产权出版社2013年版,第43页。

的事实，以引入该资金需要向境外银行、政府部门等机构缴纳保管费、保险金、清算费用等为由，以借款为名，骗取中油新兴能源产业集团有限公司（以下简称中油公司）人民币551万余元。2006年4月~2006年11月，林某某以上述同样手段，骗取被害人毛某、高某共计人民币547万元。被告人林某某被抓获后，其所骗款项均未追回。

一审法院经审理认为，被告人林某某以非法占有为目的，虚构其有巨额存款准备在中国境内投资的事实，以其存款汇入中国需要向境外多个机构缴纳各种费用为由，骗取他人钱款，数额特别巨大，其行为已构成诈骗罪，其所诈骗钱款均未追回，犯罪情节特别严重，依中华人民共和国法律应予惩处。故依法判决被告人林某某犯诈骗罪，判处无期徒刑，并处没收个人全部财产。一审宣判后林某某提出上诉，二审法院经审理后，并出终审裁定，驳回了林某某的上诉，维持了一审判决。

[法律问题]

本案中，林某某被判处无期徒刑，按照我国刑罚执行过程惯例，被判处无期徒刑的犯罪分子如果符合一定条件，就可以减为有期徒刑。既然可能会减为有期徒刑，那么在判决的时候是否有必要对外国人判决附加驱逐出境？

[法理分析]

无期徒刑是剥夺犯罪人终身自由，实行强制劳动改造的刑罚方法，严厉程度仅次于死刑，是自由刑中的最重刑罚。无期徒刑处于有期徒刑和死刑之间，是一般刑罚和极刑的缓冲带，在普通犯罪中，无期徒刑常常被规定为最高刑（这种情况下一般都是以加重情节出现），同时辅以有期徒刑作为选择刑；而在一些重罪中，为了严格控制死刑的适用，无期徒刑又都被当作选择刑予以适用。曾有论述认为，无期徒刑剥夺犯罪人的终身自由，因此导致犯罪人因看不到出狱希望而自暴自弃，反而不利于改造，其残忍程度甚至高于死刑。[1] 因此，现代大多数国家一般都通过刑罚的执行制度来抵消无期徒刑的弊端，我国在设置无期徒刑的同时，规定了减刑、假释、赦免等制度，被判处无期徒刑的犯罪人实际上很少有被终身剥夺人身自由的。无期徒刑的另一大价值被认为是可以用来作为死刑的替代刑，有利于控制死刑的适用，从近年来的立法惯例来看，相当一部分的犯罪取消了死刑，但是保留了无期徒刑，无期徒刑的震慑宣示意义在一方面满足了人民群众社会防卫的需要，同时也为犯罪人留下了宝贵的生命，给了他们弃恶从善、重返社会的机会。

我国《刑法》第266条规定了诈骗罪，在量刑区间中，数额特别巨大或者

---

［1］ 韩忠谟：《刑法原理》，北京大学出版社2009年版，第370页。

有其他特别严重情节的，处 10 年以上有期徒刑或者无期徒刑。根据两高《关于办理诈骗刑事案件具体应用法律若干问题的解释》第 1 条的规定，诈骗公私财物价值 50 万元以上的，应当认定为数额特别巨大。本案中，林某某诈骗共计超过了 1000 万元，远高于数额特别巨大的区间，而且其所骗款项均未追回，给被害人造成了极为严重的损失，对其判处无期徒刑，可谓是罚当其罪。虽然林某某被宣告了无期徒刑，但是刑罚执行的管理，如果满足条件是可以被减为有期徒刑的，而林某某是外国人，既然最终执行的刑罚是有期徒刑，那么为何不在宣告刑的时候就附加适用驱除出境呢。同样的情形可以在附加剥夺政治权利中看到，按照刑法的规定，被判处无期徒刑的犯罪分子，应当剥夺政治权利终身。

上述论述看似有理，实际上经不起推敲，首先，从无期徒刑的性质看，虽然无期徒刑在后来的执行中可能会发生变化，但无期徒刑从本质上毕竟是终身剥夺人身自由的刑罚，被宣告了无期徒刑的罪犯意味着将终身在监狱中度过，这体现了刑罚的严肃性，也是无期徒刑震慑力的一种外在表现。如果对林某某宣告无期徒刑，同时适用驱逐出境，不但自相矛盾，也让无期徒刑的效果大打折扣。其次，无期徒刑减为有期徒刑虽为执行中的常态，但也不是一定会减为有期徒刑，减刑必须符合一定的条件，不能把附条件的事实当做已经发生的事实，而且正是因为附条件所以才能督促犯罪人更好地改造，如果在宣告无期徒刑的时候适用驱逐出境，岂不是明显告诉罪犯无期徒刑肯定会被减为有期徒刑，使其有恃无恐，不利于罪犯的改造。最后，从驱逐出境的性质来看，驱逐出境既不属于主刑，也不属于附加刑，只是一种执行方式，法院可以灵活掌握，比如在减刑申请的时候再决定是否使用驱逐出境，这也不能算是加重了被告人的处罚。

综上，本案中，一、二审法院对林某某的定罪量刑都是合理的，在宣告无期徒刑的时候，不能适用驱逐出境。

案例五：　　　　　张怡懿、杨礐故意杀人案[1]

[基本案情]

章桂花与张怡懿系母女。张怡懿与同学杨礐关系较密切，因杨多次向张借钱后不还，引起章桂花不满，遂到杨家干涉，并阻止张怡懿与杨礐交往。杨礐对章怀恨在心。2000 年 7 月，杨礐对张怡懿谈起张母章桂花若死亡，张则可获自由，且可继承遗产，张亦认为母亲管束过严，两人遂共谋杀害章桂花。同年 8

---

[1] 中华人民共和国最高人民法院刑事审判第一庭、第二庭编：《刑事审判参考》2003 年第 3 辑（总第 32 辑），法律出版社 2003 年版，第 13～18 页。

月 23 日晚，张怡懿在上海市永兴路 595 弄某号家中给其母章桂花服下安眠药，趁章昏睡之机，将杨謦提供的胰岛素注入章体内。因章桂花不死，张怡懿又用木凳等物砸章头部。次日中午，杨謦至张怡懿家，见章桂花仍未死亡，即与张共同捆绑章的手，张用木凳猛砸章头部。被害人章桂花终因颅脑损伤而死亡。嗣后，张怡懿、杨謦两人取走章的存折、股票磁卡等，由杨藏匿。张怡懿购买水泥，并将章桂花的尸体掩埋于家中阳台上。10 月 8 日，公安机关在对犯罪嫌疑人张怡懿采取强制措施后，又查证杨謦涉嫌参与共同杀人。但此时杨謦正怀孕，故未对其采取相应的强制措施。10 月 20 日杨謦产下一男婴并将其遗弃（此节因证据原因未予指控），公安机关遂于 10 月 30 日将其刑事拘留。经鉴定，张怡懿系限定刑事责任能力的精神病人。

上海市第二中级人民法院认为：被告人张怡懿、杨謦共同故意杀死一人，其中，被告人张怡懿积极实施杀人行为；被告人杨謦在犯罪中出谋划策，并捆绑被害人，共同致人死亡，两被告人的行为均已构成故意杀人罪。依法以故意杀人罪分别判处被告人张怡懿、杨謦无期徒刑，剥夺政治权利终身。一审判决后，张怡懿提出上诉。上海市高级人民法院经审理依法裁定驳回上诉，维持原判。

[法律问题]

法院对二名被告人不适用死刑的量刑是否合适？怎样落实我国"保留死刑，严格控制死刑"的刑事政策？

[法理分析]

死刑是剥夺犯罪人生命的刑罚，包括立即执行和缓期 2 年执行两种方式。由于死刑直接剥夺人最高贵的生命，属于生命刑，具有不可逆性，因此是最严厉的刑罚，也被称为极刑。死刑的存废是一个长期被争论的问题，随着刑罚轻缓化的历史趋势，死刑的废除可能是一个必然的历史趋势。但现阶段我国尚不具备废除死刑的条件，在死刑问题的立场上，国家将"保留死刑，严格控制死刑"作为基本死刑政策。在立法上，死刑的适用要严格"只适用于罪行极其严重的犯罪分子。"而且即使是应当判处死刑的犯罪人，"如果不是必须立即执行的，可以判处死刑同时宣告缓期 2 年执行"。除此之外，还规定了不适用死刑的三种例外情况：犯罪的时候不满 18 周岁的人、审判的时候怀孕的妇女及审判时已满 75 周岁的人（但以特别残忍手段致人死亡的除外）。在司法上，多个司法解释不但从原则上规定"应逐步减少适用，凡是可杀可不杀的，一律不杀，要做到少杀、慎杀"。而且对如何理解和严格执行保留、控制、慎重适用死刑的刑事政策作了详细的解释。

本案中，张怡懿杀死其母的行为，从事件起因上看，系家庭矛盾，这与仇视国家、社会，以不特定人为行凶对象的杀人犯罪是有区别的，不至于严重危害社会治安、影响人民群众的安全感,最高院《在审理故意杀人、伤害及黑社会性质组织犯罪中切实贯彻宽严相济刑事政策》指出,对这种情形要特别慎重,一般不应当适用死刑,除非"犯罪情节特别恶劣、犯罪后果特别严重、人身危险性极大",也就是"罪行极其严重"。综合考虑被告人的犯罪情节,动机是源于家庭矛盾,不能说是特别卑劣;采用注射和打砸的行为致被害人死亡,手段只能说是一般,也并非特别残忍;造成一人死亡的后果,只能说是严重后果,尚不能达到特别严重。再从其人身危险性来看,被告人系限制刑事责任能力的精神病人,不能完全辨认和控制自己的行为,其主观恶性和日后再犯可能性都较常人要小,她更需要的是治疗而不是消灭,而且法律也规定对限制责任能力人"可以从轻或者减轻处罚"。综合上述因素,被告人张怡懿的行为尚没有达到"罪行极其严重"的程度,因此不能适用死刑。

被告人杨譬属于法律明确排除死刑适用的"审判的时候怀孕的妇女"。实务中对审判的时候采取了扩大解释的方法,最高院在多个司法解释中明确,只要是在羁押期间已是孕妇的被告人,无论是否违反计划生育政策,也不论是否流产以及办案时间的长短,都视为审判时候怀孕的妇女。怀孕妇女因涉嫌犯罪在羁押期间自然流产后,又因同一事实被起诉、交付审判的,视为审判时候怀孕的妇女。本案中,公安机关已经查证杨譬涉嫌参与共同杀人,只是因为杨譬正怀孕,故未对其采取相应的强制措施。这里的"羁押"也应当作扩大解释,不但包括了实际的羁押,也包括了本案中应当羁押但由于特殊情况不适宜羁押的情况,虽然杨譬当时没有被实际羁押,但已经完全处于公安机关的实际控制之下,待其具备羁押条件之后,公安机关遂于10月30日将其刑事拘留。因此,本案中杨譬的情形也应当属于羁押期间怀孕的妇女,依法不能判处死刑,当然也不能判处死刑缓期执行。

案例六: 闫新华故意杀人案[1]

[基本案情]

2004年2月18日,闫新华因涉嫌犯盗窃罪被查获归案后,主动交待了以下经庭审查证属实的多起盗窃等犯罪事实,其中包括两起故意杀人的犯罪事实:2003年10月中旬的一天22时许,闫新华将一妇女带至本市海淀区北蜂窝路15号院1号楼207号家中留宿。次日凌晨4时许,闫新华趁该妇女熟睡之机,用铁

---

〔1〕 最高人民法院中国应用法学研究所编:《人民法院案例选》2005年第3辑(总第53辑),人民法院出版社2006年版,第2~7页。

锤猛砸其头部，致其重度颅脑损伤死亡。后闫新华将该妇女的尸体肢解，抛弃于海淀区莲花桥西北角垃圾堆、宣武区广安门桥下护城河等处。2003年12月4日23时许，闫新华携带铁锤、绳子等凶器到本市海淀区北京交通大学东路41号院1号楼地下室12号内，与徐某（女，40岁）同宿。次日凌晨6时许，闫新华趁徐某熟睡之机，用铁锤猛打徐某的头部，并用尼龙绳欲将徐某勒死，因徐某奋力反抗搏斗，闫新华杀人未遂。

一审法院经审理认为，闫新华故意非法剥夺他人生命，致人死亡，其行为已构成故意杀人罪；且在刑满释放后5年内又犯罪，系累犯。闫新华所犯故意杀人罪虽系自首，所犯部分故意杀人罪属于未遂，但其犯罪的性质极为恶劣，手段凶残，情节、后果特别严重，必须依法严惩，对闫新华所犯故意杀人罪不予从轻处罚。故判决：被告人闫新华犯故意杀人罪，判处死刑，剥夺政治权利终身。一审宣判后，闫新华提出上诉。二审法院经审理认为，上诉人闫新华的行为构成故意杀人罪，且系累犯，依法应当从重处罚。但鉴于闫新华在因涉嫌犯盗窃罪被羁押期间，主动供述司法机关尚不掌握的两起故意杀人犯罪事实并指认抛尸现场，系自首，其中1起故意杀人罪系未遂，故对闫新华所犯故意杀人罪可判处死刑，不立即执行，改判上诉人闫新华犯故意杀人罪，判处死刑，缓期2年执行，剥夺政治权利终身。

[**法律问题**]

本案中，被告人涉及盗窃和故意杀人两个罪名，系同时具有累犯、未遂、自首等多个量刑情节，一审法院判处死刑立即执行，二审改判为死刑缓期执行，死刑立即执行与缓期执行该如何把握？

[**法理分析**]

我国刑法规定的死刑包括了立即执行和缓期执行两种，虽然二者性质都是死刑，但符合条件的死缓犯在考验期结束后就会被减为无期徒刑，为其留下了宝贵的生命，而立即执行则直接消灭了被告人，实际效果可谓是天壤之别。因此，准确把握死刑立即执行和缓期2年执行的界限，是准确适用死刑的重要命题。从法律规定来看，适用死刑缓期执行必须满足以下两个条件：

1. 满足判处死刑的条件，即罪行极其严重。死缓也是死刑，判处死缓的前提必须是犯罪分子罪行极其严重，应该被判处死刑。具体到判断中，应该从以下两方面来把握：一方面行为人的犯罪具有极大的社会危害性，这是从犯罪的客观方面来说的，即从实害角度来看，行为人的犯罪行为造成的后果极其严重，给社会造成的损失极大，严重侵犯了法益；另一方面应当指的是行为人的人身危险性，包括其主观恶性以及再犯可能性、矫正可能性等。有学者将其概括为

"罪大恶极"还是比较准确的[1]。具体的司法判断中，就要综合各种犯罪情节。本案中，从社会危害性上看，被告人的两次行为都经过准备，针对的都是妇女这样的弱势群体，造成一人死亡的严重后果，其犯罪后将尸体肢解，犯罪手段可谓特别残忍，具有非常严重的社会危害性；从人身危险性来看，被告人连续杀人，具有较深的主观恶性，本身又系累犯，具有较强的再犯可能性，人身危险性极大。综合分析，被告人的行为可谓是"罪大恶极"，完全符合死刑的适用条件，对其判处死刑是合理的。

2. 满足"不是必须立即执行的"要件。但如何理解和适用这一要件，学术界存在较大的争议，对不是立即执行的情形作了大量的列举[2]。诚然，不是必须立即执行的情形肯定包括了很多因素，主要是一个司法上的判断问题，但是不能将一些不须立即执行的因素列举成证明"罪行不是极其严重"的犯罪内容，毕竟死缓的前提是死刑，如果罪行不是极其严重，根本都没必要判处死刑。根据最高院在《在审理故意杀人、伤害及黑社会性质组织犯罪案件中切实贯彻宽严相济刑事政策》中指出："对于罪行极其严重，但只要有法定、酌定从轻情节，依法可不立即执行的，就不应当判处死刑立即执行。"因此，在死缓的适用中，酌定尤其是法定从轻情节是应当考虑的重点内容。本案中，被告人在因涉嫌犯盗窃罪被羁押期间，主动供述司法机关尚不掌握的两起故意杀人犯罪事实并指认抛尸现场，具有自首情节，另一起故意杀人罪系未遂，具有法定的从轻情节，综合考虑，对被告人所犯死刑可以不立即执行。二审法院的改判符合我国控制和慎用死刑的刑事政策。

拓展案例

贾淑芳故意杀人案[3]

[**基本案情**]

被告人贾淑芳，女，1977年4月5日出生，原系内蒙古呼和浩特市某小学教师。因涉嫌犯故意杀人罪，于2000年11月28日被逮捕。被告人贾淑芳经常无故受到其丈夫高永亮的殴打、虐待。2000年10月17日凌晨2时许，被告人贾淑芳在呼和浩特市黄合少镇自家开的婚纱店内歇宿时，高永亮带女青年陈小红来到店

---

〔1〕参见刘树德：《实践刑法学·总则》，中国法制出版社2010年版，第155页。作者还认为，相对而言，"罪大恶极"的表述比"罪行极其严重"的表述更契合"罪责刑相适应"的精神。

〔2〕参见刘树德：《实践刑法学·总则》，中国法制出版社2010年版，第155~157页。

〔3〕中华人民共和国最高人民法院刑事审判第一庭、第二庭编：《刑事审判参考》2005年第5集（总第46集），法律出版社2006年版，第26~29页。

中，要求贾淑芳到别处去睡，为此夫妻二人发生激烈争吵。后高永亮和陈小红到里屋，贾淑芳被迫躺在外屋沙发上休息。当贾淑芳进里屋取棉被时，见高与陈正在炕上睡在一起，遂持菜刀在高永亮的头颈部连砍数刀，致高永亮当即死亡。陈小红见状起身与贾淑芳夺刀，贾淑芳又持刀向陈小红的头部等连砍数刀，致陈死亡。杀人后，贾淑芳用斧头将里屋炕刨开，把高、陈的尸体推入炕洞，并清理了现场血迹。次日，贾淑芳又搞来汽油浇在两具尸体上，点燃焚烧，并用斧头将高永亮尸体的右腿跺下。因邻居报警，贾淑芳在现场被公安干警抓获。呼和浩特市中级人民法院认定被告人贾淑芳犯故意杀人罪，判处死刑，剥夺政治权利终身。一审宣判后，被告人贾淑芳提出上诉。内蒙古自治区高级人民法院经审理认为：上诉人贾淑芳在本人配偶权益遭受侵害时，未能采取合法、理智的方式予以处理，而是持刀砍死二人。其行为已构成故意杀人罪，且手段残忍、后果严重，依法应予严惩。但考虑到上诉人贾淑芳经常遭受其夫高永亮的殴打、虐待的事实，以及案发时高永亮当着上诉人的面公然将女青年陈小红带回家中不法同居，二被害人在本案起因上均有明显过错的因素，对上诉人贾淑芳判处死刑可不立即执行。原判定罪正确，审判程序合法，但判处死刑立即执行不当。判决撤销呼和浩特市中级人民法院（2001）呼刑初字第45号刑事判决对被告人贾淑芳的量刑部分；认定上诉人贾淑芳犯故意杀人罪，判处死刑缓期2年执行，剥夺政治权利终身。

[法律问题]
如何理解判处死刑并缓期2年执行的适用标准？
[重点提示]
死刑是最严厉的刑罚，因此对于不是必须立即执行的被告人，一般应根据案件具体情况判处死刑缓期2年执行。

第二节　附加刑

经典案例

案例一：　　　被告人鄂尔古丽·买买提盗窃案[1]

[基本案情]
被告人鄂尔古丽·买买提，1998年3月，因犯盗窃罪被判处有期徒刑1年

---

[1] 中华人民共和国最高人民法院刑事审判第一庭、第二庭编：《刑事审判参考》2001年第8辑（总第19辑），法律出版社2001年版，第33～38页。

零6个月，并处罚金人民币1000元（未规定执行期限，亦未执行）。1999年4月15日，刑满释放。2000年5月20日12时许，被告人鄂尔古丽·买买提在北京动物园售票处前，乘被害人伊利亚·扎卡（阿尔巴尼亚人）不备之机，从伊利亚·扎卡的左裤兜内窃得人民币1100元。后被抓获。

西城区人民法院认为：被告人鄂尔古丽·买买提以非法占有为目的，秘密窃取他人数额较大钱财的行为，侵犯了他人所有的合法财产权利，已构成盗窃罪。被告人鄂尔古丽·买买提系累犯，应从重处罚，并属具有严重情节。鉴于被告人鄂尔古丽·买买提认罪态度较好，可酌情从轻处罚。依照《中华人民共和国刑法》第264条、第65条第1款、第71条、第69条、第52条、第53条及《最高人民法院关于审理盗窃案件具体应用法律若干问题的解释》第6条第3项的规定，判决被告人鄂尔古丽·买买提犯盗窃罪，判处有期徒刑4年，并处罚金人民币2000元，与前罪没有执行的罚金人民币1000元并罚。决定执行有期徒刑4年，并处罚金人民币3000元。

宣判后，鄂尔古丽·买买提没有上诉，检察机关未抗诉，判决发生法律效力。

[法律问题]

主刑执行完毕，罚金未执行，被告人犯新罪，是否能构成累犯？是否适用数罪并罚？

[法理分析]

（一）被告人前罪主刑执行完毕，附加刑未执行，5年内又犯应当判处有期徒刑以上刑罚之罪，应构成累犯

对于主刑执行完毕，附加刑未执行，5年内又犯应当判处有期徒刑以上刑罚之故意犯罪能否构成累犯，目前存在争议。一种观点认为，根据《刑法》第65条第1款的规定，刑罚执行完毕或者赦免以后"犯罪，是构成累犯的必要条件。而《刑法》第32条明确规定"刑罚分为主刑和附加刑"。本案被告人鄂尔古丽·买买提的前罪附加刑未执行完毕，故不应认定为累犯。另一种观点认为，《刑法》第69条第1款规定累犯的成立条件中刑罚应仅指主刑。如将"刑罚"理解为包括主刑和附加刑，而对于主刑执行完毕后，附加刑执行期间再犯新罪的，不能认定为累犯；而附加刑特别是财产刑缺乏强制执行的手段，往往是一直处在尚未执行阶段，如果因附加刑未执行而不能构成累犯，那行为人只要不缴纳罚金，便不会构成累犯，亦不能从重处罚，这显然不符合立法本意。因此，"刑罚执行完毕"中的"刑罚"仅指主刑，对被告人鄂尔古丽·买买提应认定为累犯。

笔者同意后一种观点。我国《刑法》第65条第1款规定："被判处有期徒

刑以上刑罚的犯罪分子，刑罚执行完毕或者赦免以后，在5年内再犯应当判处有期徒刑以上刑罚之罪的，是累犯，应当从重处罚，但是过失犯罪和不满18周岁的人犯罪的除外。"这是一般累犯的规定。累犯的重要成立条件之一是前后罪都应当判处有期徒刑以上刑罚。此条文规定的"刑罚"也应当理解为"有期徒刑以上刑罚"，而非"主刑和附加刑"。累犯是基于特殊预防的考虑，刑罚执行完毕是指主刑执行完毕，附加刑是否执行完毕并不影响累犯的成立。[1] 因此，本案中，被告人前罪罚金刑未执行并不影响对被告人构成累犯的认定。

（二）前罪主刑执行完毕，罚金未执行，在新罪判决时应当并罚

被告人前罪主刑执行完毕，附加罚金刑未执行，在新罪判决时是否应该并罚，也存在争议：

一种意见认为，对《刑法》第71条规定中的"刑罚"的理解，应包含主刑和附加刑，前罪附加刑没有执行完毕，应为刑罚未执行完毕。且2009年5月25日最高人民法院颁布的《关于在附加刑剥夺政治权利期间犯新罪应如何处理的批复》明确规定，对判处有期徒刑的罪犯，主刑已执行完毕，在执行的附加剥夺政治权利期间又犯新罪，如果所犯新罪也剥夺政治权利，依照刑法规定数罪并罚。在此为罚金刑并罚提供了参考依据。

另一种意见认为，《刑法》第69～71条对刑罚规定后，均又单独表述附加刑仍须执行等规定，且第70条明确指出并罚后，已经执行的刑期应当计算在新判决决定的刑期以内，将"刑罚"与"刑期"联系起来。从立法本意角度分析，并罚条文中"刑罚"仅指主刑，不应包括附加刑。

笔者同意第二种意见，《刑法》第71条规定的"刑罚"应为主刑，前罪附加刑未执行完毕，不能并罚。罚金是法院判处犯罪分子向国家缴纳一定数额金钱的刑罚方法，属于财产刑的一种。其执行时以犯罪人具有一定金钱为前提。[2]换言之，附加刑能否执行完毕是依赖被告人的财产状况而定的，而非直接可以通过强制力便能实现的。规定并罚显然不妥。

1. 该处的刑罚应与构成累犯的刑罚理解一致。举例说明，两被告人犯同种罪，判处相同的主刑与附加刑，若主刑执行完毕，相同时间内再犯新罪，那么是构成累犯还是数罪并罚则取决于被告人的经济状况。如一被告人附加刑执行完毕，则可能构成累犯，应当从重处罚，大多是刑期上的从重考量；而另一被告人附加刑未执行完毕，则应数罪并罚，只是附加刑的并罚。这样只会造成不公正，显然不是立法的本意。

---

[1] 张明楷：《刑法学》，法律出版社2011年版，第515页。

[2] 张明楷：《刑法学》，法律出版社2011年版，第482页。

2. 罚金刑与剥夺政治权利是有区别的，不能同等视之。第一种观点认为《最高人民法院关于在附加刑剥夺政治权利期间犯新罪应如何处理的批复》明确了剥夺政治权利并罚，但是却忽视了它与罚金刑的区别。正如前文所述，罚金刑是以被告人的经济状况所决定的，而剥夺政治权利则是可以通过强制手段直接执行的，从执行的性质来讲，剥夺政治权利和主刑的执行性质相同，都是时间长短来决定的，不依赖被告人方面的客观情况。因此，将该《批复》作为罚金刑并罚的依据是不合适的。综上，笔者认为，主刑执行完毕，罚金刑未执行完毕再犯新罪的，不应数罪并罚。

案例二：　　　　王玉军、张××共同盗窃案[1]

［基本案情］

2000年5月16日，被告人王玉军伙同被告人张××携带凿子等作案工具，到潍坊市康家新村，翻墙进入该村村民刘某家的院子内，采用撬锁入室的手段，盗窃现金180元、物品1宗（价值436元）以及金额为4万元的工商银行活期存折（无密码）1个。后王玉军欲将存折上的4万元存款取出，张××予以阻止，王玉军当时答应不再提取现金。但后王玉军瞒着张××到工商银行将存折上的4万元存款全部取出并占为己有，张××对此不知情。对盗窃的钱物，张××未分赃。案发后，公安机关从王玉军处追回赃款11 000元返还被害人。

潍坊市潍城区人民法院经审理认为，被告人王玉军、张××以非法占有为目的，共同秘密窃取公民的私有财物，数额巨大，其行为均已构成盗窃罪，应予惩处。在共同犯罪的过程中，被告人王玉军系主犯；被告人张××系从犯，依法应当从轻或减轻处罚。被告人张××作案时未满18周岁，系未成年人犯罪，依法应当减轻处罚，并可适用缓刑。依法判决：①被告人王玉军犯盗窃罪，判处有期徒刑7年，并处罚金人民币3000元（已缴纳）。②被告人张××犯盗窃罪，判处有期徒刑2年，缓刑2年，并处罚金人民币10 000元（已缴纳）。

宣判后，两被告人未提出上诉，检察院未提出抗诉，判决已发生法律效力。

［法律问题］

试析本案中罚金刑的适用及缴纳时间问题。

［法理分析］

（一）罚金刑的适用问题

现行刑法共有160个左右的条文规定了罚金，适用对象主要是破坏社会主

---

[1] 最高人民法院中国应用法学研究所编：《人民法院案例选》2002年第4辑，人民法院出版社2003年版，第57页。

义市场秩序罪、侵犯财产罪、妨害社会管理秩序罪、贪污贿赂罪。《刑法》第52条规定："判处罚金，应当根据犯罪情节决定罚金数额。"以犯罪情节为根据决定罚金数额，主要是由罪刑相适应决定的。罚金作为犯罪的法律后果，必须与犯罪的危害程度以及犯罪人的人身危险程度相适应，而犯罪的危害程度与犯罪人的人身危险性又是由所有的犯罪情节决定的。[1] 2000年11月15日最高人民法院《关于适用财产刑若干问题的规定》（以下简称《规定》）第1条规定："刑法规定'并处'没收财产或者罚金的犯罪，人民法院在对犯罪分子判处主刑的同时，必须依法判处相应的财产刑……"第2条规定："人民法院应当根据犯罪情节，如违法所得数额、造成损失的大小等，并综合考虑犯罪分子缴纳罚金的能力，依法判处罚金。……对未成年人犯罪应当从轻或者减轻判处罚金，但罚金的最低数额不能少于500元。"从上述法律规定也可以得出，罚金数额的确定根据只有犯罪情节，被告人有无缴纳能力可作为酌情考量的因素。而违法所得数额大小、造成损失的严重情况是犯罪情节的表现形式，一般而言，违法所得数额大、造成损失严重，罚金数额也应相应的多，反之罚金数额则少。2013年4月2日，《最高人民法院、最高人民检察院关于办理盗窃刑事案件法律适用若干问题的解释》第14条规定，因犯盗窃罪，依法判处罚金刑的，应当在1000元以上盗窃数额的2倍以下判处罚金；没有盗窃数额或者盗窃数额无法计算的，应当在1000元以上10万元以下判处罚金。为罚金数额的裁量幅度明确限额。在此之前，司法实践的掌握标准亦是如此。首先可以明确盗窃4万元的罚金数额应当在1000元以上8万元以下。

那么，本案中判处的罚金数额是否得当存在争议。一种观点认为，两被告人被判处的主刑是适当的，但是，在确定罚金数额上，相差甚大，二者有失公允。本案两被告人共同盗窃的数额巨大，依法应当"处3年以上10年以下有期徒刑，并处罚金"。而本案被告人张××是从犯，没有分赃，还曾经阻止王玉军持盗窃的存折去银行取款，这些情节都是犯罪情节的一种表现，亦作为酌定从轻处罚的情节。加之，本案被告人张××在作案时是未成年人，依照上述《规定》第2条第2款的规定，对未成年犯罪应当从轻或者减轻判处罚金。因此，被告人张××的罚金数额不应高于被告人王玉军3倍多。另一种观点认为，在并处罚金数额时，应将其与主刑作为一个整体来把握，如被告人能积极缴纳罚金，认罪态度较好，且判处的罚金数量较大，自由刑可适当从轻，或考虑宣告缓刑，这符合罪刑相适应原则。本案，被告人张××虽然系从犯、未成年人，但将被告人王玉军的刑罚与被告人张××综合对比，刑罚的确定是适当的。

---

[1] 张明楷：《刑法学》，法律出版社2011年版，第483页。

笔者较为同意第一种观点，附加刑的裁量只能根据犯罪情节，犯罪情节重，罚金重；犯罪情节轻，罚金轻。罚金缴纳能力只作为一个考量因素，主次不能颠倒。因此，判处两被告人的罚金数额相差较大是不适当的。

（二）罚金的缴纳时间问题

《刑法》第53条规定："罚金在判决指定的期限内一次或者分期缴纳。期满不缴纳的，强制缴纳……"《规定》第5条明确："刑法第53条规定的'判决指定的期限'应当在判决书中予以确定；'判决指定的期限'应为从判决发生法律效力第2日起最长不超过3个月。"罚金能否在判决之前或者判决时缴纳？对此存在争议。有观点认为，罚金缴纳时间必须在判决之后。根据刑法及上述《规定》，罚金的缴纳是需在判决中明确缴纳期限的。在判决之前缴纳罚金等同于提前告知被告人或者被告人家属附加刑的情况，即判决主文的部分内容，明显是违反法律的。因此，有观点认为，积极缴纳罚金，可视为其认罪态度与悔罪的考量，且可以解决司法实践中罚金执行难的问题。

笔者同意第一种观点。从法律层面看，罚金缴纳必须是在宣判后是没有异议的。但是需要说明的是从司法实践层面，如果不允许被告人提前缴纳罚金，罚金刑可能会形同虚设。罚金刑执行具有一时性，犯罪人罚金缴纳完毕后就不再有受刑的观念，因而惩罚作用降低，且罚金刑存在执行难问题。[1] 执行难主要在于目前尚无行之有效的强制执行手段，而是完全依赖被告人及其家属的意愿。被告人及其家属缴纳罚金的意愿又取决于判决的压力，势必导致罚金成为"空判"。

案例三：　　　　　　杨廷祥等抢劫案[2]

[基本案情]

2002年8月~11月，被告人杨廷祥、杨廷志、杨庭俊结伙，携带刀子、尼龙绳、胶带、安定片、安定针剂及注射器等作案工具，先后流窜至寿光市、东营市、青岛市、青州市、临朐县等地，采用捆绑、刀捅、威逼、胶带纸封嘴、打安定针剂、灌安定药等手段，抢劫作案5起，抢劫现金人民币139 220余元及奥迪轿车、金银首饰、照相机、手机等物品，共计价值人民币227 400余元。其中，杨廷祥、杨廷志参与全部作案；被告人杨庭俊参与作案2起，抢劫价值人

---

〔1〕 张明楷：《刑法学》，法律出版社2011年版，第484页。
〔2〕 最高人民法院刑事审判第一庭、第二庭编：《刑事审判参考》2004年第4集（总第39集），法律出版社2005年版。转引自胡云腾主编：《刑法条文案例精解》，法律出版社2007年版，第94页。

民币7900余元。案发后，追缴赃款人民币139 028元、追缴赃物折合人民币78 193元，共计折合人民币217 221元，已全部发还被害人。

潍坊市中级人民法院判决被告人杨廷祥犯抢劫罪，判处死刑，缓期2年执行，剥夺政治权利终身，并处没收个人全部财产（其他被告人均被判处相应的刑罚）。判决表明没收的是犯罪分子杨廷祥个人全部财产，故在执行该判决时，应当首先将杨廷祥的个人财产从其家庭共有财产中分离出来，然后从其财产中扣除其个人及其抚养的家属的必需的生活费用，所剩的财产全部上缴国库。

[法律问题]

我国《刑法》第59条和第64条都规定了"没收"，但一种是涉案财产的处理方式，一种是没收财产的刑罚。在具体案件中应如何适用呢？

[法理分析]

没收财产是将犯罪人所有财产的一部或者全部强制无偿地收归国有的刑罚方法。学理上，将没收分为一般没收和特别没收，一般没收是指将犯罪人的全部财产予以没收，归入国库。由于一般没收剥夺了犯罪人的所有财产，可能会影响到犯罪人家属的生活，违背了罪刑自负的原则，同时从一般预防的效果来看，也没有必要，[1]因此现代国家的刑法对一般没收都给予了相应的限制。我国刑法规定"没收财产的，应当对犯罪分子个人及其抚养的家属保留必需的生活费用"。将犯罪人的特定财产予以没收，归入国库，就是特别没收，一般指的是与犯罪有密切关系之特定物，目的是为了消灭再犯罪的条件，以及剥夺犯罪人因犯罪行为所得的财物，从而达到预防犯罪的目的。[2]

我国刑法典在立法上对上述两种没收作了明确的区分，在实务中一定要区分没收的性质。《刑法》第64条规定："犯罪分子违法所得的一切财物，应当予以追缴或者责令退赔；对被害人的合法财产，应当及时返还；违禁品和供犯罪所用的本人财物，应当予以没收。没收的财物和罚金，一律上缴国库，不得挪用和自行处理。"这里所规定的是对涉案财产的处置方式，并非刑罚。要求司法机关在办案过程中，要根据财产的不同属性分别进行不同的处理。犯罪分子所获得的不法收益，要予以追缴，其中属于被害人合法财产的，应当予以返还。本案中，被告人杨廷祥、杨廷志、杨庭俊结伙抢劫被害人，其违法所得在案发后被追缴，共追回赃款人民币139 028元、追缴赃物折合人民币78 193元，共计折合人民币217 221元，这些财产属于被抢劫的被害人的合法财产，所以要直接发还给被害人。而对于违禁品和供犯罪所用的本人财物，要予以没收。违禁品

---

[1] 韩忠谟：《刑法原理》，北京大学出版社2009年版，第374页。
[2] 张明楷：《外国刑法纲要》，清华大学出版社2007年版，第398页。

一般是法律规定私人禁止持有的物品,例如毒品、枪支等。供犯罪所用的财物是行为人在实施犯罪时所用的物,包括已经供犯罪所用或将要供犯罪所用的物。本案中,被告人所使用的刀子、尼龙绳、胶带、安定片、安定针剂及注射器等作案工具,其中管制刀具属于违禁品,其他属于犯罪所用的物,都应当予以没收。

对照《刑法》第64条规定的涉案财产处理方式,《刑法》第59条规定的作为刑罚的没收财产刑,性质上应当是犯罪分子个人的合法财产,这与第64条规定的没收违禁品和供犯罪所用的本人财物是有质的区别的。正因为没收的是犯罪分子的个人合法财产,因此在没收个人全部财产的情况下,就要将犯罪分子个人的财产从家庭财产中区别出来,而且对犯罪分子个人及其抚养的家属保留必需的生活费用,没收财产以前所负的正当债务还应当偿还。[1] 本案中,判决没收犯罪分子杨廷祥个人的全部财产,在具体执行时,首先要将杨廷祥的个人财产从其家庭共有财产中分离出来,然后在其个人财产中预留其个人及其抚养的家属的必需的生活费用,如果有债权人请求的,经审查合法的应偿还债权,最后再将所剩的财产全部上缴国库。

案例四: 　　　　　　　　　　惠三国非法拘禁案[2]

[基本案情]

被告人惠三国曾因犯盗窃罪和抢劫罪于1996年8月16日被上海市浦东新区人民法院合并判处有期徒刑20年,剥夺政治权利5年。2007年10月31日被新疆生产建设兵团农一师中级人民法院裁定假释,假释考验期至2011年8月23日止。被告人惠三国的岳父李子将(另案处理)因债务纠纷与祁相忠产生矛盾,遂伙同被告人惠三国等,于2009年8月20日11时许,在无锡市惠山大道与342省道交叉口向北500米处,将祁相忠强行拉上一辆轿车,并带至无锡市广益街道过巷北面的拆迁工地内,对祁相忠进行殴打,索取赔偿金。当日下午,被告人惠三国以及李子将等人在得到15 000元赔偿金后,将祁相忠放走。经法医鉴定,祁相忠所受的伤已构成轻伤。惠三国于2010年3月23日被抓获,因涉嫌犯非法拘禁罪于同月27日被刑事拘留,同月30日被逮捕。

---

〔1〕 2000年《最高人民法院关于适用财产刑若干问题的规定》将"没收财产以前"具体为"犯罪分子在判决生效前所负他人的合法债务"。刑法之所以这样规定,原理在于国家不可能为了自己受益,而损害无恶意的第三人的利益,国家不能因为犯罪行为而受益。

〔2〕 最高人民法院中国应用法学研究所编:《人民法院案例选》2011年第1辑(总第75辑),人民法院出版社2011年版,第90~94页。

无锡市崇安区人民法院判决：①撤销新疆生产建设兵团农一师中级人民法院（2007）农一法刑执字第3885号刑事裁定书对被告人惠三国予以假释的执行部分。②被告人惠三国犯非法拘禁罪，判处有期徒刑1年，并与先前所犯盗窃罪、抢劫罪未执行完毕的刑罚实行并罚，决定执行有期徒刑4年零6个月，剥夺政治权利5年。一审宣判后，无锡市崇安区人民检察院以无锡市崇安区人民法院判决适用法律错误为由提出抗诉。江苏省无锡市中级人民法院判决原审被告人惠三国犯非法拘禁罪，判处有期徒刑1年。连同前罪尚未执行完毕的刑罚，决定执行有期徒刑4年零6个月，剥夺政治权利2年7个月零8天。

[法律问题]

犯罪人在假释期间犯罪的，前罪尚未执行完毕的剥夺政治权利徒刑，如何与后罪并罚？

[法理分析]

剥夺政治权利指的是剥夺犯罪人参加管理国家和政治活动的权利的刑罚方法。刑法第54条明确规定了剥夺政治权利的内容，[1] 具体适用中，这四项权利被同时剥夺，不能分开适用。因剥夺政治权利属于附加刑，因此既可以附加适用也可以独立适用。刑法规定的剥夺政治权利的适用方式有三种：①应当附加剥夺政治权利的，包括危害国家安全的犯罪分子和被判处死刑、无期徒刑的犯罪分子。②可以附加剥夺政治权利的，对于故意杀人、强奸、放火、爆炸、投毒、抢劫等严重破坏社会秩序的犯罪分子，可以附加剥夺政治权利，这是刑法的规定，具体是否适用则由司法机关具体裁量。[2] 本案中，被告人前罪分别为盗窃和抢劫，且量刑达20年，严重破坏社会秩序，司法机关对于附加适用剥夺政治权利是正确的。③独立适用剥夺政治权利的，依照刑法分则的规定。

由于附加剥夺政治权利的刑期，是从徒刑、拘役执行完毕之日或者从假释之日起计算，因此经常存在着犯罪人在前罪剥夺政治权利尚未执行完毕，但又犯新罪的情况，如何并罚就成为一个问题。本案中，被告人前罪被判处剥夺政治权利5年，2007年10月31日被假释，假释考验期至2011年8月23日止。但

---

[1] 被剥夺的四项权利分别是：选举权与被选举权；言论、出版、集会、结社、游行、示威自由的权利；担任国家机关职务的权利；担任国有公司、企业、事业单位和人民团体领导职务的权利。其中第二项权利究竟是政治权利还是公民基本的权利，能否被剥夺是有异议的。参见曲新久：《刑法学》，中国政法大学出版社2012年版，第217页；刘树德：《实践刑法学·总则》，中国法制出版社2010年版，第233~237页。

[2] 《最高人民法院关于对故意伤害、盗窃等严重破坏社会秩序的犯罪分子能否附加剥夺政治权利问题的批复》对适用范围作了一定的扩大，认为对故意伤害、盗窃等其他严重破坏社会秩序的犯罪，犯罪分子主观恶性较深、犯罪情节恶劣、罪行严重的，也可以依法附加剥夺政治权利。在司法实务中，这实际上就从量刑的角度扩大了使用范围，而罪名就不起决定性作用了。

是其在考验期内于 2009 年 8 月 20 日又犯新罪，此时附加刑尚未执行完毕。一审法院撤销假释，将前罪尚未执行完毕的主刑与新罪并罚是正确的，但是在附加刑的并罚上却产生了错误，按照《刑法》第 58 条的规定，附加剥夺政治权利的刑期，从徒刑、拘役执行完毕或者假释之日起计算，既然法律已经明确规定是从"假释之日"起计算，因此即使撤销假释，撤销的效力也不能溯及到已经执行了的剥夺政治权利的期限。所以在后罪并罚的时候，要减去已经执行了的剥夺政治权利的期限，并罚的剥夺政治权利的期限应当是 2 年 7 个月零 8 天。

另外，具体如何执行剩余的附加剥夺政治权利，1994 年《最高人民法院在关于在附加剥夺政治权利执行期间重新犯罪的被告人是否适用数罪并罚问题的批复》中指出，对于被判处有期徒刑的犯罪分子，在主刑执行完毕之后、剥夺政治权利执行期间重新犯罪，如果所犯新罪无需判处附加剥夺政治权利的，应将新罪所判处的刑罚与前罪没有执行完毕的附加剥夺政治权利合并处罚，即在新罪所判处的刑罚执行完毕以后，继续执行前罪没有执行完毕的附加剥夺政治权利。[1] 2009 年最高院批复进一步明确，附加剥夺政治权利的效力适用于新罪的主刑执行期间。

拓展案例

张国涛信用卡诈骗案[2]

[基本案情]

被告人张国涛，男，1983 年 7 月 15 日出生，初中文化，系北京创新物业管理有限责任公司博泰大厦物业管理中心保安员。因涉嫌犯信用卡诈骗罪于 2005 年 3 月 11 日被逮捕，同年 7 月 25 日被取保候审。被告人张国涛于 2005 年 1 月 18 日 13 时许，在北京市朝阳区望京西园 221 号博泰大厦一层农业银行大厅内，将事主林和洙遗忘在 ATM 机里的农行储蓄卡更改密码后据为己有。于 2005 年 1 月 19 日在望京南湖中园交通银行 ATM 机上取走人民币 5000 元，1 月 20 日在望京南湖东园工商银行 ATM 机上取走人民币 1900 元。被抓获归案后，赃物农业银行储蓄卡已起获，张国涛退赔人民币 6900 元已由公安机关发还被害人林和洙。朝阳区人民法院认定被告人张国涛犯诈骗罪，判处拘役 5 个月，罚金人民币 1 千

---

[1] 但是在实务中，对此批复如何理解适用，却存在一定的争议。比如在新罪的执行期间，罪犯是否享有政治权利？有人认为对于前罪之尚未执行完毕的附加刑，可以与新罪所判处的刑罚同时执行。参见黄祥青：《刑法适用要点解析》，人民法院出版社 2011 年版，第 156~162 页。

[2] 参见中华人民共和国最高人民法院刑事审判第一、二、三、四、五庭主办：《刑事审判参考》2008 年第 1 集（总第 60 集），法律出版社 2008 年版，第 10~15 页。

元。一审宣判后，朝阳区人民检察院提出抗诉。朝阳区人民检察院的抗诉理由是：一审法院认定被告人张国涛犯诈骗罪，定性不准，适用法律有误，被告人张国涛的行为应当构成信用卡诈骗罪。北京市人民检察院第二分院的出庭意见是：原判认定的事实清楚，证据确实、充分，足以认定，但原判定性不准，适用法律有误，原审被告人张国涛的行为应当构成信用卡诈骗罪，建议二审法院撤销原判，依法改判。北京市第二中级人民法院审理认为一审法院认定张国涛犯罪的事实清楚，证据充分，审判程序合法，但对张国涛定罪及适用的附加刑均不当，应依法予以改判。北京市第二中级人民法院依法判决撤销北京市朝阳区人民法院（2005）朝刑初字第1560号刑事判决，认定原审被告人张国涛犯信用卡诈骗罪，判处拘役5个月，并处罚金人民币2万元。

[**法律问题**]
附加刑与主刑之间的关系如何？

[**重点提示**]
在具体犯罪中，主刑与附加刑之间需要保持一致。

第十章

刑罚裁量

刑罚的裁量即量刑，即依法对犯罪人裁量刑罚，是指审判机关在查明犯罪事实、认定犯罪性质的基础上，依法对犯罪人裁量刑罚的审判活动。量刑对应于定罪，是整个审判工作的两个环节之一。[1]

第一节 累 犯

知识概要

所谓累犯，是指被判处一定刑罚的犯罪人，在刑罚执行完毕或者赦免以后，在法定期限之内又犯一定之罪的情况。[2] 受过一定刑罚处罚之后一定期限之内再次犯罪，不仅说明之前的刑罚体验对犯罪分子的无效性，而且折射出该犯罪分子具有更深的主观恶性与较强的人身危险性，从立足犯罪预防的角度，有必要在量刑时对此类犯罪人予以更为严厉的处罚。根据我国《刑法》第65条和第66条的规定，累犯分为一般累犯和特殊累犯。

我国《刑法》第65条第1款规定："被判处有期徒刑以上刑罚的犯罪分子，刑罚执行完毕或者赦免以后，在5年以内再犯应当判处有期徒刑以上刑罚之罪的，是累犯，应当从重处罚，但是过失犯罪和不满18周岁的人犯罪的除外。"《刑法》第66条就特殊累犯明确规定："危害国家安全犯罪、恐怖活动犯罪、黑社会性质的组织犯罪的犯罪分子，在刑罚执行完毕或者赦免以后，在任何时候再犯上述任一类罪的，都以累犯论处。"

---

[1] 参见曲新久等：《刑法学》，中国政法大学出版社2011年版，第103页。
[2] 黎宏：《刑法学》，法律出版社2012年版，第367页。

经典案例

案例一：　　　　丁立军强奸、抢劫、盗窃案[1]

［基本案情］

被告人丁立军，1992年8月因犯强奸罪被判处有期徒刑9年，1997年9月5日被假释，假释考验期至1999年5月2日止。被告人丁立军于1998年6月~2001年4月期间，携带匕首、手电筒等作案工具，先后在莱西市马连庄镇、周格庄街道办事处等10余处村庄，于夜间翻墙入院，持匕首拨开门栓，或破门、窗入室，采取暴力威胁等手段，入户强奸作案近40起，对代某某、倪某某、姜某某等32名妇女实施强奸，其中强奸既遂21人，强奸未遂11人。在入户强奸作案的同时，被告人丁立军还抢劫作案5起，盗窃作案1起，劫得金耳环等物品，价值人民币970余元，窃得电视机1台，价值人民币200余元。被告人丁立军于1999年4月~2001年7月期间，携带匕首、手电筒等作案工具，先后在莱西市韶存庄镇、河头店镇、日庄镇的10余处村庄，采取翻墙入院、破门入室等手段，盗窃作案14起。盗窃王某某、郭某某、吕某某等14人的摩托车、电视机、酒、花生油等物品，价值合计人民币16 600余元。

法院经审理认为，被告人丁立军数十次以暴力或胁迫方法入户强奸妇女多人，构成强奸罪，情节恶劣，后果特别严重。在入户强奸犯罪的同时抢劫作案5起，构成抢劫罪；盗窃作案15起，且盗窃数额巨大，构成盗窃罪；被告人丁立军有部分行为系在假释考验期限内重新犯罪，应当撤销假释，将前罪没有执行完的刑罚和后罪所判处的刑罚，实行数罪并罚；被告人丁立军部分行为系在假释考验期满后重新犯罪，构成累犯，依法应当从重处罚。

［法律问题］

1. 被告人丁立军在假释考验期间实施犯罪活动且连续犯罪至假释考验期满后，是否应当撤销假释，对其数罪并罚？

2. 被告人丁立军的行为是否构成累犯？

［法理分析］

假释，是指对被判处有期徒刑、无期徒刑的犯罪分子，在执行一定刑期之后，因其认真遵守监规，接受教育改造，确有悔改表现，没有再犯罪的危险，

---

[1] 参见中华人民共和国最高人民法院刑事审判第一庭、第二庭编：《刑事审判参考》2002年第5辑（总第28辑），法律出版社2003年版，第37~42页。

而附条件地将其提前释放,在假释考验期内若不出现法定的情形,就认为原判刑罚已经执行完毕的制度。本案被告人丁立军1992年8月因犯强奸罪被判处有期徒刑9年,1997年9月5日被假释,假释考验期至1999年5月2日止。丁立军在假释期间不仅不遵守假释考验期间的相关规定,反而肆无忌惮地实施强奸、抢劫、盗窃犯罪,根据我国《刑法》第86条第1款的规定:"被假释的犯罪分子,在假释考验期限内犯新罪,应当撤销假释,依照本法第71条的规定实行数罪并罚。"即应当依法撤销对被告人丁立军的假释,依照《刑法》第71条的规定实行数罪并罚。

在此,重点讨论被告人丁立军的行为是否构成累犯。根据我国《刑法》第65条有关一般累犯的规定,从理论上可将一般累犯的构成要件作如下分解:①前罪和后罪都必须是故意犯罪;②犯罪分子在犯前罪和后罪时必须年满18周岁;③前罪被判处有期徒刑以上刑罚,后罪应当判处有期徒刑以上刑罚;④后罪发生的时间,必须在前罪所判处的刑罚执行完毕或者赦免以后的5年之内。

具体到本案,较为特殊之处在于,本案被告人丁立军在假释期间开始实施强奸、抢劫以及盗窃犯罪,且明显属于连续作案,作案时间持续至假释期满后直至被抓获。被告人丁立军的行为是否构成累犯之关键在于如何理解构成累犯的必备要件之"后罪必须发生在前罪所判处的刑罚执行完毕以后的5年之内",即被告人实施强奸罪、抢劫罪、盗窃罪的时间是否属于前罪所判刑罚执行完毕之后。或许有人认为,被告人丁立军有部分犯罪行为发生在假释考验期满后,故对其假释考验期内所实施的犯罪按照数罪并罚定罪量刑,对其考验期满后所实施的犯罪则可认定为累犯。但被告人丁立军处于假释考验期内,即意味着其刑罚尚未执行完毕,尤为重要者,被告人丁立军在特定一段时期内连续实施强奸、抢劫与盗窃犯罪,构成连续犯,对连续犯的认定与处理,应当进行整体考察,不应人为分裂。诚如所言,按照《刑法》第71条的规定,对其新犯之罪要按"先减后并"的方式进行并罚,这业已体现了从重处罚的精神,无需再按累犯对待。如果对其假释期满后的一部分罪行再认定为累犯,则不可避免地同刑法关于假释、数罪并罚等规定发生冲突,并给法律适用造成不必要的困难。[1]

---

〔1〕 参见中华人民共和国最高人民法院刑事审判第一庭、第二庭编:《刑事审判参考》2002年第5辑(总第28辑),法律出版社2003年版,第42页。

案例二: 南昌洙、南昌男盗窃案[1]

[基本案情]

被告人南昌洙,1959年5月13日出生,朝鲜族,农民。因犯盗窃罪,被判处有期徒刑2年零6个月,1997年2月3日刑满释放。因涉嫌犯盗窃罪,于2003年9月11日被逮捕。被告人南昌男,1964年3月12日出生,朝鲜族,农民。因涉嫌犯盗窃罪,于2003年9月11日被逮捕。1998年3月,被告人南昌洙、南昌男在龙井市开山屯镇光新村盗窃一头耕牛,价值人民币2500元。销赃后,赃款由二被告人挥霍。1998年9月,被告人南昌男伙同他人(已死亡),在龙井市开山屯镇济东村盗窃一头耕牛,价值人民币1200元,并将耕牛屠宰后食用。2003年8月8日,被告人南昌洙、南昌男在龙井市东盛涌镇长南村附近盗窃4头耕牛,共计价值人民币6800元。销赃时被公安人员抓获。

法院经审理认为,被告人南昌洙、南昌男秘密窃取他人财物的行为已构成盗窃罪。被告人南昌洙于1998年3月所实施的盗窃行为,已过追诉期限,依法不予追究;被告人南昌洙在刑满释放5年之后再犯应当判处有期徒刑以上刑罚之罪,依法不构成累犯,公诉机关该两项指控不当,应予纠正。

[法律问题]

1. 如何计算诉讼时效?
2. 构成一般累犯的要件是什么?

[法理分析]

在案件审理过程中,控裁双方主要围绕被告人南昌洙1998年3月伙同他人实施的盗窃行为是否已过刑法追诉期限以及被告人南昌洙是否构成累犯存在争议。与此相关,本案的核心法律问题有二:①追诉时效的计算;②构成一般累犯的要件。

时效,是指经过一定期限,对犯罪不得追诉或者对所判刑罚不得执行的制度,存在追诉时效和行刑时效之分。我国刑法仅规定了追诉时效。根据我国《刑法》第87条的规定,犯罪经过下列期限不再追溯:①法定最高刑为不满5年有期徒刑的,经过5年;②法定最高刑为5年以上不满10年有期徒刑的,经过10年;③法定最高刑为10年以上有期徒刑的,经过15年;④法定最高刑为无期徒刑、死刑的,经过20年。如果20年以后认为必须追溯的,须报请最高人民检察院核准。具体到本案中,被告人南昌洙伙同南昌男于1998年3月盗窃他

---

[1] 参见中华人民共和国最高人民法院刑事审判第一庭、第二庭编:《刑事审判参考》2003年第6辑(总第35辑),法律出版社2004年版,第49~54页。

人耕牛，价值人民币 2500 元，按照有关司法解释的规定，其行为已构成盗窃罪，相应的法定最高刑为 3 年有期徒刑，与之相应的追诉时效应为 5 年，而事实上，被告人南昌洙直至 2003 年 8 月才被立案侦查。在此之前，南昌洙并不存在逃避侦查等导致追诉期限延长的法定事由。因此，就被告人南昌洙的该起盗窃行为而言，已过追诉期限。被告人南昌洙虽于 2003 年 8 月又实施盗窃行为，但一方面，本次盗窃行为没有发生在前罪的追诉期限之内；另一方面，本次盗窃与前次盗窃在时间跨度尤其是犯意的连续性上看，不能被认定为连续犯。故法院认定被告人南昌洙于 1998 年 3 月所实施的盗窃行为已过追诉期限，依法不予追究的意见是正确的。

关于被告人南昌洙是否构成累犯，如前所述，一般累犯的构成要件有四，认定行为是否构成累犯时，须以此为标准，结合案件具体情况进行判断。被告人南昌洙，因犯盗窃罪，被判处有期徒刑 2 年零 6 个月，1997 年 2 月 3 日刑满释放。被告人南昌洙被释放后分别于 1998 年 3 月、2003 年 8 月实施盗窃犯罪，单就 1998 年 3 月的盗窃罪而言，被告人在刑满释放后不满 2 年内又实施故意犯罪，构成累犯，自不必言。但本案的特殊之处在于，被告人南昌洙第一起盗窃行为已过追诉期限，依法不应再追究其刑事责任，在此情形下，还能否认定被告人南昌洙构成累犯？审理过程中存在两种意见：一种意见认为，被告人南昌洙于 1998 年 3 月所实施第一起盗窃行为，是在其刑罚执行完毕以后 5 年以内再犯罪，依法应当判处有期徒刑，符合法律规定的累犯要件，因此应当认定为累犯。对其该起盗窃犯罪不再追究刑事责任，只是由于过了追诉期限，但对累犯的认定并不构成障碍。第二种意见认为，此种情形不应认定为累犯。累犯是刑法基于再次犯罪行为及改造需要对犯罪人作出的更为严重的否定评价。它不仅是个单纯的身份概念，而是犯罪人与犯罪行为的统一体，其中，犯罪行为更为刑法所关注。因为累犯作为一项量刑制度，是针对需要依法裁量决定刑罚的具体犯罪行为而言的，"再犯应当判处有期徒刑以上之罪"，既是构成累犯的基本条件，也是累犯"应当从重处罚"的法律后果必要的载体。因此，刑法规定的"应当判处有期徒刑以上之罪"必须是依法应予追究刑事责任之罪，否则，累犯法律制度将无从适用，从重处罚的规定也将无从落实。[1]

比较而言，上述第二种意见更为合理，累犯制度是一项刑罚裁量制度，即针对犯罪分子前罪刑罚执行完毕或赦免以后一定时间内所实施的后罪追究刑事责任时，在刑罚裁量阶段需要考虑的一项从重处罚制度，既然后罪已然超过追

---

〔1〕 参见中华人民共和国最高人民法院刑事审判第一庭、第二庭编：《刑事审判参考》2003 年第 6 集（总第 35 集），法律出版社 2004 年版，第 54 页。

诉时效，无须追究其刑事责任，则刑罚裁量也无从论及，既如此则缺乏适用累犯这一法定量刑事由的前提与基础。因此，法院认定被告人南昌洙的行为不构成累犯是正确的。

拓展案例

贺建军贩卖、运输毒品案[1]

[基本案情]

被告人贺建军，男，1963年7月31日出生，无业。1996年5月13日因犯运输毒品罪被判处死刑，缓期二年执行，2005年3月17日因病保外就医。因涉嫌犯贩卖、运输毒品罪于2007年4月28日被逮捕。被告人贺建军、张福友（同案被告人，已判刑）于2007年1月~3月间，多次商议贩卖毒品，并商定由贺建军负责出资购买和贩卖毒品，张福友负责联系购买。同年3月7日和12日，贺建军通过银行分三次向张福友汇款共计人民币110 000元，用于购买毒品。同月15日，张福友携带其中的105 000元到云南省瑞丽市向杨兴文（在逃）购买毒品。同月21日中午，张福友在云南省大理市客运站从杨兴文处接过藏匿于药酒罐内的毒品后，与女友施学勤一起从大理市乘坐长途汽车到达昆明市，并通知了贺建军。贺建军从南宁市驾驶面包车于同月23日下午到达昆明市与张福友会合，尔后与张福友及其女友一同开车返回。次日20时30分许，贺建军、张福友在南宁市坛洛高速公路收费站被公安人员抓获，并当场查获海洛因604.3克。南宁市中级人民法院认定被告人贺建军犯贩卖、运输毒品罪，判处死刑，剥夺政治权利终身，并处没收个人全部财产。与前罪余刑15年1个月25日数罪并罚，决定执行死刑，剥夺政治权利终身，并处没收个人全部财产。一审宣判后，被告人贺建军未提出上诉。广西壮族自治区高级人民法院裁定同意原审对被告人贺建军的判决，并依法报送最高人民法院核准。最高人民法院核准广西壮族自治区高级人民法院（2007）桂刑二终字第50号同意第一审的判决。

[法律问题]

保外就医等因素是否会影响特殊累犯的认定？

[重点提示]

依据特殊累犯设立的目的和相关规定，保外就医等因素不影响特殊累犯的认定。

---

〔1〕 参见中华人民共和国最高人民法院刑事审判第一、二、三、四、五庭主办：《刑事审判参考》2009年第2集（总第67集），法律出版社2009年版，第87~94页。

第二节 自 首

知识概要

根据我国《刑法》第67条的规定，所谓自首，是指行为人犯罪以后自动投案，如实供述自己的罪行，或者被采取强制措施的犯罪嫌疑人、被告人和正在服刑的罪犯，如实供述司法机关尚未掌握的本人其他罪行的情况。据此，理论上将自首区分为一般自首和准自首。

自首制度有助于鼓励犯罪人悔过自新、分化瓦解共同犯罪人，同时可以极大减少国家对刑事侦查、审判等的人力、物力的投入，符合刑法经济原则。故各国刑事立法中普遍规定自首从宽，以此鼓励犯罪人"悬崖勒马"，被视为为犯罪分子架起的后退的"金桥"。

经典案例

案例一： 陈国策故意伤害案[1]

[基本案情]

被告人陈国策驾驶摩托车与驾驶组装三轮摩托车的被害人张修宝发生碰撞。被告人陈国策打电话召集唐洪、伍永刚、刘大春、孟清松（同案人，均已判刑）与张亿华、王洲等人来到撞车地点，而张修宝也叫来俞忠华、熊月水等人。在理赔过程中，张亿华与张修宝发生冲突，张修宝即持菜刀砍伤张亿华和陈国策手部，致二人轻微伤。陈国策、唐洪、伍永刚、刘大春、孟清松等便分别持从路边找到的铁棍围追张修宝，陈国策喊打并首先持铁棍击中张修宝的头部致其倒地，后又与唐洪、伍永刚、刘大春等人持铁棍对倒地的张修宝乱打，致张修宝头部及身体多处受创伤。张修宝经送医院抢救无效死亡。案发过程中，被告人陈国策先后3次报警称其摩托车被一无牌机动三轮车撞倒，对方逃离；顺济桥头有人拿刀砍人，报警人受伤。派出所接警后派员赶往现场，发现陈国策仍留在现场，公安人员遂将陈国策带到成功医院治疗。经讯问，陈国策对伤害张

---

[1] 参见中华人民共和国最高人民法院刑事审判第一、二、三、四、五庭主办：《刑事审判参考》2006年第3集（总第50集），法律出版社2006年版，第9~13页。

修宝的犯罪事实供认不讳。

一审法院认为，被告人陈国策伙同他人持铁棍围殴张修宝，致张修宝死亡，其行为均已构成故意伤害罪。陈国策虽在案发过程中多次报警，但没有主动向公安机关交代自己的犯罪行为，而是公安机关经了解后，认为陈国策有重大犯罪嫌疑对陈进行审查，陈国策才承认自己的犯罪事实，故陈国策有自首情节的辩护理由不能成立。宣判后，陈国策不服提起上诉。二审法院经审理认为，上诉人陈国策伙同他人伤害被害人的行为均已构成故意伤害罪。陈国策在案件发生过程中先后3次拨打报警电话，案发后留在现场等候警察处理，并能如实供述主要犯罪事实，应认定陈国策具有自首情节，依法可从轻处罚。

[法律问题]

如何理解并认定自首的成立要件？

[法理分析]

本案控辩裁三方主要围绕被告人陈国策的行为是否构成自首存在重大分歧，概因三方对下述事实的规范意义理解不同所致：被告人报警过程中未主动向公安机关交待自己的犯罪行为，而是在公安机关了解案件后，认为被告人有重大犯罪嫌疑继而对其进行审查时，被告人才承认自己的犯罪事实，此种情形下，被告人是否属于主动交代自己的犯罪行为。

有关自首的成立条件，因存在一般自首和准自首而有所区别。本案主要涉及被告人陈国策的行为是否属于一般自首，故在此重点介绍一般自首的构成要件。通说认为，成立一般自首应具备以下条要：①犯罪以后自动投案，这是一般自首的前提条件。所谓自动投案，是指犯罪分子在犯罪后，在尚未受到讯问、未被采取强制措施之前，基于本人意愿而向有关机关或个人承认自己实施了犯罪行为，并主动将自己置于有关机关或个人的控制之下，等待接受审查与裁判的行为。②如实供述自己的罪行，这是成立自首的核心与关键条件。所谓如实供述自己的罪行，是指犯罪嫌疑人自动投案后，如实交代自己的主要犯罪事实。共同犯罪的场合，犯罪嫌疑人除如实供述自己的罪行外，还应当供述所知的同案犯，主犯则应当供述所知其他同案犯的共同犯罪事实。

具体到本案，被告人陈国策在与被害方发生纠纷、厮打过程中，三次向公安机关报警，且每次报警内容存在出入，这一点对其行为是否成立自首并不重要。立足一般自首的成立条件，值得引起注意的有二：是否存在自动投案的事实，是否向公安机关如实供述自己的犯罪行为。首先，被告人陈国策在犯罪实行终了之后，停留在犯罪现场，等待公安机关处理，可以视为自动投案。因在此之前，被告人陈国策的犯罪行为尚未被公安机关发觉，也未受到办案机关的讯问或者被采取强制措施等，正是其主动报警，引起公安机关的关注；其主动停留在犯罪现场，目的是等待公安机关处理。易言之，被告人陈国策系主动报警，自愿将自己置于公安机关的控制之下并接受审查，符合成立一般自首的前提条件。其次，被告人陈国策虽在报警过程中没有如实供述案件发生、发展的真实情况，在见到公安人员后没有在第一时间如实供述自己的犯罪事实，而是待公安机关做了一定调查后，认为其存在重大嫌疑继而对其进行审查后，方承认自己的犯罪事实。在此，如实供述自己的犯罪行为与自动投案在时间上似乎存在一定的间隔，但这无碍于行为成立自首；公安机关经过一定调查，认为被告人陈国策有重大嫌疑，继而对被告人陈国策进行了询问，这也不应当成为否认被告人陈国策构成自首的理由。因为被告人陈国策在警方询问过程中，如实供述了本人及同案犯的犯罪事实，完全符合成立自首的核心要件。2010年12月22日《最高人民法院关于处理自首和立功若干具体问题的意见》中也确认，犯罪后主动报案，虽未表明自己是作案人，但没有逃离现场，在司法机关讯问时交代自己罪行的，也应当视为自动投案，成立自首。因此，二审法院的判决意见是正确的。

案例二：　　　　　　汪某故意杀人、敲诈勒索案[1]

[基本案情]

2009年6月，被告人汪某在某旅游用品厂打工期间认识被害人云某。同年7月至8月期间，汪某租房经营服装店，后因生意不景气而将服装店转让给云某。同年9月21日晚，汪某到云某的服装店和云某聊天、吃饭。后二人因琐事争吵、厮打。厮打过程中，汪某用云某身上的挎包带勒云某的颈部，致云某窒息死亡后，将云某的尸体抛入附近下水道内。同月23日，汪某持云某的身份证以云某的名义到银行办理一张储蓄卡。24日汪某用云某的手机号码通过打电话并发短信的方式要求云某家属向云某的账户汇入13万元，否则就揭露云某的隐私，甚至对云某实施伤害行为。25日，因云某亲属向公安机关报案，汪某最终未得逞。公安机关经调查得知，案发当晚云某和汪某一起喝酒、吃饭后失踪，通过调取云某账户的开户行监控录像并组织人员进行辨认确定开户人是汪某，从而确定汪某有重大作案嫌疑。次日中午，公安机关派员找汪某了解情况，汪某没有交代犯罪事实。当日晚上，公安机关围绕云某银行卡开户情况再次询问汪某时，汪某才交代故意杀人、敲诈勒索的犯罪事实。

法院经审理认为，被告人汪某故意非法剥夺他人生命的行为构成故意杀人

---

〔1〕 参见中华人民共和国最高人民法院刑事审判第一、二、三、四、五庭主办：《刑事审判参考》2012年第1集（总第84集），法律出版社2012年版，第17~22页。

罪；其以非法占有为目的，敲诈勒索他人数额巨大财物的行为构成敲诈勒索罪；依法应数罪并罚。汪某归案后供述的故意杀人罪行与司法机关已掌握的敲诈勒索罪行在事实上有密切关联，不构成自首。

[法律问题]

汪某是否构成自首？

[法理分析]

本案在审理过程中，对被告人汪某因涉嫌犯敲诈勒索罪归案，主动供述其故意杀人罪行的行为是否构成自首，存在两种意见：一种意见认为，汪某主动供述故意杀人罪行的行为构成余罪自首；另一种意见认为，汪某故意杀人犯罪与其敲诈勒索犯罪在事实上紧密关联，不构成自首。概因对成立准自首的条件存在认识上的分歧，本案的核心法律问题系如何理解"司法机关还未掌握的本人其他罪行"。

根据我国《刑法》第 67 条第 2 款的规定，成立准自首须具备如下两个条件：①主体条件，即必须是被采取强制措施的犯罪嫌疑人、被告人和正在服刑的罪犯。所谓被采取强制措施，是指根据刑事诉讼法的规定，被采取拘传、拘留、取保候审、监视居住和逮捕措施。②实质条件，即如实供述司法机关还未掌握的本人的其他罪行。根据《关于处理自首和立功若干具体问题的意见》的规定，是否属于司法机关已经掌握的罪行，应根据不同情形区别对待：如果该罪行已被通缉，一般应以该司法机关是否在通缉令发布范围内作出判断，不在通缉令发布范围内的，应认定为还未掌握，在通缉令发布范围内的，应视为已掌握；如果该罪行已录入全国公安信息网络在逃人员信息数据库，应视为已掌握。如果该罪行未被通缉、也未录入全国公安信息网络在逃人员信息数据库，应以该司法机关是否已实际掌握该罪行为标准。所谓"其他罪行"，上述司法解释规定，该罪行与司法机关已掌握的罪行属同种罪行还是不同种罪行，一般应以罪名区分。虽然如实供述的其他罪行的罪名与司法机关已掌握犯罪的罪名不同，但如实供述的其他犯罪与司法机关已掌握的犯罪属选择性罪名或者在法律、事实上密切关联，如因受贿被采取强制措施后，又交代因受贿为他人谋取利益行为，构成滥用职权罪的，应认定为同种罪行。

具体到本案，公安机关以敲诈勒索罪立案，经过一系列调查认为被告人汪某存在重大犯罪嫌疑，遂对其就敲诈勒索事实进行有针对性的询问时，被告人汪某交待了其故意杀害被害人云某、犯敲诈勒索罪的事实。仅就敲诈勒索罪而言，被告人汪某的如实供述不成立自首，这一点不存在疑问。稍存争议的是被告人汪某是否就故意杀人罪成立自首。虽然公安机关以敲诈勒索罪立案、也以汪某涉嫌敲诈勒索罪对其进行询问，敲诈勒索罪与故意杀人罪不仅罪名不同，而且罪行、罪质截然有别,通常情况下,认定故意杀人罪是相对于敲诈勒索罪的独立的"其他罪行"不存在解释论上的障碍。但具体到本案中,案件事实稍有特别之处:被告人汪某杀害被害人与其嗣后利用被害人身份证开立银行卡、被害人的失踪(死亡)向被害人家属索要金钱在事实上具有紧密的关联性,上述故意杀人罪与敲诈勒索罪在本案中如此紧密地结合在一起,以至于若缺乏"上游"犯罪的结果状态,则"下游"犯罪行为根本无法进行,甚至可以说,本案故意杀人与敲诈勒索就事实状态而言存在交叉重叠关系。因此,公安机关虽以敲诈勒索罪讯问被告人汪某,在强有力的证据面前,汪某不得不承认自己实施了敲诈勒索罪,而要全面交待自己敲诈勒索的犯罪事实,就不得不交待自己故意杀害被害人的犯罪事实,否则,有选择性地"剪贴"敲诈勒索罪的案件事实或回避故意杀人的犯罪事实,就不可能全面、真实地说明自己的主要犯罪事实与犯罪经过。就此而言,鉴于本案中司法机关已经掌握的汪某所实施的敲诈勒索犯罪与尚未掌握的故意杀人罪之间存在紧密的关联性,可以认定本案中汪某故意杀人的犯罪事实并非其所犯敲诈勒索罪的"其他罪行"。需要特别说明的是,虽然被告人汪某不成立准自首,但根据刑法修正案八的相关规定,被告人如实供述司法机关已经掌握的本人罪行的属于坦白,依法可从轻处罚。二审法院终以被告人犯罪后认罪态度尚可,对汪某以故意杀人罪判处死刑,缓期2年执行,剥夺政治权利终身;以敲诈勒索罪判处有期徒刑3年;决定执行死刑,缓期2年执行,剥夺政治权利终身,体现了坦白从宽的立法精神。

拓展案例

尚娟盗窃案[1]

[基本案情]

被告人尚娟,女,1992年2月20日出生。因涉嫌犯盗窃罪于2011年11月18日被取保候审。被告人尚娟系北京市西城区月坛北小街六星椒火锅城服务员。2011年9月2日23时,饭店仅有尚娟和收银员张丹上班。尚娟趁张丹去后厨备菜之机,从张丹放在吧台内的挎包里窃取人民币(以下币种同)1300元。次日,张丹发现后询问尚娟,尚娟矢口否认行窃事实。饭店经理让张丹当着尚娟的面报警,并安排张丹一直陪同尚娟在饭店大堂后面的员工宿舍内等待警察。在此过程中,尚娟承认了盗窃事实。后民警赶到,将尚娟带至派出所,并在派出所

---

[1] 参见中华人民共和国最高人民法院刑事审判第一、二、三、四、五庭主办:《刑事审判参考》2012年第3集(总第86集),法律出版社2013年版,第55~58页。

将尚娟随身携带的赃款1300元返还张丹。西城区人民法院认定被告人尚娟犯盗窃罪，判处拘役4个月，并处罚金1千元。一审宣判后，西城区人民检察院提出抗诉，抗诉意见认为，被告人尚娟明知被害人张丹已经报警，在现场等待民警并向张丹承认了盗窃事实。民警到达现场后，尚娟没有拒捕行为，且供认犯罪事实，应当视为自首。一审判决未认定自首属于适用法律不当。北京市人民检察院第一分院支持抗诉，被告人尚娟未提出上诉。北京市第一中级人民法院经审理认为，原审被告人尚娟在他人报警后，一直在现场等待民警到来。虽然没有受到人身强制，但张丹在报警后，一直陪同尚娟待在饭店内的员工宿舍内，尚娟在客观上不具备离开现场的可能性，其留在现场等待的行为并不足以反映其主观上具有投案的主动性和自愿性，不应视为自动投案，不能认定为自首。原判认定尚娟犯盗窃罪的事实清楚，证据确实、充分，定罪准确，量刑适当，审判程序合法。鉴于在二审审理期间，北京市关于司法机关办理盗窃刑事案件的处罚标准发生了变化，按此标准，尚娟的盗窃行为属于情节显著轻微，不构成盗窃罪。北京市第一中级人民法院判决撤销北京市西城区人民法院（2011）西刑初字第739号刑事判决，认定原审被告人尚娟无罪。

[法律问题]

自首的成立需要哪些有效的具体行为？

[重点提示]

我国《刑法》第67条第1款规定："犯罪以后自动投案，如实供述自己的罪行的，是自首……"司法实践中，为了鼓励犯罪嫌疑人自首，对自首的认定较为宽松，但是消极的等待行为等并不能构成自首。

第三节 立 功

知识概要

我国刑法中，立功有广义和狭义之分，广义上的立功，既包括刑罚裁量中的立功，也包括刑罚执行中的立功。在此，主要探讨刑罚裁量中的立功，即狭义的立功及其构成条件。

狭义的立功是指犯罪分子揭发他人犯罪行为、查证属实，或者提供重要线索、从而得以侦破其他重要案件，或者阻止其他人犯罪活动，或者协助司法机关抓捕其他犯罪嫌疑人，或者具有其他有利于国家和社会的突出表现的行为。行为构成立功须具备如下条件：①主体是犯罪分子；②时间是在犯罪完成之后、刑事判决或裁定确定之前；③行为具有有利于国家和社会的突出表现。[1]

由于立功本质上是有利于国家和社会的行为，故刑法对此种正面行为予以积极肯定并鼓励，对具有立功情节的犯罪分子，根据立功的不同情况予以不同程度的从宽处罚。

经典案例

王奕发、刘演平敲诈勒索案[2]

[基本案情]

2009年2月初，被告人王奕发、刘演平商定到深圳的各出入境口岸，合伙从携带走私货物、物品入境的"水客"身上搞钱，由曾经做过"水客"的王奕发指认疑似走私客给刘演平，尔后刘演平上前以报警相威胁索要钱物。2009年2月10日，王奕发、刘演平前往皇岗口岸天桥附近，刘演平将被害人郑某某拉入附近公共厕所，要挟郑某某交出随身走私的货物6大包（内有2G数码相机内存卡共840张，经鉴定价格总计人民币21 000元）。随后，王奕发、刘演平来到福田区华强北商业街，以每张21元的价格将勒索的内存卡卖掉，获款共计17 640元。2009年2月19日19时许，刘演平在深圳火车站罗湖口岸附近欲故技重演时被被害人郑某某认出并报警抓获。刘演平归案后交代了同案犯王奕发的联系电话，表示愿意配合公安机关抓捕王奕发。刘演平按照公安机关的安排拨打电话联系上王奕发，假意约定次日到某茶餐厅商量再次作案。公安机关在刘演平的指认下抓获前来赴约的王奕发。

一审法院认为，被告人王奕发、刘演平以非法占有为目的，以报警处理走私行为相要挟，索取他人财物，数额较大，其行为均已构成敲诈勒索罪。刘演平归案后协助公安机关抓获同案犯，有立功表现，依法可以从轻处罚。

[法律问题]

被告人刘演平是否具有立功情节？能否将其交待同案犯的联系电话并指认犯罪嫌疑人王奕发的行为认定为立功。

[法理分析]

就立功的具体情形而言，包括如下三种：①犯罪分子到案后检举、揭发他

---

[1] 黎宏：《刑法学》，法律出版社2012年版，第380页。
[2] 中华人民共和国最高人民法院刑事审判第一、二、三、四、五庭主办：《刑事审判参考》2011年第3集（总第80集），法律出版社2011年版，第84~88页。

人犯罪行为，包括共同犯罪案件中的犯罪分子揭发同案犯共同犯罪以外的其他犯罪，经查证属实；②提供其他案件的重要线索，查证属实并使司法机关得以侦破；③其他立功表现，具体如阻止他人犯罪活动，协助司法机关抓捕其他犯罪嫌疑人，以及具有其他有利于国家和社会的突出表现。根据 2010 年 12 月 22 日《最高人民法院关于处理自首和立功若干具体问题的意见》的规定，犯罪分子具有下列行为之一，使司法机关抓获其他犯罪嫌疑人的，属于"协助司法机关抓捕其他犯罪嫌疑人"：①按照司法机关的安排，以打电话、发信息等方式将其他犯罪嫌疑人（包括同案犯）约至指定地点的；②按照司法机关的安排，当场指认、辨认其他犯罪嫌疑人（包括同案犯）的；③带领侦查人员抓获其他犯罪嫌疑人（包括同案犯）的；④提供司法机关尚未掌握的其他案件犯罪嫌疑人的联络方式、藏匿地址的等。但犯罪分子提供同案犯姓名、住址、体貌特征等基本情况，或者提供犯罪前、犯罪中掌握、使用的同案犯联络方式、藏匿地址，司法机关据此抓捕同案犯的，不能认定为协助司法机关抓捕同案犯。

具体到本案中，被告人刘演平被抓后，表示愿意配合公安机关抓捕王奕发，并按照公安机关的安排拨打电话联系王奕发，假意约定次日到某茶餐厅商量再次作案，事实上，公安机关在刘演平的指认下抓获前来赴约的王奕发。其行为完全符合上述司法解释有关"协助司法机关抓捕其他犯罪嫌疑人"之"按照司法机关的安排，以打电话、发信息等方式将其他犯罪嫌疑人（包括同案犯）约至指定地点的"规定，构成立功，在量刑时应当依法予以从宽处罚。因此，判决认定刘演平构成立功（一般立功）是正确的。

拓展案例

胡俊波走私、贩卖、运输毒品，走私武器、弹药案[1]

[基本案情]

被告人胡俊波，男，1969 年 5 月 8 日出生，无业。1991 年 6 月 17 日因犯故意伤害罪、盗窃罪被判处无期徒刑，1993 年 6 月 30 日~1997 年 6 月 10 日经 3 次减刑减为有期徒刑 17 年，剥夺政治权利 8 年，2000 年 7 月 7 日因患病被暂予监外执行，2009 年 4 月 20 日因本案被逮捕。2009 年 2 月底，被告人胡俊波纠集、指挥同案被告人杨洪、陈静、刘伟、付超、李建华（均已判刑）到缅甸购买毒品走私入境贩卖。同月 27 日，胡俊波和陈静从四川省成都市乘飞机到达云

---

[1] 参见中华人民共和国最高人民法院刑事审判第一、二、三、四、五庭主办：《刑事审判参考》2012 年第 4 集（总第 87 集），法律出版社 2013 年版，第 80~86 页。

南省景洪市，杨洪、刘伟、付超、李建华根据胡俊波的安排驾驶川 M56799 马自达牌轿车、川 A33A05 现代牌越野车随后来到景洪市，6 人先后偷渡至缅甸小勐拉会合。胡俊波联系好甲基苯丙胺、海洛因后，指使杨洪、陈静于 3 月 11 日到缅甸邦康市接取上述毒品以及枪支、弹药进行重新包装，从云南省孟连傣族拉祜族佤族自治县勐马镇陇海渡口携带入境后，藏入刘伟开来的川 M56799 马自达牌轿车车门的夹层内；而后，胡俊波等 6 人在孟连县嘉兴宾馆会合。3 月 13 日零时许，胡俊波与付超、李建华驾驶川 A33A05 现代牌越野车在前探路，杨洪、陈静、刘伟驾驶藏有毒品、枪支的川 M56799 马自达牌轿车跟随其后往云南省澜沧县方向行驶。途中胡俊波、付超、李建华、陈静、刘伟被公安人员抓获。公安人员当场从川 M56799 马自达牌轿车车门的夹层内查获甲基苯丙胺 24205 克、海洛因 350 克、手枪 2 支、子弹 24 发。3 月 22 日，胡俊波协助公安机关在湖北省武汉市抓获前来提取毒品的同案被告人胡环香（已判刑）。另查明，2009 年 1 月 24 日胡俊波、杨洪、刘伟在浙江省宁波市世纪盛业酒店，将从缅甸走私入境的 1 支手枪送给王振海（另案处理）。次日 16 时许，王振海因与王国维、葛孝龙发生纠纷，持该枪在世纪盛业酒店将王国维、葛孝龙打伤；经鉴定，王国维构成重伤。普洱市中级人民法院认定被告人胡俊波犯走私、贩卖、运输毒品罪，判处死刑，剥夺政治权利终身，并处没收个人全部财产；犯走私武器、弹药罪，判处死刑，缓期 2 年执行，剥夺政治权利终身，并处没收个人全部财产；决定执行死刑，剥夺政治权利终身，并处没收个人全部财产。一审宣判后，被告人胡俊波提出上诉。云南省高级人民法院认为，上诉人胡俊波虽然具有两次立功表现，但其罪行极其严重，功不足以抵罪，不予从轻处罚，裁定驳回上诉，维持原判，并依法报请最高人民法院核准。最高人民法院裁定核准云南省高级人民法院维持第一审的裁定。

[法律问题]

立功是如何影响减刑的？

[重点提示]

重大立功采用的是"必减"规则，而一般立功采用的是"酌减"规则，这就意味着对于一般立功，如果罪行极为严重，则很可能起不到实际减刑的效果。

第四节　数罪并罚

知识概要

所谓数罪并罚，是指对一人犯数罪分别定罪量刑，并根据法定的原则与方法决定最终应当合并执行的刑罚的制度。我国《刑法》第69~71条就数罪并罚的原则以及不同情形下数罪并罚的具体方法作了明确规定。

一、数罪并罚的特征

1. 一人犯有数罪，这是适用数罪并罚的前提。

2. 一人所犯数罪必须发生在法定的时间之内。具体有三种情形：①判决宣告以前一人犯数罪；②判决宣告以后，刑罚执行完毕以前，发现被判刑的犯罪人在判决宣告以前还有其他罪没有判决的，即存在漏罪的情形；③判决宣告以后，刑罚执行完毕以前，被判刑的犯罪人又犯新罪的。

3. 必须在对行为人所犯数罪分别定罪量刑的基础上，依照法定的原则与方法，决定应当执行的刑罚。

二、数罪并罚的原则

所谓数罪并罚的原则，是指对一人所犯数罪在分别定罪量刑后，合并处罚所依据的原则。我国《刑法》第69条确立了以限制加重原则为主、以吸收原则和并科原则为补充的折中原则。[1] 具体来说：

1. 判决宣告数个死刑或最重刑为死刑的，采用吸收原则，决定执行一个死刑，其他主刑不再执行。

2. 判决宣告数个无期徒刑或最重刑为无期徒刑的，采用吸收原则，决定执行一个无期徒刑，其他主刑不再执行。

3. 判决宣告的数个主刑为有期自由刑即有期徒刑、拘役、管制的，采取限制加重原则。

4. 数罪中有被判处附加刑的，根据附加刑的种类的差异，分别采用并科、合并或分别执行原则。

---

[1] 高铭暄、马克昌主编：《刑法学》，北京大学出版社、高等教育出版社2011年版，第284页。

经典案例

代海业盗窃案[1]

[基本案情]

被告人代海业，2008年8月26日因犯滥伐林木罪被判处有期徒刑1年，缓刑1年。2009年9月5日因涉嫌盗窃罪被逮捕。经查，2009年5月13日22时许，被告人代海业在信阳市浉河区董家河桥头路口电话亭旁，将王启明的红色三菱125摩托车盗走。经鉴定，该车价值2668元。

一审法院认为，被告人代海业秘密窃取他人财物的行为已构成盗窃罪，判处有期徒刑7个月，并处罚金人民币2000元；犯滥伐林木罪，判处有期徒刑1年，缓刑1年，现予以撤销缓刑，余刑10个月零3天；数罪并罚，决定执行有期徒刑11个月。一审宣判后，检察院以原审判决适用法律错误、量刑不当为由提出抗诉。二审法院经审理认为，原审法院定罪准确，量刑适当。但与所犯滥伐林木罪数罪并罚，决定执行刑罚时，适用法律错误，致使决定执行的刑期不当。根据《中华人民共和国刑法》第77条的规定，原审被告人代海业在缓刑考验期内犯盗窃罪，应当撤销缓刑，对盗窃罪作出判决，把犯滥伐林木罪和盗窃罪所判处的刑罚，依照《中华人民共和国刑法》第69条的规定，决定执行的刑罚。对原审被告人代海业应在有期徒刑1年~1年零7个月之间决定执行刑期，原审决定执行有期徒刑11个月确属适用法律错误。据此数罪并罚，决定执行有期徒刑1年零4个月，并处罚金人民币7000元。

[法律问题]

如何理解并正确运用数罪并罚的方法？

[法理分析]

本案一审与二审有关被告人代海业的行为定性，意见一致，即认为被告人代海业在前罪缓刑期内实施盗窃罪，应予以撤销缓刑，在分别定罪量刑的基础上，实行数罪并罚。在本案审理过程中，对于被告人代海业在缓刑考验期内犯新罪如何实行数罪并罚，存在两种意见：一种意见认为，此情形属于刑罚执行完毕以前又犯新罪，应根据《刑法》第71条规定的规定进行数罪并罚，一审法院即根据此种理解作出并罚判决。第二种意见认为，缓刑考验期间不同于刑罚

---

[1] 参见中华人民共和国最高人民法院刑事审判第一、二、三、四、五庭主办：《刑事审判参考》2011年第6集（总第83集），法律出版社2012年版，第37~42页。

执行期间，羁押时间也不同于已执行刑期，对此情形，应当根据《刑法》第77条第1款的规定，将滥伐林木罪和盗窃罪直接依照《刑法》第69条的规定决定执行的刑罚，二审法院即根据此种理解依法改判并作出并罚判决。形成上述争议的关键也是本案的核心法律问题即在于如何理解并正确运用数罪并罚的方法。

根据我国《刑法》第69～71条的规定，适用数罪并罚有三种情形，且不同情形的数罪其并罚的办法也迥然不同。具体来说：①判决宣告以前一人犯数罪的并罚。此即判决宣告以前一人犯数罪，并且数罪均已被发现时，根据《刑法》第69条的规定，除判处死刑和无期徒刑的以外，应当在总和刑期以下、数刑中最高刑期以上、酌情决定执行的刑期。在此，存在争议的是，判决宣告以前一人犯同种数罪的，是以一罪论处还是以数罪实行并罚，对此，理论上存在一罚说、并罚说以及折中说，所谓折中，即主张以一罚作为基本处罚方法，并以并罚作为补充方法，当所犯之罪具有两个以上法定刑幅度时，不实行并罚，只有一个法定刑幅度的，则应实行并罚。[1] ②刑罚执行完毕以前发现漏罪的并罚。根据《刑法》第70条规定，应首先当对新发现的罪作出判决，把前后两个判决所判处的刑罚，依照第69条的规定，决定执行的刑罚。已经执行的刑期，应当计算在新判决决定的刑期之内。这种方法被称为"先并后减"。③刑罚执行完毕以前又犯新罪的并罚。根据《刑法》第71条规定，此种情况下之并罚应首先对新犯的罪作出判决，把前罪没有执行的刑罚和后罪所判处的刑罚，依照《刑法》第69条的规定，决定执行的刑罚，此方法又被称为"先减后并"。

具体到本案中，涉及如何理解"被告人在缓刑考验期内实施新的犯罪"到底属于刑罚执行完毕以前又犯新罪还是仍应按照判决宣告以前一人犯数罪的并罚情形对待。根据我国《刑法》第77条的规定，被宣告缓刑的犯罪分子在缓刑考验期内犯新罪或者发现原判决宣告以前还存有其他罪没有判决的，应当撤销缓刑，对新犯的罪或者发现的漏罪作出判决，把前罪和后罪所判处的刑罚，依照《刑法》第69条的规定，决定执行的刑罚。据此，可以认为，我国刑法已明确将此等情况纳入数罪并罚的第一种情形，即将缓刑犯在缓刑期间又犯新罪的作为"判决宣告以前一人犯数罪"一类特殊情况对待，应依法按照《刑法》第69条的并罚方法处理。就此而言，一审法院将本案中被告人代海业在缓刑考验期内实施新的犯罪作为《刑法》第71条所列之情形对待，是适用法律错误。二审法院依据《刑法》第77条规定撤销假释并按照《刑法》第69条的数罪并罚办法裁量并决定应当执行的刑罚，是正确的。不仅如此，一审法院错误地适用

---

[1] 参见高铭暄、马克昌主编：《刑法学》，北京大学出版社、高等教育出版社2011年版，第263页。

《刑法》第 71 条,且将被告人宣告缓刑前先行羁押的时间等同为前罪已经执行的刑期予以扣除,进而认定存在"前罪没有执行的刑罚",并据此将新罪所判刑罚与"前罪没有执行的刑罚"进行并罚。但前罪所判刑罚暂缓执行,刑罚根本没有实际执行,则更不存在已经执行完毕之说或存在前罪没有执行的刑罚,在此,一审法院存在理解上的偏差。二审法院依据《刑法》第 69 条的规定进行数罪并罚,决定应当执行的刑期,在此基础上将判决执行以前先行羁押的时间予以扣除,是正确的。

拓展案例

田友兵敲诈勒索案[1]

[基本案情]

被告人田友兵,男,1986 年 5 月 3 日出生,农民。2005 年 6 月因犯聚众斗殴罪被判处有期徒刑 3 年(先行羁押日期折抵后,刑期自 2005 年 6 月 17 日起至 2008 年 3 月 6 日止),2007 年 7 月 13 日被暂予监外执行,2008 年 5 月 13 日因涉嫌犯敲诈勒索罪被逮捕。2007 年 8 月 14 日,被告人田友兵伙同郭鹏飞(在逃)、赵海江(另案处理)、张玮琳(另案处理)等人,以寿光市联盟化工集团新丰淀粉有限公司职工刘强欺负徐玉婷为由,采用殴打、恐吓、关押看管等手段,逼迫被害人刘强交纳人民币(以下币种同)1 万元,刘强于次日交给田友兵 5000 元后被放回。2008 年 4 月,田友兵被公安机关抓获归案。寿光市人民法院认为,被告人田友兵以非法占有为目的,勒索他人财物,数额巨大,其行为构成敲诈勒索罪。鉴于其敲诈勒索部分未遂,依法可以减轻处罚。寿光市人民法院以被告人田友兵犯敲诈勒索罪,判处有期徒刑 2 年。一审宣判后,被告人田友兵在法定期限内不上诉,检察机关亦不抗诉,判决发生法律效力。

[法律问题]

暂予监外执行期间犯新罪是否应当数罪并罚?

[重点提示]

暂予监外执行不同于缓刑,暂予监外执行期满应当视为刑罚已经执行完毕,因此不存在数罪并罚的情形。

---

[1] 参见中华人民共和国最高人民法院刑事审判第一、二、三、四、五庭主办:《刑事审判参考》2012 年第 4 集(总第 87 集),法律出版社 2013 年版,第 55~59 页。

第五节 缓 刑

> **知识概要**

在我国,缓刑是指对被判处拘役、3年以下有期徒刑的犯罪人,由于其犯罪情节较轻,有悔罪表现,没有再犯罪的危险,暂不执行刑罚对所居住社区没有重大不良影响的,就可以规定一定的考验期,暂缓刑罚的执行。如果犯罪人在缓刑考验期内遵守一定条件,原判刑罚就不再执行。就其性质而言,虽然有学者认为缓刑是一种特殊的刑罚执行制度,而非刑罚裁量制度,[1] 但若从裁量是否执行所判刑罚的意义上说,缓刑是量刑制度;从刑罚执行的意义上,缓刑也可谓刑罚执行制度。[2] 就此而言,立足缓刑制度的多面性,考察缓刑的属性与体系归属更为妥当。

缓刑制度既不同于死刑缓期执行,也与暂予监外执行有别;既不同于免除处罚,也与专门针对军人的战时缓刑相区别。

缓刑制度体现了刑罚目的,对暂不执行所判刑罚不致再危害社会的犯罪人宣告缓刑,正说明适用缓刑可以达到特殊预防的目的,没有执行刑罚的必要;缓刑也可以避免短期自由刑的弊害,不会导致犯罪人在狱中感染恶习,对预防其再犯罪能起到有效作用。与此同时,缓刑制度体现了罪责刑相适应原则,也体现了宽严相济的刑事政策。[3]

实践中,一方面应当积极适用缓刑制度,使其最大限度发挥积极的犯罪预防效果;另一方面,也应当严格按照刑法有关缓刑适用条件的规定,认真分析相关案件中应否以及能否适用缓刑。

---

〔1〕 黎宏:《刑法学》,法律出版社2012年版,第395页。
〔2〕 张明楷:《刑法学》,法律出版社2011年版,第541页。
〔3〕 张明楷:《刑法学》,法律出版社2011年版,第541页。

经典案例

姚国英故意杀人案[1]

[基本案情]

被告人姚国英与被害人徐树生系夫妻关系，结婚十余年间徐树生经常无故打骂、虐待姚国英。2010年以来，徐树生殴打姚国英更为频繁和严重。2010年5月10日晚，徐树生又寻机对姚国英进行长时间打骂；次日凌晨5时许，姚国英因长期遭受徐树生的殴打和虐待，心怀怨恨，遂起杀死徐树生之念。姚国英趁徐树生熟睡之际，从家中楼梯处拿出一把铁榔头，朝徐树生头、面部等处猛击数下，后用衣服堵住其口、鼻部，致徐树生当场死亡。当日8时30分许，姚国英到派出所投案。被告人姚国英及其辩护人对起诉书指控的罪名及犯罪事实不持异议。其辩护人提出，被害人好逸恶劳，长期以赌博为业，对被告人实施家庭暴力侵害、虐待长达十多年，对被告人的肉体和身心造成严重伤害，被害人具有重大过错；被告人的杀人行为属情节较轻情形，且有投案自首情节，家有未成年女儿需要抚养，请求法院对其从轻处罚，并宣告缓刑。

法院经审理认为，被告人姚国英持械故意杀害其丈夫徐树生，其行为构成故意杀人罪。但姚国英的杀人故意系因不堪忍受被害人徐树生的长期虐待和家庭暴力而引发，因此，其杀人行为可认定为故意杀人罪中的情节较轻。案发后，姚国英主动到公安机关投案，如实供述自己的罪行，是自首，依法可从轻处罚。鉴于被告人长期遭受虐待和家庭暴力而杀夫的行为受到民众高度同情，社会危害性相对较小，且被告人具有自首情节，认罪态度较好，家中又尚有未成年的女儿需要抚养，根据其犯罪情节和悔罪表现，对其适用缓刑不致再危害社会，可依法宣告缓刑。

[法律问题]

如何理解缓刑的适用条件？能否对姚国英适用缓刑？

[法理分析]

本案被告人姚国英故意杀害其丈夫徐树生的行为构成故意杀人罪，这一点应当不存在疑问。稍存疑虑的是能否对犯罪人姚国英适用缓刑，与此相关，本案的核心法律问题是如何理解缓刑的适用条件以及据此判定能否对犯罪人姚国

---

[1] 参见中华人民共和国最高人民法院刑事审判第一、二、三、四、五庭主办：《刑事审判参考》2010年第5集（总第76集），法律出版社2011年版，第30~36页。

英适用缓刑。

根据我国《刑法》第72、74条的规定，适用缓刑必须符合以下条件：①缓刑只能适用于被判处拘役或者3年以下有期徒刑的犯罪人。②对犯罪分子适用缓刑确实不致再危害社会。应从以下五方面判断犯罪分子是否确实不致再危害社会：①犯罪情节较轻。即在符合本罪构成要件事实中不具有该罪较重情节，以及其犯罪前后的表现中，不具有应给予较重否定性评价的事实。②有悔罪表现，指行为人有对自己的罪行真诚悔悟，能够认识到错误，并有具体真诚悔悟、悔改的意愿和行为。③没有再犯罪的危险。即综合犯罪分子犯罪情节和悔罪表现，表明其不具有较大的人身危险性，即使将其放置在社会上，再次犯罪的可能性也较小。④对所居住社区没有重大不良影响，指对犯罪人若适用缓刑，则其不会对所居住社区的安全、秩序和稳定带来重大不良影响。⑤犯罪分子必须不是累犯和犯罪集团的首要分子。

具体到本案，被告人姚国英因长期遭受丈夫虐待和家庭暴力，身体和精神上均受到严重的摧残与折磨，心存怨恨也在情理之中；从被害人方面来看，被害人徐树生好逸恶劳，长期以赌博为业。尤为甚者，被害人徐树生在长达十多年的家庭生活中，动辄打骂、虐待被告人姚国英，这种情况在案发前一段时间内更为频繁和严重，而案发前晚其针对被告人长时间的打骂又成为被告人实施杀害行为的直接诱因，就此而言，被害人对其被害存在重大过错。根据相关司法解释规定，若存在下述情形，可认为具有《刑法》第232条的"情节较轻"：①防卫过当的故意杀人，指正当防卫超过必要限度而故意将不法侵害者杀死的情形。②义愤杀人，指行为人或者其近亲属受被害人的虐待、侮辱或迫害，因不能忍受，为摆脱所受的虐待、侮辱、迫害而实施故意杀人的行为。③激情杀人，即本无杀人故意，因被害人的严重过错，在被害人的刺激、挑逗下而失去理智，当场实施故意杀人的行为。④受嘱托帮助他人自杀，即基于被害人的请求、自愿而帮助其自杀的行为。⑤生父母溺婴，即父母出于无力抚养、怜悯等不太恶劣的主观动机而将亲生婴儿杀死的行为。很明显，本案被告人姚国英系义愤杀人，符合故意杀人罪中情节较轻的规定。被告人姚国英在案发后具有自首情节，依法应当从轻或减轻处罚。而其自首这一情节也反映了被告人认罪伏法，人身危险性较小。由于被告人姚国英系长期在家庭中受丈夫虐待且基于义愤杀人，说明其主观恶性与再犯罪的危险性均较小。案发后，当地妇联递交了要求对被告人姚国英轻判的申请报告，当地政府出具了有600多位群众签名要求对被告人姚国英从轻处罚的请愿书，参与庭审旁听的人大代表和政协委员也纷纷表示可以对姚国英适用缓刑。这也从另外一个侧面反映了对被告人适用缓刑不仅不会对其所居住的社区产生重大不良影响，相反会得到社会民众的普遍认可，继而提升司法公信力。综上，法院以故意杀人罪判处被告人姚国英 3 年有期徒刑并适用缓刑，定罪准确，量刑适当，完全符合缓刑的适用条件，在个案判决中贯彻了罪责刑相适应原则，实现了法律效果与社会效果的统一，值得肯定。

拓展案例

徐通等盗窃案[1]

[基本案情]

被告人徐通，男，1972 年 11 月 4 日出生，无业。……被告人殷进华，男，1986 年 10 月 10 日出生，无业。2005 年 2 月 5 日因犯交通肇事罪被大丰市人民法院判处有期徒刑 2 年 6 个月，缓刑 3 年；2006 年 1 月 18 日因盗窃被无锡市公安局北塘分局行政拘留 15 天；2007 年 3 月 28 日因犯盗窃罪被建湖县人民法院判处有期徒刑 3 年，缓刑 4 年。因涉嫌犯盗窃罪于 2007 年 4 月 30 日被逮捕。其他被告人省略。2006 年 12 月~2007 年 3 月，被告人徐通、吴栋良、季思亮、殷进华与他人在无锡市锡山区、崇安区、北塘区等地实施盗窃，其中被告人徐通、吴栋良参与盗窃 6 次，物品价值人民币 231 129.34 元；被告人季思亮、殷进华参与盗窃 2 次，物品价值人民币 224 318.34 元；被告人李先平明知价值人民币 16 780 元的物品系赃物，仍予以收购。被告人徐通被抓获归案后，如实供述了公安机关尚未掌握的较重的盗窃事实；被告人殷进华被抓获归案后，协助公安机关抓获被告人李先平。另查明：2005 年 2 月 5 日被告人殷进华因犯交通肇事罪被大丰市人民法院判处有期徒刑 2 年 6 个月，缓刑 3 年，缓刑考验期自 2005 年 2 月~2008 年 2 月；2007 年 3 月 28 日被告人殷进华因犯盗窃罪被建湖县人民法院判处有期徒刑 3 年，缓刑 4 年，缓刑考验期限自 2007 年 4 月~2011 年 4 月。

无锡市锡山区人民法院认为，被告人殷进华在犯交通肇事罪缓刑考验期内犯盗窃罪，应当撤销缓刑，实行数罪并罚；其在犯盗窃罪缓刑考验期内发现判决宣告以前还有其他犯罪没有判决，应当撤销缓刑，实行数罪并罚。认定被告人殷进华犯盗窃罪，判处有期徒刑 10 年，剥夺政治权利 3 年，罚金人民币 1 万元；撤销（2005）大刑初字第 33 号刑事判决书、（2007）建刑初字第 154 号刑事判决书分别对被告人殷进华宣告的缓刑，与原犯交通肇事罪判处的有期徒刑 2 年 6 个月、犯盗窃罪判处的有期徒刑 3 年实行数罪并罚。决定执行有期徒刑 13 年 6

---

[1] 参见中华人民共和国最高人民法院刑事审判第一、二、三、四、五庭主办：《刑事审判参考》2008 年第 6 集（总第 65 集），法律出版社 2009 年版，第 31~37 页。

个月，剥夺政治权利 3 年，罚金人民币 1 万元。一审宣判后，被告人未提出上诉，检察机关亦未抗诉，判决发生法律效力。

[**法律问题**]

在遇到先前数个缓刑的情况下，法院如何判决？

[**重点提示**]

对现存的多个缓刑，宣告均应直接撤销。

第十一章

刑罚的执行与消灭

知识概要

刑罚的执行简称为行刑，是刑罚执行机关依法将发生法律效力的刑罚实施的刑事执法活动，现代刑罚的改革使得刑罚的执行不再是机械的，而是依据被执行人的个人情况、服刑表现等给予个别化对待，这就涉及减刑、假释等制度的运用。由于出现法定事由，导致司法机关不能对具体犯罪人行使刑罚权的，称为刑罚的消灭，时效制度就是最重要的法定事由。本章要对减刑、假释和时效制度有全面的了解，要熟练掌握这三项制度的适用要件。

第一节 减刑

经典案例

贾某某破坏交通设施罪、破坏电力设备罪案[1]

[基本案情]

被告人贾某某于 2006 年 5 月 19 日因犯破坏交通设施罪、破坏电力设备罪被某人民法院判处有期徒刑 10 年，刑期自 2005 年 6 月 17 日起至 2015 年 6 月 16 日止。因服刑期间发现漏罪，法院于 2010 年 8 月 16 日以故意伤害罪判处贾某某有期徒刑 1 年，与前罪有期徒刑 10 年实行并罚，决定执行有期徒刑 10 年 6 个

---

[1] 北京市高级人民法院编：《北京法院参阅案例指导案例（第 7 卷）》，知识产权出版社 2012 年版。

月，刑期为自 2005 年 6 月 17 日起至 2015 年 12 月 16 日止。判决宣告后，被告人贾某某未提出上诉，检察院亦未提出抗诉，判决发生法律效力。贾某某被交付执行后，检察院在对监狱收监罪犯贾某某进行法律手续检查过程中，发现贾某某于 2006 年 6 月 27 日调入监狱服刑，因确有悔改表现，2009 年 3 月 12 日曾被某中级人民法院裁定减刑 10 个月。检察院认为判决书中的刑期计算时应将减刑的刑期扣除，截止日期有误。法院对案件审查后认为，被告人贾某某的前罪减刑裁定因隐瞒罪行应予以撤销。法院在审理贾某某故意伤害一案过程中，公诉机关未提供贾某某减刑的裁定书及相关证明，且被告人贾某某本人也未提出其曾被减刑的事实，法院根据当时证据作出的判决并无不妥。本案不存在对贾某某扣除或折抵刑期的问题。

[法律问题]

被告人减刑后发现漏罪的，在刑罚并罚时应如何处理？减刑减去的刑期能否作为"已经执行的刑期"？减刑后发现漏罪的，对减刑裁定能否造成影响？

[法理分析]

（一）被告人减刑后发现漏罪的，应"先并后减"，已经执行的刑期中不应包含减刑减去的刑期

减刑，是指对于被判处管制、拘役、有期徒刑、无期徒刑的犯罪人，在刑罚执行期间，如果认真遵守监规，接受教育改造，确有悔改表现，或者有立功表现的，适当减轻原判刑罚的制度。[1] 减刑是重要的刑罚执行制度，发生在刑罚执行阶段。减刑裁定与原判决是基于完全不同的事实、证据，服从于不同的目的需要作出的，它不是原判决的组成部分，只影响实际执行刑罚的期限，不是对原判决的否定。

1. 被告人减刑后发现漏罪的，法院在决定刑罚时应如何处理？刑法对服刑期间发现漏罪的处理原则是"先并后减"，对发现新罪的处理原则是"先减后并"。根据我国《刑法》第 70 条的规定，判决宣告以后，刑罚执行完毕以前，发现被判刑的犯罪分子在判决宣告以前还有其他罪没有判决的，应当对新发现的罪作出判决，把前后两个判决所判处的刑罚，依照我国《刑法》第 69 条的规定，决定执行的刑罚。已经执行的刑期，应当计算在新判决决定的刑期以内。这条规定中前面判决的刑罚应当指的是减刑前的刑罚。因为如果将漏判之罪与减刑后所确定的刑罚实行并罚，实际上实行的就是"先减后并"的原则，与刑法规定冲突。因此，被告人减刑后发现漏罪的，法院应将漏罪判处的刑罚与原判刑罚进行并罚。

---

[1] 张明楷：《刑法学》，法律出版社 2011 年版，第 548 页。

2. 已经执行的刑期，即实际执行的刑期是否包含减刑减去的刑期？实际执行的刑期，应是原判决发生法律效力，将判决交付执行后，犯罪人实际服刑改造的刑期。[1] 减刑是在肯定原判决的基础上对原判决的刑罚予以减轻。可以说是刑罚执行期限的缩短，但是并不代表被告人已经实际执行的刑期。因此，减刑减去的刑期不能算作是已经执行的刑期，亦不影响判决中的刑期计算。本案中，法院对被告人贾某某在作出判决时，刑期计算不存在错误。

（二）对于减刑后发现漏罪的，是否影响原减刑裁定，减刑裁定能否撤销

《刑法》第 79 条规定："对于犯罪分子的减刑，由执行机关向中级以上人民法院提出减刑建议书。……非经法定程序不得减刑。"减刑必须经过严格的法定程序才能作出。而刑法对减刑撤销没有作出规定。实践中对该问题存在争议。以本案为例，被告人贾某某的减刑裁定是否应当撤销？有一种观点认为，对于减刑后发现漏罪的，原减刑裁定应当撤销，刑期计算应视情况分别处理。其理由为，被告人贾某某的减刑裁定是因服刑期间确有悔改表现而作出的，并非因立功或者其他原因。但被告人贾某某并未如实向司法机关交待全部罪行，不能认定其确有悔改表现和认罪服法，原减刑裁定条件及依据的事实基础已不存在，所以减刑裁定应当撤销。另一种观点认为，减刑裁定的作出是根据被告人在刑罚执行阶段是否认真遵守监规、是否接受教育改造等条件而作出的，被告人的之前行为不能影响对其监狱表现的判断。因此，减刑裁定不应当撤销。

对此，2012 年 1 月 18 日《最高人民法院关于罪犯因漏罪、新罪数罪并罚时原减刑裁定应如何处理的意见》中明确指出：罪犯被裁定减刑后，因被发现漏罪或者又犯新罪而依法进行数罪并罚时，经减刑裁定减去的刑期不计入已经执行的刑期。在此后对因漏罪数罪并罚的罪犯依法减刑，决定减刑的频次、幅度时，应当对其原减刑裁定减去的刑期酌予考虑。依据该意见，减刑减去的时间不应该计入在刑期计算中，因此，本案法院在计算被告人刑期起止时间中并没有错误。而对于减刑裁定是否应当撤销或者无效的问题，该意见没有明确。本案中，被告人贾某某隐瞒漏罪，在刑罚执行阶段是否确有悔罪表现值得商榷，而这直接影响是否应当撤销减刑裁定。笔者认为，根据该意见，原来减刑裁定是应当被撤销，且不能在漏罪判决中直接依据原减刑裁定扣除刑期。

---

[1] 张明楷：《刑法学》，法律出版社 2011 年版，第 550 页。

拓展案例

李飞故意杀人案[1]

[基本案情]

被告人李飞,男,1976年8月6日出生,无业。2006年4月14日因犯盗窃罪被判处有期徒刑2年,并处罚金人民币1000元,2008年1月2日刑满释放。2008年10月9日因涉嫌犯故意杀人罪被逮捕。2006年4月14日,被告人李飞因犯盗窃罪被判处有期徒刑2年,2008年1月2日刑满释放。2006年4月,经人介绍,李飞与被害人徐某(女,殁年26岁)建立恋爱关系。2006年8月,二人因经常吵架而分手。8月24日,派出所到李飞的工作单位给李飞建立重点人员档案时,其单位从而得知李飞曾因犯罪被判刑一事,并以此为由停止了李飞的工作。李飞认为其被停止工作与徐某有关。2006年9月12日21时许,李飞拨打徐的手机,因徐外出,其表妹王某(被害人,时年16岁)接听了电话,并说徐已外出。后李飞又多次拨打徐的手机,均未接通。当日23时许,李飞来到徐经营的"小天使形象设计室"附近,再次拨打徐的手机,与徐在电话中发生争吵。后李飞破门进入徐在该设计室的卧室,持室内的铁锤击打徐的头部20余下,并击打王某的头部、双手等部位数下,后又持铁锤再次击打了徐、王的头部,致徐某当场死亡、王某轻伤。为防止在设计室的学徒工佟某报警,李飞将徐、王及佟某的手机带离现场后抛弃。当月23日22时许,李飞到其姑母家中,委托其姑母转告其母亲梁某送钱。梁某得知此情后,及时将情况报告给公安机关,并于次日晚协助公安机关将前来姑母家取钱的李飞抓获。哈尔滨市中级人民法院认定被告人李飞犯故意杀人罪,判处死刑,剥夺政治权利终身。宣判后,被告人李飞提出上诉。黑龙江省高级人民法院裁定驳回上诉,维持原判,并依法报请最高人民法院核准。最高人民法院裁定不核准并撤销黑龙江省高级人民法院维持第一审以故意杀人罪判处被告人李飞死刑,剥夺政治权利终身的刑事裁定,发回黑龙江省高级人民法院重新审判。黑龙江省高级人民法院经重新审理认为,上诉人李飞杀人手段特别残忍,后果特别严重,又系累犯,应依法从重处罚。但鉴于本案系民间矛盾引发,李飞的母亲积极协助公安机关将李飞抓获归案,李飞的认罪态度较好,对李飞可不判处死刑立即执行。根据李飞的犯罪情节及主观恶性、人身危险性等情况,应依法对其限制减刑,认定上诉人

---

[1] 参见中华人民共和国最高人民法院刑事审判第一、二、三、四、五庭主办:《刑事审判参考》2011年第6集(总第83集),法律出版社2012年版,第15~21页。

（一审被告人）李飞犯故意杀人罪，判处死刑，缓期2年执行，剥夺政治权利终身。

[法律问题]

死刑缓期执行限制减刑需要具备哪些条件？

[重点提示]

对于这一问题目前尚无进一步的司法解释作出解答，应综合整个案情进行考虑，主要考虑主观恶性和危害后果等。

第二节 假释

经典案例

张某抢劫案[1]

[基本案情]

罪犯张某，男，28岁，职业为汽车驾驶员。张某在犯罪前为一家运输公司拉货。1990年2月5日，张某因犯抢劫罪被判处有期徒刑13年。服刑期间，张某一直为监狱拉货，因表现良好，张某于1997年3月8日被假释出狱。1997年5月9日，张某所在中队有一名劳改犯患疾病需要住院治疗，当时未找到其他车辆，管教就让张某送患者去医院。途经一家小餐馆时张某吃饭并饮酒，后发现病人疼痛难忍，张某便赶紧送病人去医院，由于不熟悉路况且车速过快，张某不慎将一名骑自行车的男子撞死。张某下车后发现四下无人，心中害怕，不想再回到监狱中去，因此便驾车逃逸。后张某将车清洗干净，回到队里之后丝毫不提交通肇事的情况。2002年8月15日公安机关通过技术鉴定，确定肇事者是张某，并对此次交通事故负全部责任。

[法律问题]

关于1997年5月9日张某交通肇事撞死他人的行为，按照当时的法律，张某构成交通肇事罪，应当判处3年以下有期徒刑，按照刑法关于时效的制度，追诉时效为5年，即至2002年8月15日，张某的交通肇事罪已过追诉时效，不能再追究其刑事责任。问题是虽然张某此罪已过追诉时效，但犯罪时其依旧在

---

[1] 本案例选自黄京平主编：《刑法案例教程》，复旦大学出版社2007年版，第245页。

假释考验期内，是否应当撤销张某的假释？

[**法理分析**]

假释是指在审判机关宣告的刑期还没有执行完毕的过程中，由于符合法定的条件，暂时停止执行，予以提前释放，在剩余的刑期中，如果犯罪人遵守一定的条件，就认为原判刑罚已经执行完毕的制度。假释制度是近代教育刑论、目的刑论发展的理论成果，现代各国刑法中一般都规定有假释制度。[1] 通过假释制度的设计，可以鼓励犯罪人悔过自新，避免长期自由刑的弊端，有助于其及早返回社会。

我国《刑法》第 81~86 条规定了假释制度，《刑法修正案（八）》对其进行了完善。适用假释必须满足以下条件：

1. 对象条件。假释适用于被判处有期徒刑、无期徒刑的犯罪分子，但对累犯以及因故意杀人、强奸、抢劫、绑架、放火、爆炸、投放危险物质或者有组织的暴力性犯罪被判处 10 年以上有期徒刑和无期徒刑的犯罪分子不得假释。管制本来就是在社会上执行，而拘役由于刑期过短，因此这两种自由刑都没有适用假释的必要。只有长期自由刑导致犯罪人与社会隔绝时间过长，所以才有适用假释的意义。当然，假释的适用是对犯罪人权利的保护，但假释制度同时必须兼顾社会防卫的需要，对于条文所列举的这几种严重暴力型犯罪，由于严重危害社会公共安全，直接侵犯公民人身法益，犯罪人主观恶性深，改造难度大，因此不能轻易使其回归社会，因此，对于这几种类型的犯罪，同时属于重罪（被判 10 年以上有期徒刑或者无期徒刑）的，不能适用假释制度。本案中，张某服刑时适用的依旧是 1979 年刑法，当时的刑法是没有规定这几类重刑暴力犯罪不能假释的，因此张某能够在被判处抢劫罪 13 年的情况下依旧被假释。本案也从侧面印证了现行刑法完善假释制度以强调社会防卫的必要性。

2. 刑期条件。被判处有期徒刑的犯罪分子，执行原判刑期 1/2 以上，被判处无期徒刑的犯罪分子，实际执行 13 年以上，如有特殊情况，经过最高人民法院核准，可以不受上述执行刑期的限制。如果犯罪人执行刑期过短，一方面会伤害社会大众以及被害人的正义感，毕竟最低限度的报应刑还是符合正义要求的；另一方面，即使从目的刑的角度来看，被判处长期自由刑的犯罪分子一般主观恶性都较深，需要一定的时间来改造，以达到最终能够回归社会的要求。因此，一定的服刑期限限制是必需的。

---

[1] 参见张明楷：《外国刑法纲要》，清华大学出版社 2007 年版，第 420~421 页。不同于报应主义和威吓主义，教育刑和目的刑认为刑罚的目的就是为了教育感化犯罪人，使其尽快回归社会，因此实际服刑的长短应该根据犯罪人的改造情况和再犯可能性等因素综合决定。

3. 实质要件。即犯罪人能够认真遵守监规，接受教育改造，确有悔改表现，没有再犯罪的危险，《刑法修正案（八）》还增加了一条，即对犯罪分子决定假释时，应当考虑其假释后对所居住社区的影响。"没有再犯罪的危险"是假释犯罪人必须满足的实质要件，这是社会防卫的需要，也是假释制度的基础。正是因为犯罪人已经没有了再犯罪的危险，因此没有必要再将其隔离在监狱，也正是因为犯罪人没有再犯罪的危险，因此才可以让其回归社会。如果被假释的犯罪分子在考验期内犯新罪，说明假释犯罪人的主观恶性并没有去除，就不再满足假释的实质条件，因此《刑法》第86条规定了对假释考验不合格的，要撤销假释。本案犯罪人就属于这种情况，有意见认为，本案被告人所犯的罪已经过了追诉时效，不能按照犯罪来处理，因此不构成"在假释考验期限内犯新罪"而须撤销假释的条件。这种理解是不正确的，刑法条文中的犯罪、犯新罪本身不是一个犯罪构成意义上的术语，在不同语境下具有多重的含义，并不是专指符合犯罪构成的某罪。而且从时效的本质上讲，之所以规定时效制度，是对国家追诉权力的限制，并不是说某人的犯罪行为不是犯罪了，其犯罪行为当然具有危害性，犯罪人当然具有主观恶性。因此，本案中张某的交通肇事行为虽然已经过了追诉时效，但其当时在假释考验期内犯罪，说明其主观恶性较深，其并不符合假释的实质要件，应当撤销其假释。[1]

拓展案例

对罪犯武某某假释案[2]

[基本案情]

罪犯武某某，男，1969年1月出生，现在北京市监狱管理局清河分局前进监狱服刑。北京市朝阳区人民法院于2007年8月17日作出了（2007）朝刑初字第1921号刑事附带民事判决，以被告人武某某犯故意伤害罪、故意毁坏财物罪，判处有期徒刑10年，剥夺政治权利2年。判决发生法律效力后交付执行。本院于2009年9月20日以（2009）一中清刑减字第1706号刑事裁定，对其减去有期徒刑10个月；于2010年11月20日以（2010）一中清刑减字第1855号刑事裁定，对其减去有期徒刑11个月。北京市监狱管理局清河分局前进监狱于

---

〔1〕 如果换个角度思考，当时就应当撤销假释，但由于没有发现而没有撤销。现在虽然发现了，但是当时不符合实质要件并不代表现在还有主观恶意，是不是就不应该撤销假释了？

〔2〕 （2012）一中清刑假字第4623号。

2012年9月27日，提出对罪犯武某某的假释建议，并将假释的证据材料及假释建议书报送本院审理。本院依法公示并组成合议庭进行了审理，现已审理终结。北京市监狱管理局清河分局前进监狱认为，罪犯武某某在刑罚执行期间，能够认罪悔罪，积极改造，2011年获得监狱改造积极分子奖励、2012年获得监狱嘉奖奖励。建议对罪犯武某某予以假释。经审理查明，罪犯武某某在服刑改造期间，认罪服法，认真遵守监规纪律，接受教育改造，积极参加政治、文化、技术学习，积极参加劳动，完成生产任务。2011年获得监狱改造积极分子奖励、2012年获得监狱嘉奖奖励。上述事实，有罪犯认罪悔罪书、假释审核表、罪犯评审鉴定表、罪犯奖励审批表及综合材料等证据在案证实。本院认为，罪犯武某某在服刑改造期间，确有悔改表现，符合假释法定条件，可以假释。依法裁定如下：对罪犯武某某予以假释，剥夺政治权利2年不变（假释考验期限，从假释之日起计算，即自2012年10月19日起至2015年1月26日止）。

[法律问题]

如何认识现行假释制度的犯罪改造价值？

[重点提示]

假释是一种重要的刑事司法制度，具有节约司法资源、鼓励犯罪人积极改造等作用。

第三节 追诉时效

案例一：　　　　　沈某挪用资金案[1]

[基本案情]

1994年10月6日，被告人沈某利用担任某供销合作社副主任的职务之便，未依法办理借款手续，擅自将本社资金20万元借给个体户高某经商。1994年11月29日，高某将20万元人民币归还给某供销合作社。

1995年1月10日，某供销社曾向公安机关报案，但公安机关未予立案。

---

[1] 中华人民共和国最高人民法院刑事审判第一庭、第二庭编：《刑事审判参考》2002年第2辑（总第25辑），法律出版社2002年版，第59~63页。为撰写方便，本案例经过了一定的改编。

2000年，某市公安机关立案侦查此案，同年，某市检察院提起公诉，某市人民法院经审查认为，被告人沈某的犯罪已过追诉期限，应当根据《最高人民法院关于执行〈中华人民共和国刑事诉讼法〉若干问题的解释》第117条第5项的规定，决定不予受理。

[法律问题]

本案中被告人应当定什么罪？追诉时效是多长？从旧兼从轻原则是否也适用于追诉时效？

[法理分析]

法律规定的时效制度主要有取得时效和消灭时效两种，指的是由于经过了一定时间，法律赋予或者消灭某种法律关系的效果。刑法上的时效主要有追诉时效和行刑时效两种，前者指的是刑法规定的追究犯罪人刑事责任的有效期限，超过此期限则司法机关就不能再追究犯罪人的刑事责任；后者指刑法规定的对判处刑罚的人执行刑罚的有效期限，超过此期限则不能再执行刑罚。之所以规定时效制度，在于没有追诉犯罪或者没有执行刑罚的状态持续了很长时间之后，事实上已经形成了一定的社会秩序，如果通过追诉来改变这种既成状态，反而有损刑法维护社会秩序的目的。[1] 我国刑法规定的只有追诉时效。

本案中，被告人沈某在1994年10月6日，利用担任某供销合作社副主任的职务之便，未依法办理借款手续，擅自将本社资金20万元借给个体户高某经商，属于挪用资金数额较大，进行营利活动的行为，已经涉嫌犯罪。但由于其行为发生在1997年刑法典颁布之前，因此就涉及刑法的溯及力继而是追诉时效的问题。首先需要确定的是被告人构成什么罪，刑法规定的追诉时效是多长时间。《刑法》第12条规定了"从旧兼从轻"的刑法溯及力原则，认为"如果当时的法律认为是犯罪的，按照当时的法律追究刑事责任，但如果本法不认为是犯罪或者处刑较轻的，适用本法"。按照刑法理论，当时的法律指的应当是犯罪行为发生时的法律，1994年规制该行为的相关规定为1988年全国人民代表大会常务委员会通过的《关于惩治贪污罪贿赂罪的补充规定》第3条第1款规定："国家工作人员、集体经济组织工作人员或者其他经手、管理公共财物的人员，利用职务上的便利，挪用公款归个人使用，进行非法活动的，或者挪用公款数额较大、进行营利活动的，或者挪用公款数额较大、超过3个月未还的，是挪用公款罪，处5年以下有期徒刑或者拘役；情节严重的，处5年以上有期徒刑。挪用公款数额较大不退还的，以贪污论处。"根据当时的司法解释，进行营利活

---

[1] 参见张明楷：《外国刑法纲要》，清华大学出版社2007年版，第425页。其他可用作依据的理论还包括改善推测说、证据湮灭说、准受刑说等。

动的，挪用5万元即构成情节严重，因此，按照当时的法律，沈某构成挪用公款罪，且应该在5年以上有期徒刑区间量刑。

1997年刑法根据犯罪人的身份情况明确区分了挪用资金罪和挪用公款罪，供销合作社属于集体经济组织，既非国家机关也不是国有公司、企业、事业单位、人民团体，梁某也不属于从事公务的人员。因此，按照现行刑法，梁某应当按照挪用资金罪来认定，挪用资金罪的量刑区间，在3年以下有期徒刑或者拘役，即使达到数额巨大的，最高刑也只是3年以上10年以下有期徒刑。相比较犯罪时的法律，无疑现行刑法规定的量刑要轻，因此对于梁某，应当适用现行法律，认定为是挪用资金罪。

按照《刑法》第12条规定的溯及力原则，对比两罪的轻重，得出的结论是按照现行刑法认定梁某构成挪用资金罪，那么，追诉时效也就应当适用现行刑法的规定。"需要依照裁判时法的时效规定检验当下审理的未决刑事案件是否应当追诉，行为时法关于追诉时效的规定不再适用。"[1]《刑法》第87条规定："犯罪经过下列期限不再追诉：①法定最高刑为不满5年有期徒刑的，经过5年；②法定最高刑为5年以上不满10年有期徒刑的，经过10年；③法定最高刑为10年以上有期徒刑的，经过15年；④法定最高刑为无期徒刑、死刑的，经过20年。如果20年以后认为必须追诉的，须报请最高人民检察院核准。"本案中，梁某所犯的挪用公款罪法定最高刑为10年，最长追诉时效为15年，公安机关立案时此案已过追诉时效，法院决定不予受理是正确的。

案例二：　　　　　　贾某盗窃案[2]

［基本案情］

犯罪嫌疑人贾某，男，32岁，无业。贾某在1997年10月7日晚，趁某工厂放国庆假之机，将该厂财会室撬开，盗走现金8900元。案发的第二日早上，该厂向公安机关报案，公安机关即到现场勘查，并于当日立案，但公安机关后来没有再进行具体的侦查活动。贾某作案后，至被抓获前，一直在当地经商。后公安机关在2002年11月，经人举报，确定贾某是犯罪嫌疑人，将其抓获，并提请人民检察院对贾某批捕。

---

[1] 曲新久：《刑法学》，中国政法大学出版社2012年版，第59页。
[2] 本案例选自黄京平主编：《刑法案例教程》，复旦大学出版社2007年版，第250页。为撰写方便，本案例经过了一定的改编。

[法律问题]

检察机关在应否追究贾某的刑事责任方面产生了分歧,一种意见认为应当逮捕,因为根据《刑法》第88条第1款的规定,只要侦查机关在追诉时效内立案的,无论在何时确定犯罪嫌疑人,都应当不受追诉时效的限制。另一种意见认为,本案已过追诉时效的限制,而且贾某在追诉时效内未再犯罪,已经没有社会危害性,追究贾某的刑事责任也没有了实际意义。那么是否应当追究贾某的刑事责任呢?[1]

[法理分析]

我国《刑法》在第87条规定追诉时效的同时,在88条规定了追诉时效的延长制度。所谓追诉时效的延长,指的是在追诉时效的进行期间,因为发生法律规定的事由,而使追诉时效暂时停止执行。时效制度本质上是对国家追诉权的限制,是对现实秩序的一种尊重,但时效制度也不能变异为对犯罪的放纵,在法定事由下,比如犯罪人逃避追诉或者平衡被害人利益的情况下,应当对时效制度作例外的规定,无论经过多长时间,犯罪均不受追诉期限的限制。我国刑法规定的追诉时效延长制度有两种情况:一是在人民检察院、公安机关、国家安全机关立案侦查或者人民法院受理案件以后,逃避侦查或者审判的,不受追诉时效的限制。二是被害人在追诉期限内提出控告,人民法院、人民检察院、公安机关应当立案而不予立案的,不受追诉期限的限制。

本案中贾某涉嫌第一种情形。但是在该条款的适用上,有不同意见,有学者认为,此处所指的立案侦查应当是立案并且侦查,如果只是立案但是还没有开始侦查的,就不存在时效延长的问题,就不符合立法原意,因而不存在追诉时效终止而无限期追诉的问题。但也有人认为,案件从司法机关立案后,就进入到刑事诉讼程序,立案后行为人逃避侦查或者审判的,即使还没有开始具体的侦查活动,也应不受追诉期限的限制。[2] 仔细分析这两种观点,前者认为法条所指的立案侦查指的是立案并且侦查,这点从文义上看可以理解,因为在同一句话里并没有紧接着说"人民法院受理案件审判",原文既然说是立案侦查,那就应该包括立案并且侦查,再者从目的上来看,诉讼时效延长制度本身就是对被告人不利的一项制度,应该对其进行严格的解释,如果没有开始侦查活动,那就不应该再适用时效延长制度。但从另一方面来说,回到文义上来理解,该句前半部分说的分别是侦查机关和审判机关,在后半部分里又对应陈述了行为

---

[1] 参见黄京平主编:《刑法案例教程》,复旦大学出版社2007年版,第250页。

[2] 这两种观点中,前者属于陈兴良,后者属于张明楷。参见陈兴良:《刑法疏议》,中国人民公安大学出版社1997年版,第194页。张明楷:《刑法学》,法律出版社2003年版,第496~497页。转引自黄京平主编:《刑法案例教程》,复旦大学出版社2007年版,第250页。

人逃避的是侦查和审判,这样从整句话来理解,侦查机关侦查和法院审判就是应有之义,不应该分裂成侦查机关不侦查或者法院不审判的情况。再者从整个刑事诉讼程序来看,侦查或者审判活动很难归结为某一个具体的程序,它是很多活动的一个综合体,原则上讲,侦查机关立案后就同时宣告了侦查的开始,法院立案后也就宣告了审判活动的开始。因此,这句话中的立案侦查强调的是立案,并不是侦查,只要是立案的,不论侦查活动是否开始,都属于已经立案侦查的范畴。[1]

因此,虽然本案中公安机关立案后并没有进行具体的侦查活动,但也属于立案侦查的范畴,如果行为人再符合"逃避侦查或者审判"的要件,对其就要适用追诉时限延长制度。所谓逃避,应当指的是一种积极的、明显的躲避或者藏匿行为,行为人主观上不但要具有逃避的故意,而且也应当实施了相应的逃避行为,因此,不作为不应当被认为是这里的"逃避"。本案中,贾某在盗窃后,一直留在当地正常经商生活,并没有具体的逃避行为,不符合逃避侦查的要件。综上,贾某盗窃 8900 元构成盗窃罪规定的盗窃数额较大,应当判处 3 年以下有期徒刑,按照《刑法》第 87 条追诉时效的规定,追诉时效是 5 年,至其被抓获时已过 5 年的时效,并且其不符合追诉时效延长的制度,因此不能再追究贾某的刑事责任。

拓展案例

张某某抢劫、李某某盗窃案[2]

[基本案情]

被告人张某某,男,1960 年 4 月 2 日生,农民。因涉嫌犯抢劫罪,于 2000 年 4 月 6 日被逮捕。被告人李某某,男,1958 年 11 月 10 日生,农民。因涉嫌犯抢劫罪,于 2000 年 4 月 6 日被逮捕。1988 年 12 月 4 日晚,被告人张某某、李某某伙同张某良(另案处理,已判刑)携带镰刀在某国道某县境内,乘道路堵车之机,欲共同对被堵车辆行窃。8 时许,张某某、张某良登上姜某某驾驶的解放牌汽车,将车上拉运的白糖往下扔,李某某负责在下边捡拾、搬运,共窃得白糖 6 袋,每袋 50 公斤。当司机姜某某从后视镜上发现有人扒货时,即下车查看,当场抓住张某某。张某某为脱身,用镰刀朝姜某某的脸上砍了一下,经法

---

[1] 这也正好和法院立案相对应,否则还要规定法院立案但不审判的情形。
[2] 中华人民共和国最高人民法院刑事审判第一庭、第二庭编:《刑事审判参考》2003 年第 3 辑(总第 32 辑),法律出版社 2003 年版,第 34~38 页。

医鉴定姜的面部伤构成轻伤。同时张某良也捡起石头威胁姜某某及前来协助的货主刘某。姜某某及刘某见此情形连忙驾车离开现场，并在一报警点报了案。出警的公安人员赶赴现场后，将正在搬运赃物的张某良、张某某、李某某截住，当场抓获张某良，但张某某、李某某逃跑。1999年9月21日和1999年9月22日，张某某、李某某分别到某县公安局投案。案发后，经某县价格事务所评估鉴定，被盗白糖的价值共计人民币1200元。某县人民法院审理后认定被告人张某某犯抢劫罪，判处有期徒刑5年，并处罚金人民币1500元；被告人李某某犯盗窃罪，判处有期徒刑6个月，并处罚金人民币1500元。一审宣判后，张某某、李某某均未提出上诉，公诉机关也未提出抗诉，判决已发生法律效力。

[法律问题]

新旧刑法中的追诉时效如何认定？

[重点提示]

追诉时效的主要依据是《最高人民法院关于适用刑法时间效力规定若干问题的解释》，该司法解释详细规定了追诉时效适用的各种情形。

参考文献

1. 蔡一军:《刑罚配置的基础理论研究》,中国法制出版社 2011 年版。
2. 陈敏:《减刑制度比较研究》,中国方正出版社 2001 年版。
3. 陈伟强:《共同犯罪刑事责任研究》,清华大学出版社 2013 年版。
4. 陈兴良:《共同犯罪论》,中国人民大学出版社 2006 年版。
5. 陈兴良:《正当防卫论》,中国人民大学出版社 2006 年版。
6. 陈志军:《共同犯罪的理论与实践》,中国人民公安大学出版社 2012 年版。
7. 戴玉忠、刘明祥主编:《刑罚改革问题研究》,中国人民公安大学出版社 2013 年版。
8. 樊凤林、曹子丹:《犯罪构成论》,法律出版社 1987 年版。
9. 房清侠:《刑罚变革进行时》,河南人民出版社 2010 年版。
10. 冯亚东、胡东飞、邓君韬:《中国犯罪构成体系完善研究》,法律出版社 2010 年版。
11. 冯英菊:《共同犯罪的定罪与量刑》,人民法院出版社 2002 年版。
12. 付立庆:《犯罪构成理论——比较研究与路径选择》,法律出版社 2010 年版。
13. 甘添贵:《罪数理论之研究》,中国人民大学出版社 2008 年版。
14. 高锋志:《自首与立功制度及司法适用》,中国人民公安大学出版社 2012 年版。
15. 高格:《正当防卫与紧急避险》,福建人民出版社 1985 年版。
16. 高憬宏主编:《减刑、假释的法律适用与司法实践——中国·欧盟法律和司法合作项目成果》,人民法院出版社 2005 年版。
17. 高铭暄、马克昌主编:《中国刑法解释》,中国社会科学出版社 2005 年版。
18. 高秀东编著:《刑事管辖权专题整理》,中国人民公安大学出版社 2010 年版。
19. 龚培华主编:《侵犯知识产权犯罪构成与证明》,法律出版社 2004 年版。
20. 郭健、王利宾编著:《刑法基本原则专题整理》,中国人民公安大学出版社 2009 年版。
21. 郭泽强:《正当防卫制度研究的新视界》,中国社会科学出版社 2010 年版。
22. H. L. A. 哈特、托尼·奥诺尔:《法律中的因果关系》,张绍谦、孙战国译,中国政法大学出版社 2005 年版。
23. 韩玲:《共同犯罪的罪过形式研究》,大连海事大学出版社 2006 年版。

24. 韩强：《法律因果关系理论研究——以学说史为素材》，北京大学出版社 2008 年版。
25. 郝方昉：《刑罚现代化研究》，中国政法大学出版社 2011 年版。
26. 何鹏、李洁主编：《危险犯与危险概念》，吉林大学出版社 2006 年版。
27. 胡鹰主编：《过失犯罪的定罪与量刑》，人民法院出版社 2008 年版。
28. 黄丽勤、周铭川：《共同犯罪研究》，法律出版社 2011 年版。
29. 黄奇中：《刑法解释的沟通之维》，中国人民公安大学出版社 2011 年版。
30. 黄永维：《中国减刑、假释制度的改革与发展》，法律出版社 2012 年版。
31. 季理华：《累犯制度研究——刑事政策视野中的累犯制度一体化构建》，中国人民公安大学出版社 2010 年版。
32. 姜伟：《犯罪形态通论》，法律出版社 1994 年版。
33. 姜伟：《正当防卫》，法律出版社 1988 年版。
34. 孔钊、朱华荣：《中华人民共和国刑法中的有期徒刑缓刑》，中国人民大学出版社 1955 年版。
35. 赖早兴：《证据法视野中的犯罪构成研究》，湘潭大学出版社 2010 年版。
36. 冷新宇：《普遍管辖权研究》，法律出版社 2009 年版。
37. 李成：《共同犯罪与身份关系研究》，中国人民公安大学出版社 2007 年版。
38. 李恩慈：《犯罪形态与刑罚适用原理》，中国人民公安大学出版社 2003 年版。
39. 李富友：《刑法效力问题研究》，光明日报出版社 2012 年版。
40. 李国如：《罪刑法定原则视野中的刑法解释》，中国方正出版社 2001 年版。
41. 李洁、王志远、王充、王勇：《犯罪构成的解构与结构》，法律出版社 2010 年版。
42. 李林：《危险犯与风险社会刑事法治》，西南财经大学出版社 2012 年版。
43. 李希慧：《刑法解释论》，中国人民公安大学出版社 1995 年版。
44. 李希慧、龙腾云、邱帅萍编著：《刑法解释专题整理》，中国人民公安大学出版社 2011 年版。
45. 李永升：《犯罪构成集合论》，法律出版社 2010 年版。
46. 林维：《刑法解释的权力分析》，中国人民公安大学出版社 2006 年版。
47. 林卫星编著：《累犯专题整理》，中国人民公安大学出版社 2010 年版。
48. 林文肯、茅彭年：《共同犯罪理论与司法实践》，中国政法大学出版社 1987 年版。
49. 林欣：《国际法中的刑事管辖权》，法律出版社 1988 年版。
50. 刘丁炳：《监督管理过失犯罪研究》，中国人民公安大学出版社 2009 年版。
51. 刘明祥：《紧急避险研究》，中国政法大学出版社 1998 年版。
52. 刘仁文：《过失危险犯研究》，中国政法大学出版社 1998 年版。
53. 刘生荣：《犯罪构成原理》，法律出版社 1997 年版。
54. 刘树德：《行为犯研究》，中国政法大学出版社 2000 年版。

55. 刘霜、陈超:《刑法基本原则问题研究》,河南大学出版社 2006 年版。
56. 刘艳红:《走向实质的刑法解释》,北京大学出版社 2009 年版。
57. 刘志伟、聂立泽主编:《业务过失犯罪比较研究》,法律出版社 2004 年版。
58. 刘志伟、周国良编著:《刑法因果关系专题整理》,中国人民公安大学出版社 2007 年版。
59. 马克昌、莫洪宪主编:《中日共同犯罪比较研究》,武汉大学出版社 2003 年版。
60. 茅仲华:《刑罚代价论》,法律出版社 2013 年版。
61. 孟庆华:《犯罪构成适用重点疑点难点问题判解研究》,人民法院出版社 2006 年版。
62. 牛克乾:《刑事审判视野中的刑法解释与适用》,法律出版社 2010 年版。
63. 彭文华:《犯罪构成本原论及其本土化研究——立足于文化视角所展开的比较与诠释》,中国人民公安大学出版社 2010 年版。
64. 彭文华:《犯罪构成范畴论》,中国人民公安大学出版社 2009 年版。
65. 屈耀伦:《我国缓刑制度的理论与实务》,中国政法大学出版社 2012 年版。
66. 任海涛:《共同犯罪立法模式比较研究》,吉林大学出版社 2011 年版。
67. 时延安:《中国区际刑事管辖权冲突及其解决研究》,中国人民公安大学出版社 2005 年版。
68. 史卫忠:《行为犯研究》,中国方正出版社 2002 年版。
69. 宋鑫春:《中国减刑假释制度的适用》,法律出版社 1994 年版。
70. 苏宏峰:《犯罪未遂基本问题研究》,中国政法大学出版社 2012 年版。
71. 孙琳:《减刑假释程序研究》,中国人民公安大学出版社 2011 年版。
72. A. H. 特拉依宁:《犯罪构成的一般学说》,薛秉忠等译,中国人民大学出版社 1958 年版。
73. 田宏杰:《刑法中的正当化行为》,中国检察出版社 2004 年版。
74. 童伟华:《犯罪构成原理》,知识产权出版社 2006 年版。
75. 童伟华:《犯罪客体研究——违法性的中国语境分析》,武汉大学出版社 2005 年版。
76. 汪永智:《中国正当防卫制度研究》,海潮出版社 2003 年版。
77. 王炳宽:《缓刑研究》,法律出版社 2008 年版。
78. 王海桥:《刑法解释的基本原理——理念、方法及其运作规则》,法律出版社 2012 年版。
79. 王海涛:《过失犯罪中信赖原则的适用及界限》,中国人民公安大学出版社 2011 年版。
80. 王剑波:《正当防卫正当化的根据及其展开》,对外经济贸易大学出版社 2010 年版。

81. 王骏:《超法规的正当化行为研究》,中国人民公安大学出版社 2007 年版。
82. 王明辉:《复行为犯研究》,中国人民公安大学出版社 2008 年版。
83. 王学沛:《自首制度论》,四川大学出版社 1997 年版。
84. 王昭振:《犯罪构成视野下规范的构成要件要素基础理论研究》,中国检察出版社 2008 年版。
85. 吴丙新:《修正的刑法解释理论》,山东人民出版社 2007 年版。
86. 吴波:《共同犯罪停止形态研究》,上海人民出版社 2012 年版。
87. 吴念胜:《犯罪客体要件研究》,中国检察出版社 2010 年版。
88. 吴声:《缓刑制度研究——以立法完善为重点》,中国人民公安大学出版社 2007 年版。
89. 吴喆等编著:《最新刑法罪名、犯罪数额与情节的认定》,人民法院出版社 2005 年版。
90. 吴喆、史明武主编:《犯罪数额与情节》,辽宁人民出版社 2003 年版。
91. 吴振兴主编:《犯罪形态研究精要》,法律出版社 2005 年版。
92. 吴振兴:《罪数形态论》,中国检察出版社 2006 年版。
93. 吴宗宪主编:《中国刑罚改革论》,北京师范大学出版社 2011 年版。
94. 夏勇:《定罪与犯罪构成》,中国人民公安大学出版社 2009 年版。
95. 肖吕宝:《主、客观违法论在刑法解释上的展开》,黑龙江人民出版社 2008 年版。
96. 肖中华:《犯罪构成及其关系论》,中国人民大学出版社 2000 年版。
97. 小野清一郎:《犯罪构成要件理论》,王泰译,中国人民公安大学出版社 1991 年版。
98. 谢雄伟:《紧急避险基本问题研究》,中国人民公安大学出版社 2008 年版。
99. 邢志人:《犯罪预备研究》,中国检察出版社 2001 年版。
100. 徐久生:《刑罚目的及其实现》,中国方正出版社 2011 年版。
101. 徐文宗:《论刑法的原因自由行为》,北京大学出版社 2006 年版。
102. 薛瑞麟:《犯罪客体论》,中国政法大学出版社 2008 年版。
103. 杨兴培:《犯罪构成原论》,中国检察出版社 2004 年版。
104. 杨艳霞:《刑法解释的理论与方法——以哈贝马斯的沟通行动理论为视角》,法律出版社 2007 年版。
105. 阴建峰、周加海主编:《共同犯罪适用中疑难问题研究》,吉林人民出版社 2001 年版。
106. 于跃江:《犯罪构成基本理论研究》,四川科学技术出版社 2005 年版。
107. 于志刚主编:《共同犯罪的网络异化研究》,中国方正出版社 2010 年版。
108. 于志刚:《追诉时效制度比较研究》,法律出版社 1998 年版。
109. 于志刚:《追诉时效制度研究》,中国方正出版社 1999 年版。

110. 袁林:《以人为本与刑法解释范式的创新研究》,法律出版社 2010 年版。
111. 翟中东:《减刑、假释制度适用》,中国人民公安大学出版社 2012 年版。
112. 张贵玲、努妮莎:《国际刑事法院管辖权研究》,陕西人民出版社 2009 年版。
113. 张军主编:《刑法基本原则适用》,中国人民公安大学出版社 2012 年版。
114. 张明楷:《犯罪构成体系与构成要件要素》,北京大学出版社 2010 年版。
115. 张明楷:《罪刑法定与刑法解释》,北京大学出版社 2009 年版。
116. 张绍谦:《刑法因果关系研究》,中国检察出版社 2004 年版。
117. 张世琦编著:《犯罪数额与情节的认定》,法律出版社 2008 年版。
118. 张文学:《中国缓刑制度理论与实务》,人民法院出版社 1995 年版。
119. 张小虎:《刑罚论的比较与建构》,群众出版社 2010 年版。
120. 张永红:《普通过失犯罪的认定与处理》,人民法院出版社 2004 年版。
121. 张勇:《犯罪数额研究》,中国方正出版社 2004 年版。
122. 钊作俊:《刑法效力范围比较研究》,人民法院出版社 2004 年版。
123. 赵秉志:《犯罪未遂的理论与实践》,中国人民大学出版社 1987 年版。
124. 赵秉志:《犯罪未遂形态研究》,中国人民大学出版社 2008 年版。
125. 赵秉志主编:《刑罚体系结构的改革与完善》,北京师范大学出版社 2012 年版。
126. 赵秉志主编:《刑法解释研究》,北京大学出版社 2007 年版。
127. 郑飞:《行为犯论》,吉林人民出版社 2004 年版。
128. 周加海:《自首制度研究》,中国人民公安大学出版社 2004 年版。
129. 朱华:《受贿犯罪主体研究》,法律出版社 2012 年版。
130. 庄劲:《罪数的理论与实务》,中国人民公安大学出版社 2012 年版。
131. 最高人民法院刑事审判第一庭编著,张军、黄尔梅主编:《最高人民法院自首、立功司法解释:案例指导与理解适用》,法律出版社 2012 年版。
132. 左坚卫:《缓刑制度的理论与实务》,中国人民公安大学出版社 2012 年版。